dictionnaire
des prénoms
et des saints

dictionnaire
des prénoms
et des saints

Pierre Pierrard

professeur à l'Institut catholique de Paris

Larousse

17, RUE DU MONTPARNASSE - 75298 PARIS CEDEX 06

Le présent volume appartient à la dernière édition (revue et corrigée) de cet ouvrage.

© Librairie Larousse, 1974,
pour l'édition originale.
© Librairie Larousse, 1987,
pour la présente édition.

Librairie Larousse (Canada) limitée, propriétaire pour le Canada des droits d'auteur et des marques de commerce Larousse. — Distributeur exclusif au Canada : les Éditions Françaises Inc., licencié quant aux droits d'auteur et usager inscrit des marques pour le Canada.

ISBN 2-03-730017-4.

AVANT-PROPOS

Le présent dictionnaire traite des saints, c'est-à-dire de celles et de ceux à qui l'Église romaine et ses fidèles rendent un culte public, les invoquant les entourant d'honneurs et les prenant comme modèles. Cette notion exclut d'abord les individus qui ont vécu saintement, qui ont pratiqué le plus parfaitement possible l'idéal et les conseils évangéliques, mais dont la sainteté n'a pas été cautionnée par l'Église romaine, laquelle, depuis le XIIᵉ s. environ, procède par voie de canonisation, *que précède habituellement la* béatification : *dans les deux cas, il s'agit d'un acte juridique, d'une inscription officielle au martyrologe, d'une déclaration solennelle, concluant un procès qui porte essentiellement sur l'héroïcité des vertus du personnage glorifié.*

Ainsi entendue, la notion de sainteté exclut du présent dictionnaire les saints des confessions chrétiennes autres que le catholicisme et ceux des autres cultes. On écrirait, par exemple, une magnifique Vie des saints musulmans : ce n'est pas notre propos. Les Orientaux séparés de Rome disposent de ménologes, de synaxaires (recueils de Vies de saints) fourmillants et pleins de suc; et on sait avec quelle vivacité, au VIIIᵉ et au IXᵉ s., les Byzantins réagirent contre l'iconoclasme; mais les saints de ces Églises mériteraient un autre livre. Les protestants ont de la sainteté une notion qui ne se réduit pas en formules canoniques; de plus, ils restent méfiants à l'égard d'un culte qui, trop souvent, et notamment au temps de Luther et de Calvin, tournait à la superstition et obscurcissait la notion de Dieu; dans la Confession d'Augsbourg *on trouve ceci : « Le souvenir des saints peut être proposé pour qu'on imite leur foi et, selon sa vocation, leurs bonnes œuvres... Mais l'Écriture n'enseigne pas d'invoquer les saints, ni de demander leurs secours, parce qu'elle nous propose le seul Christ pour médiateur, propitiateur, pontife et intercesseur. » Quant aux juifs, ils se réfèrent évidemment aux saints personnages de la Bible; il est à remarquer, d'ailleurs, que les chrétiens — les protestants plus que les catholiques — les révèrent aussi et portent parfois leur nom, mais, faute de place et par souci de méthode, ce dictionnaire ne se réfère qu'à l'ère chrétienne.*

Choisir cinq ou six cents noms environ parmi les milliers de saints inscrits au martyrologe (1) romain relevait de la gageure. L'auteur s'est appuyé sur un certain nombre de critères. Évidemment, les saints inscrits au nouveau calendrier romain ont tous leur place ici; on a même maintenu — pour mémoire et pour information — ceux qui ont été écartés de ce calendrier : ainsi sainte Barbe, sainte Catherine. Pour les autres, on a tenu compte de la notoriété locale (Remi, Canut, Jeanne d'Arc, Vladimir, Odile, Clotilde, Bernadette Soubirous...), de la curiosité légitime à l'égard de tel patron de corporation (Éloi, Crépin, Honoré...) ou de tel éponyme de cité (Malo, Brieuc, Omer, Galmier, Bertrand de Comminges, Marin, Quentin...). L'usage a conduit l'auteur à tirer de l'ombre tels saints obscurs ou secondaires dont le nom est couramment porté; par exemple : Ernest, Hélène, Solange, Yolande, Alix, Didier, Edmond... D'autre part, on ne pouvait passer sous silence certains « auxiliateurs », des thaumaturges restés populaires, même si leur biographie est déformée par la légende : Janvier, Rita, Blaise, Roch...

Ce dictionnaire répond aux exigences de l'hagiographie (du grec hagios, saint), science qui dépend de l'histoire religieuse. Il s'alimente aux meilleures sources (2) : c'est dire qu'il présente au grand public l'état actuel des connaissances en matière de Vies de saints; en ce qui concerne plus particulièrement les martyrs des premiers siècles, il indique ce qui doit être tenu comme légendaire et ce qui peut être regardé comme authentique. Il ne prétend donc pas faire « œuvre d'édification » — comme disaient les biographes d'autrefois —, mais œuvre d'information objective et aussi de formation; car, croyant ou incroyant, le lecteur ne pourra pas ne pas s'émouvoir en présence de ces femmes et de ces hommes, souvent peu connus, qui appartiennent à l'élite de notre espèce.

(1) Le martyrologe est le catalogue de tous les saints, et pas seulement des martyrs.

(2) Notamment : les travaux des Bollandistes, ceux du chanoine René Aigrain et ceux des bénédictins de Paris.

LE NOUVEAU CALENDRIER ROMAIN

Le second Concile du Vatican s'intéressa, entre autres, au culte des saints, culte qui, dans le passé, avait parfois pris le pas sur la célébration des grandes fêtes chrétiennes. Les Pères votèrent donc la motion suivante (*Constitutio de Sacra Liturgia,* déc. 1963) : « Pour que les fêtes des saints ne l'emportent pas sur les fêtes qui célèbrent les mystères mêmes du salut, le plus grand nombre d'entre elles seront laissées à la célébration de chaque Église, nation ou famille religieuse particulière; on n'étendra à l'Église universelle que les fêtes commémorant des saints qui présentent véritablement une importance universelle. » C'est en s'inspirant de ces normes que Paul VI, le 14 février 1969, par le *motu proprio : Mysterii Paschalis celebrationem,* approuva l'orientation du nouveau calendrier romain, lequel, par décret de la Sacrée Congrégation des Rites en date du 21 mars 1969, entra en vigueur le 1er janvier 1970.

Ce calendrier ne retient pour l'Église universelle qu'un nombre réduit de saints qui sont divisés en quatre classes. La première groupe les fêtes liturgiques les plus solennelles *(Sollemnitates);* la deuxième, les saints notoires comme les apôtres et les grands martyrs *(Festa);* la troisième, les saints dont on fait seulement mémoire *(Memoriae);* la quatrième, ceux qu'on célèbre *ad libitum.*

Le nouveau calendrier s'efforce d'exprimer l'universalité de la sainteté dans le temps, dans l'espace et dans la société : tâche malaisée, les canonisations ayant, au cours des siècles, favorisé certains pays (l'Italie, la France, l'Espagne ont, à elles seules, 64 saints sur les 180 maintenus au calendrier romain) et certaines catégories (les laïcs sont infiniment moins nombreux que les prêtres et les religieux). Mais on doit souligner le fait que les martyrs du Japon (XVIIe s.), avec Paul Miki, ou ceux de l'Ouganda (XIXe s.), avec Charles Lwanga, sont entrés dans le calendrier de l'Église universelle.

Pourquoi certains saints — une quarantaine — ont-ils disparu du calendrier romain? Parce que, disent les instances romaines,

« si on ne peut affirmer qu'ils n'aient pas existé », les hagiographes « ne peuvent établir avec certitude les fondements historiques de leur culte ». C'est ainsi qu'à côté de saints et de saintes assez peu connus, comme Bibiane, Thècle ou Domitille, d'autres, extrêmement populaires, comme Christophe, Barbe, Catherine, ont été éliminés. Si Georges et Cécile — dont les Actes paraissent tout aussi fragiles — ont été maintenus, c'est parce que leur culte est beaucoup plus enraciné dans le temps.

Pourquoi a-t-on changé la date traditionnelle de célébration de certains saints? Parce que l'Église considère — avec juste raison — que cette date avait été fixée d'une manière assez anarchique. Elle a donc établi un certain nombre de principes, dont l'application a entraîné des mutations. Le premier, le plus important, est que la fête de chaque saint doit être placée au jour anniversaire de sa mort, jour considéré par l'Église comme celui de sa véritable naissance *(dies ejus natalis)*; ainsi, saint Jean-Baptiste de la Salle († 7 avril 1719) est-il passé du 15 mai au 7 avril, et saint Stanislas († 11 avril 1079) du 7 au 11 avril. Quand le jour n'est pas libre au calendrier romain, on en approche la fête le plus possible : sainte Rose de Lima († 24 août 1617), que l'on fêtait arbitrairement le 30 août, est passée au 23 août, le 24 étant occupé par saint Barthélemy, saint d'une classe supérieure; saint Pierre Damien († 22 février 1071) est fêté le 21 février parce que le 22 est occupé par la fête de la Chaire de saint Pierre. Le Carême et la Semaine sainte pouvant gêner la célébration de la fête de tel ou tel saint, on a modifié la date de celle-ci : saint Grégoire Ier († 12 mars 604) passe du 12 mars au 3 septembre, date de son élection au Souverain Pontificat; saint Thomas d'Aquin († 7 mars 1274) passe du 7 mars au 28 janvier, date anniversaire de la translation de son corps à Toulouse en 1369.

Parfois, on a regroupé des saints qui avaient entre eux des affinités : ainsi, les deux disciples de saint Paul, Tite et Timothée, fêtés ensemble le 26 janvier; Basile et son ami Grégoire de Nazianze (2 janvier); les deux martyrs anglais John Fisher et Thomas More (22 juin); les trois archanges Michel, Gabriel et Raphaël (29 septembre). On a déplacé sainte Monique du 4 mai au 27 août pour que sa mémoire soit célébrée la veille de la fête de son fils Augustin.

Reste le cas de l'immense foule des saints qui n'ont pas le privilège d'appartenir au groupe restreint (180, dont 94 *memoriae ad libitum*) des saints inscrits au nouveau calendrier romain pour l'Église universelle, et dont la célébration est limitée à des Églises locales, à des pays, à des diocèses déterminés, ou encore à certains ordres religieux. Le martyrologe romain (40 000 noms environ) étant actuellement, et pour un très long temps, en révision complète, on a placé un certain nombre d'entre eux (en général, les plus connus) dans les « trous » laissés par les autres, en tenant compte, dans la mesure du possible, des normes appliquées par l'Église aux saints qu'elle retient dans son calendrier.

SIGLES

****	1ʳᵉ classe *sollemnitas*	au calendrier
***	2ᵉ classe *festum*	romain pour
**	3ᵉ classe *memoria*	l'Église
*	4ᵉ classe *ad libitum*	universelle

En italique : nom des saints qui ne sont pas au calendrier romain et dont la fête est locale.

JANVIER

1 Marie****
2 Basile**
  Grégoire de Nazianze**
3 *Geneviève*
4 *Angèle de Foligno*
5 *Lucien*
6 Épiphanie****
7 Raymond de Peñafort*
8 *Laurent Justinien*
9 *Alix Le Clerc*
10 *Guillaume de Bourges*
11 *Agathon*

12 *Benoît Biscop*
13 *Hilaire*
14 *Félix de Nole*
15 *Remi*
16 *Marcel*
   Honorat
17 Antoine le Grand**
18 *Prisque*
19 *Germain*
20 Fabien*
   Sébastien*
21 Agnès**

22 Vincent*
23 *Ildefonse*
24 François de Sales**
25 Paul***
   (conversion de saint)
26 Timothée**
   Tite**
27 Angèle Merici*
28 Thomas d'Aquin**
29 *Paule*
30 *Martine*
31 Jean Bosco**

FÉVRIER

1 *Jeanne de Lestonnac*
2 Présentation du
  Seigneur***
3 Blaise*
  Anschaire*
4 *André Corsini*
5 Agathe**
6 Paul** Miki
  et ses compagnons
7 *Théodore*
8 Jérôme Émilien*

9 *Nicéphore*
10 Scholastique**
11 N.-D. de Lourdes*
12 *Polyeucte*
13 *Valentin*
14 Cyrille et Méthode**
15 *Claude de la Colombière*
16 *Onésime*
17 Sept Fondateurs servites*
18 *Siméon*
   Bernadette Soubirous

19 *Gabin*
20 *Eucher*
21 Pierre Damien*
22 Chaire de saint Pierre***
23 Polycarpe**
24 *Serge*
25 *Césaire*
26 *Nestor*
27 *Gabriel dell'Addolorata*
28 *Léandre*
29 *Macaire*

MARS

1 *David*
2 *Charles le Bon*
3 *Cunégonde*
4 Casimir*
5 *Jean-Joseph de la Croix*
6 *Colette*
7 Perpétue**
  Félicité**
8 Jean de Dieu*
9 Françoise Romaine*
10 *Dominique Savio*

11 *Euloge*
12 *Maximilien*
13 *Euphrasie*
14 *Mathilde*
15 *Louise de Marillac*
16 *Clément Hofbauer*
17 Patrick*
18 Cyrille de Jérusalem*
19 Joseph****
20 *Martin de Braga*

21 *Nicolas de Flue*
22 *Joseph Oriol*
23 Turibe*
24 *Catherine de Suède*
25 Annonciation****
26 *Ludger*
27 *Jean d'Égypte*
28 *Gontran*
29 *Jonas*
30 *Jean Climaque*
31 *Acace*

AVRIL

1 *Hugues*
2 François de Paule*
3 *Richard*
4 *Isidore de Séville**
5 *Vincent Ferrier**
6 *Prudence*
7 Jean-Baptiste de la
  Salle**
8 *Julie Billiart*
9 *Perpet*
10 *Fulbert*

11 Stanislas*
12 *Jules Ier*
13 Martin Ier*
14 *Herménégilde*
15 *Lydwine*
16 *Benoît-Joseph Labre*
17 *Étienne Harding*
18 *Marie de l'Incarnation*
19 *Léon IX*
20 *Alexandre*

21 Anselme*
22 *Marie-Euphrasie Pelletier*
23 Georges*
24 Fidèle de Sigmaringen*
25 Marc***
26 *Riquier*
27 Louis-Marie Grignion
  de Montfort
28 Pierre Chanel*
29 Catherine de Sienne**
30 Pie V*

MAI

1 Joseph travailleur*
2 Athanase**
3 Philippe***
  Jacques***
4 *Antonin*
5 *Hilaire d'Arles*
6 *Pélagie*
7 *Pierre de Tarentaise*
8 *Jean d'Avila*
9 *Pacôme*
10 *Solange*
11 *Épiphane*

12 Achillée*
  Nérée*
  Pancrace*
13 *André-Hubert Fournet*
14 Mathias***
15 *Michel Garicoïts*
16 *Ubald*
17 *Pascal Baylon*
18 Jean Ier*
19 *Yves*
20 Bernardin de Sienne*
21 *Pierre Célestin*

22 *Julie*
  Rita
23 *Didier*
24 *Madeleine-Sophie Barat*
25 Grégoire VII*
  Bède le Vénérable*
  Marie-Madeleine de Pazzi*
26 Philippe Neri**
27 Augustin de Canterbury*
28 *Germain*
29 *Maximin*
30 *Jeanne d'Arc*
31 Visitation de Marie***

JUIN

1 Justin**
2 Marcellin*
  Pierre*
3 Charles Lwanga*
  et ses compagnons
4 *Clotilde*
5 Boniface**
6 Norbert*
7 *Paul de Constantinople*
8 *Médard*
9 Éphrem*
10 *Anne-Marie Taïgi*
11 Barnabé**

12 *Jean de Saint-Facond*
13 Antoine de Padoue**
14 *Gérard*
15 *Germaine Cousin*
16 *Jean-François Régis*
17 *Hervé*
18 *Julienne Falconieri*
19 Romuald*
20 *Adalbert*
21 Louis de Gonzague**

22 Paulin de Nole*
  Jean (John) Fisher*
  Thomas More*
23 *Joseph Cafasso*
24 Jean-Baptiste****
  (nativité de)
25 *Guillaume de Montevergine*
26 *Maixent*
27 Cyrille d'Alexandrie*
28 Irénée**
29 Pierre et Paul****
30 Premiers martyrs
  de l'Église de Rome*

JUILLET

1 *Gall*
2 *Anatole*
3 Thomas***
4 Élisabeth de Portugal*
5 Antoine-Marie Zaccharia*
6 Marie Goretti*
7 *Félix*
8 *Adrien* ou *Hadrien III*
9 *Véronique Giuliani*
10 *Canut* ou *Knut*
11 Benoît de Nursie**

12 *Jean Gualbert*
13 Henri*
14 Camille de Lellis*
15 Bonaventure**
16 N.-D. du Mont-Carmel*
17 *Marie-Madeleine Postel*
18 *Frédéric*
19 *Arsène*
20 *Victor*
21 Laurent de Brindes*
22 Marie-Madeleine**

23 Brigitte de Suède*
24 *Christine*
25 Jacques***
26 Joachim**
   Anne**
27 *Célestin*
28 *Celse*
   Nazaire
29 Marthe**
30 Pierre Chrysologue*
31 Ignace de Loyola**

AOÛT

1 Alphonse
   de Liguori**
2 Eusèbe de Verceil*
3 *Pierre-Julien Eymard*
4 Jean-Marie Vianney**
5 Dédicace de Sainte-
   Marie-Majeure*
   Sixte II*
6 Transfiguration
   du Seigneur**
7 Dominique**
8 Gaétan*
9 *Maurille*
10 Laurent***

11 Claire**
12 *Bénilde*
13 Pontien*
   Hippolyte*
14 *Jean Berchmans*
15 Assomption
   de la Vierge****
16 Étienne de Hongrie*
17 *Hyacinthe*
18 *Hélène*
   Stanislas Kostka
19 Jean Eudes*
20 Bernard**

21 Pie X**
22 Marie, Reine**
23 Rose de Lima*
24 Barthélemy***
25 Louis*
   Joseph Calasanz*
26 *Jeanne-Élisabeth Bichier*
   des Ages
27 Monique**
28 Augustin**
29 Passion de
   Jean-Baptiste**
30 *Émilie de Vialar*
31 *Jeanne-Antide Thouret*

SEPTEMBRE

1 *Gilles*
2 *Juste*
3 Grégoire le Grand**
4 *Rosalie*
5 *Laurent Justinien*
6 *Donatien*
7 *Reine*
8 Nativité de la Vierge***
9 *Pierre Claver*
10 *Nicolas de Tolentino*
11 *Hyacinthe*
12 *Catherine de Gênes*

13 Jean Chrysostome**
14 Exaltation de la Croix***
15 N.-D. des Douleurs**
16 Corneille**
   Cyprien**
17 Robert Bellarmin*
18 *Joseph de Cupertino*
19 Janvier*
20 *Émilie de Rodat*
21 Matthieu***

22 *Maurice*
23 *Thérèse Couderc*
24 *Thomas de Villeneuve*
25 *Firmin*
26 Côme*
   Damien*
27 Vincent de Paul**
28 Venceslas*
29 Michel***
   Gabriel***
   Raphaël***
30 Jérôme**

OCTOBRE

1 Thérèse
  de l'Enfant-Jésus**
2 Anges gardiens**
3 *François Borgia*
4 François d'Assise**
5 *Foy*
6 Bruno*
7 N.-D. du Rosaire**
8 *Thaïs*
9 Denis*
  Jean Leonardi*
10 *Théophile d'Antioche*
11 *Nectaire d'Autun*

12 *Séraphin*
13 *Édouard*
   Gérard Majella
14 Calixte*
15 Thérèse d'Avila**
16 Hedwige*
   Marguerite-Marie
   Alacoque*
17 Ignace d'Antioche**
18 Luc***
19 Isaac Jogues*
   et ses compagnons
   Paul de la Croix*

20 *Pierre d'Alcantara*
21 *Hilarion*
22 *Irène*
23 Jean de Capistran*
24 Antoine-Marie Claret*
25 *Crépin*
26 *Didier*
27 *Frumence*
28 Simon***
   Jude***
29 *Marcel, soldat*
30 *Alphonse Rodriguez*
31 *Quentin*

NOVEMBRE

1 Tous les saints
  (Toussaint)****
2 Commémoration de tous
  les fidèles défunts****
3 Martin de Porrès*
4 Charles Borromée**
5 *Théodore*
6 *Léonard*
7 *Ernest*
  Willibrord
8 *André Avellin*
9 Dédicace de la basilique
  du Latran***

10 Léon le Grand**
11 Martin**
12 Josaphat**
13 *Didace*
14 *Edmond*
15 Albert le Grand*
16 Marguerite d'Écosse*
   Gertrude*
17 Élisabeth de Hongrie**
18 Dédicace des basiliques
   Saint-Pierre et Saint-
   Paul*

19 *Grégoire le Thaumaturge*
20 *Odon*
21 Présentation de la Vierge**
22 Cécile**
23 Clément*
   Colomban*
24 *Chrysogone*
25 *Albert de Louvain*
26 *Léonard de Port-Maurice*
27 *Maxime de Riez*
28 *Joseph Pignatelli*
29 *Saturnin*
30 André***

DÉCEMBRE

1 *Éloi*
2 *Bibiane*
3 François Xavier**
4 Jean Damascène*
5 *Sabas*
6 Nicolas*
7 Ambroise**
8 Immaculée-
  Conception****
9 *Pierre Fourier*
10 *Eulalie*
11 Damase*

12 Jeanne-Françoise
   de Chantal*
13 Lucie ou Luce**
14 Jean de la Croix**
15 *Odile*
16 *Adélaïde*
17 *Lazare*
18 *Gatien*
19 *Urbain V*
20 *Eugène*

21 Pierre Canisius*
22 *Flavien*
23 Jean de Kéty*
24 *Dominique de Silos*
25 Nativité du Seigneur****
26 Étienne***
27 Jean***
28 Innocents (saints)***
29 Thomas Becket*
30 *Jean-François Régis*
   Catherine Labouré
31 Silvestre*

Phot. Lauros-Giraudon

Nos ancêtres aimaient représenter Anne avec ce visage grave et doux, reflet d'une âme tout occupée à accomplir la volonté de Dieu. Sainte Anne et la Vierge. Bois polychrome, début du XVIᵉ siècle. Musée Denon, Chalon-sur-Saône.

ABDON et **SENNEN,** martyrs romains (IIIe s.). Il est curieux de constater que ces martyrs romains, dont l'existence est avérée, sont reliés au cycle d'un martyr lointain et d'historicité indécise : Polychronius, évêque de Babylone. Cela dit, il faut avouer qu'on sait peu de choses précises sur Abdon et Sennen, dont le culte est attesté dès 354. Leur nom indique une origine orientale. Il est probable qu'ils ont été martyrisés sur la voie de Porto, à Rome, où fut bâtie une église en leur honneur. — Fête locale le 30 juillet.

ABEL, archevêque de Reims († Lobbes v. 750). Moine d'origine scote de l'abbaye de Lobbes, Abel succéda à saint Rigobert sur le siège archiépiscopal de Reims, probablement en 743. Il mourut à Lobbes car l'un des prétendants à l'archevêché de Reims, Milan, l'avait évincé. — Fête locale le 5 août.

ABRAHAM, moine auvergnat († Saint-Cirgues v. 480). Chrétien d'origine perse, il fuit son pays où sévit la persécution sassanide et s'établit dans un ermitage, près de Clermont d'Auvergne. Sa cellule devient le noyau d'un monastère dédié à saint Cyr ou Cirgues. Sidoine Apollinaire lui composa une épitaphe en vers. On invoqua saint Abraham pour la guérison de la fièvre; à Saint-Cirgues on fréquenta longtemps une source miraculeuse dite Font de saint Abraham. — Fête locale le 15 juin.
— Il y a neuf autres **Abraham** honorés comme saints.

ACACE, évêque d'Antioche de Pisidie († v. 250). Les Actes de saint Acace constituent le compte rendu de procès pour christianisme qui présente l'originalité de se terminer par un acquittement, l'empereur Dèce ayant admiré le ton loyal avec lequel Acace s'était exprimé devant le consulaire Marcien. Il n'est pas question de voir dans ces Actes une fiction, mais les difficultés sont sérieuses et le départ est malaisé de ce qui revient à l'histoire et de ce que les arrangeurs ont introduit de leur chef dans la source primitive, perdue depuis longtemps. On ignore combien de temps Acace survécut à son acquittement. — Fête locale le 31 mars.
— Trois autres martyrs des premiers siècles s'appellent aussi **Acace.**

ACHILLÉE (ou **ACHILLE**) et **NÉRÉE,** martyrs (date indéterminée). Le culte de ces deux saints est très ancien à Rome. Dès la fin du IVe s., on y trouve une basilique souterraine, qui leur est dédiée, mais il est impossible de fixer la date de leur martyre. Selon leurs Actes, Nérée et Achille étaient des eunuques convertis par saint Pierre. Devenus chambellans de Flavia Domitilla, ils l'auraient encouragée à demeurer vierge, ce qui causa leur mort. Une autre version, plus sûre, veut qu'ils aient été frères et soldats : ils auraient appartenu sous Néron aux cohortes prétoriennes. — Fête le 12 mai.
— Autres saints **Achillée** ou **Achille :** trois.

ADALBERT ou **ALBERT de Bohême,** évêque de Prague (v. 956-près de

15

Fischhausen, Rybaki, 997). Issu d'une grande famille de Bohême, Vojtèch passe neuf ans auprès de l'archevêque de Magdebourg Adalbert qui le confirme et lui donne son nom. En 981 il reçoit la prêtrise des mains de l'évêque de Prague, Ditmar, qui meurt bientôt (982) et auquel il succède (983). Peu soutenu par le duc de Bohême Boleslas II, Adalbert quitte son siège, fonde le monastère de Brevnov, près de Prague, et entre au monastère romain de Saint-Alexis. Mais le pape Jean XV l'oblige à sacrifier son goût de la solitude pour se consacrer à l'évangélisation des Prussiens. Sur la route, Adalbert s'arrête en Hongrie et baptise le prince Géza et son fils Vajk qui reçoit le nom d'Étienne*. Parvenu chez les Prussiens, il est massacré avec la plupart de ses compagnons le 23 avril 997. Son corps, racheté par le duc de Pologne, Boleslas le Vaillant, est inhumé à Gniezno puis ramené à Prague (1039). — Fête le 23 avril.

— Il faut mentionner les trois autres saints **Adalbert** : un abbé d'Echternach, mort en 714 (fête locale le 20 juin); un archevêque de Magdebourg, mort en 981 (fête locale le 20 juin); un compagnon de saint Willibrord dans la mission de Frise (fête locale le 25 juin).

ADÉLAÏDE, impératrice (v. 931 - monastère de Seltz, Alsace, 999). Fille du roi Rodolphe II de Bourgogne transjurane et d'Arles, elle épouse, en 947, le roi Lothaire d'Italie. Mais, dès 950, celui-ci meurt, sans doute empoisonné par son rival Bérenger. Adélaïde s'enfuit et se met sous la protection d'Otton Ier, roi de Germanie et bientôt roi d'Italie, qui l'épouse (951). En 962, elle devient la première impératrice du Saint Empire romain germanique. Mère de quatre enfants, dont le futur empereur germanique Otton II, qui épousera la fille de Nicéphore Phokas, Théophano, elle emploie son crédit auprès de l'empereur en faveur de l'Église et des pauvres; elle favorise particulièrement le développement du mouvement clunisien. A la mort d'Otton Ier, Adélaïde se retire chez son père, en Bourgogne (973); mais la mort de son fils (983) et de sa bru (991) la rappelle en Allemagne, où

elle dirige les affaires jusqu'à la majorité de son petit-fils Otton III (996). Elle meurt au cours d'une visite au monastère de Seltz, qu'elle a fondé. — Fête locale le 16 décembre.

— Deux saintes moniales du Moyen Age portent aussi le nom d'**Adélaïde.**

ADRIEN, martyr à Nicomédie († v. 303). Adrien fut torturé et martyrisé sous Dioclétien avec vingt-trois autres chrétiens. Son culte se répandit en Occident en même temps que celui de sainte Nathalie, autre martyre de Nicomédie. Très populaire en Flandre et en Hainaut au Moyen Age, saint Adrien était l'un des cinq saints que l'on invoquait contre la peste. — Fête locale le 8 septembre.

— Parmi les dix autres saints — presque tous martyrs — portant ce nom, il faut signaler **Adrien** (ou **Hadrien**) **III,** pape de 884 à 885, mentionné au martyrologe romain le 8 juillet.

AGATHE, martyre sicilienne (IIIe s.). Son histoire ne nous est connue que par des Actes tardifs. La tradition veut que, issue de l'aristocratie de Catane ou de Palerme, Agathe ait résisté aux avances du consulaire Quintianus. Elle fut alors affreusement torturée : on lui coupa les seins, mais l'intercession de saint Pierre l'aurait momentanément guérie. Son culte devint tout de suite populaire, en particulier à Catane, ville qu'elle protégea d'une éruption de l'Etna. Le pape Symmaque lui consacra une basilique sur la voie Aurélienne. Par la suite, deux autres églises lui furent dédiées à Rome. Le canon de la messe porte son nom. Le miracle dont elle fut l'objet de son vivant a fait d'elle la patronne des nourrices. On l'invoque aussi contre le feu. — Fête le 5 février.

AGATHON, pape de 678 à 681 (en Sicile, fin du VIe s.-Rome 681). Successeur de Donus sur le trône pontifical (678), il reçoit la soumission de l'archevêque de Ravenne, Théodore, qui met ainsi fin à une autocéphalie condamnée par Rome. Agathon se préoccupe particulièrement du sort de l'Église anglo-saxonne : il reçoit paternellement l'abbé de Wearmouth,

Benoît* Biscop, et rétablit sur son siège l'archevêque d'York, Wilfrid*, indûment déposé par Théodore* de Canterbury. L'empereur d'Orient Constantin IV lui ayant écrit pour le prier d'envoyer auprès de lui des délégués à un concile qui condamnerait le monothélisme, Agathon ne s'y décida qu'après avoir consulté les évêques d'Italie et les clercs romains : ceux-ci rédigèrent une profession de foi, souscrite par 125 évêques, et qui rejeta les doctrines monothélites. C'est en septembre 680 que l'ambassade pontificale parvint à Constantinople : Agathon mourut quelques mois plus tard, avant la fin du concile. Saint Agathon est le patron de Palerme. — Fête locale le 11 janvier.

AGNÈS, martyre romaine (IVe s.). Il est malaisé de démêler, dans la vie de cette sainte — l'une des plus populaires martyres chrétiennes —, les éléments historiques et ce qui émane de la «légende dorée», car les Actes qui nous l'ont transmise comptent bien des faits dont l'authenticité est douteuse.
On peut cependant tenir pour certain qu'il s'agit d'une très jeune fille — 12 ou 13 ans —, qui préféra la mort à la perte de la virginité. Son nom figure déjà dans la *Depositio martyrum* de 354, et la basilique qui lui fut dédiée est d'époque constantinienne.
L'essentiel est qu'Agnès soit restée, dans la tradition chrétienne, la gardienne et le symbole de la pureté. C'est ce qui ressort des magnifiques antiennes et répons de son office, de l'hymne que lui consacra le poète Prudence et du panégyrique que saint Ambroise inséra dans son traité *De virginibus* (377).
C'est au jour de la fête de sainte Agnès que sont bénits chaque année, dans sa basilique, les deux agneaux dont la laine sert à tisser les pallium, manteaux d'honneur destinés aux archevêques. — Fête le 21 janvier.
— Autres saintes bienheureuses du même nom : dix, dont la dominicaine **Agnès de Montepulciano** († 1317) [fête locale le 20 avril].

ALBERT de Bohême. V. *Adalbert.*

ALBERT le Grand, dominicain, docteur de l'Église (Lauingen, Souabe, v. 1200-Cologne 1280). Dès son adolescence, Albert de Bollstaedt est envoyé par son père, petit seigneur féodal, aux écoles de Padoue. Là, il entre dans le jeune ordre des Prêcheurs (1223). Après avoir enseigné à Cologne, Hildesheim, Fribourg-en-Brisgau, Ratisbonne, Strasbourg, il est envoyé, en 1245, à l'Université de Paris — foyer à rayonnement international — pour y diriger l'une des deux chaires du collège universitaire des Dominicains. C'est là que, de 1244 à 1248, tout en enseignant la théologie, il commence la rédaction de son encyclopédie scientifique et philosophique, sur la base d'une étude d'Aristote, dont les ouvrages pénètrent alors l'enseignement et la haute culture. «Entreprise audacieuse, qui fait sensation non seulement par la nouveauté de son objet et de sa méthode, mais parce que la lecture publique des écrits d'Aristote a été à plusieurs reprises interdite par l'Église.» (M.D. Chenu.)
En 1248, Albert est nommé premier régent du *Studium generale* de Cologne, récemment érigé; il y est le maître de Thomas* d'Aquin. Cologne devient son port d'attache, ce qui explique qu'on l'a longtemps appelé Albert de Cologne. Prieur provincial d'Allemagne (1254-1257), il séjourne à Rome avant de participer au chapitre général de Valenciennes, où sont organisées les études de l'ordre des Prêcheurs. Évêque de Ratisbonne en 1260, Albert résilie sa charge dès 1262, s'estimant plus utile sur le terrain de la recherche théologique et philosophique. Après avoir prêché la croisade en Allemagne et en Bohême (1263-1264), et accompli diverses missions, il reprend son enseignement à Cologne, où il meurt.
Doctor universalis, Albert laisse une œuvre philosophique et théologique prodigieuse, qui embrasse toute la réalité : son intention est de rendre intelligible aux Latins tout le capital des diverses disciplines enseignées par Aristote. Le développement autonome des sciences profanes prend toute sa signification chez Albert le Grand, qui y voit l'équilibre de la foi.

Cette position suscita bien des attaques, celles-ci atteignirent plus vivement le plus cher disciple d'Albert, Thomas d'Aquin. Mais le maître de Cologne défendit jusqu'au bout son élève. Béatifié en 1622, canonisé et proclamé docteur de l'Église en 1931. — Fête le 15 novembre.

ALBERT de Louvain, évêque de Liège (v. 1116-Reims 1192). Frère cadet du duc Henri Ier de Brabant, Albert participe à la croisade en Terre sainte (1188). A son retour, comblé de titres, archidiacre du Brabant, il succède, sur le siège épiscopal de Liège, à Raoul (1191). L'installation sur l'important siège de Liège d'un Brabançon inquiète l'empereur Henri VI, qui lui oppose son candidat, Lothaire de Hochstaden. Albert se rend alors à Rome, où l'on reconnaît ses droits. Le pape charge même l'archevêque de Reims de sacrer le jeune évêque élu de Liège, qui n'est encore que sous-diacre. L'ordination et la consécration épiscopale ont lieu à Reims le 20 septembre 1192. Deux mois plus tard, au cours d'un pèlerinage à la tombe de saint Remi, Albert est assassiné par deux chevaliers allemands, qui se sont présentés à lui comme des exilés. Cette mort le fera comparer à saint Thomas* Becket.
En 1612, l'archiduc Albert obtint qu'on transférât les reliques de son saint patron de Reims à Bruxelles. Mais on se trompa de corps, et ce n'est qu'en 1921, sous le règne d'Albert Ier de Belgique, que les restes de l'évêque de Liège regagnèrent la Belgique. — Fête locale le 25 novembre.
— Autres saints ou bienheureux de même nom : quinze.

ALDEGONDE, vierge († Maubeuge 684). Issue d'une famille noble du Hainaut, elle refuse un mariage préparé par ses parents et se retire à l'abbaye de Mons, puis dans un ermitage qui deviendra le monastère double de Maubeuge. Tout un cycle familial d'hagiographie s'est développé autour d'Aldegonde et de sa sœur sainte Waudru, abbesse de Mons. Des Vies successives ont embelli de légendes l'histoire d'Aldegonde. La sainte, dont les reliques sont conservées en l'église de Maubeuge, est la patronne de cette ville.
— Fête locale le 30 janvier.

ALEXANDRE Ier, pape de 105 à 115. Un ancien hagiographe a confondu ce pape avec un homonyme, martyrisé sur la voie Nomentane, à Rome. On lui a donc attribué une Passion de type classique.
D'après le *Liber pontificalis,* Alexandre, Romain d'origine, succéda en 105 au pape Évariste et occupa le siège apostolique durant dix ans. On lui attribue certaines pratiques liturgiques, comme de mêler un peu d'eau au vin dans le calice pour la célébration de la messe. Alexandre mourut probablement martyr. — Fête locale le 3 mai.
— Quarante-six autres saints (dont trente martyrs des premiers siècles) portent le nom d'**Alexandre.** Il faut signaler : un martyr à Lyon en 177 (fête locale le 20 avril); un évêque d'Alexandrie († 328), honoré localement le 26 février; un évêque de Jérusalem du IIIe s. (fête locale le 18 mars); un patriarche de Constantinople, mort en 340 (fête locale le 28 août), et encore : **Alexandre le Charbonnier** (IIIe s.), évêque de Comana (fête locale le 11 août), et **Alexandre Sauli** (1534-1592), un barnabite, évêque d'Aléria en Corse (fête locale le 11 octobre).

ALEXIS, mendiant à Rome (ve s.). Il semble certain que, au milieu du ve s., l'hôpital d'Edesse hébergea un ascète mendiant qu'un beau jour on trouva mort : le bruit courut alors qu'il était le fils d'un patricien romain qui avait rompu ses fiançailles pour se vouer à Dieu.
Sur ce récit vinrent se greffer des légendes accréditées par une Vie grecque de saint Alexis, puis par une Vie latine. Selon ces légendes, qui inspirèrent au Moyen Age de nombreuses œuvres littéraires — notamment le grand poème de la *Vie de saint Alexis* (XIe s.) —, la nuit de son mariage Alexis, avec le consentement de son épouse, se serait embarqué pour la Syrie : il vécut à Edesse, comme·un mendiant, durant dix-sept ans. La vénération dont on finit par l'entourer l'aurait incité à s'embarquer pour Tarse, mais un naufrage le jeta sur les côtes de l'Italie. Il rentra donc à Rome, où ses parents vivaient encore : il se présenta à eux sans se faire connaître, demandant qu'on

lui permît de vivre sous un escalier. Ce qui lui fut accordé : dix-sept nouvelles années s'écoulèrent ainsi, Alexis vivant d'une manière très austère et supportant sans plaintes les brimades des serviteurs de la maison. Il mourut sous son escalier, et c'est alors seulement que les siens le reconnurent. Cette Vie merveilleuse et touchante est vraisemblablement inspirée par la Passion de saint Julien*. Le nom de saint Alexis a disparu du nouveau calendrier romain. — Ancienne fête le 17 juillet.
— Autres saints et bienheureux du même nom : quatre.

ALEXIS Falconieri. V. *Sept fondateurs de l'ordre des Servites.*

ALFRED le Grand, roi de Wessex (Wantage, Berkshire, 849-† 889). Fils d'Aethelwulf, il succède à son frère Aethelraed en 871. Il a passé une partie de son enfance à Rome, auprès du pape Léon IV, qui l'a nommé consul romain. Après une lutte acharnée contre les Danois, il obtient le baptême de leur roi Gunthorm, dont il est le parrain. Alfred restaure l'autorité royale et ranime l'Église anglo-saxonne, attirant le prieur de Saint-Bertin, faisant mettre à la disposition des clercs des ouvrages en latin. Lui-même traduit plusieurs livres essentiels, tels que l'*Histoire ecclésiastique* de Bède, les œuvres de saint Augustin et de saint Grégoire le Grand. Il collabore par ailleurs à la *Chronique saxonne.*
On a parfois comparé ce prince à Charlemagne. Mais son culte n'a jamais été ratifié officiellement par l'Église.
— Fête locale le 28 octobre.

ALIX Le Clerc (bienheureuse), fondatrice de la Congrégation de Notre-Dame (Remiremont 1576-Nancy 1622). Attirée par la vie parfaite, elle prit comme confesseur le curé de Mattaincourt, Pierre* Fourier. Encouragée par ce dernier, elle jeta les bases d'une nouvelle famille religieuse destinée à l'instruction des enfants pauvres : la congrégation de Notre-Dame, dont la première maison fut fondée à Poussay. Les sœurs s'installèrent à Mattaincourt en 1599, à Nancy en 1603 : cette année-là, Alix reçut la bulle qui reconnaissait officiellement l'existence de son institut. Cependant, les difficultés s'accumulant, les premières professions n'eurent lieu qu'en 1618. Alix Le Clerc mourut à Nancy — où, en dernier lieu, elle avait été supérieure —, le 9 janvier 1622. Béatifiée en 1947. — Fête locale le 9 janvier.

ALPHONSE de Liguori, fondateur des Rédemptoristes (Marianella, près de Naples, 1696-Nocera dei Pagani 1787). Alphonse appartient à la haute aristocratie napolitaine. Il fait des études brillantes et, sous l'influence de sa mère, acquiert une vive piété. Docteur en droit à seize ans, une erreur commise involontairement dans une plaidoirie le détourne du barreau. Il décide alors de consacrer sa vie à Dieu; en 1723, il prend la soutane; en 1726, il est ordonné prêtre. Après avoir songé à l'Oratoire, Alphonse s'oriente vers l'apostolat dans les milieux populaires, très ignorants, à Naples et aux environs. Bientôt, le jeune missionnaire connaît un succès considérable. En 1731, il réforme une communauté de moniales, qui va constituer le noyau de l'ordre des Rédemptoristines. L'année suivante, Alphonse jette les bases d'une congrégation de clercs vouée aux missions populaires : c'est la congrégation du Très-Saint-Rédempteur, destinée à un grand développement et dont les membres — pères et frères — sont connus sous le nom de rédemptoristes.
Tout en donnant ses structures à la jeune congrégation (elle sera approuvée en 1750), Alphonse de Liguori lui forge un esprit qui est, pour le religieux, de reproduire aussi parfaitement que possible l'image du Rédempteur dans sa manière de vivre et d'annoncer l'Évangile. D'autre part, le fondateur poursuit — dans le royaume de Naples comme dans les États pontificaux — sa mission de prédicateur et de confesseur. Il écrit aussi, surtout après 1745. En 1762, Clément XIII l'oblige à accepter la charge d'évêque de Sainte-Agathe-des-Goths, évêché italien misérable, accablé par les abus de toutes sortes.

Alphonse se montre un pasteur plein de zèle, infiniment charitable, mais intraitable à l'égard de toutes les formes du mal. Il a 72 ans quand l'infirmité s'abat sur lui sous forme de cyphose sénile : elle n'empêche pas le vieillard au corps tout contourné d'observer jusqu'au bout le vœu qu'il fait de ne perdre aucun moment de sa journée.

Déchargé de son évêché en 1775, Alphonse connaît d'amères épreuves morales au sein même de sa congrégation, un moment menacée d'anéantissement. Quand il meurt, le 1er août 1787, sa réputation de sainteté est universelle. Béatifié en 1816, canonisé en 1839, il sera proclamé docteur de l'Église en 1871. Saint Alphonse de Liguori a laissé une œuvre considérable : des traités d'apologétique et de dogmatique, des écrits spirituels — notamment le *Grand Moyen de la prière* —, et surtout une importante *Théologie morale* (1748). L'influence du saint fut grande : « docteur de la morale », il a fait reculer le jansénisme en Italie et délivré la morale chrétienne d'un rigorisme desséchant. D'autre part, il a fortement renouvelé la dévotion chrétienne, la tournant notamment vers l'Eucharistie et vers la Vierge. — Fête le 1er août (anciennement le 2 août).

— Huit autres saints ou bienheureux portent le nom d'**Alphonse**. Il faut citer le jésuite **Alphonse Rodriguez** (Ségovie 1531-Majorque 1617), mystique célèbre, honoré localement le 30 octobre.

AMADOUR, ermite en Quercy (date indéterminée). Sur ce saint, on ne sait rien d'assuré. Les uns ont fait de lui un ermite ayant vécu dans une grotte près du ravin de l'Alzou; d'autres l'ont identifié avec saint Amateur d'Auxerre; un érudit a cru voir en lui un prêtre romain du début du vie s. venu mourir à Rocamadour, dont le nom, en tout cas, veut dire « roche d'Amadour ».

En 1162, on crut avoir découvert les restes du saint, dont le tombeau devint un centre de pèlerinage extrêmement fréquenté. Dès lors, les légendes proliférèrent autour de saint Amadour : juif de Palestine, il aurait été un serviteur de Marie et l'aurait donc aidée à élever Jésus; au xiiie s., on vit en lui le mari de Véronique, qui, devenu veuf, se serait fait ermite à Rocamadour; au xve s., on l'identifia avec Zachée. — Fête locale le 20 août.

AMAND, évêque de Tongres-Maastricht (au pays d'Herbanges, bas Poitou, v. 584-monastère d'Elnone 676 ou 679). On a attribué la Vie de saint Amand à son disciple Baudemond, celui à qui il dicta son testament; en fait, cette Vie date du viiie s. : elle n'en contient pas moins nombre de détails authentiques et utiles.

Moine à l'île d'Yeu, ermite à Bourges, Amand amorce ensuite l'extraordinaire ministère itinérant, qui va faire de lui l'apôtre de la Belgique et de ce qui sera le nord de la France. La double influence de Rome et de l'Irlande missionnaire est patente dans sa vie. En 629, il devient évêque, mais sans poste fixe. Amand évangélise la Flandre maritime (Gand), passe chez les Slaves danubiens, revient aux bouches de l'Escaut (Anvers) : grâce aux subsides des rois mérovingiens, et notamment de Dagobert, il peut racheter aux Germains nombre de captifs, qui vont former des communautés chrétiennes.

Vers 646, Amand est élu évêque de Tongres, siège alors transféré à Maastricht; mais son peu de goût pour la vie sédentaire, les vices de son clergé et la médiocre ferveur des fidèles l'incitent à se démettre (649) et à reprendre sa vie itinérante, tout en assurant les fruits de l'évangélisation par la fondation de monastères : à Gand, Marchiennes, Renaix, et surtout à Elnone, sur la Scarpe, ville du Hainaut qui deviendra célèbre sous le nom de Saint-Amand-les-Eaux. C'est dans cette abbaye, promise à un grand renom, qu'il rend le dernier soupir. Son culte se répandit aussitôt dans le nord de l'Europe. — Fête locale le 6 février.

— Neuf autres saints portent le nom d'**Amand**. Les plus importants sont deux évêques : **Amand,** 3e évêque de Bordeaux (ve s.), fêté localement le 18 juin; **Amand,** 1er évêque de Strasbourg († apr. 346), fêté localement le 26 octobre. Trois autres ermites en France.

AMBROISE, évêque de Milan, docteur de l'Église (Trèves v. 340-Milan 397). Fils du préfet du prétoire des Gaules, Ambroise, très tôt orphelin, fait ses études à Rome. Entré dans l'Administration, il s'attache au préfet du prétoire d'Italie, qui l'envoie à Milan avec le titre et les fonctions de consulaire pour la province de Ligurie-Émilie.

Quand meurt l'évêque arien de Milan, Auxence, l'élection de son successeur donne lieu à des troubles qui provoquent l'intervention d'Ambroise. Celui-ci prêche la paix avec tant d'éloquence qu'on l'acclame évêque; l'empereur ratifie ce choix. Ambroise n'étant encore que catéchumène, on le baptise avant qu'il soit consacré (374). Sans formation spécifique, il apprend le grec et cultive la théologie et les belles-lettres. Désormais bien armé, Ambroise s'impose comme pasteur et comme docteur. Il s'oppose énergiquement à Symmaque, qui réclame le maintien dans le sénat de l'autel païen de la Victoire (384). A la suite du massacre de Thessalonique (390), il n'hésite pas à interdire à l'empereur Théodose l'entrée de Milan, et ne l'admet à la communion qu'après une longue expiation. Par son intervention énergique en un temps où Milan est résidence impériale, il contribue à subordonner l'État à l'Église dans leurs rapports communs. Il aide à la conversion de saint Augustin*, qu'il baptise.

Évêque avant tout, Ambroise multiplie les prédications, où son éloquence fournit un appui à sa foi et à son zèle. Quant à ses nombreux écrits — exégétiques, moraux, doctrinaux —, ils sont avant tout pratiques, destinés à l'instruction et à l'édification. Il faut en détacher les nombreux traités sur la virginité chrétienne et ceux qui sont destinés à réfuter l'arianisme *(De fide ad Gratianum),* et aussi une vaste correspondance qui reflète l'histoire du temps. Les circonstances ont fait d'Ambroise un liturgiste. Pour occuper la foule investie avec lui dans la basilique Porciana par les soldats de Valentinien II, qui lui suscitait un compétiteur arien (386), il lui apprit le chant alternatif, des hymnes par lui composées et des psaumes (avec refrain) d'origine orientale. D'autre part, la découverte qu'il fit de plusieurs corps de saints (Gervais et Protais, Vital et Agricola, Nazaire) provoqua un grand développement du culte des reliques en Occident. Saint Ambroise est considéré, avec saint Augustin, saint Jérôme et saint Grégoire, comme l'un des quatre grands docteurs de l'Église latine. — Fête le 7 décembre.

— Autres saints et bienheureux de ce nom : treize.

ANASTASE, moine et martyr persan († 628). Fils d'un mage de la région de Rasnouni, en Perse, il entre dans l'armée et participe à plusieurs campagnes menées par Chosroès contre les Romains. La fréquentation de Chrétiens l'amène à embrasser leur religion et à se faire moine à Jérusalem. Avide de martyre, il obtient la permission de se rendre à Césarée de Palestine dont la garnison est tenue par les Perses : ceux-ci, sourds à ses prédications, le font torturer et exécuter. Il semble bien que les écrivains grecs aient quelque peu romancé sa vie. — Fête locale le 22 janvier.

— Autres saints du même nom : dix-neuf, dont **Anastase Ier** : pape de 399 à 401.

ANASTASIE, martyre du IVᵉ s. Tout comme pour saint Chrysogone*, on a fait d'Anastasie un personnage d'une Passion cyclique où l'on a tenté de la relier artificiellement à Rome; en Grèce même, les synaxaires ont dédoublé et embrouillé inextricablement les Anastasie.

Notre sainte appartient à un groupe de martyrs dont on fait mémoire au cours de la seconde messe de Noël; elle a probablement été martyrisée à Sirmium au début du IVᵉ s. — Fête locale le 25 décembre.

— Deux autres **Anastasie** furent martyres à Rome.

ANATOLE, évêque de Laodicée de Syrie (IIIᵉ s.). Originaire d'Alexandrie, il est sacré par l'évêque de Césarée, qui le prend pour coadjuteur. Se rendant à Antioche pour un concile, il passe par Laodicée de Syrie, dont l'évêque vient de mourir. La population force Anatole à occuper le siège vacant. On a de lui des ouvrages relatifs à la Pâque. — Fête locale le 2 juillet.

— Quatre autres saints portent le nom d'**Anatole**; parmi eux : un ermite à Salins (Ve s.), honoré localement le 3 février.

ANDÉOL, sous-diacre, martyr, apôtre du Vivarais († Bergoïata [Bourg-Saint-Andéol] 208). La Passion de ce saint populaire est très douteuse, étant de basse époque. Andéol serait venu de Smyrne en Gaule, envoyé par saint Polycarpe. De Carpentras, il aurait remonté le cours du Rhône et organisé une chrétienté à Bergoïata, là où se développera Bourg-Saint-Andéol (Ardèche). Septime-Sévère se rendant en Bretagne l'aurait fait arrêter et décapiter. Le corps du martyr, jeté dans le Rhône, aurait été recueilli et placé dans un sarcophage par une veuve nommée Tullia. — Fête locale le 1er mai.

ANDRÉ, apôtre (Ier s.). Son nom signifie en grec « courageux ». Pêcheur de son état, André a un frère, Simon; tous deux habitent Capharnaüm. Alors qu'ils jettent leurs filets dans le lac de Tibériade, Jésus les convie à le suivre. André forme, avec Simon-Pierre, Jacques et Jean, le groupe des disciples privilégiés du Maître. Le 4e Évangile nous apprend en outre qu'André fut d'abord disciple de Jean-Baptiste, qui lui désigna Jésus comme l'« Agneau de Dieu ». Enthousiasmé à la suite d'un entretien avec Jésus, André amena son frère au Maître. On retrouve André lors de l'épisode de la multiplication des pains; c'est lui également qui sert d'introducteur à ceux, parmi les Grecs, qui souhaitent rencontrer Jésus.

Comme pour les autres apôtres, les récits apocryphes abondent sur saint André. Il existe même des *Actes d'André et de Mathias*, qui sont un tissu de légendes. André aurait été mis en croix en Achaïe : durant une agonie qui aurait duré deux ou trois jours, il n'aurait cessé d'exhorter les témoins de son supplice.

Ses reliques furent transférées à Constantinople en 357. Une église lui fut consacrée à Rome au ve s.; un de ses bras fut déposé plus tard au monastère romain de Saint-André. L'apôtre est à la fois le patron de la Russie et de l'Écosse. Quant à la croix de Saint-André, en forme de X, semblable à celle sur laquelle l'apôtre mourut, elle ne semble pas avoir été associée au culte du saint avant le xive s. — Fête le 30 novembre.

ANDRÉ Avellin, religieux théatin (Castro Nuovo, Basilicate, 1521-Naples 1608). Lancellotto (Lancelot) prend l'habit clérical à l'âge de 16 ans; il est ordonné prêtre à 24 ans. Sa formation de juriste le fait désigner comme avocat ecclésiastique. Mais la rencontre du P. Lainez, futur général de la Compagnie de Jésus, l'incite à se « convertir ». En 1556, il entre dans la société cléricale des Théatins, où il prend le nom d'André. Bientôt, il est nommé maître des novices. Profès (1558), il est désigné, en 1567, comme supérieur de Saint-Paul-le-Grand, à Naples. Ses supérieurs le chargent d'organiser les fondations de Milan, puis de Plaisance. Dans cette dernière ville, on lui confie le séminaire fondé selon les directions du concile de Trente; il devient en outre pénitencier du diocèse (1571).

Dans ces charges, André Avellin contribue au développement de la réforme catholique en Italie. Visiteur des maisons théatines de Lombardie, il redevient supérieur à Milan, à Plaisance (1581), puis à Naples (1582), où il mourra. On a de lui une abondante correspondance spirituelle, des traités et opuscules sur la Sainte Écriture. Canonisé en 1712. — Fête locale le 8 novembre.

ANDRÉ Bobola, jésuite polonais (Palatinat de Sandomierz 1591-Janow 1657). Entré chez les Jésuites de Wilno en 1609, il est ordonné prêtre en 1622. Recteur du collège de Bobruisk, puis professeur de théologie à Wilno, il est chargé de missions parmi les fidèles orthodoxes de Polésie. Accusé d'être un convertisseur trop zélé, un « ravisseur des âmes », il est arrêté à Janow, torturé et achevé. En 1730, son corps aurait été retrouvé intact. Il ne fut canonisé qu'en 1938, par Pie XI; ses reliques furent alors transférées de Rome à Palosk. — Fête locale le 21 mai.

ANDRÉ Corsini, religieux carme (Florence 1302-Fiesole 1373). Membre de l'illustre famille florentine des Corsini, il connaît une adolescence orageuse. A la suite d'une violente dispute avec ses parents, il se convertit brusquement et entre chez les Carmes : il a 15 ans. Durant plus d'un demi-siècle, André va mener la vie religieuse la plus austère et la plus humble, recherchant les plus basses besognes. Mais ses supérieurs le font accéder au sacerdoce (1328); ayant achevé ses études à Paris, il est nommé prieur du couvent de Florence. En 1348, il est prieur de la province carme de Toscane. Ayant été élu évêque de Fiesole (1349), son humilité s'affole : il s'enfuit à la Chartreuse d'Euna, où on le découvre; il est alors intronisé. Pasteur zélé, André Corsini est resté célèbre comme médiateur et négociateur durant les années troubles qui précédèrent le grand schisme d'Occident. C'est durant la messe de Noël 1372 que la maladie le frappa; c'est le jour de l'Épiphanie qu'il mourut. Urbain VIII le canonisa en 1629. Les reliques d'André Corsini sont vénérées en l'église du Carmel à Florence. — Fête locale le 4 février.
— Autres saints et bienheureux du même nom : quarante-deux. Parmi eux : **André-Hubert Fournet** (1752-1834), prêtre français, canonisé en 1933 (fête locale le 13 mai).

ANGÈLE de Foligno (bienheureuse), mystique italienne (Foligno 1248-*id.* 1309). Voici, à côté de sainte Catherine de Sienne et de sainte Catherine de Gênes, l'une des plus brillantes incarnations de l'idéal franciscain à la fin du XIIIe s.
Ayant perdu coup sur coup son mari et ses enfants, Angèle entra dans le tiers ordre de Saint-François (1291). Peu après, elle eut pour la première fois la connaissance expérimentale de la Sainte Trinité; son confesseur, le franciscain Arnaud de Foligno, consigna ses révélations dans un *Mémorial*, ou *Livre des visions et instructions d'Angèle*, qui constitue l'un des sommets de la littérature mystique catholique. Le culte immémorial rendu à Angèle de Foligno fut approuvé par l'Église en 1701 et 1709. — Fête locale le 4 janvier.

ANGÈLE Merici, fondatrice de l'ordre des Ursulines (Desenzano 1474-Brescia 1540). Orpheline à quinze ans, elle vit à Salo, près de son oncle : elle y revêt l'habit du tiers ordre de Saint-François. En 1494, elle revient à Desenzano chez ses frères. Vers 1497, dans une vision, Angèle entrevoit sa vocation. Elle se voue alors, à Desenzano puis à Brescia, à la visite des pauvres, qu'elle catéchise. A partir de 1529, elle groupe sous sa direction spirituelle douze jeunes filles, qui s'adonnent aux œuvres de charité. Le 25 novembre 1535 sont jetées les bases d'une congrégation enseignante — la première en date dans l'histoire de l'Église — qui est mise sous le patronage de sainte Ursule*, d'où le nom d'Ursulines donné aux religieuses ou moniales apostoliques de cet ordre aujourd'hui répandu dans les cinq continents. La règle de l'ordre est confirmée en 1536 par l'évêque de Brescia. En 1537, Angèle est élue supérieure générale; elle meurt trois ans plus tard. Béatifiée en 1768, canonisée en 1807. — Fête locale le 31 mai.
— Deux autres saintes portent le nom d'**Angèle.**

ANICET, pape de 155 à 166. On ne sait presque rien au sujet de ce pontife d'origine probablement syrienne. Un jour, il céda la présidence de la liturgie eucharistique au vénérable évêque de Smyrne, Polycarpe. Après la mort d'Anicet, sur laquelle on ne sait rien de précis, son corps fut déposé au Vatican. Son nom a disparu du nouveau calendrier romain. — Ancienne fête le 17 avril.
— Deux autres **Anicet** sont des martyrs du IVe s.

ANNE, mère de la Vierge Marie (Ier s.). Les Évangiles canoniques ne nous fournissent aucun renseignement sur sainte Anne. Seuls les Évangiles apocryphes *(Protévangile de Jacques, Évangile du pseudo-Mathieu, Évangile de la Nativité de Marie)* parlent d'elle comme de l'épouse de Joachim et de la mère de Marie. De la tribu de Juda, Joachim et Anne seraient restés vingt ans sans postérité, et c'est un ange qui aurait donné son nom, Marie, à leur fille, considérée comme l'enfant du miracle.

Malgré l'absence totale de renseignements authentiques, le culte de sainte Anne se répandit à travers la chrétienté. A partir du XVe s., la dévotion à Marie rejaillit sur toute sa famille, et atteignit par conséquent sa mère. La Bretagne s'est particulièrement distinguée en ce domaine : elle entoure sainte Anne, sa patronne, d'une vénération qui s'exprime de maintes façons. — Fête le 26 juillet en même temps que saint Joachim*.

ANNE-MARIE Taïgi, mère de famille (Sienne 1769-*id.* 1837). Fille d'un pharmacien, cette femme s'est sanctifiée dans l'unique mais exemplaire emploi de mère de famille. Il est vrai que Dominique Taïgi donna à Anne-Marie sept enfants et que, durant des années, elle eut à sa charge ses vieux parents grincheux. Ménagère soucieuse de propreté et sachant tirer le maximum de profit de la maigre paie de son époux, passant ses jours et souvent ses nuits dans les soins de la maison et ceux de ses enfants, Anne-Marie mena une vie spirituelle très élevée; elle fut favorisée de grâces exceptionnelles et de visions, à tel point qu'on venait la consulter de loin. Elle mourut, achevée par une thérapeutique barbare, le 2 juin 1837. Son mari déposa au procès canonique sur les vertus de son épouse. Béatifiée en 1920. — Fête locale le 10 juin.

— Autres saintes et bienheureuses **Anne** ou **Anne-Marie** : seize. Parmi elles : **Anne-Marie Javouhey** (1779-1851), fondatrice de la Congrégation de Saint-Joseph de Cluny (fête locale le 15 juillet).

ANSCHAIRE (ou OSCAR), apôtre des Scandinaves (près de Corbie 801 — Brême 865). C'est d'abord par l'intermédiaire d'un chef danois, Harald Klak, réfugié chez les Francs, que le christianisme pénètre chez les Scandinaves, dans la première moitié du IXe s. Chassé, Harald veut rentrer au Danemark : cette fois, on lui adjoint un moine venu de l'abbaye de Corbie, Anschaire (826-828). Celui-ci, bientôt, passe en Suède (829-831) avant de devenir le premier évêque de Hambourg (832); Gré-

goire IV érige son siège en archevêché et nomme Anschaire légat pontifical auprès des peuples nordiques. Hélas! la destruction de Hambourg par les Danois réduit à néant l'évangélisation du Schleswig-Holstein (845); alors Louis le Pieux nomme Anschaire archevêque de Brême : celui-ci, inlassable, retourne au Danemark, puis (852-853) en Suède, où il convertit le roi Olaf. Peu de temps avant sa mort — le 3 février 865 —, le siège archiépiscopal de Brême est réuni à celui de Hambourg. Son successeur, le Picard saint Rimbert († 888), fut son très probe biographe. — Fête le 3 février.

ANSELME, archevêque de Canterbury, docteur de l'Église (Aoste 1033-Canterbury 1109). D'origine noble, il souffre très jeune du déséquilibre entre sa santé fragile et son âme ardente. La poursuite d'un maître renommé, Lanfranc, le conduit en Bourgogne, puis en Normandie. Étudiant en l'abbaye du Bec, il s'y fait bientôt moine bénédictin. En 1063, il est élu prieur du Bec. Dès cette époque, ses dons de directeur d'âmes s'allient à une activité intellectuelle extraordinaire : le *Monologion,* le *Proslogion,* des *Dialogues* remarquables — dont son célèbre *De libero arbitrio* — sont de cette époque. Déjà s'affirme sa doctrine morale de la rectitude et son argument philosophique essentiel, dit ontologique.

En 1078, Anselme succède, comme abbé du Bec, au fondateur du monastère, Herluin. Tout en continuant à écrire, le nouvel abbé déploie une grande activité : visite des prieurés de Normandie et d'Angleterre, réception de grands personnages venus le consulter, direction spirituelle d'innombrables personnes. Au cours d'un voyage outre-Manche, en 1093, il est désigné par le roi Guillaume II le Roux pour succéder à son maître Lanfranc sur le siège primatial de Canterbury. Anselme poursuit la réforme de son diocèse, mais il se heurte vite aux brutalités de Guillaume, au point que, en 1097, il s'enfuit à Rome supplier le pape de le rendre à son couvent. Urbain II refuse, mais Anselme attend la mort de Guillaume (1100) pour rentrer en Angleterre.

Le conflit rebondit avec le roi Henri Ier Beauclerc, mécontent de la politique réformiste — dans le sens strictement grégorien — de Pascal II et de l'archevêque de Canterbury : celui-ci est exilé; du Bec, il passe à Lyon. S'étant réconcilié avec le roi, Anselme rejoint son poste (1106). Il emploiera ses dernières forces aux soins de son troupeau spirituel, tout en écrivant, encore et toujours, d'une plume limpide. Théologien et philosophe au rayonnement universel et toujours actuel, Anselme a surtout attaché son nom à la preuve de l'existence de Dieu tirée de son idée seule : expérience métaphysique exceptionnelle qui « atteint le terme ultime de l'une des voies où l'esprit humain peut s'engager » (E. Gilson). Pour ses démonstrations, Anselme recourt à la dialectique, domaine alors en plein essor. Mais il faut le situer bien au-delà du domaine purement spéculatif : dans la plénitude d'une théologie monastique, fruit de la méditation et de la sainteté.

De ce point de vue, son œuvre la plus significative est peut-être *Cur Deus homo*, où le dialogue entre la logique et la foi se porte sur le mystère central de l'incarnation de Dieu pour la rédemption de l'homme, et où le pouvoir de penser Dieu s'unit intimement à l'amour, car, écrit Anselme : « Qui n'a pas cru n'expérimentera pas; qui n'aura pas expérimenté ne comprendra pas; la science de celui qui expérimente l'emporte sur la connaissance de celui qui entend. »

Anselme a été proclamé docteur de l'Église en 1720; sa fête est célébrée le 21 avril.
— Trois autres saints sont appelés **Anselme.**

ANSGAIRE. V. *Anschaire.*

ANTOINE le Grand, patriarche des cénobites (Coma [Qeman], Égypte, 250-mont Golzim, près de la mer Rouge, 356). Antoine, « père des moines d'Occident », a eu la chance, dont ne bénéficièrent pas la plupart des « pères du désert », victimes de légendes plus ou moins fantaisistes, d'avoir un biographe sûr, encore qu'enthousiaste, en la personne de son contemporain, saint Athanase*. La *Vie de saint Antoine,* écrite dès 360 par le célèbre évêque d'Alexandrie, fut traduite presque aussitôt du grec en latin par Evagre d'Antioche; si bien qu'elle connut une prodigieuse fortune dont saint Augustin* s'est fait l'écho dans ses *Confessions,* et qui explique en partie l'immense influence de saint Antoine sur le monachisme occidental. L'abus du merveilleux, des diableries et de la rhétorique chez Athanase ne peut faire oublier que son œuvre revêt une réelle autorité historique.

Issu d'une famille aisée des environs de Memphis, Antoine est orphelin à 18 ans. Inspiré par le conseil de l'Évangile, il abandonne ses richesses à la communauté villageoise — selon une coutume fréquente alors —, confie sa jeune sœur à des vierges qu'on peut bien appeler déjà des religieuses, et va s'installer dans le désert, auprès d'un vieil ascète qui l'initie à la vie érémitique (v. 270). Poussé par le désir d'un plus profond oubli, il s'éloigne et trouve abri dans un tombeau creusé dans la montagne. Là commencent les célèbres luttes contre les esprits malins qui l'incitent à la révolte et à l'impudicité, luttes qu'ont illustrées en les amplifiant aux limites du cauchemar les tableaux de Jérôme Bosch, de Teniers, de Bruegel, ou *la Tentation* de Flaubert. Saint Antoine et son cochon endiablé sont devenus inséparables dans la tradition populaire.

Courageux, Antoine fuit plus loin, dans un site encore plus sauvage, de l'autre côté du Nil, près de Meimoun : il élit domicile dans une forteresse ruinée, infestée de serpents, mais située près d'une source. Mieux : il mure sa porte (v. 285).

Mais sa réputation de sainteté court déjà le désert : les visiteurs et les disciples désireux d'entendre sa parole et de s'inspirer de son exemple assaillent sa retraite. Si bien qu'Antoine rouvre sa porte.

Alors la solitude se peuple de colonies d'ermites. Antoine s'arrête à une formule semi-cénobitique de la vie ascétique et fonde, à Pispir, à l'est du Nil, et sur la rive gauche du fleuve, vers Arsinoé, les deux premiers monastères connus. D'autres se fondent, mais Antoine, s'il les visite parfois, se refuse à leur donner une règle précise.

En 311, sous Maximin Daïa, la persécution s'abat sur les chrétiens d'Alexandrie : Antoine se rend alors dans cette ville pour soutenir la foi de ses coreligionnaires. Mais il ne tient pas à s'attarder dans la capitale égyptienne : « Les moines, déclare-t-il, s'énervent dans les villes; rentrons vite dans nos montagnes comme le poisson dans l'eau. »

Une caravane, qu'il suit, l'emmène jusque dans une petite palmeraie au pied du mont Golzim, que l'on a depuis nommé le mont de Saint-Antoine *(Deir Mar Antonios)*, à 30 milles du Nil, près de la mer Rouge. Il s'y établit et, pour vivre, cultive blé et légumes, et tresse des cordes; les nomades, d'ailleurs, le ravitaillent épisodiquement; mais les moines de Pispir, inquiets, trouvent le chemin du Golzim. A tous ceux qui veulent imiter sa vie — Macaire* et Hilarion* sont parmi les plus célèbres — Antoine enseigne l'art de lutter contre le démon.

Cependant, le zèle de Dieu le dévorant, Antoine revient, en 354, à Alexandrie combattre les Ariens : il y rencontre l'évêque Athanase, qui est l'un de ses admirateurs et qu'il défendra auprès des empereurs. On sait qu'il rendit visite aussi au grand ermite Paul, qu'il ensevelit.

Avant de mourir, le 17 janvier 356, Antoine fait promettre à ses disciples qu'on tiendra secret l'emplacement de sa tombe. De fait, le lieu de sa sépulture était encore ignoré quand Athanase écrivit sa vie. Découvert vers 561, le corps d'Antoine fut transféré en l'église Saint-Jean-Baptiste, à Alexandrie. Quand arrivèrent les Arabes, ses reliques partirent pour Constantinople et, de là, au XIe s., à La Motte-Saint-Didier (plus tard Saint-Antoine), en Dauphiné.

Cette translation n'explique pas seule la grande dévotion que la France et l'Occident vouèrent à saint Antoine. Il faut tenir compte du fait qu'on l'invoqua pour la guérison de nombreuses affections contagieuses, et notamment pour une grave inflammation dite « feu Saint-Antoine ». Le rapprochement entre le démon — compagnon fidèle de saint Antoine —, l'enfer et ce « feu » justifie probablement cette dévotion. Ainsi naquit

l'ordre hospitalier des Antonins, qui, en 1777, sera réuni à l'ordre de Malte. — Fête le 17 janvier.

ANTOINE de Padoue, franciscain, docteur de l'Église (Lisbonne v. 1195-près de Padoue 1231). Fernando, membre d'une famille noble, entre à 15 ans chez les chanoines réguliers de Saint-Augustin : à Lisbonne, puis à Coïmbre, il parfait ses études théologiques; il est ordonné prêtre. En 1220, il obtient la permission de changer d'ordre et d'entrer chez les Franciscains afin de pouvoir participer à leur apostolat en Afrique.

Devenu frère Antoine, il part aussitôt pour le Maroc, que sa santé précaire l'oblige à quitter dès 1221. Il se rend à Assise, où il se trempe dans l'atmosphère de la vie franciscaine primitive. En Italie, Antoine se révèle un controversiste de talent; il parcourt alors les régions gagnées au catharisme. Après deux ans de cet apostolat, saint François d'Assise le désigne pour enseigner la théologie aux Franciscains de Bologne, puis à ceux de Milan, de Limoges, de Padoue.

En 1225, Antoine est envoyé chez les albigeois du sud de la France; on le trouve à Toulouse, à Montpellier, au Puy, à Bourges, à Brive; à Limoges, il est nommé custode du couvent de son ordre. Son rayonnement lui vaut d'être désigné, en 1227, comme provincial d'Italie du Nord. En cette qualité, il prêche en présence de Grégoire IX, qui le surnomme, pour sa science scripturaire, « l'Arche du Testament ». Libéré de toute charge, Antoine se retire au couvent Sainte-Marie de Padoue, tout en continuant son apostolat dans la région. Il meurt le 13 juin 1231.

Ses obsèques furent triomphales; sa réputation de sainteté était telle que Grégoire IX le canonisa un an après sa mort. Padoue élèvera sur sa tombe une basilique monumentale; de là son culte se répandra dans le monde entier.

Saint Antoine de Padoue n'est pas seulement le thaumaturge populaire, invoqué — abusivement parfois — comme patron des objets perdus. Il est considéré comme l'un des plus savants prédicateurs de son temps; si bien que Pie XII, en

1946, entérinant une tradition très ancienne dans l'ordre franciscain, lui décerna le titre de docteur de l'Église *(doctor evangelicus)*. — Fête le 13 juin.

ANTOINE-MARIE Claret, archevêque de Santiago de Cuba (Sallent, Catalogne, 1807-Fontfroide 1870). Son père était un pauvre tisserand qui le mit au métier dès son jeune âge. Cependant, le curé du village l'initia au latin et à la dévotion. Entré au séminaire de Vich en 1829, Antoine fut ordonné prêtre en 1835. Sa santé ne lui permettant pas de se faire religieux, il se livra à la prédication populaire, fondant, pour l'aider, la congrégation missionnaire des Fils du Cœur-Immaculé de Marie *(Clarétins)*. Nommé archevêque de Santiago de Cuba en 1850, Antoine-Marie fit tout pour rechristianiser son diocèse, qu'il parcourait constamment. Les mécontentements se multiplièrent sous ses pas : traité de révolutionnaire par les maîtres des esclaves noirs et de colonialiste par les autonomistes cubains, il essuya quinze attentats. Il resta d'ailleurs marqué au visage par un coup de couteau reçu en 1856. Nommé confesseur de la reine Isabelle, il s'attira, par sa prédication et son franc-parler de Catalan râblé et vif, de nouvelles haines. Quand la révolution de 1868 chassa la reine, Antoine-Marie la suivit en exil. Après un bref séjour à Rome, poursuivi par la vindicte de ses adversaires espagnols, il trouva refuge chez les moines de Fontfroide, qui lui fermèrent les yeux le 24 octobre 1870. Béatifié en 1934, canonisé en 1950. — Fête le 24 octobre.

ANTOINE-MARIE Zaccaria, fondateur des Barnabites (Crémone 1502-Milan 1539). Fils d'un officier, il fait ses études de médecine à l'université de Padoue (1520-1524), où de nombreux étudiants allemands s'enflamment pour les idées de Luther. Désireux de défendre l'Église romaine, Antoine — qui est revenu à Crémone exercer la médecine et qui s'est mis sous la direction d'un dominicain, le P. Marcel — organise des conférences religieuses et prêche jusque dans les rues. Il reçoit la prêtrise (1528) et se fixe à Milan, où il anime les conférences Saint-Vital avec deux compagnons, Morigia et Ferrari. Bientôt, le pape Clément VII autorise les trois amis à se constituer en institut de clercs réguliers. C'est l'origine de la Congrégation de Saint-Paul, fondée en 1530, approuvée en 1533, plus connue sous le nom de Barnabites, l'église Saint-Barnabé à Milan leur ayant été confiée en 1538. Ces religieux s'appliquent au ministère paroissial, à l'éducation de la jeunesse, à la prédication et aux missions chez les infidèles. Antoine-Marie Zaccaria, mort à 37 ans le 5 juillet 1539, ne vit pas l'essor de son institut. Béatifié en 1890, canonisé en 1897. — Fête le 5 juillet.

— Autres saints et bienheureux portant le nom d'**Antoine :** cinquante-quatre.

ANTONIN, dominicain, archevêque de Florence (Florence 1389-*id*. 1459). A seize ans, il entre chez les Dominicains sous l'influence de Jean Dominici, promoteur d'un mouvement de réforme dit « de l'observance ». Antonin suit ce mouvement; l'un de ses compagnons de noviciat est Giovanni da Fiesole, plus connu sous le nom de Fra Angelico. Prieur de la maison réformée de Cortone (1417), puis de la principale maison dominicaine de Rome (1430), il s'impose en même temps comme canoniste et auditeur de la Rote. Antonin est prieur du couvent florentin de San Marco (1439), objet de la bienfaisance princière des Médicis, au moment même où Fra Angelico réalise ses fresques immortelles. Le prieuré devient par ailleurs un brillant foyer d'humanisme. Vicaire général de la congrégation réformée de Lombardie (1439), puis de la congrégation de Toscane (1441), Antonin est nommé par son ami Eugène IV archevêque de Florence : le pape avait eu l'occasion au concile de Florence d'apprécier la sagesse de celui qu'on appelle « Antonin des conseils ». Antonin, sans oublier les intérêts économiques et politiques de sa ville épiscopale, en proie aux empiétements du principat des Médicis, se révèle avant tout un évêque exemplaire : charitable jusqu'au dépouillement, réformateur tenace encore que discret, pasteur, catéchiste, prédicateur surtout. Son œuvre principale reste sa *Somme* (1440-1454), qui témoigne qu'Antonin fut le plus grand moraliste de son temps.

Ses funérailles furent présidées par Pie II, car sa réputation de sainteté et d'équilibre avait largement dépassé les frontières de la Toscane. Antonin sera canonisé dès 1522 par Adrien VI. Son corps, demeuré intact, sera transporté en 1589 dans une chapelle de San Marco, où il repose toujours. — Fête locale le 4 mai (ancienne fête de 10 mai).
— Treize autres saints (dont dix martyrs des premiers siècles) s'appellent aussi **Antonin.**

APHRAATE, anachorète persan († v. 360). De cet ermite, nous ne connaissons guère que les 22 homélies ou *Démonstrations* qui commencent chacune par une des lettres de l'alphabet syriaque. Il est vrai qu'il s'agit d'un document très précieux sur la vie et les croyances des chrétiens vivant, au IVe s., hors des frontières romaines. Ce texte n'a été découvert qu'en 1855. — Fête locale le 7 avril.

APOLLINAIRE, évêque de Ravenne († v. 200). La vie de ce saint, dont on a fait le premier évêque de Ravenne, a été déformée par la légende : celle-ci fut forgée au VIIe s. au temps de la splendeur de Ravenne. A l'en croire, Apollinaire, originaire d'Antioche, serait venu à Rome avec saint Pierre, qui l'envoya évangéliser Ravenne. Mais les païens l'expulsèrent, et Apollinaire parcourut la Thrace et la Mésie, d'où on l'obligea à regagner l'Italie. Il finit par être martyrisé à Ravenne même, où il avait renversé une statue d'Apollon.
En fait, Apollinaire, prêtre itinérant venu d'Asie, vécut un siècle et demi après saint Pierre; Ravenne fut incontestablement au centre de son activité missionnaire. Son culte se développa à partir du Ve s. en Italie, puis dans tout l'Occident. Les évêques de Ravenne eurent tendance à exalter en Apollinaire un disciple de Pierre pour mieux diminuer l'autorité du pape. Le saint a donné son nom à l'une des églises de Ravenne, Sant'Apollinare Nuovo (VIe s.), bâtie par Théodoric, et surtout à la magnifique basilique San Apollinare in Classe, près de Ravenne : toutes deux sont célèbres pour leurs mosaïques byzantines. — Fête locale le 23 juillet.
— Huit autres saints répondent au nom d'**Apollinaire.**

APOLLINE, martyre († Alexandrie 249). Diaconesse et étant d'un âge déjà avancé, elle fut arrêtée sous le règne de Dèce. Ayant refusé de renier sa foi, on lui brisa les dents et elle se jeta volontairement dans les flammes du bûcher préparé pour lui faire peur.
La croyance populaire a naturellement fait d'elle la guérisseuse des maux de dents. — Fête locale le 9 février.

ARCADE, martyr († Césarée, Mauritanie Césarienne, v. 304). Nous le connaissons par une *Passion*, dérivée peut-être d'Actes authentiques, et par un sermon de saint Zénon de Vérone. Au fort de la persécution de Dioclétien, Arcade se serait d'abord dérobé en s'enfuyant. Puis, ayant appris qu'un de ses parents avait été arrêté à cause de lui, il se serait présenté devant les magistrats romains. Ayant écarté toutes leurs sollicitations, il fut horriblement torturé : toutes les articulations coupées, il aurait encore proclamé sa foi. — Fête locale le 12 janvier.

ARSÈNE, anachorète au désert de Scété (IVe ou Ve s.). Peut-être originaire de Rome, où il aurait exercé d'importantes fonctions, Arsène, à une époque qu'il est difficile de déterminer avec précision, se retira au désert de Scété, en Égypte. Vers 411, il quitta cette solitude pour Canope, puis Troë : il mourut probablement dans ce dernier lieu. En tout cas, ses reliques furent longtemps vénérées au monastère de Troë.
Il a laissé des maximes et anecdotes édifiantes qui influencèrent la vie érémitique et cénobitique en Orient. — Fête locale le 19 juillet.
— Deux autres saints portent le nom d'**Arsène.**

ATHANASE, patriarche d'Alexandrie, docteur de l'Église (Alexandrie v. 290-*id.* 373). Athanase apparaît dans l'histoire comme diacre du patriarche d'Alexandrie, Alexandre, qu'il accompagne au concile de Nicée, où est définie la consubstantialité du Père avec le Fils, et où est condamné Arius (325). A son retour, il contribue à ramener la paix troublée par la querelle arienne. A la mort d'Alexandre (328), Athanase est élu pour le remplacer. Sa tâche n'est pas facile, car ses adversaires n'ont pas capitulé. A la lutte contre les ariens — qui sera en fait l'essentiel de sa vie —, le nouveau patriarche apporte de grandes qualités : de l'intelligence, de l'érudition et surtout une énergie sans faille.

Au retour d'une première visite pastorale — au cours de laquelle il rencontre et encourage saint Pacôme* —, Athanase doit faire face à une intrigue patronnée par l'empereur Constantin et dont le but est de réhabiliter Arius : le patriarche s'y refuse. Cependant, l'empereur se montre décidé à en finir avec l'interminable controverse arienne, et comme les orthodoxes nicéens se montrent les plus intransigeants, c'est à eux qu'il s'attaque. Ayant réussi à faire signer à Arius une profession de foi assez équivoque, il demande à Athanase de lui rendre sa place dans le clergé d'Alexandrie : refus du patriarche, qui, condamné par le concile proarien de Tyr (335), est envoyé en exil à Trèves.

Rappelé en 337, après la mort de Constantin, Athanase voit son siège bientôt occupé par un arien, Grégoire de Cappadoce; il doit quitter la ville (339). Réfugié en Occident, où l'empereur Constant le protège, Athanase séjourne notamment à Rome.

En 345, Grégoire meurt; Athanase regagne Alexandrie.

En fait, sa situation reste précaire, de nombreux évêques lui restant hostiles. Cependant, durant dix ans (346-356), Athanase profite de la trêve qui lui est laissée pour propager la foi orthodoxe en Éthiopie, en Arabie et pour encourager en Égypte le cénobitisme. De cette période datent quelques-uns de ses ouvrages les plus importants : l'*Apologia contra arianos, Epistola de decretis Nicaenae synodi...*

La mort de Constant (350) ouvre une nouvelle ère de tracasseries : Constance reprend les hostilités contre Athanase, qui, condamné par le concile de Milan, (355), doit s'enfuir d'Alexandrie. Son troisième exil le pousse dans le désert égyptien, où, cependant, il reste à portée de sa ville épiscopale. Il occupe ses loisirs à composer divers ouvrages doctrinaux, tels : l'*Apologie à Constance* et l'*Histoire des ariens aux moines*. Constance mort, le patriarche revient pour quelques mois à Alexandrie (361). Mais l'empereur Julien l'exile pour la quatrième fois; pas pour longtemps, car Julien est tué (363), et son successeur, Jovien, rappelle Athanase. Jovien mort (364), Valens, qui est arien, expulse de nouveau le patriarche (365), qui rentre définitivement en 366.

Dans ses dernières années, enfin calmes, celui qui reste l'adversaire numéro un de l'arianisme prêche et surtout écrit : plusieurs de ses lettres sont capitales parce qu'elles s'efforcent de résoudre les problèmes nouveaux posés au sujet du Christ par l'enseignement d'Apollinaire. Il meurt dans la nuit du 2 au 3 mai 373.

L'action d'Athanase a été décisive en Orient pour la défense de l'orthodoxie nicéenne. On ne sait à quelle époque le corps d'Athanase fut transféré à Sainte-Sophie de Constantinople; en 1454, il fut transféré à Venise. — Fête le 2 mai.

— Neuf autres saints s'appellent **Athanase.** Il faut citer un évêque de Naples († 872), honoré localement le 15 juillet.

AUBIN, évêque d'Angers (région de Vannes 469-Angers 550). La vie merveilleuse de ce saint a été écrite par Venance Fortunat. Moine en Bretagne, abbé du monastère de Tréhillac près de Guérande (504), Aubin devient, en 529, le neuvième évêque d'Angers. Dans les conciles provinciaux, il se montre intransigeant à l'égard de l'inceste, crime qui encourt l'excommunication. A peine mort, Aubin est honoré comme saint; la basilique où, en 556, sont transportées ses reliques, devient le centre d'une importante abbaye. — Fête locale le 1er mars.

AUGUSTIN, évêque d'Hippone, docteur de l'Église (Tagaste [Souk-Ahras], Algérie, 354-Hippone 430).

Romain d'Afrique, Augustin appartenait à l'une de ces familles provinciales qui, en 212, avaient obtenu le droit de cité à la suite d'un édit libérateur de Caracalla. Son père, Patricius, était un petit fonctionnaire de la classe des *curiales,* qui fit d'énormes sacrifices pour assurer à son fils une position sociale supérieure à la sienne. La formation intellectuelle d'Augustin — à Madaure, puis à Carthage — fut essentiellement latine.

Le père d'Augustin était païen; sa mère, Monique*, était chrétienne. Inscrit parmi les catéchumènes dès le début de son existence, il ne reçut pas le baptême : c'était très souvent ainsi dans la primitive Église. On songea à le baptiser quand, vers sa douzième année, une maladie grave mit ses jours en péril; puis on n'en parla plus. Lui-même ne se pressa pas; mal surveillé par ses parents, livré à lui-même sous le ciel d'Afrique, Augustin semble avoir été emporté très jeune par l'ardeur des passions; les aventures sensuelles ont certainement été nombreuses dans sa vie, à Carthage notamment, où ce bel étudiant eut un fils, Adéodat (né en 372), d'une jeune maîtresse à laquelle il resta lié durant quatorze ans.

Cependant, les liens charnels, qui chez tant d'hommes étouffent les préoccupations métaphysiques, laissèrent intacte chez Augustin la quête de la vérité. Il est vrai qu'une formation religieuse insuffisante et les orages de la vie sentimentale brouillèrent longtemps les pistes de cet itinéraire. C'est la méditation ardente de l'*Hortensius* de Cicéron qui entretint en lui un désir que, d'abord, la lecture de la Bible n'assouvit pas. De cette lecture, Augustin sortit déçu : l'Écriture sainte lui sembla ne pouvoir satisfaire que les esprits simples et bornés. Hanté, comme beaucoup, par le problème du mal, Augustin fut gagné par le manichéisme, qui lui apparut comme une forme supérieure du christianisme.

Ses études terminées, le jeune rhétoricien ouvrit à Tagaste, à l'automne de 373, une école de grammaire. La vie dans sa ville natale lui fut tout de suite intolérable; son père était mort chrétien; sa mère le poursuivait de ses objurgations à briser avec le désordre et le manichéisme; un ami cher lui fut enlevé par la mort. Dès 374, Augustin s'installait à Carthage et y enseignait la rhétorique; il y resta neuf ans, déçu, semble-t-il, par son enseignement et se détachant lentement de la doctrine manichéenne, dont l'argumentation lui apparaissait de plus en plus superficielle, encore que le matérialisme manichéen l'empêchât de se faire une image sereine de Dieu.

Des relations lui permirent d'établir sa chaire d'éloquence à Rome (383), puis à Milan (384), où le suivit sa mère et où il devint orateur officiel. C'est à Milan que la grâce l'attendait; mais il fallut deux ans de lutte pour qu'elle pût gagner cette âme inquiète. Des conversations qu'il avait eues, à la veille de son départ pour l'Italie, avec le grand homme des manichéens, Fauste de Milève, l'avaient un peu plus éloigné de la doctrine de Manès. La lecture, à Milan, de Platon et surtout de Plotin et de Porphyre le rejeta au cœur de la philosophie néoplatonicienne dont le christianisme milanais était imprégné; ce fut dans l'âme d'Augustin un émerveillement auquel concourut la prédication de l'évêque de Milan, Ambroise*, dont l'érudition et l'éloquence ne pouvaient qu'attirer le jeune rhéteur africain, sevré depuis longtemps de paix. Le monde spirituel, le monde des mystères, s'ouvrit aux yeux d'Augustin.

Tandis que l'Évangile lui révélait les deux grandes vérités inconnues des platoniciens : le Christ sauveur et la grâce qui donne la victoire, les prières de Monique et des entretiens avec le futur successeur d'Ambroise, Simplicianus, qui lui raconta la conversion d'un célèbre rhéteur néoplatonicien, préparèrent la voie au grand coup de la grâce. Celle-ci terrassa Augustin, en août 386, dans le jardin de sa maison de Milan, où il méditait près de son ami Alypius. Une voix d'enfant lui dit : « Tolle! lege! »; il ouvrit alors le livre des épîtres de saint Paul, qui, depuis quelque temps, lui étaient devenues familières, et il tomba sur le chapitre XIII de l'Épître aux Romains : « Ayons, comme il sied en plein

jour, une conduite décente; ni ripailles, ni ivresse, ni débauche, ni luxure... Revêtez au contraire le Seigneur Jésus-Christ [...] »
Quelques semaines plus tard, Augustin, renonçant à sa chaire, se retira, avec sa mère et quelques amis, dans la propriété d'un collègue, à Cassiaciacum, près de Milan. Il y vécut dans une retraite préparatoire au baptême. Il fut baptisé durant la vigile pascale (24-25 avril) de l'année 387, en même temps que son fils Adéodat et Alypius.
A l'automne 387, Augustin était sur le point de s'embarquer à Ostie quand Monique mourut; cet événement retint le néophyte plusieurs mois à Rome : il y employa son éloquence à réfuter le manichéisme. En septembre 388, il partit pour l'Afrique et, après un bref séjour à Carthage, se rendit dans sa ville natale.
Selon un processus très fréquent à l'époque, la conversion d'Augustin allait naturellement s'épanouir et porter fruit dans le renoncement total aux biens terrestres, dans la pratique des conseils évangéliques, bref dans ce qu'on est convenu d'appeler la vie religieuse.
Augustin vendit tout ce qu'il possédait et en donna le prix aux pauvres. Ensuite, il se retira dans sa propriété de Tagaste, déjà aliénée, pour y vivre avec d'autres chrétiens dans la pauvreté, la prière et la méditation. En 389, le fils d'Augustin, Adéodat, mourut. Ayant été obligé de se rendre à Hippone, Augustin fut reconnu par les fidèles alors qu'il priait à l'église : ils demandèrent à l'évêque Valère qu'il l'élevât au sacerdoce; malgré ses réticences, Augustin fut ordonné prêtre. A ses yeux, le sacerdoce n'était qu'un moyen nouveau de mener avec plus de ferveur la vie religieuse. Son évêque, Valère, lui permit de s'installer dans les dépendances de l'église, où des disciples se groupèrent autour de lui.
La personnalité d'Augustin devait nécessairement rayonner hors de son « monastère ». Alors que, traditionnellement, la prédication, en Afrique, était réservée à l'évêque, Augustin se la vit confier, ce qui lui attira des jalousies; en 393, au cours d'un concile réunissant à Hippone les évêques de Numidie, il prit la parole. En même temps, Augustin luttait contre

certains abus (banquets dans les chapelles des martyrs) et contre les manichéens, tel Fortunat, l'un de leurs docteurs.
Une telle lumière ne pouvait rester sous le boisseau. En 395, le vieil évêque d'Hippone prit Augustin comme coadjuteur et lui donna la consécration épiscopale. Un an plus tard, Valère étant mort, Augustin le remplaça sur un siège qu'il devait occuper durant trente-quatre ans.
L'évêque Augustin resta, dans la vie privée, un religieux : son palais se transforma en monastère, où vécurent avec lui des clercs qui s'engageaient à vivre dans la pauvreté et à observer la règle commune fondée sur le dépouillement; ces hommes, que l'on peut déjà appeler des *augustins,* furent presque tous des fondateurs de monastères et des évêques, qui enrichirent spirituellement l'Afrique du Nord. Augustin donnait lui-même l'exemple de l'austérité : sa charité le poussa à vendre les vases sacrés pour racheter des captifs.
Ce religieux fut un docteur et un pasteur. En dépit d'une existence surchargée et d'une santé délicate, il fut un infatigable prédicateur et catéchiste. Au XVIIᵉ s., les Mauristes établiront le texte de près de 400 sermons authentiques d'Augustin; l'époque contemporaine allait révéler bien d'autres œuvres pastorales de l'évêque d'Hippone. Son action verbale se doubla d'un apostolat épistolaire, qui le mit en contact avec ce que le monde romain et chrétien comptait de plus insigne : de Paulin de Nole à saint Jérôme en passant par les papes et les empereurs.
Juge et administrateur, voyageur et négociateur à une époque où s'opérait déjà, lentement, la métamorphose de l'Empire romain unitaire en société semi-féodale, Augustin le contemplatif prit encore le temps de défendre la vérité, d'éclairer les âmes égarées ou hésitantes dans une œuvre écrite dont Possidius se demandait s'il serait jamais possible de la lire tout entière. Manichéens, donatistes, pélagiens furent au premier rang des adversaires qu'il combattit, mais ses écrits ne sont pas seulement polémiques : leur connaissance est indispensable à quiconque veut faire le point de la ·

théologie, de l'exégèse, de la pastorale au Vᵉ s., particulièrement dans cette vivante Afrique chrétienne dont tant de conciles furent animés par le verbe et vivifiés par la pensée de l'évêque d'Hippone.

La longue lutte contre Pélage et ceux qui s'inspirèrent de sa doctrine eut une influence capitale sur la mise au point de la théologie augustinienne du péché originel et de la grâce, et de la morale augustinienne de la concupiscence. L'augustinisme du XVIIᵉ s. retiendra trop souvent, de l'enseignement antipélagien de saint Augustin, la dure image de la prédestination, alors que l'enseignement de l'évêque d'Hippone est environné d'une zone suffisante d'indétermination pour que sa doctrine nous parût, en fait, beaucoup plus humaine.

Selon la belle expression d'H. Marrou : philosophe de l'essence contre les manichéens, docteur de l'Église contre les donatistes, champion de la grâce contre les pélagiens, saint Augustin fut aussi le théologien de l'histoire contre les païens; sa *Cité de Dieu* (413-427) préfigure et alimentera tout un courant chrétien de l'histoire, dont Bossuet, dans son *Discours sur l'histoire universelle*, est l'un des plus illustres représentants.

Quant à ses *Confessions* (397), elles constituent l'admirable cantique de louange d'un coupable en face de la grandeur et de la bonté de Dieu.

Comme Valère l'avait fait à son profit en 395, Augustin, vieilli et voulant éviter à Hippone les troubles d'une élection après sa mort, fit acclamer comme son auxiliaire et futur successeur le diacre Heraclius (426). Mais les dernières années du vieil évêque furent troublées par la querelle entre l'impératrice Placidie et le comte Boniface, et surtout par la dévastation de l'Afrique par les Vandales. Dès le début du siège de sa ville épiscopale par Genséric — siège qui devait durer dix-huit mois —, Augustin s'éteignit

(28 août 430); son corps fut déposé dans la basilique Saint-Étienne; chassés par les Vandales, Fulgence et d'autres évêques d'Afrique l'emportèrent avec eux en Sardaigne (486). Cette dernière île ayant été occupée par les Sarrasins, les reliques de saint Augustin furent rachetées par les Lombards, qui les firent déposer en l'église Saint-Pierre de Pavie. On les y aurait retrouvées en 1695. Sur les ruines d'Hippone a été élevée, de 1881 à 1900, une basilique en l'honneur de saint Augustin. — Fête le 28 août.

AUGUSTIN, évêque de Canterbury († Canterbury 604 ou 605). Nous connaissons presque exclusivement ce saint par ce qu'en a écrit Bède le Vénérable, lequel n'exclut pas toutes les légendes relatives à son héros.

Moine bénédictin de l'abbaye Saint-André à Rome, Augustin est choisi par le pape Grégoire Iᵉʳ comme prévôt des missionnaires qu'il tire de ce couvent et qu'il envoie prêcher l'Évangile chez les Anglo-Saxons.

A la tête d'une quarantaine de moines, Augustin, vers juin 596, traverse la Gaule et, avant de quitter le continent, reçoit l'épiscopat. Débarqué à Thanet, le groupe est bien reçu par Ethelbert, roi de Kent, qui est marié à une chrétienne. Ethelbert cède aux moines, sur la colline voisine de Canterbury, les terrains nécessaires pour l'érection d'une abbaye et d'une cathédrale.

D'abord installé à Londres, Augustin s'établit à Canterbury. De là il dirige l'œuvre évangélisatrice de ses moines; cette œuvre semble avoir davantage porté fruit chez les Anglo-Saxons que chez les Bretons. La hiérarchie épiscopale prend forme, grâce à Augustin, avec la création ou la résurrection d'évêchés : à Rochester, à Londres, à York. — Fête le 27 mai (ancienne fête le 28 mai).

— Autres saints et bienheureux du même nom : seize.

Barbe est représentée flanquée d'une tour, réduction de celle où, selon la légende, son père l'enferma et qui, au cours des âges, finit par se confondre avec une poudrière. Bois, XVI⁰ siècle. Église N.-D. de Bonne-Nouvelle, Paris.

DICTIONNAIRE DES PRÉNOMS ET DES SAINTS. — 2

BABYLAS, évêque d'Antioche († 250). De sa jeunesse on ne sait rien. Évêque d'Antioche vers 240, il aurait interdit l'entrée de l'église, le jour de Pâques, à l'empereur Philippe l'Arabe, considéré comme pécheur public. Sous Dèce, Babylas meurt en prison. La translation de son corps d'Antioche à Daphné puis de nouveau à Antioche (362) fut l'occasion d'un véritable triomphe, les chrétiens voulant ainsi protester contre la politique de Julien l'Apostat. — Fête locale le 24 janvier.

BALBINE, vierge romaine (IIe s.). On connaît cette sainte par les Actes tardifs du martyr saint Alexandre, lesquels fourmillent d'anachronismes. Selon ces Actes, Balbine était la fille d'un tribun, saint Quirin*; miraculeusement guérie de scrofules par l'imposition du carcan d'Alexandre, elle mourut — sans qu'on sache comment — peu après son père, qui avait été martyrisé. — Fête locale le 31 mars.

BALTHILDE. V. *Bathilde.*

BARBE, martyre (date indéterminée). Encore une sainte très populaire qui vient de disparaître du Calendrier romain. C'est qu'on chercherait en vain sa trace dans l'histoire, et ses Actes, tardifs, sont fabuleux, encore que très poétiques. Si on les en croit, Barbe, jeune fille noble et belle, aurait été enfermée dans une tour par son père, Dioscore, qui voulait la soustraire à des sollicitations amoureuses. Au retour d'un voyage, sa fille lui avoua qu'elle était chrétienne; furieux, Dioscore la livra au

gouverneur; celui-ci la fit supplicier puis décapiter par Dioscore lui-même, qui, sa sinistre besogne terminée, fut terrassé par la foudre. On ne sait rien de l'époque ni du lieu de ce martyre, qu'une tradition plus tenace situe à Nicomédie.

En tout cas, le culte de sainte Barbe fit des progrès rapides à partir du IXe s. En Occident, il s'implanta particulièrement en Belgique, dans les Pays-Bas, dans la France du Nord et de l'Est. Invoquée contre la foudre et l'incendie (à cause de la mort de son père), patronne des artificiers et des artilleurs, et en général de tous ceux qui ont à affronter le feu, elle est la grande sainte des mineurs : dans le Nord et le Pas-de-Calais, par exemple, de nombreuses églises lui sont dédiées. — Fête traditionnelle le 4 décembre.

BARNABÉ, apôtre († v. 60). Originaire de Chypre, ce juif issu de famille lévitique fut l'un des premiers convertis du christianisme. Son nom, Joseph, fut changé en Barnabé (« fils de consolation ») par les disciples de Jésus. Les Actes des apôtres rapportent qu'il vendit l'un de ses champs pour en donner le prix à l'Église primitive. C'est lui qui conduisit Paul nouvellement converti aux Douze et leur raconta les débuts de son apostolat à Damas. Plus tard, Barnabé prêcha durant un an à Antioche, avec Paul. Puis, ayant reçu l'imposition des mains, Paul et Barnabé parcoururent Chypre et l'Asie Mineure. A leur retour, ils furent attaqués par les judaïsants et durent se rendre à Jérusalem pour justifier auprès des Douze de leur apostolat chez les gentils.

Par la suite, Barnabé se sépara de Paul au sujet de Jean-Marc, que le premier voulait adjoindre à leur groupe. Paul retourna en Asie et Barnabé à Chypre. Selon des Actes apocryphes, Barnabé aurait été lapidé par des juifs. D'autre part, Clément d'Alexandrie lui a attribué faussement une épître dite *Lettre de Barnabé*, due plus probablement à un juif converti. — Fête le 11 juin.

BARTHÉLEMY, apôtre (Ier s.). De cet apôtre de Jésus, on ne connaît que le nom, consigné par les évangiles synoptiques et par les Actes des apôtres dans les listes du collège apostolique. On a voulu identifier Barthélemy avec un disciple de Jésus nommé Nathanaël, dont parle l'évangile de saint Jean : originaire de Cana, en Galilée, Nathanaël est qualifié par le Christ de « véritable Israélite en qui il n'est point d'artifice »; lui-même, d'abord sceptique, finit par reconnaître en Jésus « le Fils de Dieu, le roi d'Israël ». Cette identification n'est pas impossible; beaucoup d'exégètes l'admettent, d'autant plus que les arguments opposés à cette thèse sont fragiles.

Les détails que donnent de l'histoire de saint Barthélemy les Évangiles apocryphes rejoignent les légendes relatives à son apostolat, postérieur à la Pentecôte, soit en Phrygie, soit dans les Indes orientales, soit en Mésopotamie ou en Perse. En tout cas, à cause d'une légende qui veut qu'il mourût écorché vif, saint Barthélemy est devenu le patron des bouchers, des tanneurs et des relieurs. Il a existé un Évangile apocryphe dit « de saint Barthélemy ». — Fête le 24 août.

— Dix-huit autres saints ou bienheureux se nomment **Barthélemy.**

BARTHÉLEMY Amidei. V. *Sept fondateurs de l'ordre des Servites.*

BASILE le Grand, évêque de Césarée de Cappadoce, docteur de l'Église (Césarée v. 330-*id.* 379). La vie de ce très grand théologien grec nous est connue par son œuvre écrite et surtout par les centaines de lettres qu'on a gardées de lui.

La famille de Basile baigne dans la sainteté la plus authentique; sa grand-mère est sainte Macrine l'Ancienne; son père, qui exerce le métier de rhéteur, est saint Basile l'Ancien; sa mère est sainte Eumélie; il a pour frères saint Grégoire* de Nysse et saint Pierre de Sébaste; pour sœur sainte Macrine la Jeune. A Athènes, où il parachève des études brillantes, Basile se lie avec l'un de ses compatriotes : saint Grégoire* de Nazianze. Baptisé à 26 ans — selon la coutume d'alors —, il visite les ermites d'Orient avant de vendre ses biens et de s'installer dans la solitude, en compagnie de quelques amis, près de Néo-Césarée. Grégoire de Nazianze l'y rejoint pour quelque temps.

Prêtre, conseiller ordinaire de l'évêque de Césarée, Eusèbe, Basile se brouille avec ce dernier à propos du vocabulaire théologique appliqué à la Trinité. A partir de 365, il joue un rôle grandissant face à l'arianisme, favorisé par l'empereur d'Orient Valens. Évêque de Césarée (en fait à partir de 365, en droit en 370), il en impose à l'empereur par sa calme fermeté, si bien que les persécutions dirigées contre les orthodoxes s'atténuent considérablement. Par ailleurs, Basile intervient en arbitre dans les divisions, les schismes qui déchirent maintes Églises orientales (Antioche notamment), et entre en relation avec Rome afin de mettre d'accord l'Occident et l'Orient sur la difficile formulation doctrinale à appliquer aux mystères touchant la Trinité et la personne du Christ. Pasteur zélé et charitable, il fait construire, aux portes de Césarée, un hôpital, la *Basiliade,* qui prendra les allures d'une ville.

Basile fut aussi l'initiateur d'une forme de vie religieuse extrêmement répandue en Orient. Également éloigné de l'érémitisme solitaire et du cénobitisme de certains énormes couvents, il rêve de communautés peu nombreuses (laures); son action sur le développement du monachisme fut telle en Orient et aussi en Occident (Jean Cassien*, saint Benoît*) qu'on parle couramment d'une *Règle de saint Basile :* il s'agit en réalité d'un recueil de conférences, de conseils, de réponses adressées par Basile à ses moines. La doctrine basilienne est fondée sur l'obéissance aimante, mais aussi sur un grand équilibre humain et un ascétisme modéré; en cela il apporte un sérieux correctif au dur monachisme égyptien.

Saint Basile a laissé de nombreux ouvrages doctrinaux et ascétiques; outre ses lettres, il faut citer : les traités *Contre Eunome* et *Sur le Saint-Esprit,* les *Moralia* et un certain nombre d'homélies et de discours. — Fête le 2 janvier (ancienne fête le 14 juin).

— Quinze autres saints s'appellent **Basile.** Parmi eux : le père de saint Basile le Grand, honoré localement, avec son épouse sainte Eumélie, le 30 mai; le prêtre **Basile d'Ancyre** (✝ 362), fêté localement le 22 mars, adversaire de l'arianisme, martyrisé sous Julien; le solitaire **Basile le Jeune,** martyrisé à Constantinople en 952, honoré localement le 26 mars.

BATHILDE ou **BALTHILDE,** reine mérovingienne (✝ Chelles 680). Anglo-Saxonne d'origine, capturée par des pirates, elle est vendue, en Gaule, au maire du palais Erchinoald (641). Remarquée par Clovis II roi de Neustrie et de Bourgogne, elle doit l'épouser. Elle sera la mère de Clotaire III, Childéric II et Thierry III. Veuve en 657, Bathilde régente le royaume durant la minorité de Clovis III. Entourée de conseillers religieux comme saint Léger* et saint Ouen*, elle signe plusieurs actes qui privilégient des abbayes, notamment Saint-Germain-des-Prés, Saint-Médard-de-Soissons, Jumièges, Luxeuil, Corbie... Elle lutte contre la simonie et l'esclavage, ce qui ne l'empêche pas de faire désigner son deuxième fils, Childéric II, comme roi d'Austrasie, acte qui prépare une brève union des trois royaumes mérovingiens. A la majorité de Clotaire III, Ebroïn oblige Bathilde à se retirer à Chelles; c'est là qu'est son tombeau.

Le culte de sainte Bathilde, très ancien et très développé, est attesté notamment par une *missa* qui était, au ixᵉ s., une solennité majeure. Le pape Nicolas II béatifia sainte Bathilde au xiᵉ s. — Fête locale le 30 janvier.

BÉAT de Valcarado, moine espagnol (viiiᵉ s.). Moine à Liebana, dans les Astu-

ries, il devient abbé; il s'oppose à l'hérésie adoptianiste enseignée par Elipand, évêque de Tolède, et représente l'Espagne au concile de Francfort. Il se retire et meurt au monastère de Valcarado. On a de lui un important *Commentaire sur l'Apocalypse* (v. 774), qui est une compilation de textes patristiques. Son hymne *O Dei Verbum Patris ore proditum* entrera dans la liturgie mozarabe. — Fête locale le 19 février.

— Un autre **Béat,** fêté le 9 mai, est un ermite semi-légendaire, qui est considéré comme un apôtre de la Suisse. Sa légende se confond d'ailleurs avec la biographie — apparemment plus sérieuse — de saint **Béat,** confesseur à Vendôme (viᵉ s.).

BÈDE le Vénérable, bénédictin anglais (Wearmouth v. 672-Jarrow 735). Confié à l'âge de sept ans à Benoît* Biscop, abbé de Wearmouth, il passe ensuite dans l'abbaye bénédictine de Jarrow, où il est ordonné prêtre et qu'il ne quittera plus guère, consacrant toute sa vie à la prière, à l'étude et à l'enseignement. C'est là qu'il mourra le 25 mai 735. Ce savant fut le premier homme de lettres anglo-saxon ayant exercé une grande influence sur l'Occident latin. L'œuvre écrite de Bède est, en effet, considérable et embrasse tous les domaines. Poète, grammairien, historien, son *Historia ecclesiastica gentis Anglorum* l'a fait surnommer le « Père de l'histoire d'Angleterre ». Hagiographe, c'est à lui que revient l'honneur d'avoir donné le premier martyrologe historique; mais Bède est surtout un théologien et un exégète, véritable précurseur de la scolastique. Son œuvre manque de cette originalité qui aurait pu le faire placer auprès d'un Anselme ou d'un Duns Scot, mais elle constitue un trait d'union entre le Moyen Age et la tradition chrétienne, qu'il contribua à fixer. Léon XIII le proclama docteur de l'Église en 1899. — Fête le 25 mai (ancienne fête le 27 mai).

BÉNEZET ou **BENOÎT du Pont,** constructeur du pont d'Avignon (Hermillon [Savoie?] 1165-Avignon 1184). La légende de saint Bénezet, composée dans la seconde moitié du xiiiᵉ s., met en scène un jeune berger, « petit Benoît » ou Bénezet, qu'une voix surnaturelle appelle à bâtir un pont sur le Rhône. Il convainc les autorités et trouve de l'argent; il meurt un an avant que le pont soit achevé, mais l'œuvre est terminée par les « frères pontifes ». Le pont Saint-Bénezet, dont il ne reste, depuis le XVIIe s., que quatre arches, est l'une des curiosités d'Avignon. D'abord déposées dans une chapelle élevée sur le pont même, les reliques de Bénezet furent plus tard transférées en l'église Saint-Didier d'Avignon. — Fête locale le 14 avril.

BÉNIGNE, martyr honoré à Dijon (date inconnue). Nous connaissons l'existence de ce prêtre par un passage de l'*Histoire des Francs* de Grégoire de Tours : celui-ci raconte que, à la fin du Ve s., le sarcophage du saint, qu'on prenait pour un tombeau païen, fut reconnu grâce aux miracles qu'il provoqua. Transporté dans une crypte, le sarcophage de Bénigne devint le centre d'une basilique. L'évidente sincérité du chroniqueur ne suffit pas à faire disparaître les obscurités du problème historique de la vie de Bénigne, dont la Passion, très douteuse, fourmille d'anachronismes. Quoi qu'il en soit, le culte du saint se répandit en Bourgogne et à Dijon, dont la cathédrale — église d'une ancienne abbaye — porte comme elle le nom de saint Bénigne. — Fête locale le 1er novembre.
— Le martyrologe romain mentionne onze autres **Bénigne.**

BÉNILDE, frère des Écoles chrétiennes (Thuret 1805-Saugues 1862). Pierre Romançon prend le nom de Bénilde en entrant chez les frères des Écoles chrétiennes; sa très petite taille a d'ailleurs fait reculer son admission (1820). Frère Bénilde enseigne successivement à Aurillac, Moulins et Clermont-Ferrand; directeur de l'école communale de Billom (1839-1841), il est désigné ensuite pour diriger celle de Saugues, en Haute-Loire. C'est là qu'il mourra après une existence modeste, dont la sainteté consista uniquement dans l'accomplissement parfait du devoir d'état. Quinze prêtres et plus de deux cents frères sortirent du canton de Saugues, où avait rayonné, durant vingt ans, la vertu admirable de frère Bénilde.

Béatifié en 1948, canonisé en 1967.
— Fête locale le 12 août.
— Une sainte **Bénilde,** martyre à Cordoue († 853), est honorée localement le 15 juin.

BENOÎT d'Aniane, réformateur bénédictin (v. 750-821). La vie de saint Benoît d'Aniane par son disciple et successeur saint Ardon Smaragie († 843) a toujours été tenue pour un bon document d'histoire. Fils du comte wisigoth de Maguelonne, Witiza est envoyé adolescent à la cour carolingienne. A la suite d'un accident, dont il se tire sain et sauf, il entre au monastère de Saint-Seine en Bourgogne, où il prend le nom de Benoît (778). Devenu abbé, il ne peut amener ses moines sur la voie de l'austérité qu'il prétend suivre : il se retire alors près de la rivière d'Aniane, dans son pays natal (780). Il s'inspire d'abord, dans la direction de ses disciples, des dures règles monastiques orientales; mais elles ne conviennent pas aux tempéraments occidentaux, et il finit par adopter la sage règle bénédictine, tout en gardant une certaine tendance au rigorisme.
En 792, Benoît commence la construction du monastère d'Aniane, qui, à la mort du fondateur, comptera 300 moines. Bientôt l'abbaye essaime : en Orléanais, en Touraine, à Saint-Savin, en Berry, en Auvergne, en Albigeois, en Languedoc... Mais les fondations restent sous la juridiction de Benoît d'Aniane qui, par ailleurs, visite, en restaurateur de l'idéal bénédictin, nombre de monastères d'Occident. En 817, alors qu'Aniane est le premier monastère de l'empire, le concile d'Aix-la-Chapelle, soucieux de lutter contre l'isolement des monastères, impose à tous les moines les coutumes d'Aniane. Pour faciliter l'unité d'observance, Louis le Pieux installe Benoît dans un nouveau monastère, près d'Aix-la-Chapelle, à Inden. Pour entretenir le zèle réformiste, Benoît y rédige un *Codex regularum* et une *Concordia regularum.* Si bien qu'Inden devient véritablement « l'académie monastique » de l'empire. C'est grâce à Benoît que se forme la base des coutumiers bénédictins. Malheureusement, après sa mort, aucun homme ne sera assez fort pour pour-

suivre son œuvre. Son esprit, cependant, renaîtra avec la grande réforme clunisienne. — Fête locale le 11 février.

BENOÎT dell'Antella. V. *Sept fondateurs de l'ordre des Servites.*

BENOÎT Biscop, bénédictin anglo-saxon (en Northumbrie v. 628-Wearmouth 690). Officier du roi Oswy de Northumberland, Biscop Baducing prend le nom de Benoît en se consacrant à Dieu. Il part pour Rome en compagnie de saint Wilfrid* (653); dans la capitale de la chrétienté, il s'initie aux vérités de la foi et, quand il retourne en Northumbrie, il est bien décidé à y faire triompher les idées romaines. A l'issue d'un second voyage à Rome (657), le pape Vitalien l'envoie étudier la vie monastique à Lérins, où Benoît reçoit la tonsure et la coule monastique. De retour en Angleterre, il est chargé par l'archevêque Théodore* de Canterbury de gouverner le monastère Saint-Pierre, établi dans la ville épiscopale. Mais Benoît se sent fait surtout pour l'étude : d'un troisième voyage à Rome et sur le continent, il ramène nombre d'ouvrages (672).

Bientôt, son ami le roi Egfrid de Northumbrie lui fait don d'un terrain où, en 674, s'élève le monastère de Wearmouth, dont la bâtisse s'inspire de l'architecture romaine. Aux yeux de Benoît, la bibliothèque est un haut lieu du monastère : aussi, d'un quatrième voyage à Rome (678) il ramène livres et reliques, et aussi un chantre pour enseigner aux moines le chant grégorien.

La satisfaction d'Egfrid s'exprime par un nouveau don de terrain : c'est l'origine du monastère de Jarrow, qui s'enrichit en livres et en images à la suite d'un cinquième voyage à Rome. On peut dire que c'est grâce à Benoît Biscop que l'école monastique anglaise, dominée par Bède* le Vénérable, allait rayonner sur l'Occident. Épuisé, paralysé des jambes (687), Benoît continue à animer ses deux monastères. Décédé le 12 janvier 690, il est enseveli à Wearmouth; au xe s., ses reliques sont transférées à Thornley. On lui attribue des ouvrages spirituels, qui n'ont pas été conservés. — Fête locale le 12 janvier.

BENOÎT de Nursie, patriarche et législateur principal des moines d'Occident (Nursie v. 480-Mont-Cassin v. 547).

Pour l'essentiel, nous ne disposons sur saint Benoît que de deux sources : le IIe livre des *Dialogues* de saint Grégoire* le Grand (v. 594), qui évoque la vie de Benoît, et la *Règle des moines*, qui en précise la vocation, les objectifs et l'esprit. Toutes proportions gardées, le problème historique posé par les *Dialogues* est du même ordre que celui des Évangiles : les événements sont rapportés par des témoins sérieux, mais qui réinterprètent les faits à la lumière de leur admiration. Cependant, le biographe de Benoît, saint Grégoire le Grand, est un auteur extrêmement averti, qui a été lui-même moine bénédictin. Dans les *fioretti*, que son enquête, faite moins de cinquante ans après la mort de Benoît, lui a permis de recueillir, c'est moins la réalité matérielle des prophéties et des miracles qui lui importe que l'illustration que ces historiettes apportent à notre intelligence de ce qu'est un « homme de Dieu ».

Issu d'une famille de petite noblesse établie à Nursie, en Ombrie, Benoît fait ses premières études à Rome; il approfondit notamment le droit romain. Attiré par la vie parfaite, il pratique d'abord une sorte d'ascétisme domestique. Il se retire au bourg montagneux d'Enfide (auj. Affile), mais, pour échapper à une popularité naissante, il s'enfuit dans la montagne : il y reçoit, des mains d'un moine nommé Romain, l'habit monastique. Ensuite, il se retire dans une grotte située près de la villa impériale de Subiaco.

Trois ans durant, il y expérimente la vie érémitique, mais il y subit de rudes tentations. Cependant, des disciples se groupant autour de lui, Benoît se résout à devenir un chef de communauté semi-cénobitique. Après un échec à Vicovaro auprès de moines décadents, il organise douze petits monastères de douze moines chacun, conservant près de lui un groupe choisi. Sa renommée s'étend au loin : des nobles romains lui confient même l'éducation de leurs fils, tels Maur* et Placide*.

Le clergé du voisinage ayant pris ombrage de l'extension de l'œuvre de Benoît, celui-ci vient s'établir, vers 529, avec un petit groupe de moines, en Campanie, dans l'ancienne forteresse du Mont-Cassin. Il y bâtit deux oratoires, puis, devenu pleinement cénobite, construit un monastère promis à un rayonnement exceptionnel. Il y reçoit, entre autres, Totila, roi des Goths. Très vite, Benoît est sollicité par des fondations : Terracine et Rome sont les premières réalisées.

Au Mont-Cassin, le fondateur des Bénédictins rédige sa *Règle,* qui a exercé une Influence décisive sur le développement ultérieur de la vie religieuse et qui fait de son auteur le père du monachisme occidental. Cette règle, peu chargée — 73 courts chapitres et un prologue —, est extrêmement souple et équilibrée. Elle vise essentiellement à créer une atmosphère de mesure, de paix, d'épanouissement, et à procurer la gloire de Dieu sur terre par la sanctification du moine, qui doit tendre à l'humilité, c'est-à-dire à la perfection religieuse par la discipline intérieure, l'abnégation et l'obéissance. Le monastère bénédictin forme une famille dont l'abbé est le père, dont les membres sont unis par les liens étroits du respect et de l'affection. Les membres de la communauté ne possèdent rien en propre; isolé du monde par la clôture, le monastère conserve néanmoins avec lui le lien de l'hospitalité qu'il exerce. Astreints à chanter les louanges de Dieu à des heures déterminées du jour et de la nuit, les moines sont obligés par la règle au travail intellectuel et manuel.

Saint Benoît — qui eut dans sa sœur Scholastique* une interlocutrice à sa hauteur — mourut debout, le 21 mars 547, entre les bras de ses moines.

Ruiné par les Lombards vers 584, le Mont-Cassin ne fut restauré que vers 718, par Petronax. Entre-temps, les restes de saint Benoît et de sainte Scholastique, ensevelis ensemble au témoignage de saint Grégoire, avaient été transférés en l'abbaye de Fleury, depuis lors Saint-Benoît-sur-Loire. En 1958, saint Benoît a été proclamé « père de l'Europe et patron de l'Occident ». — Fête le 11 juillet (ancienne fête le 21 mars).

— Vingt autres saints ou bienheureux portent le nom de Benoît; parmi eux :

Benoît II, pape de 683 à 685 (fête locale le 7 mai); **Benoît le More** ou **le Noir,** franciscain († 1589), honoré localement le 4 avril.

BENOÎT du Pont. V. *Bénezet.*

BENOÎT-JOSEPH Labre, pénitent (Amettes, Artois 1748-Rome 1783). Au sein d'un siècle épicurien et sceptique, ce saint vagabond, méprisé par les foules pressées et élégantes, témoigna constamment, par sa vie étrange et pouilleuse, en faveur de l'idéal évangélique de pauvreté.

Aîné de quinze enfants, Benoît-Joseph est attiré très jeune par la vie monastique; en fait, il montre un extraordinaire attrait pour la solitude et la prière. Il cherche longtemps sa voie, hésitant entre la Trappe et la Chartreuse. C'est en Italie que se révèle à lui sa véritable vocation, celle d'un vagabond, d'un mendiant-pèlerin, totalement dégagé des biens de ce monde, au point qu'il vivra désormais dans la saleté et la pouillerie, mais plongé dans une perpétuelle méditation. Si la France se défie de lui, si l'Europe centrale le craint, l'Italie adopte le « saint français ». Lorette et Rome sont ses deux pèlerinages préférés. C'est d'ailleurs à Rome qu'il passe les derniers mois de sa vie; les ruines du Colisée sont sa demeure. Trouvé évanoui, il meurt à 35 ans, le 16 avril 1783, dans l'arrière-boutique d'un boucher compatissant. Béatifié en 1860, Benoît-Joseph Labre fut canonisé en 1881. — Fête locale le 16 avril.

BERNADETTE Soubirous (Lourdes 1844-Nevers 1879). Elle est l'aînée de six enfants dans une famille de très pauvres gens. Elle passe ses premières années soit dans un taudis lourdais, soit à Bartrès, où on l'emploie à garder quelques bêtes. Rien ne la distingue, si ce n'est son aspect chétif, sa simplicité et une ignorance qu'il ne faut pas confondre avec la sottise, car cette enfant est vive et particulièrement équilibrée. En 1858, entre le 11 février et le 16 juillet, la Vierge Marie lui apparaît dix-huit fois, près du gave, au lieu dénommé Massabielle. En fait, ce n'est qu'à la seizième apparition que la Dame — dans le patois local — lui révèle son identité : « Je suis l'Immaculée Conception. » Aucune pression, aucun interrogatoire ne pourra faire revenir Bernadette sur ses affirmations : celles-ci vont servir de moteur à l'extraordinaire mouvement qui va faire de Lourdes le plus célèbre pèlerinage marial du monde.

Mais, pour l'adolescente, l'heure de l'oubli et du sacrifice sonne très vite. En 1860, Bernadette est reçue à l'hospice de Lourdes par les sœurs de la Charité de Nevers; après quatre ans, la jeune fille manifeste son désir d'embrasser la vie religieuse dans la même congrégation. Mais sa mauvaise santé oblige à reculer jusqu'en juillet 1866 son entrée au noviciat de Nevers. Devenue sœur Marie-Bernard, la jeune Soubirous exerce des emplois subalternes jusqu'à ce que la maladie la terrasse. La volontaire dureté de sa supérieure purifie davantage cette âme, dont le destin exceptionnel n'a jamais réussi à ternir la simplicité et l'esprit d'enfance. Elle meurt le 16 avril 1879 en invoquant Marie. Béatifiée en 1925, canonisée en 1933. Son tombeau, à Nevers, est un centre de pèlerinage. — Fête locale le 16 avril.

BERNARD, abbé de Clairvaux, docteur de l'Église (château de Fontaine, près de Dijon, 1090-Clairvaux 1153). Issu d'une famille noble, Bernard fréquente l'école de Saint-Vorles à Châtillon. C'est un élève intelligent et volontaire, mais timide et méditatif. A la mort de sa mère, la bienheureuse Aleth (fête locale le 16 avril), en 1106 ou 1107, il commence sa « conversion », qui aboutit, en 1112, à son entrée au monastère de Cîteaux, dirigé alors par Étienne* Harding et dont la pauvreté n'a d'égale que l'austérité. Bernard a persuadé trente de ses parents et amis de se faire moines avec lui. Durant trois ans, il mène à Cîteaux, centre d'une réforme profonde de l'ordre bénédictin, une vie mystique très poussée, marquée par l'étude, la prière, et aussi une terrible mortification qui crée chez lui un état d'épuisement et d'anémie dont il ne sortira jamais.

Dès 1115, son abbé charge Bernard de fonder l'abbaye de Clairvaux, sur l'Aube

naissante. Il accepte, mais il est douloureusement partagé entre son aspiration à la vie solitaire et la charge qui lui incombe. Son très haut idéal, il s'efforce de le communiquer à ses moines, qui ont parfois du mal à le suivre sur les sommets.

Ordonné prêtre par l'évêque de Châlons-sur-Marne, le célèbre philosophe Guillaume de Champeaux, Bernard se lie avec ce maître d'une profonde amitié. Guillaume obtient qu'on lui laisse soigner Bernard, dont la santé est délabrée à l'extrême. Une année de repos permet à l'abbé de Clairvaux de s'entretenir souvent avec les deux grands scolastiques que sont l'évêque de Châlons et Guillaume de Saint-Thierry, abbé de Saint-Nicaise de Reims.

Rentré dans son monastère, Bernard contribue à l'expansion rapide de l'ordre de Cîteaux, tandis que Clairvaux connaît un essor prodigieux au point de compter 700 moines et de s'agréger 160 monastères. Dans un conflit qui éclate entre les cisterciens et Cluny, Bernard intervient comme arbitre, s'inspirant du pur idéal monastique. Son action bienfaisante se fait également sentir auprès d'autres ordres religieux, et notamment, après le concile de Troyes (1128), auprès des Templiers.

A partir de ce moment et jusqu'à sa mort, la sainteté de Bernard, l'ardeur de son zèle, le feu de sa parole et de ses écrits rayonnent sur toute la chrétienté. Aux sectateurs, tel Arnaud de Brescia, qui veulent créer une Église pure sans l'Église, il en appelle à une Église unie. En 1130, au concile d'Etampes et alors qu'une double élection papale menace l'unité de la chrétienté, Bernard domine les débats et rallie le roi de France et l'assemblée à la cause d'Innocent II (contre Anaclet II), à laquelle il gagne aussi Henri, roi d'Angleterre.

L'année suivante, Bernard accompagne Innocent II dans un voyage et, à Liège, devant l'Empereur, défend avec fougue l'indépendance de l'Église. Puis il rétablit la paix à Pise, à Gênes (1133) et à Milan (1135). Rentré à Clairvaux, il est rappelé en Italie par le pape, qui réclame son arbitrage dans un conflit entre l'Empereur et Roger de Sicile.

En 1139, élu archevêque de Reims, Bernard se récuse par humilité. Au concile de Sens (1140), son influence triomphe des partisans d'Abélard, dont Bernard fait condamner les erreurs. Dans les années qui suivent, on trouve l'abbé de Clairvaux à Saint-Denis, où il obtient la réconciliation de Louis VII et du comte de Champagne, puis en Languedoc, où il combat les cathares.

La grande joie de sa vie est, en 1145, l'élection au suprême pontificat d'un de ses anciens moines de Clairvaux, Bernard Paganelli, qui devient le pape Eugène III. Pius que jamais, l'abbé de Clairvaux est la « colonne de l'Église ». Il combat la révolte menée à Rome contre le pape par Arnaud de Brescia. Puis Eugène III le charge de prêcher la croisade contre les Turcs à Vézelay et à Spire (1146); il emporte l'adhésion du roi de France Louis VII et de l'empereur Conrad. Peu après, Bernard reçoit Eugène III à Clairvaux et l'accompagne à Verdun et à Trèves (1147). Il meurt, épuisé, dans son monastère, le 20 août 1153; il sera canonisé, vingt ans plus tard (1173), par Alexandre III.

Saint Bernard fut moins un théologien qu'un contemplatif et aussi un moraliste exigeant, encore qu'il ait été proclamé en 1830 docteur de l'Église. De son importante œuvre écrite il faut détacher : l'Apologie (v. 1125), où l'on trouve ses diatribes contre le luxe des églises clunisiennes; le traité Sur les mœurs et le devoir des évêques (v. 1128), où il s'élève contre les abbés et les prélats en mal d'honneurs et de domination; le traité De la conversion (1139); la Considération au pape Eugène III (1145), où il dénonce avec véhémence les abus de Rome, tout en fournissant au pape une méthode de méditation. Saint Bernard a laissé aussi de nombreux sermons et homélies, dont les plus beaux sont consacrés A la louange de la Vierge Mère (1120-1125). Son lyrisme et son ardeur l'ont d'ailleurs fait surnommer le « docteur marial ». Quant aux six sermons sur le Cantique des cantiques, qui furent composés dans ses dernières années, ils constituent le sommet de son œuvre littéraire et spirituelle, et l'un des joyaux de la littérature chrétienne. On conserve plus de 500 lettres de saint Bernard : leur lecture permet d'évoquer toute la société de son temps et de mesurer son extraordinaire influence.

Mais si l'Europe dut beaucoup à Bernard, elle doit beaucoup aussi à ses moines, les « moines blancs » ou cisterciens, dont il fut le véritable fondateur. Leur influence, comme défricheurs et comme constructeurs, sur l'agriculture et l'architecture religieuse, au XIIe s. notamment, fut considérable; de nos jours, ils perpétuent les hautes traditions héritées de Cîteaux et de Clairvaux. — Fête le 20 août.

BERNARD de Menthon, chanoine régulier (château de Menthon, près d'Annecy, date incertaine-Novare 1081). Après ses études, à Paris, Bernard, pour obéir à son père et quoique porté vers la carrière ecclésiastique, doit se fiancer à Marguerite de Miollans. Mais la veille de son mariage il s'échappe, gagne Aoste, où il se fait agréger aux chanoines réguliers de la cathédrale. Devenu archidiacre, chargé des aumônes aux pèlerins et aux hospices, il s'intéresse aux passages des Alpes, naturellement dangereux et infestés de brigands. Ayant chassé ces derniers, Bernard installe, au Mont-Joux et à la Colonne-Joux, des hospices qui seront désormais desservis par des chanoines réguliers de Saint-Augustin, dont Bernard fut le premier supérieur : c'est le noyau de la Congrégation hospitalière du Grand Saint-Bernard, qui compte encore 75 religieux. Bernard meurt à Novare au cours d'un voyage : c'est là qu'il repose, malgré les protestations séculaires des chanoines des hospices. En 1932, saint Bernard de Menthon a été déclaré par Pie XI, lui-même alpiniste chevronné, patron des habitants des Alpes et des alpinistes. — Fête locale le 28 mai. — Autres saints et bienheureux **Bernard :** vingt-trois.

BERNARDIN de Sienne, franciscain (Massa Marittima 1380-Aquila 1444). Il étudie à Sienne les belles-lettres, puis le droit canon, tout en s'adonnant aux œuvres de piété et de charité. En 1402, guéri d'une grave maladie contractée au chevet des pestiférés, il entre chez les Franciscains. Profès en 1403, prêtre en

1404, il débute comme prédicateur à Seggiano. Pavie, Sienne, Ferrare bénéficient tour à tour de son éloquence. En 1419 et 1420, il prêche le carême en la cathédrale de Milan.

Initiateur de la dévotion au saint nom de Jésus, Bernardin est accusé d'hérésie; mais saint Jean* de Capistran le défend avec tant de véhémence que l'Inquisition abandonne ses accusations. Martin IV nomme alors Bernardin évêque de Sienne: il refuse, préférant se livrer à sa chère prédication. Il n'empêche que, dans de nombreuses villes, persuadées du caractère hérétique de la dévotion au nom de Jésus, le monogramme du Christ est détruit. Finalement, une bulle d'Eugène IV (1432) rend justice et hommage à Bernardin.

Celui-ci passe l'année 1432 à Capriola, près de Sienne, où il compose ses deux grands carêmes : *De la religion chrétienne* et *De l'Évangile éternel*. De 1438 à 1442, il exerce la fonction de vicaire général de l'Observance. On peut dire d'ailleurs que Bernardin a rénové à la fois l'ordre de Saint-François et la prédication chrétienne. Il meurt épuisé le 20 mai 1444. Il sera canonisé par Nicolas IV dès 1450. On a conservé de lui de nombreux sermons en italien et en latin. — Fête le 20 mai. — Trois autres bienheureux ou saints modernes (xvᵉ-xviiᵉ s.) portent aussi le nom de **Bernardin**.

BERNON, fondateur de Cluny (en Bourgogne v. 850-Cluny 927). Issu d'une famille noble, il fait profession en l'abbaye bénédictine Saint-Martin d'Autun. Vers 886 on le désigne pour rendre sa pureté primitive à la communauté de Baume-les-Messieurs; peu après il fonde l'abbaye de Gigny (890-894) qu'il place, ainsi que Baume, sous la juridiction directe du pape. La réputation de ferveur de ces deux communautés est telle que le duc d'Aquitaine Guillaume le Pieux mande Bernon pour lui offrir d'édifier sur ses domaines un monastère dont il prendrait la direction. Ainsi est fondée, le 11 septembre 910, la célèbre abbaye de Cluny, dans le Mâconnais, qui, dès son début, fait figure de chef d'ordre. Bernon reçoit donc la charge de divers monastères dépendant de Cluny. Avant de mourir il assure l'élection de son successeur, Odon.

On lui donne couramment le titre de bienheureux ou de saint, bien qu'il ne semble pas avoir été honoré d'un culte liturgique en dehors de son ordre. — Fête locale le 13 janvier.

BERTHE, fondatrice du monastère d'Avenay (viiᵉ s.). Épouse en secondes noces de saint Gombert, elle vit avec lui dans la continence. Tandis que Gombert part évangéliser la Frise, où il sera décapité, Berthe fonde une abbaye à Avenay en Champagne et en devient la première abbesse. Ses beaux-fils, irrités qu'elle ait dépensé son douaire à doter sa communauté et se jugeant frustrés, l'assassinent. La tradition veut qu'ils soient devenus fous. Honorée comme martyre ainsi que son époux, qu'on ensevelit auprès d'elle, Berthe sera très vénérée en Champagne. Son corps et celui de Gombert, retrouvés intacts un siècle plus tard, seront ramenés à Avenay en 950. — Fête locale le 11 mai. — Quatre autres saintes ou bienheureuses portent le nom de **Berthe;** parmi elles, la première abbesse de Blangy, près d'Hesdin, morte vers 725 (fête locale le 4 juillet).

BERTRAND, évêque de Comminges (L'Isle-Jourdain v. 1050-Comminges 1123). Apparenté aux comtes de Toulouse, neveu par alliance de Robert le Pieux, il est élevé à La Chaise-Dieu. Entré dans la cléricature, il devient chanoine, archidiacre de Toulouse, enfin (1073) évêque de Comminges. Bertrand donne tous ses soins à la restauration de sa ville épiscopale, détruite par les Francs au viᵉ s. Il fera tant et si bien que la cité prendra son nom, Saint-Bertrand-de-Comminges. D'autre part, l'évêque visite assidûment son diocèse, qu'il protège contre les incursions maures et où il restaure la discipline ecclésiastique. — Fête locale le 16 octobre. — Six autres saints du même nom, dont un évêque du Mans († 623), honoré localement le 30 juin, un abbé de Saint-Quentin (viiᵉ s.), honoré localement le 24 janvier, et un patriarche d'Aquilée († 1350), honoré localement le 6 juin.

BIBIANE, martyre à Rome (date indéterminée). Selon une Passion très douteuse, Bibiane était la fille du préfet de Rome, Flavien, devenu chrétien. Arrêté, exilé, Flavien mourut. Bibiane fut poursuivie par la haine des persécuteurs. Fouettée au sang, elle expira. Au v⁰ s. fut dédiée à la sainte une basilique romaine où fut déposé son corps. — Fête locale le 2 décembre.

BLAISE, évêque de Sébaste en Arménie (ıv⁰ s.). Sa vie ne nous est connue que par des récits tardifs et légendaires. S'étant caché dans une grotte durant la persécution de Licinius, il fut découvert et dépecé avec des peignes de fer. On rapportait que son pouvoir de guérison s'étendait aux animaux; il aurait guéri un enfant qui étouffait à cause d'une arête de poisson demeurée plantée dans la gorge. Ces légendes expliquent que Blaise figure au nombre des 14 saints auxiliateurs et qu'on l'invoque pour les maux de gorge; il est aussi le patron des animaux et des peigneurs de laine. Son culte s'est particulièrement implanté en Allemagne et en France. — Fête le 3 février.
— Quatre autres saints portent le nom de **Blaise** : trois sont des martyrs des premiers siècles.

BLANDINE, martyre à Lyon († 177). Blandine appartient au groupe des 48 martyrs lyonnais dont le plus célèbre est l'évêque Pothin*. Comme eux, nous la connaissons par la lettre des Églises de Lyon et de Vienne aux Églises d'Asie et de Phrygie, lettre circulaire dont le rédacteur est peut-être saint Irénée*, mais dont la fidélité est assurément garantie par le contrôle collectif de la communauté lyonnaise.
Jeune esclave, Blandine est d'abord torturée jusqu'à ce que ses persécuteurs se déclarent fatigués. Au lieu de se plaindre, elle ne cesse de répéter : «Je suis chrétienne, et chez nous il ne se fait rien de mal.» Ramenée à l'amphithéâtre avec Maturus, Sanctus et Attale, elle est liée à un poteau, mais les fauves, lâchés dans l'arène, refusent de la toucher. On la reconduit en prison. Chaque jour, Blandine et Ponticus, un garçon de 15 ans, sont conduits à l'arène pour assister aux souffrances de leurs compagnons, mais rien ne peut les émouvoir. Ponticus est finalement immolé. Blandine périt la dernière, au terme des combats donnés pour les fêtes d'août. Exposée sur le gril, puis présentée dans un filet pour être projetée sur les cornes d'un taureau, elle est égorgée. — Fête locale le 2 juin.

BONAVENTURE, frère mineur, cardinal et docteur de l'Église (Bagnorea, Toscane, v. 1221 — Lyon 1274).
Giovanni Fidanza ou Bonaventure fréquente d'abord le couvent des frères mineurs de sa ville natale; il y apprend les premières lettres. De 1236 à 1242, à Paris, «la nouvelle Athènes», il étudie les arts libéraux, puis la théologie; il entre ensuite chez les frères mineurs, que protège Louis IX, et poursuit ses études sous la direction de maîtres éminents comme Alexandre de Halès. A partir de 1248, Bonaventure enseigne au collège universitaire des franciscains, où il devient maître régent (1253-1257). L'opposition des maîtres séculiers lui barre l'agrégation officielle à la faculté, et ce n'est que sous la pression du pape qu'il reçoit la maîtrise (1257). Il vient d'être élu ministre général des frères mineurs. Si les devoirs de sa charge l'écartent de l'enseignement, il gardera cependant un contact étroit avec les mouvements des idées.
A l'intérieur de son ordre, Bonaventure doit affronter et dominer l'opposition de deux courants, les uns consentant à une évolution institutionnelle et théologique, tandis que les autres, les «spirituels», s'en tiennent aux premières institutions. Bonaventure visite de nombreuses résidences et multiplie les missions franciscaines près de l'Islàm. En même temps, il se montre soucieux de maintenir chez ses frères l'idéal de saint François.
D'ailleurs, son œuvre personnelle réalise, en une théologie systématique, la conceptualisation de la spiritualité franciscaine. Cette œuvre abondante (cours universitaires, commentaires de la Bible et des *Sentences* de Pierre Lombard) est dominée par deux opuscules : le *Breviloquium,* présentation concise de la théologie, et

l'*Itinerarium mentis ad Deum* (1259), qui montre que l'extase de saint François sur l'Alverne est le terme normal de toute spéculation intellectuelle.

Bonaventure connaît bien Aristote, mais il refuse l'autonomie du savoir rationnel qu'implique l'aristotélisme. Pour lui, la sagesse émane de la foi de telle manière que toute discipline de l'esprit est par elle assimilée et ramenée à son principe divin. C'est donner à l'augustinisme traditionnel une armature spéculative. On comprend que Bonaventure se soit opposé aux aristotéliciens et à Siger de Brabant. De son vivant, l'influence de Bonaventure — le « Docteur séraphique » — fut considérable : on le réclamait de partout pour adresser la parole de Dieu aux auditoires les plus variés. En 1265, Clément IV lui offrit l'évêché d'York : Bonaventure déclina cet honneur, mais, en 1273, il ne put empêcher Grégoire X de le créer cardinal-évêque d'Albano. En cette qualité, il participa activement aux travaux du 2e concile de Lyon, mais il mourut avant la clôture du concile, le 15 juillet 1274.

L'école bonaventurienne, qui brillera d'un vif éclat au XIIIe s., tombera au XIVe s., dépassée par l'aristotélisme thomiste. Mais, depuis les travaux récents d'Étienne Gilson, la pensée du Docteur séraphique est de nouveau à l'honneur. Canonisé en 1482. Proclamé docteur de l'Église en 1588. — Fête le 15 juillet.

— Autres saints et bienheureux portant ce nom : sept.

BONFILS Monaldi. V. *Sept fondateurs de l'ordre des Servites.*

BONIFACE, archevêque de Mayence, apôtre de la Germanie (Kirton, royaume de Wessex, v. 675 — Dokkum 754 ou 755). Né dans une famille noble, Wynfrith est élevé à l'abbaye d'Adescancastre, puis à celle de Nhutscelle. Lui-même devient moine et prêtre; écolâtre, il s'impose par sa science. Très tôt, une vocation particulière l'habite : la conversion des Saxons du continent.

En 716, Wynfrith, autorisé par son abbé, débarque à Dwerstede, en Frise. Mais il ne peut atteindre les Frisons. Il rentre en Angleterre, d'où, dès 718, il repart pour gagner Quentovic, sur la Manche; de là il se rend à Rome, où le pape Grégoire II lui donne le nom de Boniface — en l'honneur d'un martyr vénéré à Rome — et le charge de l'apostolat général auprès des païens (719).

Boniface va en Thuringe, puis en Frise, où il demeure trois ans, secondant saint Willibrord*. De là il passe en Hesse (722), où il fonde l'abbaye d'Amœnebourg. Grégoire II le rappelle à Rome et le sacre évêque. Recommandé à Charles Martel, Boniface retourne en Hesse (723), puis en Thuringe (725), où il convertit de nombreux païens. D'Angleterre, de nombreux moines et moniales viennent lui prêter main forte, multipliant les monastères et implantant en Germanie la civilisation chrétienne. En 732, Grégoire III confère à Boniface le pallium et la charge de constituer les évêchés en Germanie. Après un troisième séjour à Rome (737-738), l'archevêque se rend en Bavière pour y fonder les évêchés de Passau, Ratisbonne, Freising et Salzbourg; après 740, il crée l'évêché d'Eichstaett. En même temps, il tient le premier synode de l'Église d'Allemagne (740), destiné à épurer les mœurs cléricales. Boniface fonde ensuite des évêchés en Hesse et en Thuringe : les premiers titulaires en sont naturellement des moines. En 744, il fonde l'abbaye de Fulda, destinée à être le principal foyer religieux de la Germanie. A la mort de Charles Martel (741), Pépin le Bref et Carloman chargent Boniface de réformer l'Église franque. L'archevêque réunit alors plusieurs synodes réformateurs (742-747). Cologne lui est d'abord assigné comme métropole; en 747, il devient archevêque de Mayence. C'est lui qui, en 751, confère l'onction royale à Pépin le Bref, qui renverse la dynastie mérovingienne. Puis Boniface retourne en Frise; mais, le jour de la Pentecôte 754, il est massacré, ainsi que 52 compagnons, par des Frisons, sur les bords de la Borne, près de Dokkum. Son corps sera ramené à Fulda.

Boniface est l'un des patrons de l'Angleterre. On a pu dire que, sans son œuvre

civilisatrice, « Charlemagne n'eût pas été possible ». — Fête le 5 juin.
— Douze autres saints portent aussi le nom de **Boniface.**

BRIEUC, abbé ou évêque en Bretagne (pays de Galles 410-† v. 502). Il est difficile de dégager la vie de ce Celte des légendes qui l'entourent. Gallois d'origine, Brieuc aurait été converti au christianisme par saint Germain d'Auxerre, qu'il suivit sur le continent (v. 429). Ordonné prêtre, il rentra dans son pays d'où le chassa une invasion saxonne. Passé en Armorique, il convertit un seigneur nommé Conan, dont les largesses lui permirent de bâtir un monastère, qui deviendra plus tard le noyau de la ville de Saint-Brieuc. Fut-il évêque lui-même? C'est probable, mais non certain. — Fête locale 1er mai.

BRIGIDE ou **BRIGITTE de Kildare,** abbesse, patronne de l'Irlande (v. 455 — v. 523). Brigide constitue, avec les saints Patrick* et Colomba*, ce que son biographe Colgan (1647) appelle « la triade thaumaturge » de l'Irlande. En réalité, elle n'a pas pu connaître saint Patrick († 461), encore qu'elle ait, avec la communauté de Kildare, dont elle fut l'abbesse, contribué à l'œuvre évangélisatrice des disciples de Patrick. D'après la légende, Brigide serait morte à Cill Dara, et ses restes auraient été transférés à Downpatrick, où ils auraient été réunis à ceux de Patrick et de Colomba.
Le culte extraordinairement fervent, rendu à Brigide par l'Irlande, dont elle est la patronne, se répandit en Écosse, en Grande-Bretagne, sur le continent et dans les pays scandinaves. Le folklore et la toponymie de très nombreux lieux sont inspirés par son nom et par les légendes qui embellissent sa biographie. — Fête locale le 1er février.

BRIGITTE de Suède, veuve, fondatrice de l'ordre du Saint-Sauveur (v. 1303-Rome 1373).
Issue d'une famille apparentée à la maison royale de Suède, Brigitte épouse très jeune le prince de Néricie, Ulf Gudmarsson. Elle en aura huit enfants, dont Cathe-rine* de Suède. Au retour d'un pèlerinage à Compostelle, les deux époux, d'un commun accord, embrassent la vie religieuse. Ulf entre au monastère cistercien d'Alvastra, où il meurt peu après (1344). Brigitte s'établit près de ce monastère. Commencent bientôt les révélations qui vont rendre Brigitte célèbre et qui ont été collationnées en huit livres : le texte en a été dicté en suédois à des secrétaires par Brigitte; il sera traduit en latin par le prieur du monastère d'Alvastra. Il est cependant certain que copistes, traducteurs et compilateurs ont ajouté des éléments personnels. Les passages les plus célèbres des *Révélations* de sainte Brigitte sont relatifs à la Passion du Christ, aux châtiments de l'enfer, au jugement dernier. Les descriptions sont souvent terribles et réalistes. D'autre part, Brigitte — comme Catherine* de Sienne — admoneste les papes d'Avignon pour les obliger à rentrer à Rome. Il semble bien, écrit le P. Debongnie, que « Brigitte mêlait aux dons du ciel une grande part de sa brûlante imagination et utilisait inconsciemment le souvenir de ses lectures ». D'abord approuvées par les papes, ces *Révélations* subiront les dures attaques des pères de Constance et de Bâle.
Vers 1363, Brigitte fonda l'ordre du Saint-Sauveur, sur le modèle de Fontevrault. Mais elle ne fit pas profession. La règle de cet ordre sera définitivement approuvée en 1378. Au retour d'un pèlerinage en Terre sainte avec sa fille Catherine, Brigitte mourut à Rome; son corps fut ramené en Suède.
Les « oraisons », les sept *Pater* et sept *Ave* de sainte Brigitte relèvent de la superstition. Canonisée en 1391. — Fête le 23 juillet.

BRUNO, fondateur de l'ordre des Chartreux (Cologne v. 1030-San Stefano in Bosco, Calabre, 1101).
D'extraction noble, Bruno étudie à Cologne, puis à Reims. Pourvu à Cologne d'un canonicat, prêtre, il est rappelé à Reims (1056) pour y devenir écolâtre et professeur de théologie. Il s'y manifeste partisan des doctrines clunisiennes. Parmi ses élèves : le futur Urbain II.

Quand le simoniaque Manassès devient évêque de Reims (1067). Bruno est nommé archidiacre, mais il est bientôt privé de ses titres et biens. Réfugié à Cologne, puis à Paris, il redoute qu'on l'appelle à succéder à Manassès, déposé en 1080. Il décide alors de renoncer à la vie séculière.

En 1083, avec deux compagnons, Bruno se rend près de saint Robert* de Molesme. Sur les conseils de ce dernier, qui a deviné sa vocation érémitique, Bruno, accompagné de six amis, va trouver l'évêque Hugues* de Grenoble. Celui-ci conduit le groupe dans le farouche désert montagneux de la Chartreuse (1084), où, un an après, est construite une église. Les religieux établis là prendront le nom de « chartreux ». Après un temps où la fondation garde des liens avec la Chaise-Dieu, la Chartreuse devient le centre d'un ordre religieux destiné à une longue prospérité (1090).

Bruno est sollicité par le pape pour plusieurs missions; il prend part à des conciles italiens. Mais il rêve d'une vie érémitique absolue. En 1092, Urbain II l'autorise à s'installer près de Squillace, à La Torre. Il meurt en 1101 à la chartreuse de San Stefano in Bosco, filiale de La Torre, alors que le pape vient de lui confirmer l'autonomie de l'ordre qu'il a fondé.

Saint Bruno a laissé plusieurs ouvrages, notamment des sermons; si la règle des Chartreux est postérieure à sa mort (1127), elle s'inspire des observances pratiquées à la Chartreuse sous sa direction. — Fête le 6 octobre.

— Autres saints et bienheureux portant ce nom : cinq, dont un archevêque de Cologne mort en 965 (fête locale le 11 octobre).

Catherine, qui tient la roue, instrument de son supplice, s'appuie sur une épée, symbole de la force qui lui permit de triompher des menaces de l'empereur Maxence, ici à ses pieds. Art allemand, XVIᵉ siècle. Bois. Musée du Louvre.

CAÏUS (né en Dalmatie-Rome 296), pape de 283 à 296. Peut-être parent de l'empereur Dioclétien, il aurait, étant diacre, échappé au martyre. En 283 il remplace Eutychius sur le siège pontifical. On lui attribue la détermination définitive des ordres inférieurs à l'épiscopat. Son nom figure dans les Actes de saint Sébastien et dans ceux de sainte Suzanne qui aurait été sa propre nièce. Il semble que Caïus soit mort paisiblement. Il fut enseveli au cimetière de Callixte, où Rossi, au milieu du XIXᵉ s., découvrira des fragments de son épitaphe. Il était honoré en même temps que le pape Soter, le 22 avril, mais comme lui, il a été éliminé du nouveau calendrier romain.
— Quinze autres **Caïus,** presque tous martyrs des premiers siècles, sont au martyrologe.

CALIXTE ou **CALLISTE Iᵉʳ**, pape de 217 à 222. Esclave d'un chrétien nommé Carpophore, Calixte est envoyé aux mines de Sardaigne vers 186. Libéré et affranchi, il s'installe à Antium. Appelé à Rome par le pape Zéphyrin, il y est fait diacre et administrateur du cimetière qui a gardé son nom, avant de succéder à Zéphyrin. Les interventions de Calixte sur le plan dogmatique sont importantes. Adversaire du sabellianisme, il définit l'unité divine et la distinction du Père et du Fils. Sur le plan de la morale ecclésiastique, il reconnaît la validité du mariage entre femmes libres et esclaves; dans toutes ses décisions, le pontife prend le parti de l'indulgence, ce qui lui vaudra les attaques du sévère Tertullien. Calixte mourut probablement victime d'une émeute. Il compte parmi les martyrs. Certaines de ses reliques se trouveraient à Reims. — Fête le 14 octobre.
— Trois autres martyrs portent le nom de **Calixte.**

CAMILLE de Lellis, fondateur des Camilliens (Bucchianico, Abruzzes, 1550-Rome 1614). Après une jeunesse dissipée, Camille entre, à 25 ans, chez les Capucins. Il doit quitter cet ordre à cause d'un ulcère incurable qu'il porte à la jambe. Infirmier en l'hôpital Saint-Jacques de Rome, l'indifférence de certains de ses collègues à l'égard des malades le décide à consacrer sa vie au soin des malheureux. Devenu économe de la maison, il réforme celle-ci de fond en comble. Puis il groupe autour de lui quelques compagnons (1582), qui constituent le noyau de l'Institut des Clercs réguliers ministres des infirmes, appelés familièrement « camilliens ». La mission de ces religieux — pères et frères — est « l'exercice des œuvres spirituelles et corporelles de miséricorde envers les malades, même atteints de peste, tant dans les hôpitaux et prisons que dans les maisons privées, et partout où il le faudra ». Ils regardent les malades comme « leurs seigneurs et maîtres ».
L'institut est approuvé en 1586; il est érigé en ordre religieux en 1591. Camille de Lellis, ordonné prêtre en 1584, méritera, par sa charité et ses initiatives, le titre d'« initiateur de la bienfaisance publique moderne ».

Il meurt le 14 juillet 1614. Canonisé en 1746. Proclamé, avec saint Jean de Dieu, en 1886, protecteur des hôpitaux et des malades. En 1930, Pie XI l'a nommé patron des infirmiers et infirmières catholiques. — Fête le 14 juillet (anc. fête le 18 juillet).

— **Camille** est un nom porté par trois autres saints ou bienheureux, et aussi par trois saintes ou bienheureuses, dont une martyre d'Auxerre (fête locale le 26 novembre).

CANUT ou **KNUT** (1040-Odense 1086), roi de Danemark de 1080 à 1086. Fils du roi de Danemark Sven II Estridsson, Canut dirige deux expéditions contre Guillaume le Conquérant en Angleterre : il échoue, mais il rapporte de la grande île les reliques de saint Alban, le premier martyr anglais. Quoique vainqueur des Prussiens, il est écarté du trône par l'aristocratie au profit de son frère Harald, qui meurt après quatre ans de règne. Canut lui succède en 1080. Canut II est profondément chrétien. Aussi s'efforce-t-il de régulariser les mœurs de ses sujets tout en renforçant le pouvoir royal. Il frappe de lourdes peines l'inobservation des prescriptions ecclésiastiques, gagnant ainsi l'appui de l'Église, qu'il comble de dons. Dans la querelle des Investitures, il prend naturellement le parti de la papauté et reçoit dans ses États les clercs fidèles obligés de fuir l'Allemagne.
Une révolte aristocratique l'ayant forcé à se réfugier dans l'île de Fionie, il y est rejoint. Avec ses partisans, il s'enferme dans l'église Saint-Alban d'Odense; il se confesse, communie, pardonne solennellement à ses ennemis, qui l'atteignent et le tuent au pied de l'autel (10 juillet 1086). Il est devenu tout naturellement le patron du Danemark. — Fête le 10 juillet (anc. fête le 19 janvier).

— Saint **Canut II** a quelque peu éclipsé son neveu **Canut (Knut) Lavard,** assassiné en 1131, canonisé en 1169. — Fête locale le 7 janvier.

CASIMIR, patron de la Pologne (Cracovie 1458-Grodno 1484). Fils du roi de Pologne Casimir IV, il se signale très jeune par son dédain du monde et des honneurs. Un moment, des seigneurs songent à lui pour la couronne de Hongrie, mais sa candidature est rapidement sacrifiée à celle de Mathias Corvin, reconnu roi de Hongrie par Sixte IV. Retiré au château de Cobzki, Casimir doit sortir de la solitude pour administrer le royaume de Pologne durant une absence de son père. En 1483, celui-ci veut le marier à la fille de l'empereur Frédéric III, mais Casimir argue du vœu de virginité qu'il a prononcé. Il meurt de phtisie quelques mois plus tard. Il sera canonisé en 1521 et proclamé patron de la Pologne en 1602. — Fête le 4 mars.

CASSIEN, martyr à Imola († v. 250). Le poète Prudence, dans son *Peristephanon*, décrit avec chaleur le martyre de Cassien, maître d'école et professeur de sténographie à Imola. Livré par les bourreaux à ses élèves, ceux-ci, à coups de stylet, tracèrent des mots et des phrases dans sa chair.
Cette Passion en rejoint d'autres, semblables. En tout cas, le culte de saint Cassien — dont certains firent un évêque d'Imola — était célébré au Moyen Age, à Rome et dans le diocèse de Milan notamment. — Fête locale le 13 août.

— Nom très répandu dès le haut Empire, **Cassien** est porté par une dizaine d'autres saints dont un sténographe militaire, martyrisé à Tanger (fête locale le 3 décembre), et un évêque à Todi († v. 300), honoré localement le 13 août. L'ascète et écrivain Jean **Cassien,** abbé à Marseille, (v. 360-v. 435) est honoré comme un saint dans cette ville (fête locale le 23 juillet).

CASTE, martyr en Afrique au IIIᵉ s. V. *Émile.*

CATHERINE, martyre à Alexandrie. Cette sainte, exceptionnellement populaire, est de celles que l'Église a éliminées de son calendrier, son histoire étant particulièrement fantaisiste, et sa légende d'origine tardive.
Dans sa forme la plus simple, cette légende

nous parle d'une jeune fille, Catherine, née à Alexandrie, où son père, Costos, est roi. Instruite dans les sciences les plus élevées, elle refuse de sacrifier aux dieux et confond, par son érudition et son éloquence, les philosophes et les rhéteurs païens, convoqués par l'empereur Maxence pour détruire l'argumentation de la jeune chrétienne. Maxence, furieux, la fait torturer, mais les roues garnies de pointes de fer se brisent, mettant à mal les persécuteurs et elle est finalement décapitée. Bien d'autres traits légendaires, qu'une florissante iconographie a, durant des siècles, repris et embellis, sont venus se greffer sur ce schéma. Ainsi, les Chypriotes, pour s'annexer la sainte, prétendirent que le père de Catherine avait d'abord été roi de Chypre. On a glosé autour du « mariage mystique » de Catherine avec Jésus, qui lui offrit l'anneau. Et quelle vision touchante que celle du corps de Catherine transporté par les anges au Sinaï!

Tout cela, qui est si fragile aux yeux de l'historien, n'empêche que notre sainte soit restée la patronne des philosophes et aussi celle des jeunes filles, spécialement de celles dont la beauté commence à se faner. Que d'églises, autrefois, eurent une confrérie de jeunes filles placées sous le patronage de sainte Catherine! Que de lettres et de cadeaux envoyés par les jeunes gens à leur amies le 25 novembre! Et quelle mélancolie s'exhale encore de l'expression « coiffer Sainte-Catherine », qui désigne les demoiselles laissées pour compte! — Fête traditionnelle le 25 novembre.

CATHERINE de Gênes, veuve et mystique (Gênes 1447-*id.* 1510). Membre de l'illustre famille des Fieschi, Catherine se livre très jeune aux exercices religieux et à la pénitence. Cependant, par soumission filiale, elle épouse, à seize ans, un jeune patricien génois, Julien Adorno, qui la fera beaucoup souffrir, au moins jusqu'en 1476, date de sa « conversion ». La jeune femme, pour oublier ce mari dur et volage, se livre elle-même aux vanités du monde; mais la grâce de Dieu la ramène à la vie parfaite en 1473. Presque aussitôt,

Catherine a la révélation mystique de la pureté de l'essence divine. Cette révélation lui donne une conscience si aiguë du péché qu'elle va désormais se livrer à une dure pénitence dans la lumière de l'« amour purificateur ». D'autre part, surtout après la mort de son mari en 1497, cet amour la portera à se consacrer au service des malades.

On a attribué à Catherine de Gênes des œuvres mystiques : le *Livre de la vie admirable et de la doctrine de sainte Catherine de Gênes, le Traité du purgatoire, le Dialogue spirituel.* Le problème de leur composition est fort obscur et divise les spécialistes. Mais, si ces ouvrages n'ont pas été composés par Catherine, elle les a certainement inspirés, et ils sont à l'origine d'un mouvement mystique considérable. L'école cathérinienne, fondée sur la mystique de l'amour divin, a notamment influencé l'école française de spiritualité au XVIIe s.; le quiétisme semble aussi y avoir pris quelques éléments, ce qui explique les réticences de Bossuet à l'égard de la spiritualité de Catherine de Gênes. Canonisée en 1737. — Fête locale le 12 septembre.

CATHERINE Labouré, fille de la Charité (Faris-les-Moûtiers, Côte-d'Or, 1806-Pâris 1876). Née dans une famille de cultivateurs chrétiens, Catherine suit sa sœur aînée chez les filles de la Charité, après avoir éprouvé longtemps la résistance paternelle (1830). Postulante à Châtillon-sur-Seine, elle entre au noviciat de la rue du Bac, à Paris. C'est durant son temps de formation que, le soir du 27 novembre 1830, à la chapelle, Catherine est favorisée, selon ses dires, de la vision de la Vierge, qui lui demande de faire frapper une médaille connue depuis sous le nom de médaille miraculeuse; à l'avers, Marie, telle qu'elle apparut à Catherine; au revers, la lettre M surmontée d'une croix avec les cœurs de Jésus et de Marie.

Catherine ne révélera cette vision qu'à son confesseur et passera sa vie au service des malades et des vieillards, notamment rue de Picpus, à Paris, où elle mourra. Béatifiée en 1933, canonisée en 1947. — Fête locale le 30 décembre.

CATHERINE de Sienne, dominicaine (Sienne 1347-Rome 1380). La vie de sainte Catherine de Sienne par son directeur, le bienheureux Raymond de Capone († 1399), a été soumise à une vigoureuse critique (1921, 1930) par R. Fawtier; mais, si l'on peut reconnaître à cette *Legenda major* certains défauts inhérents au genre, sa valeur est, pour l'essentiel, corroborée. Il n'en reste pas moins que les œuvres de Catherine elle-même demeurent la source principale de son histoire.

Née de Giacomo Benincasa et de Lapa Piagenti, Catherine répond à un premier appel de Dieu en faisant, toute jeune, vœu de virginité. A douze ans, cependant, encouragée par sa sœur aînée Bonaventura, elle cède à l'amour de la parure. Mais, en 1362, Bonaventura meurt : Catherine « se convertit », tond ses cheveux, et, tout en restant une très gaie fillette, se réfugie dans sa « cellule intérieure ». Pour cette vocation, elle doit résister aux persécutions.

A seize ans, Catherine obtient son admission au tiers ordre de Saint-Dominique. Durant trois ans, elle vit chez elle, dans la retraite; elle n'adresse la parole qu'à son confesseur. De cette « mort » plus que symbolique, Catherine sort pour reprendre une vie normale au service des siens. Dès lors, sa réputation de sainteté attire à elle de nombreuses personnes, de toutes conditions, qui constituent un petit cénacle : c'est le « cercle » de Fontebranda, du nom du quartier qu'elle habite à Sienne. C'est sa gaieté autant que son bon sens et sa sainteté qui expliquent son exceptionnel ascendant.

A cette époque, l'Église traverse une crise très grave, liée au séjour prolongé de la papauté en Avignon. L'Italie est en effervescence. Florence et quatre-vingts autres villes se révoltent contre les légats français du pape. Grégoire XI excommunie Florence. Les Florentins supplient Catherine — qui, le quatrième dimanche de carême de 1375 à Pise, vient de recevoir les stigmates de la Passion — de se rendre auprès du pape. Elle accepte et arrive à Avignon le 18 juin 1376, accompagnée de 23 membres du « cercle » de Fontebranda. Bientôt, les négociations avec Florence se révèlent impossibles, si bien que Catherine va hausser le but de son voyage jusqu'aux besoins essentiels de l'Église : le retour du pape à Rome, condition de la croisade et de la paix. Et l'on voit cette frêle jeune femme, « prêcheresse » dans l'âme, devenir l'un des grands politiques de son temps, et, malgré les brimades d'une cour pontificale trop encline à un luxe que la religieuse italienne stigmatise sans peur, triompher des dernières hésitations de Grégoire XI. Il est vrai que, chez Catherine, l'action est toujours liée à l'extase.

Le 13 septembre 1376, Grégoire XI, accompagné des lamentations de son entourage, quitte Avignon pour Rome. A Gênes, Catherine l'empêche de retourner en arrière; et puis elle revient à Sienne. Mais, bientôt, la mort de Grégoire XI (1378) remet tout en question. Son successeur Urbain VI, un Napolitain, inaugure son pontificat par des mesures qui lui aliènent les cardinaux français : ceux-ci, en élisant Clément VII, provoquent le grand schisme d'Occident.

A la demande d'Urbain VI, Catherine se rend à Rome afin d'y organiser la résistance spirituelle qui pourra mettre fin au schisme. Avant de quitter Sienne, qu'elle ne doit plus revoir, elle dicte, dans l'extase, le *Dialogue*, ouvrage qui, avec ses *Lettres* (il nous en reste 373), constitue un trésor de la spiritualité mystique. A Rome, Catherine mène une vie terrible, partagée entre l'extase douloureuse et une correspondance destinée à supplier tous les grands de l'Europe de restaurer la paix et l'unité de l'Église. Son agonie passe par deux jours et deux nuits de délaissement intérieur et d'angoisse pour les besoins de l'Église. Elle meurt le 29 avril 1380, entourée de ses disciples.

La doctrine de Catherine de Sienne est remarquablement simple et homogène. Au départ, une double « connaissance de Dieu et de soi-même », d'où l'âme peut juger et jauger toute chose et toute action. Cette doctrine, hostile à l'amour-propre, est très conforme à l'intellectualisme de la pensée dominicaine et thomiste. Son authenticité et sa spécificité ont été reconnues par l'Église, qui a canonisé Catherine en 1461 et l'a proclamée docteur de l'Église le 4 octobre 1970. — Fête le 29 avril (ancienne fête le 30 avril).

CATHERINE de Suède (v. 1330-Wadstena 1381). La Vie de sainte Catherine de Suède, attribuée au moine brigittin Ulfon (v. 1420), est considérée comme excellente. Fille de sainte Brigitte*, Catherine est mariée, jeune encore, contre son gré; elle persuade son mari de garder la continence. Elle rejoint sa mère à Rome (1349); son mari étant mort, Catherine ne quittera plus Brigitte, qu'elle accompagnera dans ses pèlerinages en Italie et à Jérusalem. Sa mère meurt à Rome en 1373 : Catherine transporte son corps en Suède; elle le dépose au monastère de Wadstena, près de Linkœping, fondé par sainte Brigitte. Puis elle revient à Rome pour faire aboutir le procès de canonisation de sa mère : elle y reste cinq ans avant de revenir mourir à Wadstena.
— Fête locale le 24 mars.
— Autres saintes bienheureuses **Catherine :** quinze.

CÉCILE, martyre à Rome (?). L'hagiographie est absolument incapable d'affirmer quoi que ce soit de certain sur cette sainte, pourtant très populaire.
Selon ses Actes (sans valeur historique), Cécile, vierge romaine, déclare à son mari Valérien, la nuit de ses noces, qu'un ange veille sur sa virginité. Valérien ne peut voir cet ange qu'après s'être fait baptiser par le pape Urbain. Tiburce, frère de Cécile, jouit de la même faveur après son baptême. Le préfet de Rome, Almachius, fait arrêter Valérien et Tiburce, qui sont suppliciés, tandis que Cécile est séquestrée dans sa maison, où se réfugie cependant le pape Urbain, lequel baptise de nombreux catéchumènes. Traduite devant Almachius, Cécile refuse de sacrifier aux dieux. Le préfet la condamne à être brûlée dans son bain. Elle échappe miraculeusement au supplice; le bourreau chargé de la décapiter ne peut

faire mieux que la blesser. Finalement, elle meurt en léguant à Urbain sa maison. On l'ensevelit au cimetière de Calliste.
Ce récit idyllique, qui inspira une iconographie souvent douceâtre, ne repose sur rien de solide; il est impossible de le situer dans une chronologie saine : le pape Urbain est inidentifiable; Tiburce et Valérien, martyrs romains, n'ont rien de commun avec Cécile, dont le nom, d'ailleurs, n'a jamais été prononcé avant le ve s. En réalité, les Actes de sainte Cécile sont une transposition d'un épisode connu de la persécution vandale en Afrique à la fin du ve s. Quand l'hagiographe romain a voulu démarquer le récit africain, il a puisé ses personnages dans le martyrologe romain. Quant au titre de Sainte-Cécile-au-Transtévère, il eut pour fondatrice une *Caecilia* qui n'a rien à voir avec notre sainte. Il n'empêche que le culte de sainte Cécile prit son essor au vi^e s., au point que son nom figure au canon de la messe. De plus, la sainte est devenue la patronne des musiciens, et cela parce que ses Actes disent que, le jour de ses noces, tandis que les musiciens touchaient leurs instruments, Cécile chantait dans son cœur les louanges de Dieu. — Fête traditionnelle le 22 novembre.
— Quatre autres saintes ou bienheureuses portent le nom de **Cécile.**

CÉLESTIN Ier, pape de 422 à 432. Diacre de l'Église romaine, il succède à Boniface Ier. Adversaire décidé du pélagianisme, Célestin inspire la constitution impériale de 425, qui oblige à l'abjuration les évêques pélagiens de Gaule. Lui-même invite Nestorius, évêque de Constantinople, à condamner Pélage et ses partisans. A la fin de son pontificat, Célestin combat le nestorianisme. Il réunit en 430, à Rome, un concile qui condamne Nestorius; puis il délègue saint Cyrille d'Alexandrie au concile d'Ephèse (431), qui dépose l'évêque de Constantinople. On a de Célestin Ier plusieurs lettres relatives aux questions dogmatiques et disciplinaires.
— Fête le 27 juillet.
— Un martyr romain (date indéterminée) nommé **Célestin** est honoré localement le 2 mai.

CÉLESTIN V, pape. V. *Pierre Célestin.*

CELSE et **NAZAIRE,** martyrs à Milan (Ier s.?). C'est en 395 que saint Ambroise, évêque de Milan, fit l'invention des corps de ces deux saints. Dans un jardin situé hors de la ville, on trouva d'abord Nazaire, la tête détachée du tronc; le corps de Celse fut découvert ensuite. Les deux corps furent apportés à la basilique des Saints-Apôtres. Quant aux légendes attachées à la vie des deux martyrs, elles ne méritent aucun crédit. On croit que les deux hommes furent exécutés au milieu du Ier siècle. Cependant, le culte de Celse et de Nazaire se répandit dans tout l'Occident. — Fête locale le 28 juillet.
— Autres saints **Celse :** quatre, dont trois martyrs des premiers siècles. Autres saints **Nazaire :** deux, dont un abbé d'Asane au VIe s. (fête locale le 12 janvier).

CÉSAIRE, évêque d'Arles (Châlon-sur-Saône 470 ou 471-Arles 543). Admis à dix-huit ans dans le clergé de Châlon, Césaire embrassa la vie monastique à Lérins où il mena une existence tellement mortifiée que son abbé l'envoya se rétablir à Arles : l'évêque de cette métropole, son parent, lui conféra la prêtrise. Élu au siège d'Arles en 533, Césaire fut suspect aux souverains ariens. Il n'en exerça pas moins une influence considérable dans la Gaule du midi où il présida de nombreux conciles. Son œuvre écrite est assez considérable; si elle témoigne d'une théologie peu originale, elle révèle un pasteur soucieux d'adapter son enseignement à ses ouailles. On a de lui deux règles monastiques : celle qui est destinée aux moniales est probablement la plus ancienne qu'on ait dans ce genre.
— Fête locale le 27 août.
— Autres saints du même nom : six. Parmi eux **Césaire** de Nazianze († 369), frère de saint Grégoire de Nazianze, intendant de Bithynie. (Fête locale le 25 février).

CHANTAL. V. *Jeanne-Françoise Frémiot de Chantal.*

CHARLEMAGNE, empereur d'Occident (742-Aix-la-Chapelle 814). Il ne peut être question ici de retracer la vie de Charles le Grand, dont la stature domine tout le haut Moyen Age occidental. D'autant moins que Charlemagne n'est pas un saint, au sens canonique du terme : ses concubinages, l'exécution massive de milliers de Saxons à Verden entachent sa vie, qui fut, par ailleurs, celle d'un chrétien dévot et d'un souverain soucieux de faire l'unité religieuse de son empire en protégeant l'Église romaine et en cléricalisant la société.
En fait, la « sainteté » de Charlemagne fut utilisée à des fins politiques. Les Ottoniens au Xe s., les Henriciens, au XIe s., se placèrent dans son ombre, au profit de l'Allemagne, et exaltèrent sa force mise au service de la chrétienté. Aix-la-Chapelle, où l'on a découvert le tombeau du grand empereur, devint un lieu de pèlerinage. Face à la papauté, au « glaive spirituel », Frédéric Ier Barberousse prétendit être un nouveau Charles : de l'antipape Pascal III, adversaire d'Alexandre III, il obtint la canonisation de Charlemagne (29 décembre 1165).
En fait, ni Alexandre III, pape légitime, ni ses successeurs ne devaient rejeter formellement cette canonisation. Une sorte de tolérance s'instaura autour de la Saint-Charlemagne. Charles V, roi de France, voudra faire de l'empereur, à côté de Saint Louis, le patron de la maison royale; Louis XI (1471) fera de la Saint-Charlemagne un jour férié. Mais, au XVIe s., Charlemagne disparut de l'*ordo* et du bréviaire; et si l'Université parisienne (1661) le choisit comme patron, sa fête ne fut pas réintroduite dans la liturgie, tout en se maintenant au calendrier civil. La Saint-Charlemagne, solennité purement civile, est le dernier vestige de son culte en France. Il subsiste à Aix-la-Chapelle et à Metten. — Fête locale le 28 janvier.

CHARLES Borromée, archevêque de Milan (Arona 1538-Milan 1584). Docteur en droit de l'université de Pavie à 16 ans, il voit s'ouvrir devant lui une brillante carrière ecclésiastique, favorisée par l'accession au trône pontifical, en 1559, de son oncle maternel Gian Angelo de Medici, qui devient le pape Pie IV. Celui-ci mande aussitôt son neveu à Rome, le nomme protonotaire apostolique, le fait cardinal, lui confie l'administration du diocèse de Milan et lui octroie, outre de nombreux bénéfices, les légations de Bologne et de Romagne (1560).

Charles, qui n'a que 22 ans, ne se laisse pas griser, mais il profite de sa situation pour aider à l'établissement des siens. Cependant, il joue un rôle décisif dans l'achèvement difficile de l'important concile de Trente (1560-1563). La mort de son frère aîné Frédéric (1562) le décide à se « convertir ». Il reçoit la prêtrise et la consécration épiscopale (1563), et s'engage pour toujours dans la voie d'austérité et de zèle qui va faire de lui le prélat modèle de la Réforme catholique. Nommé archevêque de Milan (1564), Charles rejoint son diocèse en 1566, non sans avoir contribué fortement à l'élection du saint pape Pie V*, à la réforme de la curie romaine, du catéchisme et du bréviaire dans l'esprit du concile de Trente.

A Milan, l'archevêque met ses soins à restaurer la discipline ecclésiastique par des visites méthodiques, par la tenue régulière de synodes diocésains et provinciaux, aussi par l'organisation de séminaires et la fondation d'une congrégation diocésaine, entièrement à sa disposition, les oblats de saint Ambroise. Recueillies dans les Actes de l'Église de Milan, les réformes borroméennes devinrent la source, où puisèrent de nombreux prélats et clercs en Europe. Charles fut aussi un apôtre du catéchisme et, s'il favorisa l'expansion des ordres religieux, ce fut dans un souci de formation chrétienne de ses ouailles. La peste de 1576 manifesta jusqu'à quel héroïsme la charité de Charles Borromée pouvait atteindre.

Un tel zèle, rendu parfois âpre par un caractère très entier, attira à l'archevêque bien des mécomptes, surtout de la part des gouverneurs espagnols du Milanais. Canonisé en 1610. — Fête le 4 novembre.

CHARLES Lwanga et ses compagnons, martyrs en Ouganda († 1886 et 1887). En 1920 ont été béatifiés et en 1964 cano-

nisés vingt-deux Ougandais, presque tous des jeunes gens, qui furent les premiers martyrs chrétiens de l'Afrique noire. A leur tête : Charles Lwanga, chef des pages, baptisé le 15 novembre 1885. La cause effective de leur martyre : le refus de se plier aux convoitises contre nature du roi. Charles Lwanga fut littéralement grillé vif, près de Rubaga, avec douze autres adolescents, le 3 juin 1886. Les autres furent martyrisés entre le 26 mai 1886 et le 27 janvier 1887. — Fête le 3 juin.

— Autres saints bienheureux portant le nom de **Charles** : quinze. Parmi eux : le bienheureux **Charles le Bon** († 1127), comte de Flandre, honoré localement le 2 mars; **Charles de Blois** († 1364), duc de Bretagne, honoré localement le 29 septembre, et **Charles Garnier** († 1649), jésuite, martyr au Canada (fête locale le 18 octobre).

CHRÉTIENNE, vierge en Géorgie (IVᵉ s.) Rufin a fait connaître cette sainte, qui s'appelait en réalité Nino, et qui fut, au temps de Constantin, l'apôtre des Ibériens, peuple qui habitait entre la mer Caspienne et la mer Noire. C'était une captive dont les miracles et les vertus favorisèrent la naissance et le développement du christianisme dans la Géorgie, pays dont sainte Chrétienne est la patronne. — Fête locale le 16 décembre.

— Une autre sainte **Chrétienne,** de son vrai nom **Oringa,** aurait vécu en Toscane au XIVᵉ s. (fête locale le 4 janvier).

CHRISTINE, martyre (date indéterminée). La Passion de cette sainte est habituellement appliquée à une martyre de Tyr, en Orient; cependant une autre tradition, beaucoup plus discutable, place le supplice de sainte Christine à Bolsène, en Italie. Quoi qu'il en soit, on ne peut retenir l'extravagant récit, d'origine tardive, qui fait de Christine la proie de la haine antichrétienne de son père. Celui-ci lui aurait fait subir des tortures variées, dont l'énumération se retrouve dans de nombreuses passions plus ou moins légendaires. — Fête locale le 28 juillet.

— Autres saintes ou bienheureuses de

ce nom : sept, dont **Christine l'Admirable,** vierge († v. 1224), honorée localement le 24 juillet.

CHRISTOPHE, martyr (date indéterminée). Du patron vénéré des voyageurs et spécialement des automobilistes, l'histoire ne dit rien. Selon la légende grecque, Christophe était un chrétien barbare qui, enrôlé dans les armées romaines, refusa de renier sa foi; il mourut en Lycie dans les supplices. Les Occidentaux, eux, ont fait de Christophe un géant qui, converti, s'installa près d'un fleuve pour le faire passer aux voyageurs. Un jour, le bon géant mit sur ses épaules un enfant dont le poids devint tel, au cours de la traversée, que Christophe eut toutes les peines du monde à atteindre le but. Cet enfant était Jésus, qui promit à son porteur le martyre. Le culte de saint Christophe passa d'Orient en Occident, où il devint très populaire. Parmi les pèlerinages qui lui sont consacrés, l'un des plus célèbres, fréquenté par les automobilistes, reste celui de Saint-Christophe-le-Jajolet, dans l'Orne, où, de temps immémorial, des reliques de saint Christophe sont vénérées et où, chaque année, le 25 juillet et le dimanche suivant, a lieu la bénédiction des automobiles. L'archiconfrérie de saint Christophe y a été érigée par Pie X en 1912. Tout cela n'a pas empêché le bon saint d'être écarté, depuis 1970, du calendrier romain, son histoire ne relevant que de la légende.
— Fête traditionnelle le 25 juillet.
— Autres saints et bienheureux du même nom : quatre.

CHRYSOGONE, martyr (ive s.). Il y a un Titre romain de saint Chrysogone, saint qui a l'honneur d'être au canon de la messe. Cela suppose un culte très ancien et fortement enraciné. Il n'empêche qu'on ne sait presque rien de ce martyr, qui fut peut-être évêque d'Aquilée. — Fête locale le 24 novembre.

CLAIRE, fondatrice des Clarisses (Assise 1193 ou 1194-*id.* 1253). De noble lignage, Claire Offreduccio refuse de se marier et, dès 1210, prend contact avec son concitoyen François* d'Assise, qui,

dans le cadre de la Portioncule, l'admet en religion (1212). Claire s'initie à la vie religieuse chez les bénédictines de Saint-Paul de Abbatissis, près d'Assise, puis au monastère d'Assise, où la rejoint sa sœur Agnès.
Cependant, François destinait Claire à la fondation d'un ordre féminin semblable à celui des Frères mineurs. Il l'établit en la chapelle de Saint-Damien, à Assise, qui devient le berceau de l'ordre séraphique (second ordre des Mineurs), dit des Pauvres Dames ou Clarisses. Comme les franciscains, ces moniales vivent dans une grande pauvreté. Claire obtient d'ailleurs d'Innocent III un *privilegium paupertatis*, droit canonique de ne posséder ni propriété ni rentes (1216). Consacrée abbesse, Claire voit venir à elle nombre de ses compagnes et parentes, sa mère aussi en 1238.
En 1227, Grégoire IX confie la direction de l'ordre aux Frères mineurs; s'inspirant de la Règle de ces religieux, Claire rédige celle des Pauvres Dames, que le pape Innocent IV approuve en 1253. Elle-même donne l'exemple d'une vie dépouillée et d'une union constante avec Dieu, dans l'eucharistie notamment. Elle meurt le 11 août 1253; ses obsèques se déroulèrent en présence d'Innocent IV et de la curie romaine. Alexandre IV la canonisa dès 1255 (bulle *Clara claris*). — Fête le 11 août.
— Sept autres saintes ou bienheureuses portent le nom de **Claire.**

CLAUDE de la Colombière (bienheureux), jésuite (Saint-Symphorien d'Ozon, Dauphiné, 1642-Paray-le-Monial 1682). Novice jésuite à Avignon, il poursuit ses études à Paris, où il se lie avec quelques-uns des grands protagonistes de la Réforme catholique. Prêtre, il enseigne à Lyon, et se fait un nom comme humaniste et critique littéraire. En 1675, on l'envoie à Paray-le-Monial, où une visitandine, Marguerite-Marie* Alacoque, se dit favorisée par des apparitions du Christ. Supérieur du collège de Paray, Claude de la Colombière se convainc de l'équilibre et de la sainteté de la religieuse, et aussi de l'authenticité des révélations qui devaient marquer l'essor du culte du Sacré-Cœur. Prédicateur de la duchesse d'York à Londres, le jésuite doit subir la « terreur papiste » en 1678; dans les prisons anglaises, il perd la santé. Après un séjour à Lyon, il meurt à Paray-le-Monial, le 15 février 1682. Béatifié en 1929. — Fête locale le 15 février.

— Autres saints et bienheureux portant le nom de **Claude :** vingt-deux, dont plusieurs martyrs de septembre 1792, et un évêque de Besançon († v. 699), qui donna son nom à l'abbaye de Condat, devenue plus tard l'abbaye de Saint-Claude, noyau de la ville du même nom (fête locale le 6 juin).

CLÉMENT, pape de 88 à 97. On ne sait pas grand-chose de ce saint qui fut le 3e successeur de saint Pierre à Rome. Saint Irénée et saint Jérôme affirment que Clément fut ordonné par le prince des Apôtres. C'est possible. Est fausse, par contre, la tradition qui fait de Clément un membre de la famille impériale des Flaviens. En réalité, on ignore tout de son origine, de son activité pastorale et des circonstances de sa mort; les Actes, qui le présentent comme ayant péri en Chersonèse, sous Trajan, sont sans fondement. On a, de plus, attribué à Clément une série d'apocryphes dits « Apocryphes clémentins ». Mais on possède de ce pape une importante lettre adressée par lui, au nom de l'Église de Rome, à l'Église de Corinthe. Elle révèle chez lui une forte connaissance de la Bible et une grande familiarité avec la philosophie stoïcienne. De plus, elle traduit de la part de l'évêque de Rome le désir d'être obéi par des chrétiens lointains. « On a dit justement de l'épître aux Corinthiens qu'elle marque l'épiphanie de la primauté romaine » (G. Bardy). Dès la fin du IVe s., une basilique romaine était dédiée à saint Clément. — Fête le 23 novembre.

— Autres saints ou bienheureux de ce nom : douze, dont le rédemptoriste **Clément-Marie Hofbauer** († 1820), honoré localement le 16 mars.

CLET, pape de 76 à 88. Romain d'origine, il est pape durant les règnes de Vespasien et de Titus. Conformément aux règles posées par Pierre, Clet ordonne vingt-cinq prêtres pour la ville de Rome. Il aurait été martyrisé et enseveli près du corps de saint Pierre au Vatican. Certains historiens distinguent Clet d'Anaclet, un autre pape; d'autres, s'appuyant sur saint Irénée, considèrent que Clet et Anaclet sont un seul personnage.

Clet était honoré le 26 avril en même temps que le pape Marcellin*, mais il a disparu du nouveau calendrier romain.

CLOTILDE, reine de France (Lyon v. 470-Tours 545). Fille de Chilpéric, roi des Burgondes, elle est élevée à Genève. Bien que catholique, elle est demandée en mariage par le jeune roi des Francs, Clovis, qui est païen (492). Celui-ci laisse baptiser leur premier enfant, qui meurt en bas âge, puis leur second. Lui-même se convertit et reçoit le baptême à Reims, en 496. L'influence de Clotilde a dû probablement peser sur cette décision. Après le baptême de Clovis, Clotilde rentre dans l'ombre. Veuve en 511, elle voit mourir son fils Clodomir (524), puis deux des enfants de ce dernier, tués par leurs oncles Childebert et Clotaire. Seul échappe au massacre le troisième, Clodoald (Cloud). Clotilde quitte alors Paris pour Tours, où elle meurt le 3 juin 545.

Son corps sera transporté à Paris auprès des corps de Clovis et de sainte Geneviève; il sera réduit en cendres en 1793 pour éviter la profanation. Les cendres seront déposées en l'église Saint-Leu. La basilique Sainte-Clotilde, élevée à Paris de 1846 à 1856, garde aussi quelques reliques. — Fête locale le 4 juin (anc. fête le 3 juin).

COLETTE, réformatrice des Clarisses (Corbie 1381-Gand 1447). Fille de Robert Baylet et de Catherine Moyen, cette Picarde simple, équilibrée et résolue, est orpheline à 18 ans. L'abbé bénédictin de Corbie l'oriente vers l'idéal franciscain : après un bref séjour chez les Clarisses de Pont-Sainte-Maxence, elle donne ses biens aux pauvres, entre dans le tiers ordre de Saint-François, puis, à 21 ans, s'installe comme recluse en la collégiale Saint-Étienne de Corbie, qui dépend de l'abbaye. Dans la solitude murée où elle reste enfermée quatre ans, elle a la révélation d'une mission importante : la réforme de l'ordre des Clarisses.

Elle se met alors sous la direction d'un franciscain, Pierre de Vaux, qui sera son biographe. Dispensée du vœu de clôture (1406), elle se rend à Nice auprès du pape Benoît XIII, qui la confirme dans sa mission, la reçoit à la profession de la Règle de sainte Claire et la désigne comme abbesse des monastères qu'elle sera amenée à fonder ou à réformer. Mieux, par la bulle *Devotionis tuae* (29 avril 1406), elle est officiellement déléguée pour «la réformation des trois ordres du bienheureux François».

En fait, que ce soit en Picardie ou en Savoie, Colette se heurte aux positions établies. Alors, en 1410, grâce à l'appui de Blanche de Genève, elle fonde le monastère de Besançon, où elle introduit sa réforme par l'intermédiaire de *Constitutions* particulières : grâce à elle, les Clarisses reviennent à leur idéal primitif de « Pauvres Dames ».

Dès lors, les fondations se multiplient en Bourgogne, en Franche-Comté, en Bourbonnais, au Puy (1432), où le souvenir de Colette reste très vivant. C'est dans le monastère réformé de Gand que Colette meurt en présence des franciscains, ses conseillers. C'est par les témoignages de Pierre de Vaux et de sa sœur Perrine de Baume que le monde apprit la vie séraphique de Colette, dont les restes reposent au couvent de Poligny. Canonisée en 1807. — Fête locale le 6 mars.

COLOMBA ou **COLUMBA,** abbé d'Iona (en Irlande 521-Iona 597). Avec saint Patrick[*] et sainte Brigide[*] de Kildare, ce saint, dont la vie a été écrite par son successeur Adamnan (v. 689), constitue la fameuse « triade thaumaturge » de l'Irlande.

Né dans le comté de Donegal, Colomba fréquente l'école monastique de Clouard, avant d'être ordonné prêtre en 543. Puis, durant quinze ans, il parcourt son île natale, fondant de nombreux monastères (Kills, Derry, Durrow). Vers 563, il part avec douze compagnons et aborde dans l'île d'Iona, l'une des Hébrides. Il y fonde un nouveau monastère, destiné à devenir un foyer d'évangélisation. De là, Colomba et ses disciples évangélisent les Pictes d'Écosse et répandent le christianisme jusque dans les îles Orcades, les Shetland et même l'Islande. De temps à autre, Colomba reparaît en Irlande : il y assiste notamment au concile de Drumceatt (575). Mais c'est à Iona qu'il meurt le 9 juin 597. Il y est inhumé pendant deux siècles environ, jusqu'au transfert de son corps en Irlande. Déjà Iona est devenue un centre de pèlerinage fameux, et les rois écossais y seront enterrés jusqu'au XIe s.

Les traditions monastiques laissées par saint Colomba devaient régler longtemps les monastères fondés par les Scots. On a de Colomba des poèmes, en gaélique et en latin. — Fête locale le 9 juin.

COLOMBAN, abbé de Luxeuil et de Bobbio (dans le Leinster, Irlande, v. 540-Bobbio 615).

A quinze ans, il renonce à un brillant avenir et entre au monastère de Cluam-Inis en Ulster, puis il passe à Bangor sous la conduite de saint Comgall, qui, après une longue période d'ascétisme, l'autorise à partir pour le continent à la tête d'un groupe de douze moines. Colomban aborde en Armorique, puis la bienveillance d'un roi franc (Sigebert?) lui permet de s'installer à Annegray, solitude des Vosges. Après de durs débuts, les moines scots, grâce à la sainteté bienfaisante de leur chef, voient affluer les disciples.

Vers 590, Colomban vient occuper les ruines d'une ville thermale voisine dévastée par les Huns, Luxovium, et y organise une seconde communauté : c'est Luxeuil, où un spacieux monastère abrite de nombreux ateliers de métiers. L'arrivée de nouveaux novices décide Colomban à un troisième établissement : il le bâtit dans une clairière, à six kilomètres de Luxeuil : Fontaines. Pendant longtemps, Colomban dirige ses trois communautés selon une *Regula monachorum* fondée sur une obéissance absolue, le silence, le jeûne, l'abstinence; s'y ajoute une *Regula cœnobialis,* code pénal qui applique des peines extrêmement rigoureuses aux infractions à la règle.

Vers 610, Thierry, roi d'Austrasie, dont l'entourage reproche à Colomban sa rude indépendance, chasse Colomban et les moines scots, qui, après de longues pérégrinations, remontent le Rhin avant de s'installer à la pointe sud-est du lac de Constance (Bregenz). Plus tard, Colomban, par Coire, descend vers Milan, laissant en Alémanie son disciple saint Gall*. Bien accueilli par le roi des Lombards Agilulf, Colomban est autorisé à s'établir à Bobbio, sur la Trébie (613), où il reçoit des moines de Luxeuil et où il meurt le 23 novembre 615.

Par la sainteté de sa vie et par sa règle, Colomban a eu un rayonnement étendu et profond. De son vivant, il fut à l'origine de nombreux monastères. Son action s'est trouvée prolongée par ses nombreux disciples. Elle prépara celle, plus douce, de saint Benoît*. — Fête le 23 novembre.

— Un autre saint **Colomban** mourut reclus à Gand en 959 (fête locale le 15 février).

COME et **DAMIEN,** martyrs (date indéterminée). Les Gestes de Côme et Damien « sont une des productions les plus étranges de la littérature hagiographique » (G. Bardy).

Probablement médecins en Cilicie, ces deux personnages appartiennent à la catégorie dite des « anargyres » parce que, de leur vivant, ils ne faisaient pas payer leurs soins. Ils subirent un horrible martyre à Aegae. Très vite, leur culte se répandit, en Orient comme en Occident. Dès le ve s., ils avaient deux basiliques à Constantinople. A Ravenne, en Cappadoce, à Edesse, à Rome, de magnifiques églises leur furent dédiées. Leur nom passa même dans le canon de la messe. — Fête le 26 septembre (ancienne fête le 27 septembre).

— Trois autres saints ou bienheureux s'appellent **Côme;** on compte sept autres saints ou bienheureux **Damien.**

CORNEILLE, pape de 251 à 253. Corneille succéda, après une longue vacance, au pape saint Fabien. Il eut à compter avec un antipape, le Romain Novatien, dont il dut combattre l'influence. Par les lettres que lui adressa saint Cyprien, nous savons que ce pape fut généreux et bon. Lui-même écrivit à l'évêque d'Antioche, Fabius, une longue lettre où apparaît la composition du clergé de Rome au milieu du iiie siècle. Lors de la persécution de Gallien, Corneille fut relégué à Centumcellae, où il mourut. On l'honore comme martyr. Son nom figure au canon de la messe. Ses reliques sont à Sainte-Marie-du-Transtévère, à Rome. — Fête le 16 septembre.

— Autres saints du même nom : deux, dont **Corneille** le centurion (fête locale le 2 février).

CRÉPIN et **CRÉPINIEN,** martyrs à Soissons (date indéterminée). La Passion de ces deux frères date probablement du ixe s. Venus de Rome avec saint Quentin, ils auraient exercé à Soissons la profession de cordonniers.

Leur charité (ils chaussaient les pauvres gratuitement) n'avait d'égale que leur zèle pour la conversion des païens. Le préfet Rictiovare les condamna au supplice de la poix bouillante, mais comme ils en réchappèrent, il se tua. Finalement, l'empereur Maximien lui-même les fit décapiter. En fait, tout cela est légendaire et relève de la littérature interpolée. Il n'en reste pas moins que le culte de Crépin et de Crépinien est très ancien à Soissons et qu'ils restent les patrons des cordonniers. — Fête locale le 25 octobre.

CUNÉGONDE, impératrice († Kaufungen 1033 ou 1039). Cunégonde (Kunigunde), sixième des onze enfants de Siegfried et d'Hedwige de Luxembourg, épouse, dans les premières années du xie s., le duc Henri de Bavière, qui, à la mort d'Otton III, est élu roi des Romains (1002). En 1014, Henri II et Cunégonde reçoivent la couronne impériale, à Rome, des mains du pape Benoît VIII. Les saints époux — Henri II sera canonisé en 1146 — s'exercent à la vertu et fondent notamment le monastère et le diocèse de Bamberg. Après la mort d'Henri, en 1024, l'impératrice se retire au monastère bénédictin de Kaufungen, en Hesse, dont elle est la fondatrice.

Elle sera canonisée en 1200 par Innocent III, cinquante-quatre ans après son époux : l'un des arguments avancés dans le procès fut le vœu de continence absolue que Cunégonde et Henri auraient, volontairement et de concert, observé. — Fête locale le 3 mars.

— Une bienheureuse **Cunégonde,** décédée en 1292, fut reine de Pologne (fête locale le 24 juillet).

CYPRIEN. V. *Justine.*

CYPRIEN, Père de l'Église latine, évêque de Carthage (Carthage v. 200-*id.* 258).

Rhéteur ou avocat, Cyprien, âgé de 40 ans, rencontre le prêtre Cœcilius, qui l'amène au christianisme. Dans sa *Lettre à Donat,* il relatera sa conversion comme le feront plus tard les *Confessions* de saint Augustin. Peu de temps après avoir été ordonné prêtre, Cyprien est élu évêque de Carthage (248). Cette rapide promotion suscite des jalousies parmi les clercs. Il est en place depuis un an quand éclate la persécution de Dèce : l'empereur exige de tous ses sujets la participation à un sacrifice général aux dieux pour la prospérité du prince et de l'empire; un certificat de sacrifice sera délivré par les autorités locales. De nombreux chrétiens perdent pied et apostasient, d'autres se procurent le billet exigé, soit en faisant semblant de sacrifier, soit en l'obtenant à prix d'argent ou par le jeu des relations personnelles. Pour se soustraire à la menace qui pèse sur lui — car les autorités cherchent d'abord à se saisir des évêques —, Cyprien quitte Carthage. Les poursuites ayant cessé dès 250, Cyprien rentre dans sa ville épiscopale. Mais partout se pose le grave problème de la réintégration dans l'Église de ceux qui ont apostasié, les *lapsi.* Les chrétiens qui ont résisté interviennent pour que les chefs de l'Église se montrent très durs à l'égard de ces malheureux; d'autre part, certains *lapsi* s'arrangent pour obtenir facilement des « billets de paix ». Au début, l'attitude de Cyprien est intransigeante : aux *lapsi,* il impose une dure pénitence, tout en invitant les « héros de la foi » à plus de modestie. Dans le clergé et chez les fidèles, deux camps s'opposent. Alors, devant la menace de rupture dans l'Église de Carthage, Cyprien repense les règles de l'ancienne discipline et, dans son traité *De lapsis,* il fait preuve de modération. Un synode, réuni à Carthage en

251, adopte un système de pénitence proportionné à la faute. Puis Cyprien réorganise son Église. Ses lettres pastorales, ses écrits consacrés à des sujets de théologie pratique et d'apologétique sont lus dans tout l'Occident latin, où son influence s'étend. Mais en 255 éclate un grave conflit, qui met aux prises l'évêque de Carthage et le pape Étienne Ier. Il s'agit surtout de la question de la validité du baptême conféré par les hérétiques. L'Église de Rome considère ce baptême comme valide et ne rebaptise pas les hérétiques qui se convertissent; elle se contente d'une cérémonie de réconciliation. Par contre, les Églises d'Afrique rebaptisent les hérétiques convertis. La controverse gagne l'Église grecque d'Orient où, en général, on partage le point de vue des Africains. L'évêque de Césarée de Cappadoce, Firmilien, va jusqu'à traiter Étienne Ier de Judas. On est au bord de la rupture quand commence la persécution de Valérien : le pape Étienne est l'une des premières victimes; son successeur, Sixte II, meurt l'année suivante. Devant le danger, les discussions théologiques passent au second plan. Cyprien lui-même est arrêté le 30 août 257 et assigné à résidence dans la localité de Curubis (Korba), à cent kilomètres de Carthage. Ramené en ville, il est décapité le 14 septembre 258.

De l'œuvre écrite de saint Cyprien, il faut détacher ses *Lettres* (65 sont conservées), ses traités *De lapsis* et *De catholicae Ecclesiae unitate* et ses livres d'apologétique et de morale *(De habitu virginum, De bono patientiae...)* L'évêque de Carthage s'y révèle moins théologien que pasteur soucieux de l'unité de l'Église.

— Fête le 16 septembre.

— De sept autres saints du même nom, on peut retenir un magicien d'Antioche (date indéterminée), martyrisé à Nicomédie avec sa compagne Justine et qui a servi de prototype au docteur Faust (fête locale le 26 septembre), et un évêque de Toulon, mort v. 545 (fête locale le 3 octobre).

CYRILLE, évêque de Jérusalem, docteur de l'Église (v. 315-Jérusalem 386). Admis à la prêtrise par l'évêque de Jérusalem,

Maxime, il succède à ce dernier — à la suite d'élections confuses —, probablement en 348. Mais bientôt Cyrille se brouille avec son métropolitain, Acace de Césarée, qui est arien et qui le force à se réfugier à Tarse. Rentré à Jérusalem en 359, Cyrille devra quitter deux fois encore son siège pour des motifs théologiques, les empereurs Constance et Valens protégeant ouvertement l'arianisme. Or, au IIe concile œcuménique tenu à Constantinople en 381, Cyrille souscrit à la condamnation des semi-ariens et des macédoniens, et donc à la définition orthodoxe de la divinité du Saint-Esprit. Cependant, saint Jérôme, qui ne l'aima guère, accuse Cyrille d'avoir varié dans sa foi : c'est excessif, mais il n'en reste pas moins qu'au début de son épiscopat l'évêque de Jérusalem a hésité sur l'emploi du difficile vocabulaire appliqué par les théologiens aux mystères de la Trinité, de la divinité du Verbe et de la consubstantialité.

C'est probablement en considération des persécutions dont son orthodoxie souffrit à la fin de sa vie que Cyrille de Jérusalem a été proclamé docteur de l'Église par Léon XIII en 1882. L'œuvre écrite la plus importante de ce saint est les *Catéchèses,* précieux témoignage sur la liturgie prébaptismale dans l'Église ancienne. — Fête le 18 mars.

CYRILLE, patriarche d'Alexandrie (Alexandrie v. 380-*id.* 444). D'abord ermite, il est introduit dans le clergé de Constantinople par son oncle, le patriarche Théophile, auquel il succède en 412. Aussitôt, Cyrille manifeste un sens élevé de l'autorité et de l'orthodoxie, s'attaquant aussi bien aux païens qu'aux novatiens et aux juifs au sujet desquels il partage les préjugés de son temps. Cette attitude quasi dictatoriale s'explique par le fait que les patriarches d'Alexandrie incarnaient alors le sentiment national égyptien. Pasteur intransigeant, le patriarche est à l'avantgarde de la recherche exégétique et théologique; mais sa position à la tête de la puissante église d'Égypte explique pourquoi ses interventions capitales dans les controverses christologiques prirent souvent un caractère semi-politique.

A partir de 429, Cyrille entre en conflit doctrinal avec le nouveau patriarche de Constantinople, Nestorius. Tandis que ce dernier affirmait que la nature divine et la nature humaine sont distinctes dans le Christ, et que Marie n'est que la mère de Jésus homme, Cyrille enseignait que les deux natures sont intimement unies dans le Christ, et que Marie est réellement mère de Dieu, Porte-Dieu. Ayant rallié à son point de vue la majorité des moines d'Orient, Cyrille fait condamner et anathématiser Nestorius au synode d'Alexandrie (430); l'année suivante, le concile général d'Éphèse, présidé par Cyrille, dépose et exclut du clergé le patriarche de Constantinople. Rome ratifie les décisions du concile, mais la guerre doctrinale entre Alexandrie et Constantinople se prolonge jusqu'à l'édit d'union (433), que Cyrille salue dans une lettre fameuse : *Laetentur caeli et exultent terrae.* Cependant, longtemps l'Orient resta divisé en « cyrilliens » et « anticyrilliens », tellement la forte personnalité du patriarche d'Alexandrie demeurait un sujet de controverse. Il n'en reste pas moins que ce lutteur, intrépide jusqu'aux limites de l'inhumain fut l'un des plus grands théologiens et exégètes de l'église d'Orient; les Orientaux l'ont d'ailleurs surnommé « le Sceau de tous les Pères ». Il mourut le 27 juin 444.

De son œuvre immense, il faut détacher : ses traités antinestoriens, un grand ouvrage d'apologétique destiné à répondre aux objections de l'empereur Julien, des homélies, des lettres. Cyrille a surtout attaché son nom à une définition claire de l'unité de la personne du Christ. Léon XIII l'a proclamé docteur de l'Église en 1883. — Fête le 27 juin (ancienne fête le 9 février).

CYRILLE (Thessalonique 827-Rome 869) et **MÉTHODE** (Thessalonique v. 825-† 885), apôtres des Slaves.

Constantin, qui prendra le nom de Cyrille en se faisant moine peu avant sa mort, et son frère aîné Michel (le futur Méthode) sont les fils d'un haut fonctionnaire de Thessalonique. Méthode, très doué physiquement et intellectuellement, obtient de l'empereur le gouvernement d'une colonie slave en Macédoine, tandis que Constantin, élevé en même temps que l'empereur Michel III, refuse un brillant mariage, reçoit l'ordination diaconale et devient bibliothécaire du patriarche. Il enseigne ensuite la philosophie avant d'aller vivre auprès de son frère, qui s'est retiré au monastère du Mont-Olympe, en Bithynie.

En 861, un ordre impérial enjoint aux deux frères de se rendre sur les côtes de la mer Noire, entre le Don et le Caucase, pour y remplir une mission politico-religieuse auprès des juifs et des musulmans. Revenus à Constantinople en 863, ils se voient confier par l'empereur une nouvelle mission : ils sont envoyés en Moravie, où le prince Rostislav, soucieux de contrebalancer l'influence germanique en son pays, souhaite la présence de missionnaires connaissant le slave. Pour accomplir efficacement leur mission, Michel et Constantin créent de toutes pièces une écriture slave, dite « glagolithique » (langue parlée), composée d'un alphabet de 38 lettres à partir des lettres grecques. C'est cette écriture qui devait, dans les siècles suivants, se simplifier en écriture « cyrillique ». Les deux frères entreprennent la traduction de la Bible et des livres liturgiques en slave, faisant accéder du premier coup cette langue, jusque-là seulement parlée, au rang des trois langues considérées comme sacrées : hébreu, grec, latin. Pendant six ans, ils parcourent la Moravie, jouant un rôle capital d'évangélisation et de civilisation. Puis ils se rendent à Rome, où Cyrille meurt, à 42 ans, le 14 février 869.

Nommé archevêque de Sirmium et légat pontifical en Pannonie et Moravie par le pape Hadrien II, Méthode est accrédité auprès des princes Rostislav, Svatopulk et Kosel, avec toute liberté d'employer le slave comme langue liturgique. Mais sa nouvelle mission ne se déroule pas sans difficultés, car il doit compter avec l'influence des missionnaires germaniques, qui opposent le latin au slavon et accusent Méthode d'hérésie. Cependant, l'archevêque des Slaves — qui n'échappe pas à la prison — est constamment soutenu par le pape Jean VIII, qui tient, par ailleurs, à contrecarrer l'influence byzantine dans les pays danubiens. Ce qui n'empêche pas le basileus de recevoir l'archevêque avec honneur en 882.

Après la mort de Méthode en 885 (à Velehrad?) l'œuvre des deux frères sera menacée par le clergé germanique, mais les disciples de Méthode, en se réfugiant en Bulgarie et en Croatie, contribueront à doter ces pays — et par eux, plus tard, la Russie — d'une civilisation originale. — Fête le 14 février (ancienne fête le 7 juillet).

— Outre ces trois saints, il faut citer, parmi les douze autres saints portant ce nom : **Cyrille,** évêque d'Antioche († v. 306), honoré localement le 22 juillet.

La légende de Dorothée rapporte qu'avant d'être décapitée la vierge fit porter à l'avocat Théophile un panier plein de fruits. C'est ce panier que la sainte porte ici. Art hongrois, XVᵉ siècle (?). Musée des beaux-arts, Budapest.

DAMASE, pape de 366 à 384. Peut-être originaire d'Espagne, Damase est diacre à Rome quand meurt le pape Libère (366). Élu par la plus grande partie du clergé romain, il voit aussitôt surgir un compétiteur, Ursinus, dont les partisans organisent une véritable émeute. Par la suite, Ursinus intentera à Damase un procès criminel, si bien que le pontife tiendra à se justifier devant un concile d'évêques italiens. D'autre part, Damase doit faire face aux schismes créés à Rome par les lucifériens, les donatistes et les novatiens. Cela ne l'empêche pas de s'occuper de la vie de son Église, de restaurer à Rome le culte des martyrs. Ses dernières années sont troublées par la querelle arienne; poussé par saint Athanase, Damase réunit un concile à Rome : la foi de Nicée y est fermement déclarée. La présence active de saint Jérôme permet au pape de se livrer aux études bibliques : c'est à lui qu'on doit la révision par Jérôme de la traduction latine du Nouveau Testament. — Fête le 11 décembre.

DAMIEN. V. *Côme.*

DAVID, évêque de Menevia ou Saint David's, au pays de Galles (vie s.). Voici le grand saint du pays de Galles, celui dont le culte n'a même pas été diminué par la Réforme. Il n'en faut pas moins apporter quelque précaution dans l'exposé de sa vie et de son œuvre, car, d'une part, l'ingéniosité médiévale, jouant sur son nom, l'a volontiers assimilé, dans les textes liturgiques, au vainqueur de Goliath;

d'autre part, sa biographie, écrite vers 1090 par Rhygyfarch, transpose dans le passé les rivalités qui opposèrent au xie s. le siège épiscopal de Saint David's à celui de Canterbury. En fait, notre saint — que les Gallois ont voulu transformer en héros national face aux Anglo-Saxons — n'a jamais possédé les pouvoirs de juridiction que son biographe lui attribue.

Car David, comme tant d'évêques de son temps, fut avant tout un moine, qui voyagea beaucoup, fondant maints monastères. Son principal titre de gloire est, en effet, attaché à l'impulsion qu'il donna au monachisme gallois, monachisme s'inspirant des dures traditions de la Thébaïde : David ne mérita-t-il pas le surnom de *Waterman*, l'homme qui ne boit que de l'eau? Cette austérité, mêlée d'ailleurs à une grande vitalité, on la retrouve dans le tempérament gallois. Avec saint Gildas, David fut l'un des créateurs de la liturgie propre aux Églises celtiques. Une tradition solide, mais évidemment fantaisiste, le fait mourir à l'âge de 147 ans. Plus de cinquante églises anciennes du sud du pays de Galles lui sont consacrées. — Fête locale le 1er mars.

— Il existe sept autres saints **David.**

DENIS ou **DENYS,** premier évêque de Paris (iiie s.). C'est Grégoire de Tours, dans son *Historia Francorum*, qui fournit l'un des premiers témoignages sur saint Denis. Selon lui, sous l'empereur Dèce (249-251), sept évêques missionnaires furent envoyés de Rome en Gaule. L'un d'eux, Denis, s'établit à Paris, dont il fut le premier évêque et où il fut décapité, probablement sous Valérien.

La *Vie de sainte Geneviève,* écrite au VIe s., témoigne du culte ancien rendu à saint Denis : il y est question d'une basilique construite en son honneur. Selon une Passion du IXe s., le lieu de son supplice aurait été la colline de Montmartre *(mons martyrum);* des fouilles récentes laissent supposer que Denis et ses compagnons, Rustique et Eleuthère, furent enterrés dans un cimetière païen. Le roi Dagobert fonda, vers 630, près de la basilique dédiée au saint, l'abbaye de Saint-Denis promise à un brillant avenir. C'est dans cette abbaye que prirent naissance la croyance en la venue de Denis à Paris aux temps apostoliques (Ier s.) et son identification avec Denis l'Aréopagite, que saint Paul convertit à Athènes. Il fallut attendre le XVIIe s. pour que cette assertion fût battue en brèche par les érudits; mais au XIXe s. encore elle avait de farouches défenseurs. Saint Denis appartient à la famille des saints dits *céphalophores,* ceux qui, selon la légende, portèrent leur tête après leur décollation. — Fête le 9 octobre.

— Vingt et un autres saints ou bienheureux s'appellent Denis ou Denys. Parmi eux : **Denys,** pape de 259 à 269 (fête locale le 26 décembre); un évêque d'Alexandrie de 248 à 265 (fête locale le 17 novembre); un évêque de Milan, mort vers 361 (fête locale le 25 mai).

DENISE ou **DENYSE,** martyre en Afrique († 484). Dans la ville de Vite, en Afrique, à l'époque où les Vandales ariens persécutaient les chrétiens non ariens, une femme, Denise, fut arrêtée, dépouillée de ses vêtements et flagellée sur la place publique. Loin d'apostasier, elle encouragea les siens à résister aux persécuteurs : son fils Majoricus mourut des coups reçus; sa sœur Dative subit le même sort ainsi que de nombreux chrétiens, dont Boniface, Léonie et Tertius. — Fête locale le 6 décembre.

— Deux martyres du IIIe s. répondent aussi au nom de **Denise** (fêtes locales le 15 mai et le 12 décembre).

DÉODAT. V. *Dié.*

DÉSIRÉ, évêque de Bourges († Bourges 550). Désiré *(Desideratus)* était le frère de Déodat, mort martyr. Gardien du sceau royal sous Clotaire et Childebert, il succéda, en 543, à saint Arcade sur le siège de Bourges. Il assista à plusieurs conciles provinciaux où furent condamnées les erreurs de Nestorius et d'Eutychès. Il mourut le 8 mai 550; son corps fut conservé en l'église Saint-Ursin de Bourges. — Fête locale le 8 mai.

— Trois autres saints **Désiré** sont au martyrologe.

DÉVOTE, martyre en Corse (IIIe s.?). Sa Passion, postérieure au XIe s., est manifestement légendaire; les efforts des historiens corses pour en localiser les épisodes n'ont pas abouti. On sait seulement que son culte est ancien dans l'île de Beauté et qu'elle est depuis longtemps la patronne de Monaco. La légende veut, en effet, qu'une colombe, sortie des lèvres de la jeune martyre, aurait guidé jusqu'à Monaco la barque qui transportait son cadavre. — Fête locale le 27 janvier.

DIDACE ou **DIEGO,** franciscain (Saint-Nicolas-du-Port, Espagne, début du XVe s.-Alcala de Henares 1463). D'abord disciple d'un ermite, Didace entre chez les frères mineurs à Arrizafa, près de Cordoue. Portier du couvent, il attire les plus savants docteurs par sa science des âmes; les miracles qu'il accomplit portent au loin le renom d'une sainteté entretenue par de terribles mortifications. Bien que frère lai, il est nommé gardien de la mission franciscaine aux Canaries. Rentré en Espagne après quatre ans, il participe à Rome au chapitre général de son ordre. Dans la Ville éternelle, la charité qu'il déploie au profit de ses compagnons frappés par une épidémie le fait désigner pour diriger l'hôpital de l'*Ara cœli.* Après un passage au couvent de Séville, Didace est affecté à la communauté d'Alcala de Henares : c'est là qu'il meurt le 12 novembre 1463. Canonisé en 1588. — Fête locale le 13 novembre.

DIDIER, évêque de Vienne (Dauphiné) et martyr († 607). Après avoir refusé plusieurs évêchés, il accepte celui de Vienne. Le pape Grégoire le Grand le compte parmi les prélats des Gaules qui peuvent l'aider dans son œuvre de réforme cléricale. Mal vu du roi de Bourgogne Thierry II, auquel il ne craint pas de reprocher ses vices, Didier est traduit devant un concile tenu à Chalon : l'évêque de Lyon, gagné à la cause du roi, y présente de faux témoins, qui accusent l'évêque de Vienne de tentative de viol. Déposé, exilé, Didier est rappelé par Brunehaut et Thierry, dont les mœurs déréglées provoquent de nouveau les reproches du prélat. Alors les souverains le font arrêter, lapider par la soldatesque et achever à coups de bâton, à l'endroit où s'élèvera plus tard Saint-Didier-sur-Chalaronne (Rhône). — Fête locale le 23 mai.

— Dix autres saints **Didier** sont au martyrologe romain; parmi eux, un évêque d'Auxerre, mort en 623 (fête locale le 26 octobre).

DIÉ, ou **DÉODAT**, ou **DIEUDONNÉ**, évêque de Nevers, fondateur de Saint-Dié († 679). La Vie de ce saint, attribuée au fameux cardinal Humbert de Moyenmoûtier (XIᵉ s.), est « fortement interpolée et laisse malaisément reconnaître le fond historique qu'elle tient d'une tradition antérieure » (R. Aigrain).

Évêque de Nevers, Dié aurait quitté son diocèse par goût de la solitude et se serait retiré dans les Vosges, puis en Alsace; il devint abbé du monastère d'Ebersheim. Plus tard (v. 667), il revint dans les Vosges. Après un long temps de solitude dans une grotte, Dié construisit un monastère au confluent de la Fave et de la Meurthe (Val-de-Galilée). Il dirigea les moines de cette communauté tout en demeurant lui-même fidèle à la vie solitaire. Avant de mourir, il confia le Val à son ami Hidulphe, fondateur du monastère de Moyenmoûtier. On ensevelit Dié dans l'église du Val, dédiée à la Vierge; le monastère devait bientôt prendre le nom de *Saint-Dié*. Au Xᵉ s., l'église deviendra une collégiale de chanoines réguliers, centre de la ville de Saint-Dié, devenue siège d'un diocèse en 1777. Quelques reliques du saint ont échappé au dynamitage de la cathédrale de Saint-Dié par les Allemands en 1944. — Fête locale le 19 juin.

— Deux autres saints, un abbé dans le Blésois (VIᵉ s.), honoré localement le 24 avril, et un archimandrite à Constantinople (Vᵉ s.), honoré localement le 19 juillet, portent aussi le nom de **Dié**.

DIEUDONNÉ. V. *Dié*.

DOMINIQUE, fondateur de l'ordre des Frères prêcheurs (Caleruega, province de Burgos, v. 1170-Bologne 1221).

Dans son village natal de la Vieille-Castille, Dominique bénéficie de l'atmosphère de nouveauté et de générosité qu'a suscitée, dans la société et dans l'Église, l'enthousiasme des victoires sur l'Islam. Après une initiation aux arts libéraux dans les écoles de Palencia, le jeune homme s'engage parmi les clercs du chapitre d'Osma (v. 1196), où le prieur, Diègue d'Acébès, qui va devenir évêque, anime, avec la vie communautaire, le renouveau religieux et culturel dans une ville ouverte aux échanges avec l'Occident chrétien. Or, voici qu'Alphonse VIII de Castille décide d'envoyer l'évêque Diègue au Danemark négocier le mariage de l'infant Ferdinand avec une princesse danoise. Diègue prend avec lui Dominique, devenu à Osma son sous-prieur. Ce voyage détermine la vocation du futur fondateur des Prêcheurs. Traversant les territoires du sud de la France, Dominique y observe avec acuité les mouvements spirituels et culturels, qui secouent la région, sous l'influence des vaudois et des cathares, et qui s'orientent, avec une ferveur ambiguë, vers le retour à l'Évangile. Au cours d'un second voyage, l'évêque et son compagnon se rendent à Rome pour solliciter du pape Innocent III leur envoi en mission chez les Comnans (1206). Mais le pontife préfère orienter Dominique vers les champs apostoliques de la Narbonnaise et du comté de Toulouse, pour y mener les « affaires de la foi et de la paix ». Dominique s'engage là dans une entreprise originale, en réaction contre un clergé local appesanti par l'appareil féodal, lié au conservatisme sacral d'une économie rurale, dépourvu des moyens d'affronter la culture en effervescence dans les villes nouvelles. Dominique, comme les cathares, va prôner le retour à l'Évangile — la prédication de Jésus-Christ dont le test est la pauvreté — mais sous le contrôle de l'Église, et non contre elle. Pareille mission comporte des colloques avec les hérétiques, poursuivis au milieu des horreurs d'une guerre appelée croisade. En 1215, Dominique se transporte de Fanjeaux à Toulouse, où se forme autour de lui une équipe de quelques hommes conquis par son ascendant et sa méthode : fondation sans dotation ni terres, sans propriété d'aucune sorte. Un nouvel ordre religieux naît ainsi, dont l'esprit et les institutions sont déterminés par la prédication de la Parole de Dieu, témoignée dans la pauvreté évangélique. Venu à Rome à l'occasion du 4ᵉ concile de Latran (1215), Dominique obtient du pape la confirmation de cette fonction de « prêcheurs » et de la première communauté de Toulouse.

Les premiers frères adoptent la règle de saint Augustin, à la fois ouverte à la vie apostolique et assez souple pour garantir la liberté du choix de nouvelles institutions en dehors de la condition monastique. C'est Honorius III qui, en 1217, consacre officiellement la finalité originale et le nom même de l'ordre des Frères prêcheurs, appelés vulgairement Dominicains. Puis le fondateur, loin de retenir sur place ses compagnons, les envoie par groupes dans les principaux centres universitaires de la chrétienté, Paris tout d'abord, puis Bologne, Madrid. Ainsi, il rend son ordre indépendant des conjonctures politiques locales et particulières, et apporte une notable contribution à l'universalisme de l'Église. Les fondations dominicaines s'enracinent rapidement : Dominique les visite régulièrement. En 1220, il convoque les délégués de tous les couvents en premier chapitre général, qui élabore des constitutions adaptées à la mission de l'ordre des Prêcheurs et inspirées par l'idéal démocratique, qui anime alors les communes, les corporations et les universités. En 1221, un nouveau chapitre, tenu à Bologne, enregistrant une extraordinaire expansion dans l'Occident chrétien, répartit les couvents en huit provinces.

Prématurément épuisé, Dominique meurt peu après à Bologne le 6 août 1221. C'est cette ville qui conserve ses restes. Canonisé en 1234. — Fête le 7 août (ancienne fête le 4 août).

— Autres saints et bienheureux portant ce nom : une quarantaine, dont de nombreux martyrs chinois, vietnamiens et japonais. A détacher : **Dominique,** abbé de Silos († 1073), honoré localement le 20 décembre, et **Dominique Savio** (1842-1857), élève de saint Jean* Bosco, canonisé en 1954 (fête locale le 10 mars).

DONATIEN et **ROGATIEN,** martyrs à Nantes († 304). Il s'agit de deux frères qu'on appelle familièrement « les enfants nantais ». Donatien, baptisé, avait converti Rogatien. Si leur Passion n'est pas antérieure au vᵉ s., elle se distingue par sa sobriété, garante de sa valeur hagiographique. Cependant, on y a ajouté des détails manifestement légendaires, notamment ceux qui sont relatifs à l'origine noble des deux frères. Il est difficile de fixer la date du martyre de Donatien et de Rogatien. Mᵍʳ Duchesne pense qu'il eut lieu au milieu du iiiᵉ s. et non durant la grande persécution du début du ivᵉ s. Les reliques des deux saints, transférées à la cathédrale à la fin du xiᵉ s., ont été dispersées à la Révolution. — Fête locale le 6 septembre.

— Autres saints **Donatien :** quatre, dont trois martyrs des premiers siècles.

DOROTHÉE, martyre (ivᵉ s.). La Passion de cette vierge originaire de Césarée en Cappadoce est de caractère légendaire. A l'en croire, Dorothée, arrêtée comme chrétienne, aurait converti les deux femmes apostats chargées de lui faire renier sa foi : après le supplice de ces femmes, elle fut elle-même décapitée. Au martyrologe romain, son nom est uni à celui de Théophile, un avocat païen qu'un miracle amena à confesser la même foi que Dorothée. On signale des reliques de celle-ci à Arles, Lisbonne, Cologne. Dorothée a été écartée du nouveau calendrier romain (ancienne fête, le 6 février).

DRUON, reclus à Sebourg († 1186). Druon naquit au village d'Épinay, aujourd'hui hameau de la commune de Carvin, dont ses parents étaient les seigneurs. Attiré très jeune par la vie érémitique, il s'installa au village de Sebourg, près de Valenciennes, où il se loua d'abord comme berger. Après un long temps de pèlerinage — à Rome notamment —, il revint à Sebourg dans l'intention d'y vivre en reclus. Druon se fit construire une cellule attenante à l'église paroissiale : entouré de l'admira-tion générale, il y termina ses jours le 16 avril 1186, vaincu par l'âge et par les infirmités contractées au cours de ses pèlerinages. Quand les parents de Druon apprirent sa mort, ils voulurent ramener le corps à Épinay; mais le char qui le transportait, arrêté par une force surnaturelle, ne put franchir les limites de Sebourg. Le tombeau du saint est un lieu de pèlerinage; son culte a été associé à celui du bienheureux Pierre* de Luxembourg, allié à la famille d'Épinay. — Fête locale le 16 avril.

Pour mortifier un maréchal-ferrant prétentieux, Éloi coupa le pied d'un cheval, le ferra commodément et le remit en place sans dommage pour l'animal. Art allemand, XVIe siècle. Bois polychrome. Musée Dobrée, Nantes.

Phot. Giraudon

EDMOND Rich, archevêque de Canterbury (Abingdon v. 1170-Soisy 1240). Étudiant à Oxford, puis à Paris, Edmond devient maître ès arts. De retour à Oxford, il enseigne l'aristotélisme. Prêtre, il est nommé, en 1222, trésorier de l'évêché de Salisbury. Élu, en 1234, archevêque-primat de Canterbury, il travaille à réduire les privilèges des moines composant son chapitre : mais ceux-ci se rebiffent, tandis que le roi Henri III empiète de plus en plus sur les affaires ecclésiastiques. Un légat du pape est envoyé en Angleterre, mais il entre en conflit avec Edmond. Celui-ci s'adresse à Rome, mais il échoue. Alors le prélat affronte les moines anglais, qui élisent un prieur ; il les excommunie, mais ils ont gain de cause. En 1240, Edmond reçoit de Grégoire IX l'ordre de réserver trois cents bénéfices à des clercs romains. L'archevêque préfère s'exiler en France, à Pontigny, puis à Soisy, où il meurt le 16 novembre 1240. Canonisé en 1246. Son corps se trouve en l'église de Pontigny.
— Fête locale le 14 novembre.
— Autres saints ou bienheureux portant le nom d'**Edmond** : cinq, dont un roi de l'Est-Anglie († 870), honoré localement le 20 novembre.

ÉLEUTHÈRE, pape de 175 à 189. D'origine grecque, il est diacre du pape Anicet et devient lui-même le douzième successeur de saint Pierre sur le siège de Rome. En pleine crise montaniste, Éleuthère reçoit le prêtre Irénée de Lyon, porteur d'une lettre des fidèles de cette ville au sujet de l'hérésie. On ne peut guère ajouter foi aux récits relatifs à l'envoi de missionnaires en Grande-Bretagne sous le pontificat d'Éleuthère. Les circonstances de la mort du pape nous sont inconnues. Il a été écarté du nouveau calendrier romain (ancienne fête le 26 mai).

ÉLEUTHÈRE, évêque de Tournai († 531). Si l'existence de ce saint très populaire en Wallonie et au Hainaut ne fait pas de doute, on ne peut en dire autant de maints détails de sa vie, déformés par la légende et la fiction. Éleuthère fut très probablement le premier évêque ayant siégé à Tournai, diocèse alors peu peuplé et ravagé par les invasions germaniques. Il est fort possible que l'Église de Tournai, sous son épiscopat, bénéficia des libéralités de Clovis. L'élévation de son corps n'eut lieu qu'à la fin du IXᵉ s., après les invasions normandes. Tournai et la Belgique entretiennent le culte de saint Éleuthère; en 1931, le quatorzième centenaire de sa mort donna lieu — à Tournai où l'on garde sa châsse — à des fêtes grandioses.
Fête locale le 20 février.
— Dix autres saints s'appellent **Éleuthère.**

ÉLISABETH, mère de saint Jean-Baptiste (Iᵉʳ s.). Selon l'Évangile de saint Luc, Élisabeth était l'épouse du prêtre Zacharie*; comme lui, elle appartenait à la tribu de Lévi. Malgré son âge avancé, et à la suite de l'annonce faite à Zacharie par l'ange Gabriel, Élisabeth devint enceinte. Au sixième mois de sa grossesse, elle reçut la visite de sa parente Marie, à qui l'ange venait d'annoncer qu'elle serait la mère du Sauveur. « Dès qu'Élisabeth entendit la salutation de Marie, son enfant tressaillit dans son sein, et elle fut remplie du Saint-Esprit » (Luc, I, 41), et elle reconnut ainsi en sa cousine la mère du Seigneur.

Trois mois plus tard, Élisabeth mit au monde un fils, qui, selon l'usage, devait porter le nom de Zacharie. Mais Élisabeth intervint : « Il sera appelé Jean », ce que confirma son époux. Zacharie et Élisabeth se consacrèrent à leur enfant, le futur Précurseur de Jésus, « qui croissait et se fortifiait en esprit » (Luc, I, 80).

On ne sait rien d'autre sur Élisabeth. — Fête locale le 5 novembre.

ÉLISABETH de Hongrie (1207-Marburg 1231). Née d'André II, roi de Hongrie, Élisabeth est fiancée, dès l'âge de quatre ans, à Louis, fils du landgrave de Thuringe. C'est au château de la Wartburg, à la cour de son futur époux, que la jeune fille est élevée. Landgrave en 1217, Louis épouse Élisabeth en 1221. Tandis que son mari lutte en faveur de Frédéric II, Élisabeth, formée par son confesseur à l'esprit de saint François d'Assise, se consacre au service des pauvres et à l'éducation de ses trois enfants.

Veuve en 1227, elle est chassée de la Wartburg et s'établit à Eisenach, où elle vit dans la pauvreté franciscaine, soutenue dans ses tribulations par le pape Grégoire IX, qui, étant cardinal, lui a fait envoyer un manteau de saint François. En 1228, la duchesse renonce définitivement au monde et s'établit à Marburg, où elle fait bâtir un hôpital. Elle mène alors dans son intégrité la vie des membres du tiers ordre franciscain. Elle meurt à Marburg le 17 novembre 1231 : elle n'a que 24 ans. Grégoire canonisera quatre ans plus tard celle que Montalembert, son historien, a appelée « la seconde sainte Claire ». — Fête le 17 novembre (ancienne fête le 19 novembre).

ÉLISABETH, reine de Portugal (1271-1336). Fille de Pierre III d'Aragon, petite-nièce de sainte Élisabeth* de Hongrie, Élisabeth doit épouser, à douze ans, le roi Denis de Portugal (1283). Elle en aura une fille, Constance (1290), et un fils, Alphonse (1291).

Comme reine, Élisabeth mène une vie toute de prière, d'austérité et de bonnes œuvres. Chaque jour, elle récite l'office divin. Denis est un roi remarquable, juste, quoique sévère; associée à ce grand règne, Élisabeth y apporte de la douceur et de la modération. Mais le roi de Portugal est aussi un mari volage : Élisabeth supporte sans plaintes les incartades de son époux, qui a de nombreux enfants illégitimes. Alphonse, leur fils, moins résigné, prend par deux fois les armes contre son père; l'intervention de la reine met chaque fois fin à l'atroce conflit. Denis mourra dans la piété et le repentir en 1325.

Veuve, Élisabeth revêt l'habit du tiers ordre de saint François et se consacre aux œuvres de charité. Elle fait le pèlerinage à Compostelle.

Elle meurt le 4 juillet 1336; on l'ensevelit à Coïmbre. Béatifiée en 1516, canonisée en 1628. — Fête le 4 juillet (ancienne fête le 8 juillet).

— Douze autres saintes ou bienheureuses portent le nom d'**Élisabeth.**

ELME. V. *Érasme.*

ÉLOI, évêque de Noyon (près de Limoges v. 588-† 660). Ses parents, probablement de condition modeste, l'envoyèrent à Limoges apprendre l'orfèvrerie. Abbon fut son maître dans cet art, ainsi que dans celui de fabriquer des monnaies. Venu à Paris, Éloi gagne la confiance de Bobbon, trésorier du roi Clotaire II; le souverain lui aurait alors commandé un trône. Éloi fait l'admiration de l'entourage royal en fabriquant un deuxième trône avec le surplus de l'or reçu. Responsable de l'atelier monétaire de Marseille, il poursuit sa tâche d'orfèvre, aidé de disciples comme Tituenus et Baudericus. Il est cependant difficile de lui attribuer, d'une manière certaine, telle ou telle œuvre d'art. Conseiller intime de Dagobert, fils et successeur de Clotaire II, celui qui va devenir, dans l'esprit des contemporains et des générations futures, « le grand saint Éloi » profite de son influence pour fonder des monastères, dont celui de Solignac, en Limousin.

Appelé à l'épiscopat, comme d'autres officiers de Dagobert, Éloi succède à saint Médard* sur le siège de Noyon-Tournai. Il pousse son œuvre évangélisatrice jusque chez les Frisons et multiplie les monastères (Noyon, Tournai, Saint-Quentin). Ses reliques ont été transférées de Hollande à Noyon en 1952. Ce saint très populaire reste le patron des orfèvres, des forgerons, des travailleurs de la métallurgie. — Fête locale le 1er décembre.

ÉMÉRENTIENNE, martyre à Rome (v. 305?). Les hagiographes se montrent prudents à l'égard de cette martyre qui aurait été la sœur de lait de sainte Agnès et aurait été lapidée par des païens, un jour qu'elle priait auprès du tombeau d'Agnès. En fait l'ambiguïté qui entoure la Passion de cette dernière rejaillit sur la vie et la mort d'Émérentienne, d'autant plus que sa mention au 23 janvier n'apparaît qu'au VIIIe s. Cependant son culte remonte certainement au IVe s. — Fête locale le 23 janvier.

ÉMILE, martyr en Afrique (IIIe s.). Nous connaissons ce saint et son compagnon de martyre, Caste, par saint Cyprien (traité *De lapsis*) et par l'éloge qu'en fit saint Augustin. Traînés devant les tortionnaires, ces chrétiens d'Afrique avaient d'abord apostasié. S'étant repentis, ils triomphèrent de leur crainte dans une deuxième circonstance et furent livrés aux flammes. — Fête locale le 22 mai.
— Quatre autres martyrs des premiers siècles se nomment aussi **Émile.**

ÉMILIE de Vialar, fondatrice des sœurs de Saint-Joseph de l'Apparition (Gaillac 1797-Marseille 1856).
Auprès de son frère veuf, Émilie mène durant vingt ans une existence traversée d'épreuves, mais vouée au soin des malades et des indigents. En 1832, elle peut s'établir dans une maison qui lui appartient à Gaillac : trois de ses amies viennent l'y rejoindre et constituent avec elle la congrégation enseignante et hospitalière de Saint-Joseph de l'Apparition, appelée ainsi parce que ses membres veulent honorer et révéler par leur apostolat le mystère de l'Incarnation, révélé par l'ange à saint Joseph. En 1833, Émilie et ses compagnes prennent l'habit religieux; deux ans plus tard, Émilie établit sa congrégation en Algérie, où elle prospère. Mais un conflit avec l'évêque d'Alger provoque le retour des religieuses sur le continent (1843).
De Gaillac, la congrégation rayonne ensuite dans le monde; Émilie transfère sa maison mère à Toulouse (1847), puis à Marseille (1852). Quand elle meurt, son Institut compte plus de 40 fondations dispersées sur quatre continents. Béatifiée en 1939, canonisée en 1951. — Fête locale le 24 août.
-- Autres saintes ou bienheureuses du même nom : quatre, dont **Émilie de Rodat** († 1852), fondatrice de la Sainte-Famille de Villefranche-de-Rouergue (fête locale le 19 septembre).

ÉPHREM, diacre syrien, docteur de l'Église (Nisibe v. 306-Édesse 378). On a peu de détails sur ce saint, qui demeura diacre toute sa vie et fut le fondateur de l'active école théologique d'Edesse, ville où Éphrem vint s'établir en 363 après la cession de Nisibe aux Perses par l'empereur Jovien, et où il mourra le 9 juin 378. Très vite, cette institution attira à elle un bon nombre de Perses, qui ne pouvaient pas se livrer aux études théologiques dans leur pays, où l'Église vivait sous la menace constante d'une persécution. Aussi, l'appelle-t-on parfois « l'École des Perses ». Si saint Éphrem a été proclamé docteur de l'Église en 1920, c'est parce qu'il a laissé une œuvre théologique importante, écrite en une langue très imagée. D'ailleurs, Éphrem, auteur de nombreux commentaires de l'Écriture, fut aussi un poète : ses *Carmina Nisibena* racontent avec verve, entre autres événements, le siège de Nisibe.
Éphrem a particulièrement chanté la Vierge Marie. — Fête le 9 juin (ancienne fête le 18 juin).
— Deux autres saints portent le nom d'**Éphrem** : un évêque de Chersonèse martyrisé au IVe s. (fête locale le 4 mars) et un évêque de Jérusalem au IIe s. (fête locale le 4 avril).

ÉPIPHANE, évêque de Salamine († 403). Né en Palestine, il s'initie en Égypte à la vie érémitique; revenu dans son pays, il y établit un monastère, dont il est le supérieur durant trente ans. En 367, il est appelé à occuper le siège de Salamine en Chypre; il participe, en cette qualité, au concile de Constantinople (381). Grand adversaire des hérésies et particulièrement de l'origénisme, Épiphane prêche et écrit beaucoup, saint Jérôme le traduisant du grec en latin. De son œuvre il faut retenir : l'*Ancoratus* (374), exposé de la foi d'après les Écritures; et surtout le *Panarion*, compendium des hérésies et de leur réfutation, ouvrage mal écrit, mais irremplaçable pour les histoires de l'Église ancienne. — Fête locale le 11 mai.
— Autres saints du même nom : six, dont un patriarche de Constantinople († 535), honoré localement le 17 décembre.

ÉRASME ou **ELME,** évêque de Formiae, martyr († v. 303). Selon la légende, sous Dioclétien, Érasme, évêque de Formiae en Campanie, fut battu avec des fouets garnis de plomb, puis arrosé de résine, de cire, de plomb fondu et d'huile bouillante : il ne mourut pas. Il subit encore la torture sur l'ordre de Maximien et succomba. Son corps fut transporté à Gaète en 842, quand les Sarrasins détruisirent Formiae. La légende ajoute qu'Érasme aurait été éventré et que ses intestins auraient été enroulés sur un treuil. C'est pourquoi, classé parmi les quatorze saints auxiliateurs, il est invoqué pour les maux d'entrailles.
Sous le nom d'Elme, Érasme est aussi honoré comme patron des marins, le treuil dont il est précédemment question rappelant le cabestan des navires. Par ailleurs, on a donné son nom — « feu Saint-Elme » — aux aigrettes de feu qui apparaissent parfois, en mer, à l'extrémité des mâts. — Fête locale le 2 juin.

ÉRIC ou **ERIK,** roi de Suède de 1156 à 1160 († Uppsala 1160). Erik Jedvardsson, fondateur de la dynastie des Erik, rivale de celle des Sverker, succède à son père Jedward, en 1156, sur le trône de Suède. Défenseur de l'Église, il améliore la condition de la femme, et entreprend une croisade pour convertir les Finlandais, restés païens (1157). Cependant, la Suède est attaquée par le prince danois Magnus Henriksson, qui prétend avoir des droits sur ce royaume. Menacé par lui à l'improviste pendant le service divin, Éric entend la messe jusqu'au bout, puis marche contre Magnus. Percé de coups, il meurt à Ostra-Aras, sur l'emplacement de l'actuelle Uppsala. Les Suédois le considéreront comme un saint et un martyr; son culte sera particulièrement répandu du XIVe au XVIe s. Le jour de sa mort (18 mai) deviendra une fête nationale; la bannière de saint Éric jouera dans l'histoire de la Suède un rôle analogue à celle de saint Denis dans l'histoire de France. — Fête locale le 18 mai.

ERNEST, abbé de Zwiefalten († 1147). La Passion de ce saint, composée par un anonyme à la fin du XIIe s., est fabuleuse. On sait seulement que, abbé élu de Zwiefalten, au diocèse de Constance (1141), Ernest démissionna en 1146 pour accompagner l'Empereur partant pour la 2e croisade. Il périt probablement à la bataille de Dorylée. — Fête locale le 7 novembre.

ÉTIENNE, diacre, premier martyr († entre 31 et 36). Nous ne connaissons ce martyr que par les Actes des Apôtres. Étienne est le premier nommé des sept diacres de la jeune Église chrétienne; si l'on s'arrête à son nom — *Stephanos* —, on peut classer Étienne parmi les *hellénistes* dont parlent les Actes, chrétiens d'origine juive ou prosélytes, issus sans doute des synagogues de langue grecque de Jérusalem. Diacre, c'est-à-dire personnage chargé d'aider les Apôtres dans leur administration, Étienne se consacre très tôt à la prédication. Apologiste enflammé, doué de charismes extatiques et du don des miracles, il irrite très vite les juifs zélés, au point que le Sanhédrin le fait arrêter et comparaître devant lui, des faux témoins ayant été présentés.
Devant les chefs des juifs, Étienne prononce un admirable discours où, s'appuyant sur l'Ancien Testament et sur les traditions rabbiniques, il met en relief deux

points principaux : que Dieu peut être découvert non seulement dans le Temple et en Palestine, mais n'importe où; que les chefs du judaïsme ont constamment rejeté les prophètes de Dieu, les persécutant et les lapidant, et couronnant leur œuvre par l'assassinat du Juste, du Fils de l'homme. Mais rien ne peut aller contre ce fait que Jésus est maintenant présent à la droite de Dieu et dans sa gloire.

A ces mots les pontifes du Sanhédrin, furieux, bousculent Étienne, le traînent hors des murs de Jérusalem et le lapident. Avant de mourir, le diacre adresse au ciel cette prière : « Seigneur, ne leur compte pas ce péché ! » Or, Saul (le futur apôtre Paul*) assiste à l'exécution, non en acteur, mais en témoin intéressé : c'est d'ailleurs lui qui garde les vêtements de ceux qui jettent les pierres. Saint Augustin pourra donc dire : « Si Étienne n'avait pas prié, l'Église n'aurait pas gagné Paul. »

Les plus anciens témoignages que nous ayons du culte de saint Étienne ne sont pas antérieurs au IVe s. En 415, un prêtre, Lucien, prétend avoir découvert, près de Jérusalem, le corps d'Étienne : la relation de sa découverte est diffusée dans le monde grec et le monde latin. C'est alors que commencent l'extraordinaire diffusion des « reliques » de saint Étienne, ainsi « inventées », et la multiplication des églises construites en son honneur. — Fête le 26 décembre.

ÉTIENNE, premier roi de Hongrie (Esztergom v. 970-Bude 1038).

Fils de Géza, quatrième duc magyar et d'une princesse chrétienne, Vajk reçoit une éducation chrétienne. En 985, Adalbert de Prague, parent de la reine, baptise Géza et son fils, qui reçoit le prénom d'Étienne. Vers 995, Étienne épouse Gisèle de Bavière; en 997, il succède à son père, décédé. Le but d'Étienne est de forger l'unité de la nation hongroise à l'aide de la foi chrétienne. A son appel, de nombreux missionnaires, pénétrés de l'esprit de Cluny, viennent en Hongrie : l'évangélisation des campagnes et la fondation de monastères sont menées de pair. Puis Étienne songe à faire reconnaître la monar-

chie hongroise par la papauté : le pape Sylvestre II lui aurait alors envoyé une couronne; en tout cas, à la Noël de l'an 1000, Étienne est sacré « roi apostolique » de Hongrie à Esztergom. Aussitôt après, le roi divise le pays en deux archevêchés, Esztergom et Kalocsa, divisés chacun en quatre diocèses; il dote chaque groupe de dix villages d'une église paroissiale, et édicte une législation s'inspirant de l'esprit évangélique. Lui-même donne l'exemple d'une charité sans limites. Cette transformation de son pays, Étienne la réalise malgré l'opposition d'une partie de son entourage, surtout de ceux qui sont restés païens.

Étienne Ier meurt à Bude le 15 août 1038, après avoir consacré son royaume à la Vierge. On l'enterre en l'église qu'il a fait construire à Szekesfehervar. Dès 1083, son culte est établi, car il apparaît déjà comme le type du souverain chrétien; saint Étienne de Hongrie fut en effet le saint Louis du XIe s. — Fête le 16 août (ancienne fête le 2 septembre).

ÉTIENNE de Muret, ermite († Muret 1124).

Fils d'un aristocrate, Étienne aurait mené durant près d'un demi-siècle l'existence austère d'un ermite, à Muret, près d'Ambazac, dans la Haute-Vienne actuelle. Ce qui ne l'empêcha pas de recevoir de nombreux visiteurs et de rassembler quelques disciples. Après sa mort, ceux-ci se transportèrent, avec le corps d'Étienne, à deux lieues de là, à Grandmont, qui devint l'abbaye mère de la congrégation grandmontaine, et, favorisée par les Plantagenêts, se répandit dans l'ancienne Aquitaine (144 maisons au XIIIe s.).

Les disciples d'Étienne de Muret composèrent un recueil de ses *Pensées*, commentaires d'un idéal religieux très rigoureux et plus proche de l'érémitisme que du cénobitisme. Au XIIe s., on tira une Règle de ces *Pensées*. La canonisation d'Étienne de Muret en 1189 par Clément III est une des premières de ce genre. L'église de Grandmont conserve d'importantes reliques du saint. — Fête locale le 8 février.

— Autres saints ou bienheureux portant ce nom : quarante. Parmi eux : **Étienne Ier,** martyr, pape de 254 à 257 (fête locale le 2 août); le bienheureux **Étienne IX,** pape de 1057 à 1058 (fête locale le 29 mars) et **Étienne Harding,** abbé de Cîteaux de 1109 à sa mort en 1134 (fête locale le 17 avril).

EUCHER, évêque d'Orléans († Saint-Trond 738). Neveu de l'évêque d'Orléans Savary, Eucher se destine à la vie monastique et fait profession à Jumièges; mais, vers 716, il est élu évêque à Orléans, ville qui, depuis le transfert de Savary à Auxerre, a eu deux autres évêques. C'est à contrecœur que le moine Eucher accepte la charge épiscopale, d'autant plus qu'il sait que Charles Martel déteste la puissante famille de Savary. D'ailleurs, en 732, après sa victoire à Poitiers sur les Arabes, Charles exile Eucher à Cologne; de là l'évêque déchu peut gagner Liège, puis Sarchinium (plus tard Saint-Trond), où il pratique l'ascèse bénédictine et où il meurt. — Fête locale le 20 février.
— Deux autres saints évêques portant ce nom sont au martyrologe romain : **Eucher,** l'un des plus illustres évêques de Lyon, célèbre par deux lettres sur la vie érémitique et par ses commentaires scripturaires († Lyon v. 450), fêté localement le 16 novembre; **Eucher,** évêque de Maestricht († v. 530), fêté localement le 27 février.

EUGÈNE Ier, pape de 654 à 657 († Rome 657). En 653 le pape Martin Ier, adversaire de l'hérésie monothélite, avait été arrêté sur l'ordre de Constant II et emmené en Crimée où il mourut en 655. En son absence, on élit à sa place, à Rome, Eugène, fils du romain Rufinien. On sait par une lettre du pape Martin qu'il connut l'élévation d'Eugène : il ne la désavoua pas. A Rome, le peuple exigea d'Eugène qu'il rejetât la politique impériale favorable au monothélisme. Cette attitude valut au pape d'être rayé des dyptiques à Constantinople. L'Empereur le menaça même de lui faire subir le sort de son prédécesseur Martin.
Eugène mourut le 2 juin 657 et fut enseveli à Saint-Pierre. — Fête locale le 2 juin.

EUGÈNE, évêque de Carthage († aux environs d'Albi, 505). L'évêché de Carthage était resté longtemps inoccupé par la faute des Vandales ariens. Finalement, le roi des Vandales, Hunéric, autorisa les chrétiens de Carthage à se donner un évêque. Le choix du peuple se porta sur un homme pieux et charitable, Eugène. Très vite, le nouveau pasteur fut persécuté par les ariens. En 483, Hunéric refusa de convoquer les Églises d'Europe et notamment l'Église de Rome à une grande conférence épiscopale africaine, qui fut finalement présidée par le patriarche arien Cyrilla. Eugène y ayant lu une longue profession de foi catholique, Hunéric fit suspendre l'assemblée et envoyer en exil des évêques catholiques. Parmi ceux-ci, Eugène fut expédié à Turris Tamalleni, où il fut durement traité (483). La mort d'Hunéric (484) ramena Eugène à Carthage; mais l'avènement de l'arien Trasamund, en 496, raviva la persécution. De nouveau banni, Eugène mourut en Gaule, près d'Albi. — Fête le 13 juillet.
— Vingt autres saints ou bienheureux portent le nom d'**Eugène;** parmi eux : **Eugène,** martyr en Arabie au IVe s. (fête locale le 20 décembre); **Eugène** dit « de Paris », évêque de Tolède (fête locale le 15 novembre); le pape **Eugène III** (1145-1153), honoré localement le 8 juillet.

EULALIE, martyre à Mérida, en Espagne (IIIe s.). Cette sainte fut l'une des plus populaires de la chrétienté ancienne. Sa Passion est cependant fort douteuse : elle nous présente une enfant de douze ans souffrant, sous Maximien, les pires tourments par fidélité au Christ. Les poètes Prudence et Fortunat, l'historien Grégoire de Tours l'ont célébrée; saint Augustin lui a consacré une homélie; on trouve Eulalie sur les mosaïques de Ravenne. Quant à la Cantilène de sainte Eulalie, qui date du IXe s., et fut composée à l'abbaye de Saint-Amand, c'est l'un des plus anciens monuments de la langue d'oïl. Évidemment, le culte de sainte Eulalie se répandit surtout en Espagne, où il s'unit à celui de saint Vincent : tous les calendriers mozarabes font mention d'Eulalie de Mérida.
— Fête locale le 10 décembre.
— Une autre **Eulalie,** martyre à Barcelone, à la même époque, célébrée localement le

12 février, n'est peut-être qu'un dédoublement d'Eulalie de Mérida.

EULOGE, prêtre à Cordoue († Cordoue 859). Disciple du célèbre abbé Espérendieu, il devient prêtre et est attaché à l'église Saint-Zoïle. Les ouvrages qu'il a laissés nous renseignent amplement sur les chrétiens qui périrent sous le règne des califes Abd-al Rahman II et Mohammed Iᵉʳ. Lui-même mourut martyr. — Fête locale le 11 mars.
— Il y a six autres saints **Euloge.**

EUPHRASIE, vierge en Thébaïde († v. 412). Selon sa légende, Euphrasie était la fille du gouverneur de Lycie. Fiancée très jeune à un sénateur, elle put reculer la date du mariage et profita du temps gagné pour se rendre en Thébaïde avec sa mère. Après la mort de celle-ci, elle y mena une vie d'une effrayante austérité. Elle mourut à trente ans. — Fête locale le 13 mars.
— Une autre martyre, morte à Ancyre en 304, porte aussi le nom d'**Euphrasie** (fête locale le 18 mai).

EUSÈBE, pape en 310. Grec d'origine, il n'occupa le siège pontifical que durant quatre mois. Son élection fut d'ailleurs fortement contestée par les amis d'un certain Héraclius, partisans d'une réhabilitation sans conditions des *lapsi* (chrétiens qui avaient apostasié sous Dioclétien). Les troubles qui s'ensuivirent amenèrent l'empereur Maxence à bannir Eusèbe, qui mourut en Sicile. Son corps fut ramené à Rome et inhumé au cimetière de Calliste. — Fête locale le 17 août.

EUSÈBE, évêque de Verceil (en Sardaigne-Verceil 370). Lecteur dans l'Église de Rome, il fut nommé, par le pape Jules Iᵉʳ, évêque de Verceil en Piémont. Il organisa son clergé selon les normes de la vie religieuse et combattit vigoureusement l'arianisme; partisan passionné de saint Athanase, il souscrivit au symbole de Nicée. L'empereur arien Constance l'exila en Palestine, puis en Cappadoce et en Thébaïde. Rappelé en 361 par Julien, il sacra, en 362, le premier évêque d'Embrun. On a de lui des lettres adressées à l'empereur, à ses prêtres et au peuple d'Italie. — Fête le 2 août (ancienne fête le 16 décembre).
— Vingt et un autres saints portent le nom d'**Eusèbe.**

EUSÈBE de Crémone († apr. 420). Il s'agit probablement d'un laïc qui vécut dans l'ombre de saint Jérôme* à Bethléem. Son maître l'envoya à Rome pour y combattre Rufin et l'origénisme (398); afin de charmer sa traversée, Jérôme composa pour lui un commentaire de l'évangile de saint Matthieu. En fait, Eusèbe fut pour Jérôme un homme d'un zèle excessif, ne reculant devant aucun moyen pour servir la cause de celui qu'il admirait par-dessus tout. C'est à Eusèbe que Jérôme dédia son dernier ouvrage, un commentaire de Jérémie. On a attribué à Eusèbe un récit de la mort de Jérôme. — Fête locale le 5 mars.

EUSÉBIE ou **YSOIE,** abbesse d'Hamage (Hamay) [627-680]. A l'âge de neuf ans, elle rejoignit son aïeule sainte Gertrude qui gouvernait l'abbaye de Hamage; malgré sa jeunesse, elle lui succéda en 640. Mais bientôt sa mère, sainte Rictrude, abbesse de Marchiennes, l'appela auprès d'elle. Elle mourut cependant à Hamage. Ses reliques furent transférées à Marchiennes, puis, en 1793, à l'archevêché de Paris d'où elles disparurent lors du sac de 1830. — Fête locale le 16 mars.
— Deux autres **Eusébie** sont inscrites au martyrologe.

EUSTACHE, martyr (date indéterminée). Selon la légende, Placidas était un général de Trajan. Un jour qu'il poursuivait un cerf, l'animal se retourna soudain : une croix lumineuse apparut entre ses bois tandis qu'il disait : « Pourquoi me poursuis-tu? Je suis Jésus, que tu honores sans le savoir. » Placidas n'avait évidemment plus qu'à se faire baptiser : on lui donna le nom d'Eustache. Par la suite, sa vie ne fut qu'un tissu de malheurs romanesques et de prodiges. Finalement, Eustache et les siens, qui étaient chrétiens eux aussi, furent enfermés dans un taureau de bronze qu'on chauffa à blanc : après trois jours, on trouva les martyrs morts, mais intacts.

Cette belle histoire, dont plusieurs éléments appartiennent au folklore universel, a peut-être été ramenée d'Orient. Eustache a été écarté du nouveau calendrier romain (ancienne fête le 20 septembre).
— Autres saints et bienheureux du même nom : six.

EUTHYME le Grand, ascète palestinien (Mélitène, Petite Arménie 377-Laure du Sahel 473). La *Vie de saint Euthyme le Grand* par Cyrille de Scythopolis (éditée par Montfaucon en 1688) abonde en renseignements précieux, de première main. Elle nous apprend que ce jeune archimandrite arménien s'établit en Palestine vers 406 pour y mener la vie monastique; de nombreux disciples vinrent à lui. Très attaché à l'orthodoxie, il ramena à la foi catholique l'impératrice Eudoxie. — Fête locale le 20 janvier.

EUTROPE, premier évêque de Saintes (iiie s.?). En dehors des données légendaires fournies par Grégoire de Tours, nous ne savons rien de ce premier évêque de Saintes; il est même impossible de dater précisément son épiscopat. Dans son livre *In gloria martyrum,* composé vers 590, Grégoire de Tours parle d'Eutrope comme d'un martyr; cet écrivain avait connu un évêque de Saintes, Palladius, sous le pontificat duquel on aurait découvert le corps d'Eutrope. En tout cas, dans l'admirable crypte de l'église Saint-Eutrope, à Saintes, repose le sarcophage du saint, retrouvé et restauré en 1842. — Fête locale le 30 avril.
— Quatre autres saints portent le nom d'**Eutrope :** parmi eux, un évêque d'Orange du ve s. (fête locale le 27 mai).

ÉVARISTE, pape de 97 à 105. Successeur du pape Clément, Évariste aurait partagé entre les prêtres les titres de la ville de Rome; mais les sources qui nous donnent ce renseignement sont assez impures. D'après ces mêmes sources, Évariste serait mort martyr et enseveli auprès de saint Pierre. On lui attribue deux fausses décrétales. Évariste, à cause de la fragilité de sa biographie, a été écarté du nouveau calendrier romain (anc. fête le 26 octobre).
— Deux martyrs se nomment aussi **Évariste.**

Archives photographiques

Stigmatisé le 14 septembre 1224, François, devenu l'oiseau de Dieu, chanta son créateur dans ce « Cantique du soleil » qui est un des sommets de la littérature mystique. Bois, XVIIe siècle. Église Saint-Agapit, Plouégat-Guérand.

FABIEN († 250), pape de 236 à 250. Italien d'origine, il est désigné, quoique simple laïc, pour succéder au pape Antère. On lui attribue la division de la ville de Rome en sept régions, confiées chacune à un diacre, et l'exécution de divers travaux dans les cimetières, notamment celui de Calliste, où il fit ramener les restes du pape Pontien, mort exilé en Sardaigne. Car Fabien s'intéressa particulièrement au culte des martyrs : il régularisa l'institution de notaires ecclésiastiques, au nombre de sept, placés sous le contrôle de sept sous-diacres, et chargés de relever et d'archiver les Actes des martyrs. Au cours de son pontificat, Fabien fut mêlé aux querelles doctrinales, nées de l'origénisme. Il subit le martyre le 20 janvier 250 et fut enseveli au cimetière de Calliste, où l'on a retrouvé son épitaphe. Son nom est associé à celui du martyr romain saint Sébastien*, fêté le même jour; or, dans les Actes de saint Sébastien, apparaît un Fabien, mais sous les traits d'un magistrat persécuteur. — Fête le 20 janvier.

FAUSTIN et **JOVITE, martyrs** († v. 120). La Passion de ces deux saints, martyrisés ensemble à Brescia sous Hadrien, est légendaire. La légende leur attribue un nombre incroyable de tortures auxquelles ils n'auraient pu échapper sans une extraordinaire série de miracles. Leur culte est cependant assez ancien, à Brescia nótamment. On comprend qu'ils aient été écartés du nouveau calendrier romain (anc. fête le 15 janvier).

— Six autres saints, dont quatre martyrs des premiers siècles, répondent au nom de **Faustin.**

FÉLICITÉ, martyre à Rome (IIe s.). D'après la légende, Félicité était une riche veuve romaine, qui avait sept fils, chrétiens comme elle. Sous Antonin, on voulut les obliger à sacrifier aux dieux : la mère, interrogée la première, et seule, refusa. Le lendemain, elle exhorta publiquement ses fils à suivre son exemple. Ils furent tous martyrisés, chacun d'une manière différente. En fait, il s'agit ici de l'exemple type de ce que les hagiographes appellent : « phénomène de liens artificiels de famille ». Sept martyrs romains, honorés le 10 juillet, mais inhumés dans des cimetières différents, jouissaient d'un culte ancien. La communauté de date les a fait prendre pour sept frères, fils de Félicité, et le biographe, tout en s'inspirant de la Passion biblique des Macchabées et de leur mère, s'est ingénié à découvrir les raisons de la sépulture de cette prétendue famille en des lieux si divers. — Fête locale le 23 novembre.

FÉLICITÉ. V. _Perpétue._

FÉLIX de Nole, confesseur († v. 260). Nous connaissons sa vie, vraisemblablement embellie, grâce à saint Paulin* de Nole qui, cent ans après la mort de Félix, trouva sa tombe entretenue par les fidèles, recueillit les traditions le concernant, et composa en son honneur quelques-uns de ses plus beaux poèmes.

Né probablement à Nole, en Campanie, d'une famille d'origine syrienne, Félix aurait abandonné la carrière militaire pour le service de Dieu. Prêtre, il fut violemment persécuté, emprisonné et torturé au cours de la persécution de Dèce : c'est pour cela, et bien qu'il soit mort paisiblement, qu'on le vénéra — abusivement — comme martyr. Son tombeau devint un lieu de pèlerinage universel : deux prêtres africains, qui s'accusaient mutuellement, furent envoyés à Nole par saint Augustin pour que leur serment fût prêté sur le tombeau de saint Félix. — Fête locale le 14 janvier.

FÉLIX Ier, pape de 269 à 274. Le martyrologe romain se trompe quand il fait de ce pape un martyr. Successeur de Denis sur le siège pontifical, Félix s'occupa de l'affaire de Paul de Samosate, évêque hérétique d'Antioche. Il fut, par ailleurs, choisi comme arbitre dans un litige concernant les bâtiments appartenant à l'Église d'Antioche; cette intervention témoigne de l'autorité déjà prise au IIIe s. par la papauté. On a attribué à Félix des lettres qui ne sont pas de lui. Il a été écarté du nouveau calendrier romain (ancienne fête le 30 mai).
— Comme nom propre, le terme *félix* (« fertile », « fécond », puis « heureux ») a été largement employé dans l'Église. Ce qui explique qu'on le trouve soixante-dix fois dans le martyrologe romain. La majorité des saints portant ce nom sont des martyrs des premiers siècles. Il faut ajouter : **Félix de Cantalice** († 1587), franciscain (fête locale le 18 mai); **Félix de Valois**, saint dont la Vie est douteuse, et qui aurait été un des fondateurs de l'ordre des Trinitaires. Il a été écarté du nouveau calendrier romain (ancienne fête le 20 novembre).

FERDINAND III (1199-Séville 1252), roi de Castille (1217-1252) et de Léon (1230-1250). Il était le fils d'Alphonse IX, roi de Léon, et de Bérengère, reine de Castille. A la mort du prince héritier Henri (1217), il fut proclamé roi de Castille. Grâce à son autorité morale et à son esprit de décision, Ferdinand III, à la mort de

son père (1230), put réaliser sans difficultés l'union du Léon et de la Castille. Il se rendit surtout célèbre par ses conquêtes sur les Maures, qu'il refoula jusqu'au sud de l'Espagne, leur enlevant successivement Cordoue (1236), le royaume de Murcie (1243), Jaén (1246), Séville (1248); il réduisit le royaume de Grenade en vassalité. Il fit traduire le *Fuero Juzgo* en castillan, qui devint langue officielle. D'autre part, le roi donna à ses sujets l'exemple des vertus chrétiennes. Il mourut le 30 mai 1252, après avoir reçu les derniers sacrements en présence des grands du royaume. Canonisé en 1671.
— Fête locale le 30 mai.
— Un bienheureux **Ferdinand** ou **Fernand** (1402-1443), prince portugais, frère et compagnon de voyage d'Henri le Navigateur, est honoré localement le 5 juin.

FERJEUX, prêtre à Besançon. V. *Ferréol.*

FERNAND. V. *Ferdinand.*

FERRÉOL et **FERJEUX**, prêtres à Besançon († 211). La similitude de leurs noms (Ferrucio, Ferrucius) a fait penser que ces deux saints sont un seul et même personnage. Cependant Grégoire de Tours les distingue l'un de l'autre dans un récit — plus ou moins légendaire — qui fait de Ferréol et Ferjeux deux prêtres envoyés par saint Irénée de Lyon pour évangéliser Besançon et ses environs. Après trente ans d'apostolat, ils auraient été martyrisés. Leur culte n'est bien établi qu'à partir du VIe s. Au XVIIe s., on introduit le nom de Ferréol en tête des catalogues épiscopaux de Besançon. — Fête locale le 16 juin.
— Parmi les quatre autres saints qui portent le nom de **Ferréol**, il faut citer un évêque d'Uzès († 581), honoré localement le 4 janvier.

FIDÈLE de Sigmaringen, capucin souabe (Sigmaringen 1578-Seevis, pays des Grisons 1662). De l'enfance de Marc Rey, on ne sait rien. A Fribourg-en-Brisgau, il conquiert les doctorats en philosophie et en droit. Précepteur dans une famille noble, il s'installe ensuite comme avocat à Einsiheim. Choqué par le manque de probité de trop de ses confrères, il quitte le monde, donne ses biens aux pauvres, et entre chez les capucins, où, devenu prêtre (1612), il reçoit le nom de Fidèle. Il complète ses études théologiques à Constance et commence à prêcher, s'attachant à convaincre les protestants, qui le surnomment — à cause de sa douceur — l'« ange de la paix ». Gardien de différents couvents de son ordre, notamment de Feldkirch, il est bientôt chargé, par la jeune Congrégation de la Propagande, sous le patronage de l'archiduc d'Autriche, et en même temps que d'autres capucins, de la mission envoyée au pays des Grisons, dont un grand nombre d'habitants étaient passés au protestantisme et s'étaient révoltés contre le joug autrichien.

Il semble que les conversions obtenues par Fidèle, et notamment celles de chefs grisons influents, aient déterminé quelques protestants à se débarrasser de lui. A Seevis, au cœur d'une région révoltée, il est assailli dans l'église et massacré dans un pré voisin (24 avril 1622). Son corps sera transporté en la cathédrale de Coire. Béatifié en 1729, canonisé en 1746. On a de saint Fidèle quelques écrits spirituels et des lettres. — Fête le 24 avril.

— Quatre autres **Fidèle** sont au martyrologe.

FINTAN, fondateur du monastère de Clonemagh en Irlande († 603). On a pu dire qu'il fut « le saint Benoît irlandais », tellement furent nombreuses ses fondations. Austère envers lui-même au-delà de toute expression, Fintan était bon pour les autres. Saint Columba* nous le présente comme un homme à la face vermeille, aux yeux flamboyants et aux magnifiques cheveux blancs. — Fête locale le 17 février.

— **Fintan** est le nom porté par trois autres saints irlandais.

FIRMIN, évêque d'Amiens (IVᵉ s.). En fait, le catalogue des évêques d'Amiens porte en tête de sa liste deux personnages nommés Firmin, tous deux honorés comme saints. Il semble bien qu'il faille distinguer deux saints évêques d'Amiens : l'un serait mort martyr; l'autre serait qualifié de confes-

seur. Mais il est extrêmement malaisé de se retrouver dans les données légendaires concernant les deux Firmin. Le premier, fils d'un sénateur de Pampelune, aurait été enterré, après son martyre, par un autre sénateur, Faustinien. Celui-ci aurait eu un fils Firmin, qui devait devenir, lui aussi, évêque d'Amiens. Le portail nord de la cathédrale d'Amiens est consacré à saint Firmin et à ses successeurs. — Fête locale le 25 septembre.

— Autres saints **Firmin** : sept, dont un évêque d'Uzès du VIᵉ s. (fête locale le 11 octobre).

FLAVIEN, patriarche de Constantinople de 446 à 449 († 449). Prêtre, trésorier de l'Église de Constantinople, il fut appelé, en 446, au siège patriarcal. Il eut à affronter l'hostilité de Chrysaphe, chambellan de l'empereur Théodose II et neveu du moine Eutychès, doctrinaire du monophysisme. A cause de cet enseignement hétérodoxe, Flavien retira à Eutychès le gouvernement de son monastère. Eutychès en appela au pape Léon Iᵉʳ qui, dans une lettre adressée à Flavien (Tome à Flavien), définit l'incarnation du Verbe en termes précis. Le concile qui se réunit en 449, à Éphèse (on devait l'appeler le « brigandage d'Éphèse »), réhabilita Eutychès. Flavien, déchu, fut brutalisé, emprisonné. Il mourut peu après, peut-être de ses blessures. Son corps fut ramené à Constantinople en 451. — Fête locale le 18 février.

— Parmi les sept autres saints **Flavien,** il faut retenir un patriarche d'Antioche, mort en 512 (fête locale le 20 juillet).

FLORENCE, martyre à Agde (date indéterminée). Cette sainte est honorée localement le 10 novembre en même temps que ses deux compagnons de martyre Tibère et Modeste.

— Autre sainte **Florence** : la sœur de saint Léandre et de saint Isidore à Séville (fête locale le 1ᵉʳ décembre).

FLORENT, évêque de Strasbourg († V. 600). Ce saint figure au 7ᵉ rang, après saint Arbogaste, dans le catalogue des évêques de Strasbourg. Originaire de Rome, il aurait commencé par vivre en

ermite à Haslach. Ses restes furent d'ailleurs transférés à Haslach en 810. — Fête locale le 7 novembre.
— Autres saints du même nom : douze dont le 3e évêque de Cahors (ive-ve s.) honoré localement le 4 juillet.

FOY ou **FOI,** vierge martyre († Agen iiie siècle). Très populaire au Moyen Age, cette sainte n'a guère laissé de traces dans l'histoire. Elle mourut martyre, vraisemblablement aux origines de la chrétienté agenaise; quant à sa Passion, elle n'est pas antérieure au xe s. D'après elle, Foy, issue de parents nobles, fut horriblement torturée sur un lit de fer, pour avoir refusé d'abjurer. Elle fut finalement décapitée, en compagnie d'un chrétien nommé Caprais. Les reliques de sainte Foy furent transportées à Conques au ixe s. : elles y devinrent le centre d'un très important pèlerinage; sa statue d'or, dite *Majesté* de Sainte-Foy, y fut l'objet de la vénération des fidèles. Son culte se répandit en Normandie et en Alsace surtout; nombreuses sont en France les églises et les localités qui lui sont dédiées. — Fête locale le 5 octobre.

FRANÇOIS d'Assise, fondateur des Frères mineurs (Assise v. 1189-*id.* 1226). La chronologie de sa vie est imprécise et beaucoup de légendes entourent les événements.
Son père, Pietro di Bernardone, est un riche marchand drapier, qui a rapporté de ses voyages en France une vive sympathie pour ce pays. Aussi donne-t-il à son fils Jean le nom de François. Associé, vers quinze ans, au négoce paternel, celui-ci rêve d'exploits chevaleresques. Une guerre ayant éclaté entre Assise et Pérouse, il s'engage pour la défense de sa ville natale. Fait prisonnier, il demeure un an captif (1202-1203). En 1205, il part pour combattre en Apulie contre l'empereur dans les troupes pontificales; mais un songe le ramène à Assise, où il se consacre de plus en plus assidûment à la prière et à l'aumône.
En 1206, après des difficultés dramatiques avec son père, François se voue tout entier au service de Dieu. Pendant deux ans, il

vit en ermite; dans l'église Santa Maria degli Angeli, en 1209, il saisit vraiment le sens de sa vocation de pauvreté et d'apostolat en entendant l'évangile de saint Matthieu. Des disciples viennent à lui; en 1210, le petit groupe va à Rome où le pape Innocent III approuve oralement la règle des Frères mineurs. L'idéal franciscain est tout évangélique : pureté, détachement, joie dans la paix. L'exquise poésie de François, sa familiarité avec la nature ajoutent un accent particulier, le plus humain qu'on ait entendu d'un saint.
Les premiers franciscains s'installent sur le domaine de la Portioncule, près de Santa Maria degli Angeli, et ils commencent leurs prédications en Italie. En 1212, François, avec Claire* d'Assise, jette les fondements du second ordre franciscain, celui des Pauvres Dames ou Clarisses; il tente alors de se joindre aux croisés pour aller en Syrie convertir les musulmans. Mais son navire est rejeté sur la côte, et il reprend ses prédications en Ombrie. Pour sa communauté, il reçoit en don la montagne de l'Alverne; puis, en 1214, François part pour l'Espagne évangéliser les Maures. Malade, il doit revenir en Italie. Le premier chapitre des Frères mineurs se tient en 1215 à la Portioncule; François assiste au 4e concile de Latran, où le pape approuve de nouveau sa règle.
Le fondateur part rejoindre en Égypte la croisade (1219); il tente de convertir le sultan, puis, ayant appris les modifications introduites dans l'ordre par ses deux vicaires, il rentre en Italie; François donne sa démission de ministre général, nommant Pierre de Catane pour le remplacer; il reprend alors ses prédications et la vie érémitique. Deux ans plus tard est fondé le tiers ordre franciscain et est promulguée la nouvelle règle de l'ordre : François, sous l'influence du cardinal Ugolino de Conti, la révise une fois encore : elle est finalement approuvée par Honorius III en 1223.
En 1224, au cours d'une retraite sur l'Alverne, François reçoit les stigmates des plaies du Christ. De retour à Assise, il tombe gravement malade et perd peu à peu la vue, à la suite d'une ophtalmie contractée en Orient. C'est au milieu de

ces souffrances qu'il compose son *Cantique au soleil*. Il meurt au cours de la nuit du 3 au 4 octobre 1226, dans une cabane de la Portioncule. Son corps est à Assise. François, cas presque unique parmi les fondateurs d'ordre, n'était pas prêtre, mais simplement diacre. Sans se révolter contre la hiérarchie épiscopale, il était parvenu à restaurer le clergé séculier et à développer la piété (dévotion à Jésus enfant) dans la masse des fidèles. Pour saisir ce qu'il y a de riche et de frais dans l'enseignement de saint François d'Assise, il faut lire les *Fioretti di san Francesco*, traduction d'un écrit latin franciscain, recueil de souvenirs collectifs des Frères des Marches. Cependant la mystique qui se dégage de cet ouvrage s'apparente à l'illuminisme. Canonisé en 1228. — Fête le 4 octobre.

FRANÇOIS Borgia (Gandie, royaume de Valence, 1510-Rome 1572). Descendant par sa mère Jeanne d'Aragon du roi Ferdinand V, François est admis à 18 ans à la cour de Charles Quint. Grand écuyer de l'impératrice, il doit assister à l'exhumation du corps de celle-ci : la vue du cadavre en décomposition fait sur lui une impression terrible et contribue à le détacher du monde. Nommé vice-roi de Catalogne, il déploie dans sa charge de rares qualités administratives et humaines. A Barcelone, il entre en contact avec les jésuites; il dote la capitale de son duché, Gandie, du premier collège où enseignent les pères. A la mort de son épouse, François établit ses huit enfants et entre dans la Compagnie de Jésus; il s'y distingue par sa ferveur et son humilité. Religieux, il prêche à travers l'Espagne et le Portugal. Exécuteur testamentaire de Charles Quint, il prononce l'Oraison funèbre de l'empereur.
Rappelé à Rome en qualité de vicaire du général des Jésuites, le P. Lainez, François succède à ce dernier le 2 juillet 1565. Sous son généralat, la Compagnie de Jésus se développe considérablement. Il meurt, au retour d'un voyage long et fatigant, le 30 septembre 1572.
Son corps, transporté à Madrid, disparut dans l'émeute de 1931. On a de lui de nombreux écrits ascétiques. Béatifié

en 1624, canonisé en 1671, proclamé, en 1934, patron de l'Espagne et du Portugal avec saint Antoine de Padoue. — Fête locale le 3 octobre (ancienne fête le 10 octobre).

FRANÇOIS Caracciolo, fondateur des Clercs réguliers mineurs (Villa Santa Maria, près de Chieti, 1563-Agnone 1608). A sa naissance, il reçoit le prénom d'Ascanio qu'il remplacera plus tard par François, en l'honneur de saint François d'Assise. Ordonné prêtre en 1587, il entre, en 1588, dans une congrégation vouée au service des prisonniers. En même temps, il est associé par hasard à la fondation de l'ordre des Clercs réguliers mineurs par Augustin d'Adorno : ces religieux, qui sont parfois appelés *caracciolins*, mènent une vie mixte, active et contemplative. C'est François Caracciolo qui rédigea les règles de l'ordre et réussit à les faire approuver par le pape Sixte Quint (1er juillet 1588).
A la mort d'Adorno, François fut élu supérieur général. Sous son impulsion l'ordre se développa en Europe et y répandit la dévotion au Saint-Sacrement. Béatifié en 1769, François fut canonisé en 1807. — Fête locale le 4 juin.

FRANÇOIS de Paule, fondateur des Minimes (Paola, Calabre, 1436-Plessis-lès-Tours 1507). Entré très jeune chez les frères mineurs, il les quitte au bout de trois ans, poussé par un goût invincible de la solitude et du dépouillement absolu; il embrasse alors la vie érémitique, vivant dans des conditions d'incroyable austérité. Cependant, sa réputation de sainteté et les miracles qu'on lui attribue attirent à lui des disciples : il finit par les regrouper dans un couvent, à Cozenza, et leur donne le nom, plein d'humilité, de *Minimes*. La règle très sévère de cet ordre, considéré comme ordre mendiant, est approuvée, dans une première rédaction, en 1474, puis, dans sa rédaction définitive, en 1506. Le rayonnement de cet ascète doublé d'un thaumaturge est tel que le roi de France Louis XI, homme très superstitieux, le fait appeler auprès de lui, à Plessis-lès-Tours, dans l'espoir de le voir l'arracher aux affres redoutées de la mort (1482).

Tout autre fut le comportement de François de Paule, qui, loin de songer à guérir le roi, le prépara à achever chrétiennement sa vie. Le fondateur des Minimes profita de son séjour en France pour y développer son ordre. Fixé à Plessis-lès-Tours, François y mourut le 2 avril 1507. Il fut canonisé dès 1519. — Fête le 2 avril.

FRANÇOIS de Sales, évêque de Genève, docteur de l'Église (château de Sales, près de Thorens, Savoie, 1567-Lyon 1622). François de Sales est fils de la Savoie, pays dont la personnalité, entre la France et l'Italie, est alors très affirmée. Sa famille, de noblesse rurale, est fortement imprégnée de piété franciscaine. François lui-même pensera un moment se faire capucin. On pourra dire que « la racine du salésianisme, c'est le franciscanisme ». François fait ses premières études à Annecy; très tôt, il se décide pour la carrière ecclésiastique. Tonsuré à douze ans, il poursuit ses études à Paris, au collège de Clermont, puis à la Sorbonne (1582-1586). Il n'échappe alors au désespoir, qui, selon lui, ressort de la doctrine protestante de la prédestination, que par un vœu héroïque d'amour et de confiance en Dieu.

En 1588, François se rend à Padoue, où durant trois ans, il étudie le droit et la théologie. Il s'y imprègne de l'esprit de la Réforme catholique, et plus particulièrement de celui de saint Charles* Borromée. Revenu en Savoie (1592), il devient avocat au Souverain Sénat de Savoie.

Cependant, l'appel de Dieu le talonne. En 1593, il reçoit la prêtrise. Tout de suite, l'évêque de Genève, Mgr de Granier, réfugié à Annecy, emploie François à la reconquête au catholicisme du Chablais, devenu calviniste par l'envahissement des Bernois et des Genevois. C'est alors que François de Sales, pour mieux atteindre les protestants, rebelles aux sermons, fait imprimer des feuilles volantes qui, réunies plus tard, formeront le livre des *Controverses*. Après quatre années passées dans ce dur et périlleux apostolat, François séjourne quelque temps à Rome (1598), où il entre en contact avec Robert*

Bellarmin. En 1599, il devient coadjuteur de l'évêque de Genève, Mgr de Granier. Pour affermir les nouveaux convertis du Chablais, il publie à Lyon, en 1600, la *Défense de l'estendart de la Sainte Croix.* Or, voici que le traité de Lyon (1601) a donné à la France d'Henri IV la Bresse, le Bugey, le Valromey, le pays de Gex, si bien que l'évêché de Genève — Annecy est à cheval sur la Savoie, la France et Genève. En 1602, François se rend à Paris pour régler la difficile situation religieuse du bailliage de Gex. Reçu dans la société parisienne, il donne le Carême au Louvre, prêche dans plusieurs paroisses et devient l'ami de Mme Acarie et du cardinal de Bérulle. Sur le chemin de la Savoie, il apprend la mort de Mgr de Granier, dont il devient ainsi le successeur à part entière. « Monsieur de Genève », comme on dit à l'époque, est sacré à Thorens, dans l'église de son baptême, le 8 décembre 1602.

Évêque, François de Sales se rend digne des meilleurs pasteurs de la Contre-Réforme. La catéchèse, la visite et la réforme des paroisses et des communautés religieuses, la prédication prennent le meilleur de son temps. Parallèlement, il prêche hors de son diocèse. Ses Carêmes et ses Avents les plus célèbres ont pour cadre Annecy (1603-1620), Paris (1619), Chambéry (1606, 1612), Grenoble (1616-1618). A Dijon, où il prêche le carême de 1604, François fait la connaissance de Jeanne* de Chantal qui, sous sa direction, fonde en 1610, à Annecy, l'ordre de la Visitation de sainte Marie.

C'est à son expérience des âmes qu'on doit le premier chef-d'œuvre de François de Sales, l'*Introduction à la vie dévote* (1604) : dans un style aimable et volontiers fleuri, l'évêque présente la dévotion non pas comme un système rigide, mais comme « la facilité à faire diligemment et bien les actions au service de Dieu ». Ce livre populaire, destiné à connaître d'innombrables éditions, a permis à Bremond de faire de son auteur « le chef de file de l'École française ». Quant à V. Bérard, il a pu affirmer que « l'*Introduction à la vie dévote* est aussi l'introduction à la langue française ». En 1616 paraît à Lyon le second chef-d'œuvre de François de Sales : le *Traité de l'amour de Dieu,* qui, inspiré des auteurs mystiques espagnols et nourri des expériences personnelles du saint, insiste sur la conformité de la volonté humaine avec la volonté divine.

Monsieur de Genève repart pour Paris en 1618 : il s'agit de négocier le mariage du prince de Piémont avec une princesse française. A cette occasion François rencontre saint Vincent* de Paul, qui va devenir le conseiller de l'ordre de la Visitation et de Jeanne de Chantal. En 1622, malgré sa santé prématurément délabrée, François accompagne Charles-Emmanuel de Savoie auprès de Louis XIII, alors à Avignon. En route, il retrouve son ami et futur biographe, Camus, évêque de Belley. Au retour d'Avignon, l'évêque de Genève meurt à Lyon, chez les visitandines (28 décembre 1622).

Avec l'*Introduction à la vie dévote* et le *Traité de l'amour de Dieu,* on a de François de Sales des *Sermons,* qui eurent une grande influence sur la prédication catholique, des *Entretiens spirituels,* instructions familières et pleines de fraîcheur données aux premières visitandines, et onze volumes de *Lettres.* Dans ces œuvres, l'évêque de Genève apparaît comme le type parfait de l'humaniste chrétien; animé de l'optimisme franciscain, il établit les rapports de Dieu et des hommes sur la base d'une confiance réciproque. Sa spiritualité n'a rien de systématique; et s'il se fait écrivain, c'est pour mieux remplir sa tâche de directeur de conscience. Outre la Visitation, dont François de Sales composa les *Constitutions* et le *Coutumier,* de nombreuses congrégations se sont inspirées de l'esprit salésien : Salésiens et Salésiennes de saint Jean* Bosco, Oblats et Oblates de saint François de Sales sont parmi les plus célèbres. Les ossements de saint François de Sales se trouvent à Annecy, dans la basilique de la Visitation.

Béatifié en 1662, canonisé en 1665. Proclamé docteur de l'Église en 1877. — Fête le 24 janvier (ancienne fête le 29 janvier).

FRANÇOIS XAVIER, missionnaire jésuite (château de Xavier, Navarre, 1506-île de Sancian 1552). Issu d'une famille basque-navarraise, il suit les cours de l'Université de Paris : bachelier à 23 ans, licencié et maître ès arts à 24 ans, il loge au collège Sainte-Barbe, dans une chambre que vient partager, en 1529, Ignace* de Loyola. Celui-ci aide François Xavier alors qu'il est régent au collège de Dormans-Beauvais. Le 15 août 1534, sous la conduite d'Ignace, avec cinq étudiants, François se consacre à Dieu dans une chapelle de Montmartre : ainsi naît la future Compagnie de Jésus.

Après avoir achevé ses études de théologie, François, avec neuf compagnons, part pour Venise : il est ordonné prêtre (24 juin 1537). Puis, avec deux confrères, il est désigné pour aller se mettre au service des Paravers, nouveaux convertis de la côte de la Pêcherie dans le sud de l'Inde. Il s'embarque le 7 avril 1541, au titre d'envoyé du roi de Portugal et de légat du pape dans les Indes portugaises. Débarqué à Goa (6 mai 1542), il déploie, durant dix ans, un zèle de pionnier : Goa, Malacca, les Moluques, le Japon, où il séjourne de 1549 à 1551, bénéficient d'un apostolat qui amène le missionnaire à parcourir plus de 100 000 km dans des conditions difficiles.

Plusieurs chrétientés qu'il a fondées avec d'autres jésuites sont restées vivantes; quant aux baptêmes en série, qu'on lui a reprochés, leur nombre a été très exagéré. Son plus grand désir étant d'évangéliser l'immense Chine, François part de Malacca vers le continent chinois, mais il meurt dans l'île de Sancian (3 décembre 1552), n'ayant près de lui, pour l'assister, qu'un jeune Chinois.

On a de François Xavier des lettres qui constituent à la fois d'importantes sources documentaires et un témoignage du zèle du missionnaire. Il a laissé aussi des petits traités à l'usage de ses missionnaires. Béatifié en 1619, canonisé en 1622. — Fête le 3 décembre.

— Autres saints ou bienheureux portant le nom de **François :** soixante-quatre. On peut détacher : le lazariste **François Régis Clet,** martyrisé en 1820 (fête locale le

18 avril); le franciscain **François Solano,** mort en 1610 (fête locale le 14 octobre); **François Caracciolo** (1563-1608), déjà cité, fondateur des Clercs réguliers mineurs (fête locale le 4 juin).

FRANÇOISE, veuve romaine (Rome 1384-id. 1440). Née de la famille patricienne des Bussi de Leoni, elle est donnée en mariage, à l'âge de douze ans, à Lorenzo di Ponziani; à partir de 1400, elle a plusieurs enfants, la plupart morts en bas âge. Son mari, appartenant au parti guelfe, doit, en 1413, partir en exil, laissant une lourde charge à sa jeune épouse, qui peut d'ailleurs donner libre cours à son goût pour la charité. La peste de 1414 lui fournit une occasion de manifester une abnégation peu commune. D'autres dames romaines se groupent peu à peu autour d'elle; un certain nombre se constituent ensuite en une communauté non cloîtrée, noyau des oblates bénédictines. Quant meurt son mari, en 1436, Françoise rejoint cette communauté tout en continuant d'exercer dans Rome son charitable apostolat. Par ailleurs, elle joue, dans les milieux pontificaux bouleversés par le grand schisme, notamment au temps d'Eugène IV, un rôle médiateur qui l'a fait comparer à Catherine de Sienne. Mystique comme cette dernière, elle semble avoir bénéficié de nombreuses grâces spéciales. Françoise Romaine, morte le 9 mars 1440, fut canonisée en 1608. — Fête le 9 mars.
— Huit autres saintes ou bienheureuses portent le nom de **Françoise.** Parmi elles : la bienheureuse **Françoise d'Amboise** († 1485), duchesse de Bretagne (1450), puis (1468) carmélite (fête locale le 4 novembre), et sainte **Françoise Xavier Cabrini,** italienne, décédée à Chicago en 1917, fondatrice des sœurs missionnaires du Sacré-Cœur (fête locale le 22 décembre).

FRÉDÉRIC, évêque d'Utrecht († 838). Originaire de Frise ou d'Angleterre, Frédéric succéda à l'évêque d'Utrecht Ricfrid, vers 825. Il assista au concile de Mayence (829) et donna mission à saint Odulphe d'évangéliser la Frise. Raban Maur, solli-cité par lui, composa son *Commentaire de Josué.* Frédéric fut probablement assassiné par deux émissaires de l'impératrice Judith, dont il avait blâmé la conduite. Ses reliques ont disparu d'Utrecht. — Fête locale le 18 juillet.
— Autres saints ou bienheureux portant ce nom : quatre, dont un moine de Saint-Vaast d'Arras, mort en 1020 (fête locale le 6 janvier).

FRIDOLIN, abbé à Seckingen († v. 540). Selon la légende, Fridolin, d'origine écossaise, vivait au temps de Clovis; comme beaucoup de Celtes, il passa sur le continent. Moine à Poitiers, il devint abbé de Saint-Hilaire; puis il passa en Rhénanie et s'établit entre Bâle et Constance, dans l'île de Seckingen. En fait, ces éléments biographiques sont pleins d'incertitude; ils n'ont d'ailleurs pas nui à sa popularité. Il est le patron du canton suisse de Glaris. — Fête locale le 6 mars.

FRUCTUEUX, évêque, martyr à Tarragone († 259). Les Actes de cet évêque et de ses diacres Augure et Euloge sont « la meilleure pièce de l'hagiographie espagnole » (R. Aigrain). On y retrouve, dans son authenticité et sa noble simplicité, une Passion classique : un pasteur et ses disciples qui, après six jours de dure prison, refusent de sacrifier aux dieux romains et sont condamnés à être brûlés. Le culte de ces martyrs franchit rapidement les mers : saint Augustin leur consacra un sermon célèbre et Prudence un hymne de son *Peristephanon.* — Fête locale le 21 janvier.
— Autre **Fructueux** : un archevêque de Braga († 665). — Fête locale le 16 avril.

FRUMENCE, apôtre de l'Éthiopie (IVe s.). Ce saint n'est connu que par Rufin, qui raconte qu'un philosophe tyrien, Meropius, emmena dans l'« Inde ultérieure » deux de ses jeunes élèves, Aedesius et Frumence. Meropius ayant été massacré par des Barbares, Aedesius devint l'échanson du roi du pays et Frumence son secrétaire. A la mort du roi d'Abyssinie, Frumence obtint de la régente que des Grecs pussent établir des oratoires. Ainsi, sous son égide, le christianisme s'étendit dans ce qui allait devenir l'Éthiopie. A Alexandrie, Frumence reçut l'épiscopat des mains de saint Athanase*. Il aurait été ainsi le premier évêque d'Axoum. — Fête locale le 27 octobre. — Deux marchands nommés **Frumence** sont donnés comme martyrs en Afrique au Vᵉ s. Fête locale le 23 mars.

FULBERT, évêque de Chartres (en Italie v. 960-Chartres 1028). Attaché à la Bibliothèque pontificale à Rome, il y connaît Gerbert qu'il rejoint à Reims. Ami du roi Robert le Pieux, Fulbert est appelé à Chartres par d'anciens condisciples; il s'y perfectionne en médecine. Maître puis chancelier de l'école de Chartres, diacre et chanoine, il est élu évêque de Chartres, probablement à la demande de Robert le Pieux (1006). Conseiller de la couronne capétienne (il fait sacrer Henri Iᵉʳ), évêque zélé, philosophe brillant, c'est lui qui fait reconstruire la cathédrale de Chartres après l'incendie de 1020. Surtout il est un écolâtre de renommée internationale. Certains de ses élèves sont parmi les sommités du temps.

Les Chartrains ont gardé le souvenir de ce grand évêque au visage doux, un peu mélancolique, et de ses entretiens vespéraux au pied de la cathédrale en construction. Il est curieux de tout, dialecticien subtil. C'est Aristote traduit par Boèce qui constitue le fondement de l'enseignement de Fulbert. C'est en chrétien mais aussi en musicien qu'il chante la Vierge; et ce savant se double d'un hagiographe. On a de lui une centaine de lettres qui fournissent de précieux renseignements sur l'époque. Fulbert fut inhumé au monastère de Saint-Père-en-Vallée. — Fête locale le 10 avril.

FULGENCE, évêque (Télepte, Afrique du Nord, v. 467-Ruspe 533). L'invasion vandale avait obligé sa famille à fuir Carthage. Une éducation soignée et d'utiles influences lui permirent de gravir rapidement les échelons de l'administration. Il n'avait pas trente ans quand il fut nommé receveur des impôts à Télepte, mais déjà le dégoût du monde le tenaillait. Il songea un moment à se perdre parmi les anachorètes d'Égypte; or, les malheurs du temps l'obligèrent à se contenter de mener la vie cénobitique dans son pays natal. En 507, Fulgence fut élu évêque de Ruspe, petite ville de la Tunisie actuelle; mais, tout de suite, comme nombre de ses collègues, il eut à souffrir du sectarisme du roi vandale Thrasamund, farouche tenant de l'arianisme. Deux fois exilé en Sardaigne, Fulgence profita de ses loisirs forcés pour travailler, dans la ligne d'un autre grand Africain, Augustin*, à la réfutation de l'arianisme et du monophysisme.

Ses traités, sa correspondance, ses sermons permettent de placer Fulgence parmi les bons théologiens du VIᵉ s.; tous ses écrits témoignent d'un augustinisme vigoureux et fidèle. La mort de Thrasamund, en 523, valut à Fulgence de terminer son existence dans la paix de sa ville épiscopale. Un diacre de Carthage, Ferrand, a laissé de lui une excellente biographie. La capitale de la Sardaigne, Cagliari, le considère comme son patron. — Fête locale le 1ᵉʳ janvier.

— Parmi les autres saints qui ont illustré ce nom, on relève **Fulgence,** évêque d'Ecija, en Espagne († v. 632). Frère des saints Léandre et Isidore de Séville, il est le patron de Carthagène. — Fête locale le 14 janvier.

FULRAD, abbé de Saint-Denis (en Alsace-Saint-Denis 784). Fils de riches propriétaires alsaciens, Fulrad entre au monastère bénédictin de Saint-Denis dont il devient abbé en 750. Il est le principal artisan de l'immense fortune immobilière de l'abbaye de Saint-Denis, tout en lui assurant les privilèges et immunités indispensables à son autonomie et à son rayonnement. Archichapelain du Palais, il donne son appui à l'action évangélisatrice et réformatrice de saint Boniface et joue ainsi un rôle important au sein de l'Église carolingienne. L'élévation de Pépin le Bref à la royauté doit aussi beaucoup à Fulrad, intermédiaire habituel entre le Palais et les papes Zacharie et Étienne II : celui-ci logea d'ailleurs à Saint-Denis. Quant à Charlemagne, c'est à Fulrad qu'il sera partiellement redevable de sa toute-puissance sur les Francs. — Fête locale le 17 février.

Jacques de Voragine, dans sa « légende dorée », a accrédité en Occident l'asser-
tion selon laquelle Georges aurait tué un monstre qui désolait la province de
Libye nommée Silène. Bois, XVIᵉ siècle. Musée Boucher de Perthes, Abbeville.

GABIN, martyr à Rome († 296). Selon la légende, Gabin était le frère du pape Caius* et un parent de Dioclétien. Sénateur converti au christianisme, il fut jeté en prison avec sa fille Suzanne*. Après le martyre de celle-ci, Gabin mourut de faim dans son cachot. — Fête locale le 19 février.
— Un autre **Gabin** fut martyr à Porto Torrès vers 130 (fête locale le 30 mai).

GABRIEL, archange. Gabriel est, avec Michel* et Raphaël*, l'un des trois êtres célestes, aux fonctions précises, à qui la Bible donne un nom propre. On le trouve sous les apparences humaines, près de Daniel; messager de Dieu, c'est lui qui annonce à Zacharie* la naissance de Jean-Baptiste* et à Marie* la naissance de Jésus. Aucune célébration en l'honneur de l'archange Gabriel n'est attestée avant le Xe s. Pie XII, en 1951, a fait de Gabriel le patron de toutes les activités relatives aux communications et de tous leurs techniciens et ouvriers. — Fête (avec Michel et Raphaël) le 29 septembre (ancienne fête le 24 mars).

GABRIEL dell'Addolorata, religieux passioniste (Assise 1838-Isola 1862). Issu d'une famille riche, François Possenti fait ses études chez les frères des Écoles chrétiennes, puis chez les Jésuites. Il mène la vie, assez frivole, des jeunes gens de son âge quand la mort de sa sœur, emportée par le choléra, réveille en lui un désir ancien d'entrer en religion. Le 21 septembre 1856, ayant brisé avec le monde, il revêt l'habit des passionistes et prend le nom de Gabriel dell'Addolorata. Il poursuit ses études et reçoit les ordres mineurs (1861); au scolasticat, il édifie son entourage par une recherche perpétuelle de la perfection et sa dévotion à la Vierge. A la veille de recevoir le sacerdoce, Gabriel est atteint de phtisie pulmonaire, maladie qui l'emporte à 24 ans. Il est béatifié par Pie X en 1908, canonisé par Benoît XV en 1920. Il est le patron des séminaristes, novices et scolastiques. — Fête locale le 27 février.

GABRIEL Lalemant, jésuite, martyr au Canada (Paris 1610-Saint Ignace, Canada, 1649). Il entre dans la Compagnie de Jésus en 1630; à ses vœux de religion, il obtient d'ajouter celui de se consacrer aux missions étrangères. Mais sa santé précaire le retient en France, où il enseigne en différents collèges. Ce n'est qu'en 1646 qu'il s'embarque pour le Québec. En 1648 il rejoint le P. Jean* de Brébeuf chez les Hurons. Avec lui il est pris par les Iroquois qui le torturent horriblement durant toute une nuit. Un Iroquois finit par lui fracasser le crâne. Il sera béatifié (1925) puis canonisé (1930) avec sept autres martyrs jésuites du Canada. — Fête locale le 26 septembre.
— Huit autres saints ou bienheureux s'appellent **Gabriel.**

GAÉTAN de Thienne, fondateur des Théatins (Vicence v. 1480-Naples 1547). Protonotaire apostolique à Rome (1505) avant d'être prêtre (1516), Gaétan se distingue par son zèle et sa charité; au

Transtévère, il participe à la fondation d'une « fraternité » destinée à secourir les pauvres. De retour à Vicence (1518), il devient recteur de Sainte-Marie-de-Malo : il y déploie des vertus qui font de lui un élément important de la réforme catholique au XVIᵉ s.

A Rome, où il revient en 1523, Gaétan fonde, avec Jean-Pierre Caraffa (le futur Paul IV), un institut de clercs réguliers, les Théatins, qui inspirera nombre de fondations semblables. En 1524, le Saint-Siège accorde l'institution canonique au nouvel ordre. Gaétan est supérieur général de 1527 à 1530, puis supérieur des maisons de Naples et de Venise. Revenu à Naples en 1543, il se dévoue au soulagement de la misère et à la réduction des factions. Il meurt le 7 août 1547. Béatifié en 1629, canonisé en 1671. — Fête le 8 août (anc. fête le 7 août).

GALL, moine en Helvétie († 646). La vie de ce saint est entourée d'obscurités et de légendes. On peut cependant retenir les éléments suivants. Originaire d'Irlande, Cellach (plus tard Gall) est l'un des douze moines qui accompagnent saint Colomban* sur le continent. Il l'aide à fonder les monastères de Luxeuil, d'Annegray, de Fontaines-lès-Luxeuil, puis il l'accompagne dans son exil jusqu'à Bregenz, sur les bords du lac de Constance. Plus tard, il se sépare de lui — peut-être parce que Colomban l'a réprimandé pour une désobéissance —, et va s'établir en ermite à l'ouest de Bregenz, près de la source de la rivière Steinach. On lui aurait offert l'abbatiat de Luxeuil et l'évêché de Constance. Parmi les légendes attachées à l'existence de saint Gall, il faut citer celle de l'ours, qui, une nuit, lui aurait apporté le bois dont il avait besoin. C'est pourquoi le saint est souvent représenté avec un ours; la ville de Saint-Gall, qui s'est développée autour de la célèbre abbaye élevée sur le site de l'ermitage du saint, porte aussi un ours dans ses armes. Le culte de saint Gall reste vivace en Suisse orientale, en Alsace et en Allemagne du Sud-Ouest. — Fête locale le 16 octobre. — Autre saint **Gall** : un évêque de Clermont († 551), honoré localement le 1ᵉʳ juillet.

GALMIER, moine à Lyon († v. 650). Originaire du Forez, il exerce la profession de serrurier à Lyon où on l'admire pour sa piété et sa charité. Admis au monastère de Saint-Just, Galmier reçoit le sous-diaconat mais, par humilité, refuse la prêtrise. Il sera enseveli dans l'église Saint-Just mais les huguenots, au XVIᵉ s., disperseront ses restes. Les ossements d'un de ses bras sont vénérés dans l'église de la ville qui porte son nom : Saint-Galmier (Loire). — Fête locale le 27 février.

GASPARD del Bufalo, fondateur des missionnaires du Précieux-Sang (Rome 1786-Albano 1836). Ce jeune chanoine romain connut l'exil en même temps que Pie VII, chassé de la Ville éternelle par Napoléon (1808). Il revint à Rome avec le pape, qui fit de lui un missionnaire. L'éloquence théâtrale et tonitruante de Gaspard fit des miracles dans la campagne romaine, privée de prêtres depuis des années. Pour l'aider dans son apostolat, il fonda l'Institut missionnaire des prêtres du Précieux-Sang. Gaspard donna sa dernière mission à Rome durant le choléra de 1836 et mourut dans les derniers jours de cette même année. Béatifié en 1904, canonisé en 1954. — Fête locale le 2 janvier.

— Cinq bienheureux **Gaspard** sont martyrs.

GASTON. V. *Vaast.*

GATIEN, premier évêque de Tours (IVᵉ s.). D'après Grégoire de Tours, Gatien aurait été l'un des sept évêques envoyés en Gaule par le pape Fabien, et aurait occupé le siège de Tours durant cinquante ans. — Fête locale le 18 décembre.

GÉLASE Iᵉʳ, pape de 492 à 496 († Rome 496). Originaire d'Afrique, membre du clergé romain, il est déjà célèbre sous les papes Simplicius et Félix III pour sa science éclairée. Successeur de Félix III le 1ᵉʳ mars 492, Gélase Iᵉʳ doit faire face aux Ostrogoths dont le roi, Théodoric, domine l'Italie, Gélase est affronté à d'autres difficultés : schisme d'Acace, opposition entre Rome et Constantinople, développement de l'hérésie pélagienne. Les nombreuses lettres que l'on conserve

de ce pape et les traités qui lui sont attribués témoignent de son activité théologique et disciplinaire. Ses positions christologiques sont celles du concile de Chalcédoine; contre les Pélagiens, il enseigne un augustinisme modéré; face à l'empereur et au patriarche de Constantinople, il développe la distinction des deux pouvoirs et le principe de la primauté pontificale. Si on a pu parler d'une véritable « Renaissance gélasienne » c'est que Gélase Iᵉʳ, par une série de mesures, restaura à Rome et dans l'Église la discipline. On lui a attribué un important document liturgique appelé « Sacramentaire gélasien ». — Fête locale le 21 novembre.
— Six autres saints ou bienheureux s'appellent **Gélase** ou **Gélasius.**

GEMMA Galgani, vierge italienne (Camigliano 1878-Lucques 1903). Orpheline, elle doit se placer comme servante chez un pharmacien de Lucques. Mais déjà sa piété est hors du commun et elle jouit bientôt d'extases fréquentes, participant d'une manière sensible, et par l'intermédiaire de stigmates et de sueurs de sang, aux douleurs du Christ dans sa Passion. Torturée par de terribles épreuves intérieures, Gemma les accepte en réparation pour les péchés des hommes. Son confesseur, un passioniste, le P. Germano di San Stanislao, sera son premier biographe. Béatifiée en 1933, canonisée en 1940. — Fête locale le 11 avril.

GENEVIÈVE, vierge, patronne de Paris (Nanterre v. 420-Paris v. 510). La *Vie de sainte Geneviève* fut probablement écrite par un contemporain, une vingtaine d'années après la mort de la sainte. Elle a provoqué de vives polémiques dans le monde de l'hagiographie, mais l'opinion actuelle est qu'il s'agit d'une œuvre de bonne foi, altérée par des retouches postérieures.
En tout cas, Geneviève n'était pas bergère, comme le veut une tradition tenace. Très tôt, elle mena la vie non cloîtrée des religieuses de son temps. Orpheline, elle vint chez sa marraine, à Paris, un Paris qui s'identifiait à peu près avec la grande île de la Seine. Un groupe de vierges se constitua autour d'elle. Très vite, cette femme intrépide apparut aux Parisiens comme l'instrument de Dieu : misères privées et malheurs publics la trouvèrent toujours prête à intervenir. Et pas seulement par des prodiges, dont l'écho parvint jusqu'en Orient, où Siméon Stylite se recommanda à ses prières, mais surtout par une action efficace et intelligente.

Quand Attila, en 451, paraît devant Troyes, après avoir anéanti Metz, Geneviève relève le courage des Parisiens, qui ne songent qu'à fuir. Elle réunit les femmes au baptistère de Saint-Jean-le-Rond et, leur rappelant les grands exemples de Judith et d'Esther, elle les invite à détourner le fléau des Huns à force de jeûnes et de prières. De fait, Attila se rabattit sur la Loire; bientôt, Francs et Gallo-Romains réunis l'obligeaient à quitter la Gaule. Mais Syagrius ayant rejeté les Francs au-delà de la Somme, ceux-ci menèrent de longues campagnes contre Paris. Ce fut encore Geneviève qui sauva la ville en allant, par voie d'eau, chercher du ravitaillement jusqu'à Troyes.

La reconnaissance des Parisiens suivit Geneviève par-delà la mort. La colline où reposait son corps finit par prendre son nom, et l'église qui se bâtit sur son tombeau devint le centre d'une des plus célèbres abbayes de l'ancien régime. Du haut de la « montagne Sainte-Geneviève », l'humble femme veillait toujours sur Paris. Et quand un nouveau fléau — Normands, peste ou Anglais — menaçait la ville, c'est elle qu'on allait encore chercher : sa châsse, qu'on promenait dans les rues ou qu'on exposait à la pointe de la Cité, face à l'ennemi, était le palladium des Parisiens. Il fallut le vandalisme des révolutionnaires pour mettre fin à cette présence permanente. Mais si les ossements de Geneviève furent brûlés en place de Grève, ses cendres jetées à la Seine et sa châsse portée à la Monnaie (novembre 1793), son culte se perpétua au sommet de « sa » montagne, en l'église Saint-Étienne-du-Mont, plus heureuse que la vieille abbaye Sainte-Geneviève, démolie de 1802 à 1807. Le Panthéon actuel fut église Sainte-Geneviève de 1789 à 1791,

de 1806 à 1830 et de 1851 à 1885.
— Fête locale le 3 janvier.
— C'est à tort que certains ont voulu faire une bienheureuse de Geneviève de Brabant, héroïne d'un conte célèbre.

GEOFFROY ou **GODEFROY,** évêque d'Amiens (région de Soissons v. 1065-Soissons 1115). Ordonné prêtre à Noyon (v. 1090), il est élu abbé de Nogent-sur-Coucy (1095) avant de devenir évêque d'Amiens (1104). Il assiste, en cette qualité, au concile de Vienne (1112) et se mêle au mouvement communal. Après un an de retraite à la Grande-Chartreuse, il revient à la tête de son diocèse. Au retour d'un concile tenu à Reims, il meurt en l'abbaye Saint-Crépin-de-Soissons. — Fête locale le 8 novembre.
— Quatre autres saints et bienheureux portent le même nom.

GEORGES, martyr († v. 303). Il y a un abîme entre la popularité de ce saint, que les Orientaux appellent le « grand martyr », et les éléments authentiques d'une biographie qui a été terriblement enfléc par la légende.
Il semble avéré — encore qu'on ne puisse s'appuyer sur aucun Acte authentique — que Georges subit le martyre à Lydda (Diospolis) en Palestine; le célèbre « pèlerin de Plaisance » (vie s.) y trouva son tombeau, assurant ainsi un fondement solide au culte d'un saint, que la légende seule aurait irrémédiablement compromis. Ce culte se répandit d'une manière exceptionnelle en Orient et aussi en Occident, tout particulièrement en Angleterre, où il était déjà connu au viiie s. Patron de la chevalerie et des armes, saint Georges allait devenir tout simplement le patron de l'Angleterre. Le fameux drapeau de saint Georges apparaît en 1284; le premier ordre anglais de chevalerie, l'ordre de la Jarretière, fut naturellement placé sous le patronage principal du saint (1347). Dès 1222, un concile national faisait de la Saint-Georges une fête d'obligation. La Réforme protestante conservera le nom de ce saint dans son calendrier. Par ailleurs, saint Georges appartient à la catégorie privilégiée des saints auxiliateurs.

Et cependant tous les détails pittoresques de sa « vie », ceux qui ont servi de base à son culte, sont légendaires. La légende a fait de Georges un Cappadocien noble et riche, un tribun héroïque de l'armée impériale, qui abat allègrement les idoles et détruit sans effort un dragon qui désole la Libye. Arrêté sous Dioclétien et par la faute d'un « empereur des Perses » Dadianus (que l'histoire ignore), Georges subit un martyre qui dura sept ans : il est vrai que cette interminable Passion fut heureusement coupée par trois résurrections, avant la mort définitive. — Fête le 23 avril.
— Dix-sept autres saints ou bienheureux portent ce nom. Il faut mentionner : **Georges Ier,** patriarche de Constantinople († 686), honoré localement le 18 août, et un évêque de Suelli († 1113), honoré localement le 22 avril.

GÉRARD, évêque de Toul († 924). Cellérier du chapitre de Saint-Pierre de Cologne, Gérard dut accepter, malgré son humilité, le siège épiscopal de Toul (963). Dans cette ville, il fit construire une nouvelle cathédrale et développa la vie monastique si l'on en croit son biographe Windric, abbé de Saint-Épore de Toul, sa vie fut un tissu de miracles. Sa réputation de sainteté était telle qu'il fut canonisé dès 1050, par Léon IX, lui-même ancien évêque de Toul. Les reliques de saint Gérard échappèrent aux destructions de la Révolution. — Fête locale le 23 avril.
— Autres saints et bienheureux portant ce nom : seize. Parmi eux : un abbé de la Grande-Sauve († 1095), honoré localement le 5 avril; le frère de saint Bernard, moine cistercien († 1177), honoré localement le 16 octobre, et un autre moine de Clairvaux († 1138), honoré localement le 14 juin.

GÉRARD Majella, novice rédemptoriste (Muro Lucano, royaume de Naples, 1726-Caposele 1755). Fils d'un modeste tailleur, il est, après la mort de son père, mis en apprentissage. Il tente de se faire capucin, mais on le trouve trop débile pour affronter la vie religieuse. Après avoir cherché sa voie en d'autres directions, il est admis dans la congrégation du Très-Saint-

Rédempteur, que vient de fonder saint Alphonse* de Liguori. Novice en 1749, Gérard fait profession en 1752 comme frère convers. Dès lors, sa vie se remplit de faits merveilleux, extases, prophéties, miracles, conversions éclatantes. Calomnié par une femme, il est sur le point d'être chassé de la communauté, mais il souffre l'injustice en silence.

Béatifié en 1893, il sera canonisé en 1904. — Fête locale le 13 octobre (ancienne fête le 16 octobre).

GÉRARDIN Sostegni. V. *Sept fondateurs de l'ordre des Servites.*

GERMAIN, évêque d'Auxerre (Auxerre v. 378-Ravenne 448). D'origine noble, Germain se marie et devient un haut fonctionnaire de l'empire. Ses vertus le font désigner, en 418, pour succéder à saint Amâtre sur le siège d'Auxerre. Ce grand prélat se montre le père et le protecteur de son troupeau, qu'il défend contre les impôts excessifs et les invasions barbares. C'est lui qui encourage la vocation de sainte Geneviève*. Germain participe activement au développement de l'Église de Grande-Bretagne. Délégué, dans la grande île, du pape Célestin 1er, il soutient la résistance des Bretons contre les Angles et les Saxons (429-430). Au cours d'un second voyage, il favorise la vie religieuse en Grande-Bretagne tout en y combattant le pélagianisme. Il confère la consécration épiscopale à Patrick*, l'apôtre des Irlandais.

Germain meurt à Ravenne, au cours d'une mission; son corps est ramené à Auxerre. Son tombeau devient très vite un lieu de pèlerinage; un monastère est établi à proximité, qui deviendra un important centre culturel. Plus de 120 communes de France portent le nom de saint Germain. — Fête locale le 31 juillet.

GERMAIN, évêque de Paris († 576). Nous connaissons surtout ce saint par son ami et biographe, le poète Fortunat. Originaire de l'Autunois, Germain reçoit les ordres sacrés avant de diriger à Autun le monas-tère de Saint-Symphorien. Vers 556, il est appelé à remplacer, sur le siège de Paris, l'évêque défunt Libanus. Son austérité ne manque pas d'être parfois gênante pour son entourage. Cet évêque a surtout attaché son nom à la fondation du célèbre monastère parisien de Saint-Germain-des-Prés : pour le peupler, Germain fait appel à des moines de Saint-Symphorien d'Autun. C'est en 558 qu'il consacre la basilique. Mort octogénaire, Germain est enterré dans l'abbaye au VIIIe s. Son corps est transféré dans l'église qui va désormais garder son nom. — Fête locale le 28 mai.

— Autres saints et bienheureux du même nom : quinze, dont un patriarche de Constantinople († 773), honoré localement le 12 mai.

GERMAINE Cousin, vierge (Pibrac, près Toulouse, v. 1579-*id.* 1601). Fille d'un modeste fermier, Germaine, qui est chétive, souffre terriblement de son entourage, et notamment du comportement de la deuxième ou troisième femme de son père, Laurent Cousin, à moins que ce ne soit de l'épouse de son frère aîné. Dès l'âge de neuf ans, on oblige Germaine, par tous les temps, à garder les troupeaux. A la maison, elle doit se contenter d'un réduit. Sa grande piété la fait surnommer « la bigote »; mais aux railleries elle répond par des gestes charitables, partageant le peu qu'elle a avec les petits bergers. Deux miracles font taire les méchantes langues : un jour, on voit Germaine traverser un ruisseau sans mouiller sa robe; une autre fois, soupçonnée d'emporter tout le pain de la famille pour le distribuer aux pauvres, elle ouvre son tablier d'où tombent des fleurs printanières.

La petite paysanne est trouvée morte sous un escalier, au petit jour, le 15 juin 1601. On l'ensevelit dans l'église. Exhumé en 1644, son corps est retrouvé intact; on l'entoure d'un culte provoqué par des miracles. Cependant, Germaine Cousin ne sera béatifiée qu'en 1854, et elle sera canonisée en 1867. On vénère ses reliques en l'église de Pibrac. Elle est la patronne de la Jeunesse agricole chrétienne féminine. — Fête locale le 15 juin.

— Les trois autres saintes qui portent le nom de **Germaine** sont des martyres des premiers siècles.

GERTRUDE la Grande, moniale de Helfta (v. 1256-Helfta, Saxe, 1301 ou 1302). A cinq ans, Gertrude entre à l'abbaye cistercienne de Helfta, près d'Eisleben. Elle y reçoit, sous la direction de sainte Mechtilde* de Hackeborn, sa confidente, une forte culture littéraire et théologique. Souvent malade, Gertrude est favorisée de faveurs mystiques, qu'elle consigne, à partir de 1289, en différents écrits, dont les principaux sont : le *Livre de la grâce spéciale,* le *Livre de la divine piété* et des *Exercices* de piété, dont on a extrait d'admirables prières. Gertrude y raconte ses visions (la première eut lieu le 27 janvier 1281) et ses révélations; elle y révèle les dons spéciaux dont elle jouit (transverbération, stigmates, embrassement du Christ crucifié). A côté d'exagérations manifestes, liées à une grande affectivité, on y découvre une doctrine morale extrêmement riche, dans la perspective des grands mystères chrétiens et de la spiritualité cistercienne. Ces œuvres, écrites en latin, furent traduites dans les principales langues européennes à partir du XIVe s.
Le culte de sainte Gertrude, très ancien, n'a été officialisé qu'au XVIIe s. Elle est la patronne des Indes occidentales. — Fête le 16 novembre.
— Autres saintes et bienheureuses de ce nom : cinq, dont une abbesse de Nivelle (626-659), fille de Pépin de Landen, honorée localement le 17 mars.

GERVAIS et **PROTAIS,** martyrs à Milan (IVe s.). En 386, saint Ambroise fit l'invention de ces deux martyrs, passés au rang des plus illustres, d'inconnus qu'ils étaient la veille. Augustin, qui était alors à Milan, parle beaucoup de Gervais et Protais dans ses écrits : il les présente comme des modèles. On ne sait rien, par ailleurs, sur ces deux saints, du moins rien de sûr, car la légende, comme toujours, s'est empressée de suppléer l'histoire. Ce qui n'empêcha pas le culte de Gervais et Protais de se répandre dans tout l'Occident : ils eurent leur église à Milan, à Rome, à Paris. — Fête locale le 19 juin.
— Autres saints et bienheureux s'appelant aussi **Gervais :** cinq.

GÉRY, évêque de Cambrai († v. 625). Gaugericus (Géry), qui vivait à Yvois, en Ardenne, fut remarqué par l'évêque de Trèves, qui l'ordonna diacre. Géry exerça d'abord son apostolat à Yvois, avant d'être élu évêque de Cambrai; il fut sacré par l'archevêque de Reims, entre 584 et 590. A cette époque, Cambrai avait déjà une population chrétienne importante; l'évêque lui donna tous ses soins, appuyant son action par des miracles. Il assista au concile de Paris de 614. Son culte se répandit largement dans les pays du nord de la France et aux Pays-Bas. — Fête locale le 11 août.

GILBERT, seigneur de Sempringham († Sempringham, Angleterre, 1189). Fils d'un soldat normand, qui, lors de la conquête de l'Angleterre, avait reçu du roi Guillaume la seigneurie de Sempringham, Gilbert y fait ses études; l'évêque de Lincoln l'ordonne prêtre. A la mort de son père, Gilbert devient seigneur de Sempringham : sur ses terres, il fonde un monastère de moniales (1131), puis un monastère d'hommes (1147), auxquels il donne un règlement particulier : ces fondations forment le noyau de l'ordre spécifiquement anglais des Gilbertins, qui, en 1154 déjà, comptera une dizaine de monastères (il sera supprimé par Henry VIII en 1538). Gilbert, ami connu de Thomas* Becket, souffre de la persécution dont celui-ci est victime : il connaît même la prison. Innocent III le canonisera dès 1202. — Fête locale le 4 février.
— Six autres bienheureux ou saints portent le nom de Gilbert, dont : **Gilbert,** abbé de Neuffonts, mort en 1152 (fête locale le 6 juin), et **Gilbert,** abbé de Cîteaux de 1163 à 1168 (fête locale le 17 octobre).

GILDAS, dit **le Sage,** abbé de Rhuys (en Grande-Bretagne, fin du Ve s.-île d'Houat 570). Fils d'un seigneur de Grande-Bretagne, il vient, vers vingt ans, sur le continent, où il est fait prêtre. Il prêche

dans son pays natal puis en Irlande; avec deux autres prêtres, Cadoc et David, il compose un livre liturgique à l'usage des églises celtes. Revenu en Armorique il s'installe dans l'île de Houat, près de Belle-Ile; mais les disciples affluent et Gildas bâtit un monastère dans la presqu'île de Rhuys; de là il rayonne sur la Bretagne dont il est un des principaux évangélisateurs. On a de lui plusieurs écrits dont : *De excidio Britanniae,* livre d'Histoire qui révèle une âme d'apôtre inflexible.
— Fête locale le 29 janvier.

GILLES, abbé près de Nîmes (vi^e ou viiie s.). Paradoxe d'un saint qui est parmi les plus populaires du Moyen Age : nous ne savons rien de précis sur lui, ou plutôt sa Vie, qui n'a été composée qu'au xe s., n'est qu'un tissu de légendes et de prodiges. L'une de ces légendes appartient à l'un des thèmes narratifs les plus fréquents dans la vie des saints : celui du cerf ou de la biche miraculeuse qui tenait compagnie à Gilles, alors ermite dans une forêt. En réalité, la réputation de saint Gilles est liée à celle de l'abbaye qui porta son nom, et qui fut bâtie sur son tombeau, à proximité du petit Rhône et sur la route des grands pèlerinages de Rome et de Compostelle. — Fête locale le 1er septembre.
— Autres saints et bienheureux portant ce nom : cinq, dont le bienheureux **Gilles** ou **Égide,** franciscain d'Assise († 1272), honoré localement le 23 avril.

GOBAIN, martyr près de Laon († 670). La tradition veut que Gobain, prêtre irlandais, soit passé sur le continent et se soit établi dans un ermitage forestier, près de la Fère; là devait s'élever plus tard la ville de Saint-Gobain; le terrain aurait été donné à l'ermite par le roi. Gobain aurait été décapité par des envahisseurs germains. Il se peut que le patronyme de Saint-Gobain ait une autre origine. — Fête locale le 20 juin.

GONTRAN, roi de Bourgogne († 592). Le royaume mérovingien de Bourgogne est né en 561 de l'arrangement conclu par les quatre fils de Clotaire Ier; il fut attribué au deuxième d'entre eux, Gontran.
Comme tous les membres de sa dynastie, Gontran aime le plaisir et la violence; ses efforts tendront à rapprocher sa vie des exigences évangéliques. Dans son partage a été inclus Orléans, sa première capitale, que le roi délaisse pour Chalon-sur-Saône. Il dote magnifiquement les évêchés et les abbayes de son royaume, et reconstruit l'abbaye d'Agaune, dont il semble avoir voulu faire une abbaye mère. Gontran crée l'évêché de Maurienne (579) et envoie des colonies monastiques dans le Jura. C'est lui qui donnera à saint Colomban* la villa ruinée de Luxeuil. Par ailleurs, le roi de Bourgogne défend la doctrine orthodoxe, provoquant la réunion de plusieurs conciles (Lyon, Mâcon, Valence, Chalon). Selon une légende médiévale, Gontran serait mort moine à Saint-Marcel-lès-Chalon.
Dès le viie s., le culte de saint Gontran était très enraciné en Bourgogne. La restauration de son tombeau, au xve s., sera marquée par la recrudescence de ce culte, répandu dans plusieurs diocèses de l'ancien royaume de Gontran. — Fête locale le 28 mars.

GRÉGOIRE, évêque de Nysse (Césarée du Pont v. 335-Nysse v. 395). Fils de saint Basile l'Ancien et frère de saint Basile* le Grand, il exerce d'abord les fonctions de rhéteur. Passionné de sophistique, il abandonne l'état ecclésiastique au niveau du lectorat, se marie et professe la rhétorique. Puis, sous l'influence de sa famille et de saint Grégoire de Nazianze, il change de voie et s'initie à la vie monastique (362). Dix ans plus tard, son frère Basile vient l'arracher à sa solitude et en fait l'évêque de Nysse, petite ville de Cappadoce. Basile étant mort, Grégoire s'efforce de le remplacer comme défenseur de la foi catholique; il y réussit dans la mesure de ses moyens et, lors du concile œcuménique de Constantinople en 381, il est salué comme « colonne de l'orthodoxie ». Il apparaît encore au concile de 394.
En fait, Grégoire de Nysse est aussi mystique que théologien; la transcen-

dance de Dieu est l'aspect le plus accusé de sa doctrine. Son œuvre littéraire est très considérable : elle touche à l'exégèse, à la spiritualité *(De virginitate)*, à la théologie christologique et trinitaire *(Contra Eunomium, Discours catéchétique)*. On a aussi de lui une *Vie de sainte Macrine*, sa sœur, et un ensemble de lettres dont la principale traite de la discipline pénitentielle. — Fête locale le 9 mars.

GRÉGOIRE Ier le Grand, pape de 590 à 604 (Rome v. 540-*id.* 604). D'origine patricienne, arrière petit-fils du pape Félix III († 492), Grégoire accède très jeune aux plus hautes charges administratives : il est notamment *praefectus urbi* de Rome. Et puis, mais non sans avoir hésité, il renonce au monde, vend ses biens et se fait moine, établissant chez lui un monastère bénédictin dédié à saint André* et approfondissant sa culture biblique et patriotique. En Sicile, dans ses domaines, il fonde six autres communautés.

Diacre (579), apocrisiaire à Constantinople du pape Pélage II, Grégoire réside six ans dans la capitale de l'Orient; il s'initie au grec et à la théologie, tout en nouant de solides amitiés, dont celle de Léandre* de Séville. Il réintègre son couvent romain jusqu'au 3 septembre 590, date de son élection comme pape; effrayé, c'est en vain qu'il essaie d'éluder la charge de la chrétienté. Car le clergé et le peuple de Rome, affolés par l'état misérable de l'Italie, tiennent à l'avoir pour pape. A la sainteté du moine, Grégoire joint l'expérience du diplomate et de l'administrateur. Il va servir la cité terrestre en vue de bâtir la Cité de Dieu. Évêque de Rome, il prend en charge ou contrôle les fonctions civiles, surtout celles qui ont trait à l'assistance et à l'éducation; il donne en même temps ses soins à la prédication, qu'il veut pratique. Le temps est alors moins aux docteurs qu'aux pasteurs : le *Traité de pastorale* de Grégoire Ier fera autorité. Au-delà de Rome et du « Patrimoine de saint Pierre », qu'il administre sagement, Grégoire se substitue à l'exarque pour traiter avec les Lombards; sa correspondance — on a de lui 848 lettres — révèle que rien, dans la vie de la chrétienté, ne le laisse indifférent.

Tournant le dos à Byzance, il met son espoir dans les jeunes peuples germaniques : les Francs, les Lombards, dont il obtient une trêve plusieurs fois renouvelée, et qu'il prépare patiemment à la conversion, et aussi les Angles, qu'il chérit entre tous et auxquels il envoie des moines romains conduits par Augustin, qui se fixe à Canterbury. Bientôt, l'Église anglo-saxonne rayonnera à son tour sur le continent. « Consul de Dieu » : ainsi dénomme Grégoire Ier l'auteur inconnu de son épitaphe. Mais celui qui se veut le pédagogue de l'Occident, encore barbare, refuse au patriarche de Constantinople le droit de se nommer « patriarche œcuménique »; lui-même se croit indigne de le porter et se contente du titre de *servus servorum Dei* (le serviteur des serviteurs de Dieu).

Outre les lettres, on a de lui des *Homélies*, des *Dialogues*. Sa doctrine est moins théologique que morale; car Grégoire, resté moine jusqu'au fond du cœur, a été avant tout un maître de la vie spirituelle. De plus, il a attaché son nom à une importante cause liturgique, mais c'est indûment qu'on lui a attribué le chant dit grégorien. L'adjectif *grégorien* vient d'une erreur d'attribution à Grégoire Ier qui, lui, utilisait un répertoire dit aujourd'hui « vieux romain », disparu définitivement au cours du XIVe s. — Fête le 3 septembre (ancienne fête le 12 mars).

GRÉGOIRE, dit l'Illuminateur, apôtre de l'Arménie (v. 240-v. 326). Son père fut le meurtrier du roi d'Arménie Khosro Ier. Grégoire, dont la famille est alors décimée par représailles, échappe difficilement à la mort. Il est élevé chrétiennement à Césarée de Cappadoce. De retour en Arménie, il travaille à l'évangélisation du pays et convertit le roi Tiridate. Il est consacré évêque avant de consacrer lui-même ses deux fils, à qui il confie le gouvernement de l'Église arménienne; puis il se retire dans la solitude. — Fête locale le 30 septembre.

GRÉGOIRE de Nazianze, patriarche de Constantinople, docteur de l'Église (Arianze, près de Nazianze, Cappadoce, v. 330-*id.* v. 390). Fils de saint Grégoire l'Ancien et de sainte Nonna, frère de saint Césaire et de sainte Gorgonie, Grégoire fait ses études à Césarée, puis à Alexandrie et à Athènes, où il se lie d'amitié avec saint Basile*.

Malgré son goût pour la retraite, il doit, en 361, se laisser ordonner prêtre par son père, devenu évêque de Nazianze. Néanmoins Grégoire s'enfuit près de Basile, qui, en 370, devient évêque de Césarée. Pour conserver contre l'évêque de Tyane sa juridiction métropolitaine, Basile fait de Grégoire un évêque de Sasima (372); mais, effrayé, celui-ci s'enfuit encore. Cependant, à la mort de son père (374), il gère provisoirement l'Église de Nazianze. Le successeur tardant à arriver, il se réfugie dans un monastère d'Isaurie. Nommé évêque de Constantinople en 378, pour y rétablir le catholicisme aux dépens des ariens longtemps soutenus par Valens († 378), Grégoire y prononce d'admirables homélies sur la Trinité, qui lui vaudront le titre de « théologien ». Le nouvel évêque, rapidement, doit faire face aux menées ariennes et aussi aux intrigues d'un rival, Maxime, que l'empereur Théodose finit par évincer. Par la suite, des prélats d'Égypte et de Macédoine contesteront l'élection de Grégoire. Excédé, celui-ci démissionne dès 381 et rentre en Cappadoce. Il meurt dans sa ville natale.

Ame assoiffée de contemplation, Grégoire de Nazianze a laissé des discours théologiques, des lettres et des poèmes, qui fixent admirablement les dogmes trinitaire et christologique et mériteront à leur auteur d'être reconnu docteur de l'Église. — Fête le 2 janvier, avec saint Basile (ancienne fête le 9 mai).

GRÉGOIRE le Thaumaturge, évêque de Néocésarée (Néocésarée v. 213-† v. 270). Théodore reçut le nom de Grégoire après son baptême. Avec son frère saint Orthénodore, il s'installa à Césarée de Palestine, où ils rencontrèrent Origène, qui fut leur maître durant cinq ans. En 238, Grégoire devint évêque de sa ville natale. L'influence du prélat fut incontestablement appuyée par une série impressionnante de miracles qui lui valut le surnom de *Thaumaturge*. Grégoire semble avoir traversé sans encombre la persécution de Dèce (250); il prit part au concile d'Antioche (v. 265). Il mourut probablement sous Aurélien. On a de lui plusieurs ouvrages de théologie, notamment un symbole *trinitaire*. — Fête locale le 19 novembre (ancienne fête le 17 novembre).

GRÉGOIRE de Tours, évêque et historien (Clermont 538 ou 539-Tours v. 594). Membre d'une famille sénatoriale apparentée aux plus illustres familles de la Gaule, Grégoire est ordonné diacre en 563; en 573, il succède à l'évêque de Tours Euphronius, son cousin. Placé dans l'obédience de Sigebert, roi de Reims, puis de Chilpéric, roi de Soissons, et de Gontran, roi de Bourgogne, et pris dans leurs violentes querelles, Grégoire négocie, à la requête de Childebert II, roi d'Austrasie, le traité d'Andelot (587) avec Gontran. Évêque, il a le souci de défendre les droits de l'Église contre les violences de l'époque et de faire respecter le droit d'asile, même contre le roi Chilpéric, à qui il refuse de livrer Mérovée et Brunehaut, réfugiés à Saint-Martin. Il est le seul évêque qui ose prendre la défense de Prétextat* de Rouen. Simultanément, il s'emploie à convertir les ariens et les juifs, à restaurer les biens et les édifices de l'Église, à développer l'exercice du culte dans son diocèse.

Grégoire connaît médiocrement le latin, mais, esprit observateur et regrettant l'abandon des lettres par ses contemporains, il écrit divers ouvrages hagiographiques, tels *De Virtutibus sancti Martini* (574-594) et *De gloria martyrum* (586). Mais son œuvre la plus importante et la plus célèbre reste les dix livres de son *Historia ecclesiastica Francorum (Histoire des Francs)*, travail essentiel pour la connaissance de la société mérovingienne jusqu'à la mort de Sigebert. — Fête locale le 17 novembre.

GRÉGOIRE VII (Soano, Toscane, entre 1015 et 1020-Salerne 1085), pape de 1073 à 1085. Moine chez son oncle, abbé de Sainte-Marie-de-l'Aventin, Hildebrand est fait sous-diacre par Léon IX*, qui le charge d'une légation en Gaule (1053). Cardinal sous Victor II, il combat l'hérésie de Bérenger de Tours. En 1058, il assure, avec l'appui de l'impératrice Agnès et du marquis Godefroy de Lorraine, l'élection de Nicolas II, qui le nomme archidiacre de l'Église romaine, et auquel il inspire le décret réservant aux cardinaux l'élection pontificale (1059).

Conseiller d'Alexandre II (1061-1073), Hildebrand est élu pape par la volonté du peuple, le 22 avril 1073; il prend le nom de Grégoire VII. N'étant encore que diacre, il reçoit l'ordination sacerdotale (22 mai), et il est sacré évêque de Rome le 30 juin. Grégoire VII' se propose de mener à bien la réforme ecclésiastique, mais aussi de réaliser un idéal qui ressemble à la théocratie (« le pape est maître de déposer les empereurs »). Dès 1074, il fait condamner par le concile de Rome la simonie, le trafic des bénéfices, le mariage des prêtres et la dissolution des mœurs ecclésiastiques. Mais ses légats rencontrent les plus vives résistances, surtout en Allemagne. Grégoire rédige alors 27 décisions, réunies sous le titre de *Dictatus papae,* en vue de libérer l'Église de toute dépendance laïque. Le concile de Rome de 1075 défend à un seigneur, sous peine d'excommunication, de conférer l'investiture religieuse à un ecclésiastique comme il condamne toute atteinte à la liberté des élections épiscopales. La non-soumission de l'empereur Henri IV à ces décisions provoque la querelle des Investitures.

Rappelé à l'ordre, Henri IV fait déposer le pape par un concile réuni à Worms (24 janvier 1076). Grégoire VII l'excommunie et délie ses vassaux de leur serment. Devant la révolte de ses barons, l'empereur, après avoir écrit une lettre de repentir, la *Promissio,* vient implorer le pardon au château de Canossa en Toscane (janvier 1077). Mais il rétablit son pouvoir et, oublieux de ses promesses, est déposé par le pape (mars 1080). Il répond en faisant désigner comme antipape l'archevêque de Ravenne, Guibert (Clément III), qu'il vient installer à Rome (mars 1084). Grégoire VII, retranché dans le château Saint-Ange, est délivré par Robert Guiscard, mais les violences de ce dernier exaspèrent

les Romains, et Grégoire doit se retirer à Salerne, où il mourra. Grégoire VII s'est activement occupé de la religion (recommandation d'une fréquente communion, invitation aux chanoines de vivre en moines), et il a songé, en 1078, à vivre en moine.

Ses *Lettres,* dont l'authenticité n'est plus contestée, formulent sa doctrine et témoignent de l'énergie, de la piété, de la charité de ce pape, canonisé en 1606. — Fête le 25 mai.

— Autres saints et bienheureux portant le nom de **Grégoire :** vingt et un, dont **Grégoire II,** pape de 715 à 731 (fête locale le 11 février); **Grégoire III,** pape de 731 à 741 (fête locale le 10 décembre); **Grégoire X,** pape de 1271 à 1276 (fête locale le 10 janvier).

GUDULE, vierge, patronne de Bruxelles (VIIe s.). Cette Brabançonne de haut lignage est élevée en l'abbaye de Nivelles, encore tout embaumée des vertus de sainte Gertrude*. Rentrée chez ses parents, elle devient la providence des malheureux et un exemple constant de patience, et aussi de courage, car le démon l'éprouve souvent. Elle meurt après une courte maladie, on ignore quelle année; on sait seulement qu'elle est enterrée un 8 janvier. Son corps est transféré par la suite à Moorsel, où se fondera une communauté de moniales; à la fin du Xe s., Charles de France, duc de Basse-Lotharingie, fait transporter les reliques à Bruxelles; en 1047, Lambert II Balderic, comte de Louvain et Bruxelles, les reçoit dans l'église bruxelloise qu'il a fait construire en l'honneur de saint Michel, à l'emplacement de l'actuelle cathédrale Saints-Michel-et-Gudule. Elles disparaissent, en 1579, durant les guerres de Religion. — Fête locale le 8 janvier.

GUENNOLÉ ou **GUÉNOLÉ,** fondateur de Landévennec († v. 530). De la vie de ce saint, très populaire en Bretagne, beaucoup de détails sont ignorés. Guennolé naît probablement de parents établis depuis peu en Armorique. Élève de Budoc, chef du monastère de l'île Lavré, près de Bréhat, il devient très jeune célèbre par l'exercice de vertus extraordinaires et par des miracles.

La renommée de saint Patrick*, mort récemment, semble l'attirer en Irlande. Mais, dans une vision, le saint lui fait comprendre que sa mission est de rester sur le continent. Avec quelques moines, Guennolé s'établit alors dans une île nommée Topepig, au fond de la rade de Brest, puis sur la côte : ils fondent un monastère destiné à une grande renommée sur le territoire de Landévennec (485). C'est là que les reliques de Guennolé seront vénérées jusqu'à la destruction de l'abbaye en 1793. — Fête locale le 4 mars.

GUÉRIN, évêque de Sion en Valais (Pont-à-Mousson 1065-Notre Dame d'Aulps 1150). Disciple de saint Robert* de Molesme, Guérin fut envoyé en Savoie avec trois compagnons pour fonder un monastère. Ils se fixèrent dans la vallée d'Aulps : là s'éleva un monastère — Notre-Dame d'Aulps — dont Guérin fut le deuxième abbé et qui essaima à la Hautecombe. Vers 1136, Guérin affilia son abbaye à l'ordre de Cîteaux : saint Bernard la visita et l'on a de lui une lettre où il félicite Guérin pour le bon ordre de son monastère.

En 1138, malgré sa résistance, Guérin dut accepter le siège épiscopal de Sion, en Valais : il y déploya une grande activité. Cependant Dieu exauça son vœu secret : c'est à Notre-Dame d'Aulps, dans sa cellule de moine, où il se reposait, que la mort le trouva. C'est dans l'église de son monastère qu'on l'inhuma. Les habitants de Saint-Jean-d'Aulps entourèrent de vénération, durant des siècles, les reliques de saint Guérin. Depuis la fin du xixe s. elles se trouvent dans l'église de Plan d'Avau. — Fête locale le 6 janvier.

— Un autre saint **Guérin** († 1159), évêque de Préneste, est fêté localement le 6 février.

GUI ou **GUY,** martyr en Lucanie (ive s.). Fils d'Hylas, riche païen de Sicile, Gui aurait eu pour précepteurs des chrétiens, Crescence et Modeste : ce dernier fit baptiser l'enfant à l'insu du père. Le gouverneur Valérien invita Hylas à faire apostasier son fils : peine perdue. L'enfant fut à plusieurs

reprises supplicié et sauvé miraculeusement, avant d'être martyrisé, avec Modeste et Crescence. Le culte de saint Gui se répandit surtout en Allemagne. Très populaire au Moyen Age, saint Gui fait partie des saints auxiliateurs : on l'invoque contre l'agitation nerveuse dite *danse de Saint-Gui* ou *chorée*. — Fête locale le 15 juin.

GUY ou **GUI** ou **GUIDON,** sacristain († Anderlecht, v. 1012). Issu de paysans brabançons, il se fit sacristain à Laeken, près de Bruxelles. Tenté par le commerce, il se ruina ; pénitent et pèlerin à Jérusalem, il revint mourir à Anderlecht. Sa tombe, longtemps négligée, fut signalée à l'attention des paysans par le comportement bizarre des bêtes qui la foulaient. Et elle devint tout naturellement un lieu de pèlerinage. Le culte du saint s'amplifia et devint un élément pittoresque du folklore brabançon. Saint Guy est le protecteur naturel des sacristains, mais aussi celui des laboureurs, des cochers et des carrossiers. — Fête locale le 12 septembre.

— Autres saints ou bienheureux portant le même nom : huit, dont un abbé de Casauria († 1045), honoré localement le 23 novembre.

GUILLAUME de Bourges (Nevers, 1re moitié du xiie s.-Bourges 1209). Ce gentilhomme de grande famille, à qui tout sourit, et qui, dès l'adolescence, est pourvu d'un riche canonicat parisien, se retire soudain dans la solitude de Grandmont, au diocèse de Limoges. Il n'y trouve qu'une paix relative, si bien qu'il entre dans l'ordre de Cîteaux, à Pontigny. Prieur claustral de cette abbaye, il est ensuite élu abbé de Fontaine-Saint-Jean, au diocèse de Sens, puis, en 1187, abbé de Chaalis au diocèse de Senlis. L'incroyable austérité dont il donne l'exemple est tempérée par une inaltérable douceur et une perpétuelle gaieté.

En 1200, Guillaume est désigné pour remplacer Henri de Sully sur le siège archiépiscopal de Bourges : il ne faut rien moins que l'injonction de l'abbé de Cîteaux et du légat du Saint-Siège pour qu'il accepte. D'ailleurs, il mène, comme archevêque, une vie très proche de la règle cistercienne; mais si, par exemple, il s'interdit l'usage de la viande, il n'en prive pas ses hôtes. Guillaume ayant appliqué dans son diocèse la sentence d'interdiction lancée par Innocent III contre le royaume de Philippe Auguste, en punition de la répudiation de la reine Ingelburge, l'archevêque doit essuyer les rebuffades du roi. Il songe à partir évangéliser les cathares quand il meurt, le 10 janvier 1209. Dès 1218, Honorius III le canonise. La majeure partie de ses reliques seront brûlées par les calvinistes. — Fête locale le 10 janvier.

— Autres saints et bienheureux du même nom : cinquante. Parmi eux : **Guillaume** († 1142), abbé de Montevergine (fête locale le 25 juin), et le bienheureux **Guillaume Tempier** († 1197), évêque de Poitiers (fête locale le 29 mars).

Phot. Le Thomas

La légende bretonne du saint aveugle veut qu'un jour un loup dévora l'âne avec lequel il labourait; sur l'injonction d'Hervé, le loup vint prendre la place de l'âne et acheva le travail. **Chapelle Saint-Georges, Meslan.**

HEDWIGE ou **HEDVIGE,** duchesse de Silésie (1174-1243). Fille d'un comte bavarois, Hedwige épousa en 1186 le duc de Silésie Henri Ier; ils eurent six enfants. A partir de 1209, Hedwige se retira en l'abbaye cistercienne de Trebnitz, qu'elle avait fondée. Après la mort de son époux (1238), la duchesse revêtit l'habit cistercien, sans d'ailleurs prononcer des vœux; elle vécut auprès de la communauté de Trebnitz, dirigée par sa fille Gertrude. Ses restes sont vénérés en l'église de Trebnitz. Clément IV la canonisa en 1267. — Fête le 16 octobre.
— Deux autres saintes, toutes deux abbesses, portent aussi le nom d'**Hedwige.**

HÉLÈNE, impératrice (v. 255 en Bithynie-Nicomédie 327 ou 328). De condition très modeste, Hélène fut remarquée par l'empereur Constance Chlore qui en fit sa concubine : de cette union naquit le futur empereur Constantin le Grand (entre 270 et 274), mais Constance Chlore se sépara d'Hélène en 292. Devenu empereur (306), Constantin combla sa mère, qui, proclamée *Augusta*, vit son nom gravé sur les monnaies. Convertie au christianisme, probablement sous l'influence de son fils, Hélène entreprit un long voyage en Orient et notamment aux Lieux saints, où elle fonda des basiliques. Une tradition tardive, mais très populaire, lui attribue la découverte de la vraie Croix. Hélène mourut à Nicomédie; ses restes, amenés de Constantinople à Rome, auraient été transférés au IXe s. en l'abbaye champenoise d'Haut-

villers d'où son culte se répandit partout en Occident. — Fête locale le 18 août.
— Autres saintes et bienheureuses portant ce nom : huit.

HENRI, empereur germanique (Abbach, Bavière 973-Grona, près de Göttingen 1024). Duc de Bavière, Henri dit le Boiteux, est couronné roi de Germanie (1002), puis roi d'Italie (1004). En 1014, il est fait empereur à Rome sous le nom d'Henri II. Se considérant comme responsable de la foi de ses sujets, il contrôle les mœurs du clergé, favorise le monachisme, mais maintient la suprématie de l'État sur l'Église. Après des luttes incessantes avec le duc de Pologne Boleslas Ier, il perd la Lusace et doit accepter l'indépendance de fait de la Pologne. D'accord avec son épouse, sainte Cunégonde*, Henri II crée l'archevêché de Bamberg; c'est d'ailleurs dans la cathédrale de Bamberg qu'il repose. Il a été proclamé patron des oblats bénédictins. Canonisé en 1146. — Fête le 13 juillet (ancienne fête le 15 juillet).
— Autres saints et bienheureux portant le même nom : huit, dont un évêque d'Uppsal, martyrisé v. 1157 (fête locale le 19 janvier), et le bienheureux **Henri Suso,** dominicain et mystique († 1366), honoré localement le 2 mars.

HERMÉNÉGILD, prince wisigoth († Tarragone 586). Herménégild est fils de Liuvigild, roi des Wisigoths, de religion arienne, et de Théodosie, une catholique. Après la mort de cette dernière, Liuvigild épouse Goswinde, une arienne, qui persécute Herménégild. Liuvigild, pour éloigner son fils, l'envoie gouverner Séville : là, sous l'évêque Léandre, Herménégild passe au catholicisme. Devenu le chef des nobles mécontents, il s'allie aux Byzantins, si bien que Liuvigild fait le siège de Séville et s'en empare. Herménégild est emprisonné et exécuté.

Grégoire le Grand a fait d'Herménégild un martyr; or, les historiographes du temps ne soufflent mot de sa mort pour la foi; ils sont même presque tous muets sur sa conversion. Cependant, c'est la thèse de Grégoire le Grand qui inspira les martyrologes, si bien que Sixte Quint, en 1586, ratifia le culte d'Herménégild. — Fête le 14 avril (ancienne fête le 13 avril).

HERVÉ, abbé en Bretagne (VIᵉ s.). Les sources de la vie de ce saint sont à la fois tardives (XIIIᵉ s.) et impures. On peut cependant en tirer quelques éléments valables. Fils d'un barde, Hoarvian, originaire de la Grande-Bretagne, et de Rivanone, une Armoricaine, Hervé naît aveugle, selon le désir de sa mère qui a prié pour que son fils soit préservé des tentations de ce monde. Très tôt, Hervé se fait ermite; des disciples lui viennent, dont il fait des moines. Cette communauté, longtemps gyrovague, finit par se fixer à Plouvien. Hervé accepte le titre d'abbé, mais refuse le sacerdoce par humilité. Sa réputation de sainteté s'étend sur toute la Bretagne. On ne sait rien de ses dernières années. Il faut considérer comme folkloriques les traditions populaires, qui font de saint Hervé un chanteur ambulant, domestiquant les animaux sauvages. Son tombeau est vénéré en l'église de Lanhouarneau. — Fête locale le 7 juin.
— Il y a un saint **Hervé,** ermite à Chalonnes, mort en 1119 (fête locale le 18 juillet).

HILAIRE, évêque d'Arles († Arles 449). Membre du célèbre monastère de Lérins, Hilaire succéda à son fondateur, saint Honorat*, sur le siège d'Arles en 429 ou 430. Très cultivé, Hilaire, tout en admirant saint Augustin*, fut l'adversaire résolu (comme toute l'école lérinienne) de la doctrine augustinienne sur la grâce. La plupart des ouvrages qu'on lui attribue sont apocryphes. — Fête locale le 5 mai.

HILAIRE, pape de 461 à 468 († Rome 468). Sicilien d'origine, Hilaire est archidiacre de Rome sous le pontificat de saint Léon*; il représente le pape au synode d'Éphèse (449) et y proteste contre la déposition de Flavien* de Constantinople. Devenu pape à la mort de saint Léon, Hilaire combat l'arianisme en Europe occidentale. Les lettres qu'on possède de lui témoignent de l'autorité de l'évêque de Rome au Vᵉ s. — Fête locale le 28 février.

HILAIRE, évêque de Poitiers, docteur de l'Église (Poitiers v. 315-id. 367 ou 368). Issu d'une noble famille païenne de l'Aquitaine, Hilaire acquiert une forte culture; la sagesse antique n'ayant pas satisfait sa quête de la vérité, il se tourne vers la Bible et l'Évangile : le mystère de l'Incarnation du Verbe le transporte, au point qu'il se fait inscrire parmi les catéchumènes et reçoit le baptême. Bien que marié et père d'une fille, il est élu, vers 350, évêque de Poitiers; en cette qualité, vers 354, il ordonne exorciste le futur saint Martin*.

Pasteur, Hilaire prêche et commente avec conviction l'évangile de saint Matthieu, dont il recherche le sens moral et spirituel, tout en respectant le sens littéral. Alors que l'épiscopat gaulois, dans son ensemble, reste à l'écart de la controverse arienne, Hilaire prend fait et cause pour Athanase d'Alexandrie, s'élève contre ceux qui l'ont proscrit et notamment contre Saturnin, primat d'Arles. Un synode, convoqué par Hilaire, excommunie Saturnin; l'évêque de Poitiers se rend alors auprès de l'empereur Constance, qu'il ne peut ramener à la cause orthodoxe. Peu de temps après, Saturnin réussit à le faire exiler en Phrygie (356).

En Orient, Hilaire s'initie à la théologie grecque et approfondit les problèmes trinitaires. Il compose alors son traité *De fide*, appelé plus tard *De Trinitate* : en une très belle langue, avec une ferveur à peine contenue, Hilaire développe un sujet difficile, qui est un long commentaire du prologue de saint Jean. Saint Augustin s'en inspirera. Un concile ayant été convoqué à Séleucie, en 359, Hilaire y combat l'arianisme; après un autre plaidoyer en présence de l'empereur Constance, on le renvoie en Gaule, où il est accueilli triomphalement. Rendu à Poitiers, il s'impose comme le chef de l'orthodoxie, fait déposer les évêques ariens Saturnin d'Arles et Paterne de Périgueux, et, lors d'un concile parisien, fait admettre par tous le mot *consubstantiel*. Grâce à lui, la foi de Nicée triomphe en Gaule. Par ailleurs, il renoue avec saint Martin, alors à Ligugé. Selon Fortunat, Hilaire multiplie les miracles; l'un des plus célèbres est celui par lequel l'évêque débarrasse une île du bas Poitou des serpents qui l'infestaient.

En Italie, Hilaire a moins de succès : à Milan, il ne réussit pas à obtenir la déposition de l'évêque arien Auxence. Il n'empêche que, de son vivant, Hilaire joue un rôle considérable dans l'Église. Saint Augustin le désigne comme l'« insigne docteur des Églises». Cette influence et cette renommée expliquent pourquoi, aussitôt après sa mort, le 13 janvier 367, son nom fut introduit au canon de la messe par plusieurs Églises de Gaule. Il sera proclamé docteur de l'Église par Pie IX en 1851. La plus grande partie des reliques d'Hilaire, conservées à Poitiers, furent brûlées par les huguenots en 1562.

Outre son *Commentaire sur saint Matthieu* et son traité *De Trinitate*, Hilaire a laissé des *Traités sur les Psaumes*, un *Traité des mystères*, un *Livre contre l'empereur Constance* et des *Hymnes liturgiques*, antérieures à celles de saint Ambroise.
— Fête le 13 janvier (ancienne fête le 14 janvier).
— Autres saints et bienheureux du même nom : quatorze.

HILARION, moine d'Orient († 371). Selon saint Jérôme*, qui écrivit sa Vie, Hilarion, originaire de Palestine, apprit la vie cénobitique auprès de saint Antoine*, avant de s'installer en Palestine, près de Gaza, où de nombreux disciples le rejoignirent. Il mourut à Chypre. — Fête locale le 21 octobre.

— Autres saints du même nom : trois, dont un martyr à Abitène († 304), honoré localement le 11 février.

HILDEGARDE, mystique bénédictine (Bermersheim, Hesse, 1098-Rupertsberg, près de Bingen, 1179). Abbesse de Disibodenberg (1136), Hildegarde fonda le monastère de Rupertsberg (1147) et celui d'Eibingen (1165). Là vinrent consulter celle qu'on appela « la sibylle du Rhin» les plus grands personnages du temps. Ses visions — souvent effrayantes — la rendirent en effet vite célèbre : elle prophétisa, entre autres, l'antéchrist. Hildegarde a laissé : un traité dogmatique, *la Scivias* (1141-1151), auquel Dante emprunta sa vision de la Trinité, un traité de médecine, *Causae et Curae*, et une importante correspondance en allemand et en latin. Bien que non canonisée (certains ont parlé d'elle comme d'une hystérique) Hildegarde est au martyrologe romain. — Fête locale le 17 septembre.
— La bienheureuse **Hildegarde** (757-783) fut l'une des épouses de Charlemagne. Fête locale le 30 avril.

HIPPOLYTE, martyr à Rome († v. 235). Ce saint fut considéré comme l'un des meilleurs docteurs romains de son temps. Cependant, les éléments biographiques qu'on possède le concernant sont assez hétérogènes pour qu'on en ait été réduit à une reconstitution laborieuse, que certains considèrent comme conjecturale.

Prêtre romain, Hippolyte fut très certainement un savant exégète et théologien. Pour des raisons à la fois doctrinales et personnelles, il déclencha un schisme à Rome, s'opposant au pape Zéphyrin*, puis à Calixte*, à Urbain Ier* et enfin à Pontien* : on peut même dire qu'il fut le premier antipape (217-235). Mais étant mort pour la foi en Sardaigne — « l'île de mort » —, où Maximilien le Thrace l'avait fait exiler, en même temps que le pape Pontien, il fut considéré comme martyr. Le pape Fabien* fera ramener son corps à Rome, au cimetière de la via Tiburtina (13 août 236).

L'activité littéraire de saint Hippolyte fut considérable. On a de lui des ouvrages exégétiques (Commentaires sur Daniel, sur le Cantique des Cantiques), théologiques (Réfutation de toutes les hérésies, De l'Antéchrist), canoniques (Canons d'Hippolyte) et liturgiques. Sa doctrine est dirigée contre le monarchianisme et dans le sens d'une Église considérée comme une communauté de vérité. — Saint Hippolyte est honoré en même temps que saint Pontien le 13 août.

— Autres saints et bienheureux portant le même nom : sept, la plupart martyrs des premiers siècles.

HONORAT, abbé de Lérins et évêque d'Arles († Arles 429 ou 430). Le Panégyrique d'Honorat par son successeur à Lérins, Hilaire († 449), est un document de valeur.

Natif de Gaule belgique et issu d'une famille consulaire, Honorat s'initie à la vie solitaire auprès d'un certain Caprais, avec qui, vers 410, il s'établit dans une des îles de Lérins qui, alors absolument déserte, s'appelle aujourd'hui île Saint-Honorat. Parmi les nombreux disciples d'Honorat : Loup* de Troyes et Eucher* de Lyon. En relations suivies avec Jean Cassien*, Honorat compose pour ses moines des « coutumes », qu'on a un peu rapidement assimilées à une règle. En 427, Honorat est élu évêque d'Arles; aussitôt il fonde, sur une île du Rhône, un nouveau monastère. Près du tombeau du saint, aux Aliscamps, on construisit un sanctuaire. Les reliques furent transférées à Lérins au XIV⁰ s.; lors de la sécularisation du monastère (1788), elles furent données à la cathédrale de Grasse, mais la Révolution les détruisit. — Fête locale le 16 janvier.

— Six autres saints portent le nom d'**Honorat** ou **Honoratus.** Il faut citer **Honorat,** évêque de Toulouse († 614), qui aurait été le premier successeur de saint Saturnin (fête locale le 22 décembre).

HONORÉ, évêque d'Amiens († VIᵉ s.). Selon des Actes tardifs, cet évêque, originaire du Ponthieu, aurait siégé à Amiens au milieu du VIᵉ s. Ses reliques furent ramenées du Ponthieu à Amiens, au temps des invasions normandes. Si saint Honoré est le patron des boulangers et des pâtissiers, c'est parce que ceux de Paris établirent leur confrérie en une chapelle — devenue collégiale — dédiée à ce saint, lequel donna aussi son nom à tout le quartier avoisinant (faubourg Saint-Honoré). — Fête locale le 16 mai.

— Deux autres saints, dont un martyr à Buzançais († 1250), honoré localement le 9 janvier, portent aussi le nom d'**Honoré.**

HUBERT, évêque de Tongres-Maestricht, puis de Liège († 727). Ce grand évêque est au fond peu connu. Apparenté aux plus nobles familles, Hubert fut marié avant d'occuper le siège de Liège, à partir de 705. Son apostolat dans la Belgique orientale fut extrêmement fructueux. Vers la fin de sa vie, il eut la main broyée par un maillet : Dieu lui fit savoir qu'un an après ses terribles souffrances cesseraient. Comprenant qu'il s'agissait de sa mort, Hubert vécut dans une ascèse redoublée, exhortant ses ouailles à vivre saintement. Il mourut en effet, le 30 mai 727. En 825, une partie de ses reliques furent transférées au monastère d'Andage, qui devint Saint-Hubert, au milieu des forêts ardennaises. Par la suite, le saint devint le patron des chasseurs des environs, en attendant de le devenir dans toute la chrétienté. Pourquoi? Parce que, très tôt, on recourut à lui contre la rage, à tel point que, de nos jours encore, on bénit un pain spécial, dit « pain de Saint-Hubert », qui guérit de la rage ou la prévient. Là-dessus vint se greffer très tardivement (XVᵉ s.) une légende, reprise de celle de saint Eustache*, et qui représentait le futur évêque de Liège comme un jeune seigneur converti à la vue d'un cerf arborant une croix entre ses bois. — Fête locale le 3 novembre.

HUGUES, abbé de Cluny (Semur-en-Brionnais 1024-Cluny 1109). Novice au monastère Saint-Marcel, Hugues se réfugie à Cluny quand son père, noble du Semurois, veut le faire renoncer à la vie religieuse. En 1039, il fait profession; il a 20 ans quand il est nommé grand prieur, tellement sa sagesse et ses vertus s'imposent à son entourage. Et c'est tout naturellement que, à la mort de l'abbé de Cluny Odilon (1049), Hugues est élu pour le remplacer.

Comme son prédécesseur, il rayonne sur la chrétienté, assistant aux conciles les plus importants, devenant le conseiller habituel des papes et aussi leur ambassadeur dans les circonstances délicates. Légat en Aquitaine, il y fait appliquer les canons du concile du Latran de 1059. Cependant, sous Alexandre II, Hugues doit défendre, contre l'évêque de Mâcon, les immunités de Cluny. Il obtient l'envoi d'un légat, Pierre Damien, qui rend justice à l'abbaye mère, confirmée dans ses privilèges d'exemption. Durant le long abbatiat (60 ans) d'Hugues, l'ordre de Cluny continue à se développer. Véritable monarque mitré, il reçoit le droit de revêtir les ornements pontificaux. Il parcourt l'Europe pour maintenir l'unité clunisienne; il multiplie aussi les chapitres généraux. Lui-même, fin psychologue, diplomate dans l'âme, donne l'exemple d'une charité sans bornes. Soucieux de paix, l'abbé assiste à l'entrevue de Canossa (1077); il intercède d'ailleurs pour Henri IV, son filleul. L'ancien grand prieur de Cluny, Urbain II, vient, en 1095, consacrer le maître-autel de l'immense abbatiale. Quant à Pascal II, Hugues l'accompagne à travers la France. — Fête locale le 29 avril.

HUGUES, évêque de Grenoble (Château-neuf-d'Isère, Dauphiné, 1053-Grenoble 1132). Jeune chanoine de Valence, il est remarqué par le légat de Grégoire VII en France, Hugues de Die, qui se l'attache comme conseiller. Hugues est ainsi associé à la grande œuvre de régénération du clergé avant d'être désigné comme évêque de Grenoble, en 1080. Il est sacré à Rome. Mais effrayé par l'état déplorable du clergé dans son diocèse, découragé par deux années d'efforts apparemment inutiles, invinciblement attiré par la vie monastique, Hugues se retire, en 1084, à l'abbaye clunisienne de La Chaise-Dieu. Il n'y séjourne qu'un an, car Grégoire VII lui intime l'ordre de rejoindre son diocèse. Ce contemplatif, qui se montre très dur

à l'égard des usurpateurs laïques des biens ecclésiastiques, se pose tout naturellement comme le protecteur de l'état monastique dans son diocèse. En 1088, il reçoit paternellement Bruno et six de ses amis, qui, fuyant la corruption du siècle, sont à la recherche d'une solitude inaccessible. Hugues les conduit lui-même dans les sauvages montagnes de la Chartreuse. Le moine-évêque viendra souvent visiter ses chers Chartreux, partager même leur vie frugale et austère. Par ailleurs il établit, en différents points de son diocèse, des chanoines réguliers.

Homme droit, qu'on choisit naturellement comme arbitre dans les différends, l'évêque de Grenoble pousse son amour pour les pauvres jusqu'à vendre son anneau et son calice. Taraudé par l'idée de son indignité, il demande au pape, plusieurs fois, mais en vain, qu'on le délie de sa charge. Dans la lutte qui oppose l'empereur Henri IV à Pascal II, Hugues prend parti pour le pontife contre l'antipape Anaclet II (Pierre de Léon), dont il est cependant l'obligé. Il meurt dans la paix, le 1er avril 1132; deux ans plus tard Innocent II le canonisera. Son corps sera brûlé durant les guerres de Religion. — Fête locale le 1er avril.

— Autres saints et bienheureux portant le nom d'**Hugues :** quatorze. Il faut citer : un évêque de Lincoln († 1200) honoré localement le 17 novembre; un évêque d'Auxerre **(Hugues de Montaigu)** du xııe s. (fête locale le 10 août), et un abbé de Prémontré **(Hugues de Fosses)** mort en 1164, honoré localement le 10 février.

HYACINTHE, dominicain, apôtre de la Pologne (Kamien, Silésie, v. 1200-Cracovie 1257). Entré chez les frères prêcheurs à Rome, Hyacinthe est désigné par saint Dominique pour aller établir l'ordre en Pologne. Arrivé, avec Henri de Moravie, à Cracovie (1222), il y établit un couvent grâce à la protection de l'évêque. Fondateur du couvent de Gdansk (Dantzig), Hyacinthe devient définiteur de Pologne (1228) avant de séjourner à Kiev, où il crée une nouvelle communauté. Sa réputation de thauma-turge a déjà franchi les frontières de la

Pologne. Il sera canonisé en 1594; mais sa biographie comme son culte seront trop souvent mis au service de causes politiques. — Fête locale le 17 août.

— Autres saints et bienheureux de ce nom : onze. Parmi eux, un martyr romain sur la voie Salarienne (fête locale le 11 septembre). Il y a aussi une sainte **Hyacinthe** (de Mariscotti), franciscaine italienne (v. 1585-1640), honorée localement le 30 janvier.

HYGIN, pape de 136 à 140 († Rome 140). On sait très peu de chose sur lui. Probablement d'origine grecque — peut-être athénienne —, il succéda comme pape à saint Télesphore et fut enterré au Vatican; on l'honore, sans preuves, comme un martyr.

Quant aux Décrétales qui lui sont attribuées, elles sont apocryphes. Ce pape a été écarté du nouveau calendrier romain (ancienne fête le 11 janvier).

Cette statue assimile Isidore à l'un de ces paysans bretons qui ne dissociaient pas la prière — le chapelet notamment — du travail de la terre. Église Saint-Agapit, Plouégat-Guérand.

IGNACE, évêque d'Antioche et martyr († Rome 107). Syrien d'origine, Ignace grandit dans l'entourage des apôtres du Christ. Devenu évêque d'Antioche, il est arrêté et condamné aux bêtes sous le règne de Trajan. Rome est désignée comme le lieu de son martyre. Conduit par dix soldats, il gagne la Lydie, puis Smyrne, où l'évêque Polycarpe et les fidèles l'accueillent avec vénération, et où il reçoit des délégués de plusieurs Églises d'Asie : Éphèse, Magnésie, Tralles. De Smyrne Ignace écrit à chacune de ces Églises, ainsi qu'à l'Église de Rome, qu'il avertit de son arrivée et qu'il supplie de ne pas user de son influence pour lui éviter le martyre : « Je suis le froment de Dieu; que je sois moulu par la dent des bêtes pour devenir le pain immaculé du Christ. » A Troas, Ignace écrit aux frères de Smyrne et de Lydie; de là, il passe en Macédoine et s'embarque à Dyrrachium (Durazzo) pour l'Italie et Rome, où il subit son martyre, le 17 octobre 107. On admet généralement l'authenticité des sept lettres d'Ignace d'Antioche; elles reflètent fidèlement et en termes souvent émouvants la doctrine et la vie de l'Église au IIe s. — Fête le 17 octobre (ancienne fête le Ier février).

IGNACE de Loyola, fondateur de la Compagnie de Jésus (Azpeitia 1491?-Rome 1556). Basque espagnol, Iñigo (Ignace) de Loyola est d'abord gentilhomme du vice-roi de Navarre. Blessé au siège de Pampelune attaquée par les Français (1521), il se convertit. Il conçoit d'abord une existence de pénitent solitaire. Au cours d'un pèlerinage à Montserrat et d'une longue retraite à Manresa, pendant laquelle il est introduit dans la plus haute vie mystique, il décide de se consacrer à l'apostolat actif.

Après s'être rendu, en pèlerin, à Jérusalem, (1523), Ignace entreprend des études de latin aux universités d'Alcala et de Salamanque (1526-1528). Suspect d'illuminisme, il est déféré aux tribunaux ecclésiastiques. Il reprend ses études à l'université de Paris (1528-1535), où il obtient le grade de maître ès arts. Depuis Manresa, Ignace consigne le résultat de sa vie spirituelle dans un cahier qui deviendra les *Exercices spirituels,* dont la rédaction définitive doit dater du séjour à Paris. C'est un guide de méditations systématiques, destinées à libérer des passions et à consacrer au service de Dieu. Ignace recrute quelques étudiants décidés à partager son idéal, entre autres François* Xavier, Pierre Favre, Laínez et Salmerón. A Montmartre (1534), avec sept compagnons, il fait vœu d'évangéliser les infidèles en Palestine et, si ce projet est irréalisable, de se mettre, lui et ses compagnons, à la disposition du pape. Ils sont ordonnés prêtres à Venise (1557). Le passage en Palestine étant rendu impossible par la guerre entre Venise et le sultan, ils sont utilisés par Paul III pour des missions volantes en Italie.

Jusqu'en 1539, Ignace n'a pas l'intention de fonder un ordre religieux : pas d'obéissance dans l'équipe des compagnons, qui forment une libre association de prêtres réformateurs. Mais les nécessités de l'apostolat amènent Loyola et ses compagnons à demander et à obtenir de Paul III (1540) leur constitution en ordre : c'est la Compagnie de Jésus, dont Ignace est élu supérieur général (1541). Cette société va jouer un rôle primordial dans la Réforme catholique, au service de la papauté, envers qui les jésuites sont liés par un vœu spécial d'obéissance.

Au début, les disciples d'Ignace excluent l'enseignement de leurs travaux. En 1547, Ignace est contraint d'accepter le collège de Messine. Dès lors l'enseignement va être une des tâches essentielles de la Compagnie. Ignace fonde les premiers séminaires (Collège romain, 1551; Collège germanique, 1552). Ses prêtres arrêtent les progrès du protestantisme en Europe centrale. Du vivant d'Ignace, l'ordre entreprend des missions dans les pays nouvellement découverts. Quand il meurt à Rome, le 31 juillet 1556, la Compagnie a pris déjà une extension considérable.

Outre les *Exercices spirituels,* Ignace de Loyola a rédigé les *Constitutions de la Compagnie de Jésus* (1541-1556), sous l'influence d'expériences mystiques, dont ce qui reste du *Journal spirituel* donne une idée. En outre, on a du fondateur des jésuites plusieurs milliers de lettres et une *Autobiographie* connue sous le nom de *Journal du Pèlerin.* La spiritualité d'Ignace est ordonnée « à la plus grande gloire de Dieu » (c'est sa devise et celle de son ordre), par l'apostolat, et, secondairement, à la sanctification personnelle du sujet, considérée comme un moyen nécessaire d'apostolat. Béatifié en 1609, canonisé en 1622. — Fête le 31 juillet.

— Autres saints et bienheureux portant ce nom : six, dont un patriarche de Constantinople († 877), honoré localement le 23 octobre.

ILDEFONSE, archevêque de Tolède (Tolède v. 607-*id.* 667). Moine à Agali, dans les faubourgs de Tolède, il devient abbé de ce monastère, dont l'influence est grande sur la cour wisigothique. En 657, sous Receswinthe, il est élu au siège métropolitain de Tolède. Au lieu d'agir sur son clergé par la réunion de conciles, comme

ses prédécesseurs, Ildefonse recourt à la plume. D'une immense production liturgique, poétique, spirituelle, théologique, il reste quelques lettres et quatre ouvrages : *De la connaissance du baptême,* capital pour l'histoire de la liturgie en Espagne; *le Progrès du désert spirituel* qui préfigure Jean de la Croix; *De la virginité de Marie,* premier monument littéraire espagnol consacré à Marie; *De viris illustribus,* qui continue la chronique de saint Isidore de Séville. Le style d'Ildefonse est emphatique, mais son œuvre est capitale et sa renommée posthume très grande.

Le corps du saint fut transféré à Zamora au VIIIe s. pour le soustraire aux Arabes. — Fête locale le 23 janvier.

INNOCENT Ier, pape de 401 à 417. Originaire d'Albano, il succède au pape Anastase[*] à la fin de l'année 401. On sait peu de choses sur les événements de son pontificat. Par contre les trente-six lettres que l'on conserve de lui révèlent le rôle de premier plan que ce pontife joua dans l'Église de son temps. Arbitre de l'épiscopat qui le consulte fréquemment, Innocent affirme en toutes occasions l'autorité de l'Église de Rome, en Occident comme en Orient. Le pape prend notamment la défense de Jean Chrysostome*, évêque de Constantinople, et refuse d'entrer en communion avec Atticus, son successeur illégitime. Adversaire du pélagianisme, il correspond avec saint Augustin* qui lui a envoyé le dossier de l'hérésie et qui le considère comme le naturel arbitre des controverses en matière de foi. Ce pape a été écarté du nouveau calendrier romain (anc. fête le 28 juillet).

— Autres saints du même nom : neuf, dont deux papes : le bienheureux **Innocent V,** pape en 1276 (fête locale le 22 juin) et le bienheureux **Innocent XI,** pape de 1676 à 1689 (fête locale le 12 août).

INNOCENTS (saints) [Ier s.]. C'est la piété chrétienne qui a donné le nom de saints Innocents aux enfants de Bethléem et des environs, âgés de deux ans et en dessous, qu'Hérode fit périr, après la visite des Mages, dans l'espoir de se débarrasser

de l'Enfant Jésus, désigné par eux comme
« roi des Juifs ». L'Église a toujours considéré ces enfants comme des martyrs,
condamnés à la mort par haine du Christ.
Quant à leur nombre, il relève de la
légende : certains sont allés jusqu'à parler
de dizaines de milliers; en fait, ils durent
être une vingtaine, selon toute vraisem-
blance. Le culte officiel des saints
Innocents date du ve s. Au Moyen Age,
il faisait partie du cycle de Noël. — Fête
le 28 décembre.

IRÈNE, martyre à Thessalonique († 304).
La Passion de cette sainte et de ses deux
sœurs, Agapè et Chionia, est très sûre,
du moins dans sa forme authentique.
Arrêtée en même temps que ses sœurs,
trois autres femmes et un homme, Irène
est interrogée par Dulcetius, gouverneur
de Macédoine. Agapè et Chionia sont
brûlées vives, tandis qu'Irène, accusée
d'avoir caché des livres saints, est traînée
au lupanar avant d'être brûlée elle aussi.
— Fête locale le 3 avril.
— Autres saintes et bienheureuses de ce
nom : sept, presque toutes vierges ou
martyres des débuts du christianisme.
Parmi elles, **Irène,** martyre près de Nabau-
tia au vi^e s. (fête locale le 22 octobre).

IRÉNÉE, évêque de Lyon (en Asie Mineure
v. 130-Lyon v. 208). Irénée est un disciple
de saint Polycarpe*, évêque de Smyrne.
Comment et pourquoi vint-il à Lyon? On
l'ignore. Il succède, sous le siège épiscopal
de Lyon, au martyr saint Pothin*. On
sait peu de chose sur son activité pastorale.
Irénée intervient auprès du pape Victor
à propos de la question de la Pâque.
Meurt-il martyr? On n'en est pas certain.
La tradition lyonnaise veut que le corps de
l'évêque ait été inhumé dans une basilique
dédiée à saint Jean. Si l'on est peu
renseigné sur la biographie d'Irénée, son
œuvre écrite révèle l'un des plus anciens
et des plus remarquables théologiens de
l'Église occidentale. Ses deux ouvrages
essentiels sont : la *Démonstration de la
prédication apostolique* et surtout le *Traité
contre les hérésies.* L'évêque de Lyon s'y
manifeste l'adversaire éclairé des mythes
gnostiques. Aux chefs des sectes gnosti-

ques, il oppose l'autorité collégiale et
institutionnelle des évêques, autorité issue
des Apôtres, et dont l'Église de Rome est
dépositaire. Aux doctrines luxuriantes,
où le sublime côtoie l'insolite, il oppose
la règle de foi chrétienne telle que, issue
des Écritures, elle est parvenue aux fidèles
par tradition apostolique. Irénée récapitule
tout dans le Christ : l'histoire des hommes,
y compris l'Ancien Testament, et l'homme
lui-même. A ses yeux, l'unité est la
condition même de la vie de l'Église, et
cette Église n'est pas une juxtaposition de
confréries, dont chacune, isolément,
prétendrait entrer plus profondément dans
le mystère de Dieu, mais une communauté
humaine en marche vers un Dieu ressuscité. — Fête le 28 juin (ancienne fête le
3 juillet).
— Autres saints portant ce nom : neuf
martyrs des premiers siècles.

ISAAC Jogues, jésuite martyr au Canada
(Orléans 1607-Ossernenon 1646). Entré
dans la Compagnie de Jésus (1624), il
exprime rapidement le désir de rejoindre
les jésuites français missionnaires au
Canada. Deux mois après avoir été
ordonné prêtre, il s'embarque à Dieppe
(1636). Il essaie d'abord de se fixer dans
la nation indienne du Putun, près du lac
Huron; il voyage ensuite chez les Sauteurs,
puis évangélise les Hurons. Au cours d'une
incursion des Iroquois, le P. Jogues est
affreusement mutilé en même temps que
plusieurs confrères (1642). Après un an
d'atroce captivité, Isaac s'enfuit en France,
où on l'honore comme un martyr. Rentré
au Canada, il accepte d'être envoyé en
ambassade amicale auprès des Iroquois :
une réussite partielle l'incite à élargir
auprès d'eux son apostolat, mais il meurt,
le 18 octobre 1646, la tête fracassée.
Canonisé avec ses compagnons en 1930.
— Fête le 19 octobre (ancienne fête le
18 octobre).
— Autres saints et bienheureux portant
le nom d'**Isaac :** sept.

ISABELLE de Portugal. V. *Élisabeth de
Portugal.*
Deux bienheureuses portent aussi le nom
d'Isabelle : **Isabelle Fernandez,** martyrisée

à Nagasaki en 1622 (fête locale le 10 septembre), et **Isabelle de France,** (1225-1270), sœur du roi de France Saint Louis (fête locale le 22 février).

ISIDORE, évêque de Séville, docteur de l'Église († Séville 636). Issu d'une famille hispano-romaine de Carthagène, Isidore perd jeune son père, et reçoit toute son éducation de son frère aîné Léandre*, auquel il succédera sur le siège de Séville. Il reçoit de ce frère exceptionnellement cultivé une formation intellectuelle et morale hors du commun. Jeune, Isidore, assiste aux luttes dramatiques entre le roi Liuvigild et son fils Herménégild*, puis au triomphe du catholicisme avec Reccared, qui unifie le royaume des Wisigoths d'Espagne.

Évêque de Séville à la mort de Léandre (599), Isidore manifeste des dons éminents d'organisateur. Son action s'exprime notamment au cours des conciles nationaux qui se tiennent de temps à autre à Tolède, véritable capitale spirituelle de l'Espagne wisigothique; il compose d'ailleurs la charte de ces conciles : l'*Ordo de celebrando concilio,* qui règle avec minutie les activités de l'Église d'Espagne. Le prestige et le rayonnement d'Isidore font de lui le conseiller le plus écouté des rois wisigoths; il se lie surtout avec le roi lettré Sisebut (612-621), qui lui dédie un poème sur les éclipses. Après deux siècles de dévastations et de décadence intellectuelle, le VIIe s. espagnol recueillera les fruits de ce qu'on a pu appeler « la Renaissance isidorienne ».

Car l'œuvre littéraire d'Isidore est considérable dans tous les sens du terme. Elle est aussi très diverse. Son œuvre maîtresse est une somme en 20 livres : *Sur l'origine de certaines choses,* dont on a pu dire qu'elle fut une sorte de Petit Larousse du VIIe s. et qu'« elle a instruit et nourri l'intelligence d'un millénaire » (J. Fontaine); tout le monde y a puisé et jusqu'à nos jours, l'ouvrage étant extrêmement riche dans le domaine linguistique. Historiographe, Isi-

dore a laissé une *Histoire des Goths, des Vandales et des Suèves,* où il place les Wisigoths dans le sillage de Rome; cet ouvrage s'ouvre par un brillant et pompeux *Éloge de l'Espagne.* Dans le domaine du sacré, les deux œuvres les plus importantes d'Isidore de Séville sont : les *Sentences,* ancêtres de l'ouvrage bien connu de Pierre Lombard, et *Des devoirs ecclésiastiques,* composé à la demande de son frère Fulgence*, évêque d'Ecija. Il faut ajouter : une *Règle monastique,* des travaux d'exégèse scripturaire, un traité *Contre les juifs* adressé à sa sœur sainte Florentine, un *Traité des hommes illustres,* et une longue méditation poétique intitulée *Lamentations de l'âme pécheresse.* Bref, on peut affirmer que l'œuvre d'Isidore a rayonné sur toute la civilisation du Moyen Age occidental. Moins de vingt ans après sa mort, le VIIIe concile de Tolède (653) rendait hommage au « docteur éminent, la gloire la plus récente de l'Église catholique ». L'Église romaine l'a proclamé docteur en 1722.

Au XIe s., les restes de saint Isidore furent ramenés de Séville à Léon; pour les recevoir on y éleva la basilique San Isidro, le « Saint-Denis espagnol ». — Fête le 4 avril.

ISIDORE le Laboureur, patron de Madrid († v. 1130). On confond trop souvent ce saint avec Isidore de Séville. Ce que l'on sait de lui nous a été transmis par le diacre Jean de Saint-André, qui écrivait vers 1275. Isidore vécut au temps des Almoravides. Installé près de Madrid, il s'y maria, eut un enfant et se sanctifia dans le travail de la terre. Il ne fut béatifié qu'en 1619, mais il y avait bien longtemps que les Madrilènes le considéraient comme leur patron. Grégoire XV le canonisa en 1622. — Fête locale le 15 mai.

— Onze autres saints répondent au nom d'**Isidore,** notamment : un moine de Péluse, mort vers 449 (fête locale le 4 février), un martyr de Chio, mort en 251 (fête locale le 15 mai et un évêque d'Antioche (fête locale le 2 janvier).

D'abord représenté en apôtre, Jacques le Majeur fut très tôt figuré comme un pèlerin, avec la panetière timbrée d'une coquille, un bâton à la main, un sac en bandoulière. Pierre, XVᵉ siècle. Atelier bourguignon. Musée du Louvre.

Phot. Bulloz

JACQUES le Majeur, apôtre (Iᵉʳ s.). Fils de Zébédée et de Salomé, Jacques est l'aîné de Jean* l'Évangéliste. Comme lui, il habite Capharnaüm ou Bethsaïde et pratique la pêche. On le dit cousin de Jésus, ce qui n'est pas admis par tous les exégètes. Il appartient peut-être aux disciples de Jean-Baptiste* conquis par Jésus. Choisi comme apôtre, il apparaît, avec Pierre et Jean, comme l'un des intimes du Maître. Jacques est présent lors des événements capitaux de la vie de Jésus, notamment à sa transfiguration et à son agonie. Cette situation privilégiée lui permet parfois d'intervenir au nom du groupe apostolique; il le fait d'ailleurs avec une impétuosité qui lui vaut, de la part de Jésus, le surnom de « Fils du Tonnerre ». Après la Pentecôte, Jacques fait figure de chef dans l'Église primitive. C'est lui qui, avec Pierre, est désigné par Hérode Agrippa comme l'une des têtes à abattre. De fait, il périt par le glaive.

Les *Actes de saint Jacques* et une *Passio Jacobi Majoris* sont des apocryphes tardifs, qui insistent sur la légende de la richesse des parents de Jacques et sur un prétendu apostolat en Espagne, pays dont l'apôtre est le patron. Généralement écartée par les hagiographes, l'« hispanité » de saint Jacques et la présence de son tombeau en Galice gardent de chauds partisans en Espagne. Quoi qu'il en soit, Saint-Jacques de Compostelle devint, à partir du xᵉ s., l'un des pèlerinages les plus célèbres de la chrétienté. C'est ce qui explique que l'apôtre est souvent représenté lui-même en pèlerin, avec panetière timbrée d'une coquille, un bâton à la main. — Fête le 25 juillet.

JACQUES le Mineur, apôtre (Iᵉʳ s.). Les quatre évangiles mentionnent parmi les apôtres de Jésus un second Jacques, fils d'Alphée. Longtemps on a eu tendance à confondre ce personnage avec un autre Jacques, l'un des « frères » de Jésus, fils de Marie, femme de Clopas. Actuellement, les exégètes penchent pour la distinction.

C'est ce « frère du Seigneur » — et non le fils d'Alphée — qu'on doit désigner sous le nom de Jacques *le Mineur,* c'est-à-dire « le Petit » (de taille). Les liens de sa mère avec Marie mère de Jésus sont d'ailleurs difficiles à établir; il eut peut-être plusieurs frères utérins, dont l'apôtre Jude*. Après la Pentecôte, Jacques joue un rôle capital dans la communauté de Jérusalem, dont on peut dire qu'il fut le premier évêque. On voit, par exemple, Pierre sortant de prison faire avertir « Jacques et les frères »; plus tard Paul*, venant s'entretenir à Jérusalem avec Pierre*, y rencontre Jacques, lequel est d'ailleurs au centre des tendances judaïsantes qui, dans l'Église naissante, s'opposent d'abord aux tendances pauliniennes, favorables aux gentils. Cependant lors de l'assemblée de Jérusalem, Jacques se range aux côtés de Pierre et de Jean* pour faire adopter la solution libératrice. Il serait donc faux d'identifier le ritualisme de Jacques, resté lui-même fidèle observateur de la Loi juive, avec le sectarisme antipaïen de certains membres de son entourage.

Les récits de la mort de Jacques — lapidé par des juifs entre 62 et 66 — sont douteux. On attribue à cet apôtre l'épître canonique dite de saint Jacques, qui est surtout faite d'exhortations morales, inspirées par la spiritualité judéo-chrétienne. Quant au *Protévangile de Jacques,* publié au XVIe s., il est apocryphe; cependant, destiné à exalter la pureté de Marie, il a exercé une profonde influence sur la liturgie notamment : ainsi, on lui doit la fête de la Présentation de Marie au Temple (22 novembre).

Si Jacques dit le Mineur est honoré en même temps que l'apôtre Philippe*, c'est que le Ier mai (leur ancienne fête) correspondait à l'anniversaire de la dédicace de la basilique romaine des Douze-Apôtres, où furent transférées les reliques des deux saints. En 1956, Pie XII reporta cette fête commune du 1er au 11 mai; le nouveau calendrier romain l'a fixée au 3 mai.

JACQUES de la Marche (Monteprandone, Marche, 1394-Naples 1476). Entré chez les frères mineurs de l'Observance, Jacques reçoit l'habit religieux des mains de saint Bernardin* de Sienne. Prêtre en 1422, il devient rapidement l'un des prédicateurs les plus écoutés de la péninsule et de la Dalmatie. Commissaire général en Bosnie (1432), inquisiteur en Hongrie et en Autriche (1436), il combat partout l'hérésie. De retour en Italie (1440), il y poursuit ses prédications. Canonisé en 1726. — Fête locale le 28 novembre.

— Autres saints ou bienheureux portant le nom de **Jacques :** cinquante-six. Parmi eux, plusieurs martyrs de la Révolution française, du Japon au XVIIe s., des Boxers en 1900. Il faut nommer aussi le bienheureux **Jacques de Voragine,** dominicain, archevêque de Vienne († Gênes 1298), auteur, notamment, de la *Legenda sanctorum,* plus connue sous le nom de *Legenda aurea* (Légende dorée); fête locale le 13 juillet.

JANVIER, en ital. **Gennaro,** martyr à Naples († 305?). Évêque de Bénévent, Janvier siégea probablement au concile de Sardique. Il est possible qu'il ait eu à souffrir des ariens et qu'il soit mort à son retour d'exil. Sa Passion le mit en rapport avec divers martyrs de la région de Naples; en fait, on ne connaît pas les circonstances exactes de son martyre.

Saint Janvier est surtout connu par le miracle qui porte son nom. Dans la cathédrale de Naples (ville dont le saint est le patron) est conservée une ampoule remplie aux trois quarts d'une substance rouge foncée, dont la tradition assure qu'il s'agit du sang de saint Janvier. Or, l'existence de cette ampoule n'est pas antérieure au XIVe s. Quoi qu'il en soit, chaque année, à dates fixes, le sang coagulé, exposé à la vénération des fidèles, se liquéfie, entre en ébullition et augmente momentanément de volume. Ce phénomène célèbre et très ancien s'explique mal par des causes naturelles, mais il serait imprudent de l'expliquer par une intervention surnaturelle. — Fête le 19 septembre.

— Autres saints du même nom : treize, presque tous martyrs des premiers siècles.

JEAN, l'Apôtre ou l'Évangéliste (Ier s.). Frère de Jacques* le Majeur, Jean est originaire de Galilée, peut-être de Bethsabée, comme Pierre*. Son père, Zébédée, est pêcheur, de condition probablement aisée; sa mère, Salomé, est peut-être sœur de la Vierge Marie*. Disciple de Jean-Baptiste*, Jean passe du Précurseur à Jésus. Celui-ci l'appelle irrévocablement, alors que, avec son frère Jacques, il raccommode ses filets de pêche au bord du lac.

Parmi les apôtres, Jean joue un rôle de premier plan; avec Jacques et Pierre, il constitue le groupe des intimes du Maître : avec eux, il est témoin de la résurrection de la fille de Jaïre, de la transfiguration et de l'agonie de Jésus à Gethsémani. Avec Pierre, il prépare le repas de la dernière Pâque. Mieux : Jean est « le disciple que Jésus aimait », celui à qui le Christ mourant confie sa mère, celui qui, avec Pierre, court au sépulcre pour vérifier les dires de Marie-Madeleine, celui qui le premier reconnaît le Christ ressuscité.

Après la Pentecôte, Jean est constamment aux côtés de Pierre, dont la prééminence est incontestée; il est l'une des « colonnes de l'Église » naissante. Quand s'éloigne-t-il de Jérusalem? On ne sait.

En revanche, l'installation de Jean à Éphèse, à une date assez tardive, est bien attestée. Selon Irénée*, Jean aurait été exilé à Pathmos sous Domitien : c'est là qu'il aurait composé son *Apocalypse*. Libéré, il retourne à Éphèse, où il meurt sous Trajan (98-117). En tout cas, dès le IVe s., il exista à Éphèse une église dédiée à saint Jean : la basilique, dont il ne reste que des ruines, date de Justinien. Des fouilles récentes ont permis d'y désigner, d'une manière quasi certaine, l'emplacement de la tombe de Jean. Quant à la mort de Marie à Éphèse, près de Jean, elle se heurte à de grandes difficultés historiques.

On ignore tout de l'activité de l'apôtre dans sa vieillesse. On en est réduit à des anecdotes tenaces, mais douteuses. Selon saint Jérôme, Jean, dans ses dernières années, aimait à répéter : « Aimez-vous les uns les autres; c'est le commandement du Seigneur; même si ce commandement est seul observé, cela suffit. » Selon Tertullien, Jean, sous Domitien, aurait été plongé, à Rome, dans une chaudière d'huile bouillante, d'où il serait sorti indemne : ce martyre et ce miracle sont à l'origine de la fête de saint Jean devant la Porte latine (6 mai), fête qui a été très justement supprimée en 1960.

Outre l'*Apocalypse*, Jean est l'auteur de l'admirable *IVe Évangile*, dont l'originalité, par rapport aux synoptiques, vient de la place qu'y tiennent le mystère de l'amour divin, l'action du Saint-Esprit, la personne du Verbe, et les réalités eschatologiques. On a aussi, de Jean, trois *Épîtres*, foncièrement mystiques, mais qui témoignent en même temps d'un réalisme moral très exigeant. De nombreux écrits apocryphes sont attribués à Jean, notamment : les *Actes de Jean, les Mystères divins révélés à Jean, Histoire de la Dormition de la Sainte Mère de Dieu par Jean le Théologien.* — Fête le 27 décembre.

JEAN, le Baptiste ou *le Précurseur* (Ier s.). Selon les Évangiles, le père de Jean était un prêtre de la famille d'Abia qui se nommait Zacharie*; sa mère, Élisabeth*, était, elle aussi, de famille sacerdotale. Déjà âgés, les époux n'avaient pas d'enfants. Or, un jour que Zacharie offrait l'encens au Temple de Jérusalem, l'ange Gabriel* lui apparut et lui annonça la naissance d'un fils, qui serait appelé Jean et dont la mission serait celle d'un précurseur du Messie. Ayant douté de la parole de l'ange, Zacharie devint muet; quelque temps après, Élisabeth conçut. Trois mois avant la naissance de Jean, Élisabeth reçut la visite de Marie* de Nazareth, sa parente; à peine Marie l'eut-elle saluée, que Jean tressaillit dans le sein de sa mère. Six mois plus tard, Jean naquit : Zacharie recouvra alors la parole et bénit Dieu en chantant le prophétique *Benedictus.*

De bonne heure, Jean se retira dans le désert; il ne se manifesta qu'à l'âge d'homme, sur les bords du Jourdain, d'où, vêtu pauvrement et menant une vie frugale, il s'adressait avec véhémence à la foule, lui annonçant la venue imminente du royaume de Dieu, en prenant soin de préciser qu'il n'était pas lui-même le Messie. Un jour, Jésus, qui venait de quitter Nazareth, se présenta au baptême de Jean; malgré sa modestie, celui-ci dut baptiser celui qu'il devait présenter aux juifs comme « l'Agneau de Dieu ».

Hérode Antipas, tétrarque de Galilée, ayant répudié sa femme légitime pour épouser Hérodiade, femme de son propre frère Hérode-Philippe, Jean lui reprocha sa conduite; on l'arrêta. De sa prison de Machéronte, Jean envoya vers Jésus — qui, à son tour, attirait les foules — deux disciples pour lui demander : « Es-tu celui qui doit venir ou bien en attendrons-nous un autre? » Après avoir montré que lui-même accomplissait exactement les œuvres attendues du Messie, Jésus fit de Jean un grand éloge : « Il n'a été suscité parmi les fils de la femme personne de plus grand que Jean le Baptiste. » Cependant Hérodiade tenait à se débarrasser de Jean. Au cours d'un festin, le jour anniversaire d'Hérode, elle fit danser sa fille Salomé devant le tétrarque, qui, très échauffé par le spectacle, lui promit de lui accorder ce qu'elle voudrait. Elle demanda la tête de Jean-Baptiste, qui lui fut accordée.

Jean a deux fêtes liturgiques. Le 24 juin — le fait est unique —, on célèbre sa naissance sur terre; cette fête remonte au moins au VIᵉ s. Dans une grande partie de l'Europe, à la vigile, on allumait et le clergé bénissait «les feux de la Saint-Jean», cérémonie qui était marquée par de grandes réjouissances. En en faisant une fête non chômée, le concordat de 1801 a considérablement affaibli «la Saint-Jean». Postérieurement à la fête du 24 juin, on établit la fête du 29 août, dite de la «décollation» ou Passion de Jean-Baptiste.

D'innombrables lieux, en France notamment, prétendent posséder des reliques, voire la tête de Jean-Baptiste : Grégoire de Tours n'a-t-il pas affirmé qu'une Gauloise se trouvait à Machéronte quand dansa Salomé et recueillit, sinon la tête, du moins le sang de la victime! On est là, évidemment, en pleine légende.

JEAN Berchmans, novice jésuite· (Diest, Brabant, 1599-Rome 1621). Son père, Jean Berchmans, est maître corroyeur, marguillier de sa paroisse. Deux fois échevin de Diest, il n'est pas riche. Aussi son fils éprouve-t-il des difficultés à mener, — à Diest, puis à Malines —, des études supérieures; pour subvenir à ses dépenses d'étudiant, il se fait le domestique d'un chanoine malinois. Jean entre au noviciat de la Compagnie de Jésus, à Malines, en 1616 : la vie austère qu'il a menée jusque-là lui rend léger le joug de la règle. Une existence constamment vouée à la perfection ne l'empêche pas d'être très gai, au point que ses confrères l'appellent «Hilarius», le saint joyeux. Ne sachant que le flamand, il apprend le français par obéissance. En 1618, Jean a la joie de voir son père, veuf, devenir prêtre. Lui-même va faire sa philosophie à Anvers; puis on l'envoie poursuivre ses classes au Collège romain. Il arrive à Rome le 31 décembre 1618. Extrêmement intelligent, il a les honneurs de la soutenance publique de philosophie en 1621. Si sa vie spirituelle, alimentée par une grande dévotion à la Vierge, le pousse vers les cimes de la perfection religieuse, elle ignore passivité et inertie, et débouche sur le service de ses frères. La mort (dysenterie) l'emporte, à 22 ans,

le 13 août 1621. Le corps, exposé dans l'église des jésuites, fut dépouillé par la foule avide de reliques. Il repose à Rome; son cœur est à Louvain. Béatifié en 1865, canonisé en 1888. — Fête le 14 août (ancienne fête le 13 août).

JEAN Bosco, fondateur des Salésiens (Castelnuovo d'Asti, Piémont, 1815-Turin 1888). Ce fils de pauvres gens doit quêter ou gagner de ses mains le prix de ses études. Il entre au séminaire du diocèse de Turin en 1835; il est ordonné prêtre en 1841. On le connaîtra désormais sous le nom populaire de *Don Bosco.* Après un long séjour au *Convitto ecclesiastico* de Turin (1841-1844), Jean se voue au service des adolescents pauvres et abandonnés. Ainsi, fonde-t-il à Turin l'Oratoire Saint-François-de-Sales, où les garçons affluent, et qui s'enrichit successivement de cours du soir (1844), d'un foyer d'apprentis (1847), d'une école secondaire et de camps de vacances (1848), de cours professionnels (1853).

Son quartier général est dès lors le quartier du Valdocco à Turin. Évidemment, l'extension de son œuvre lui commande de s'entourer de collaborateurs; c'est ainsi qu'il réunit un certain nombre de prêtres éducateurs, qui constituent le noyau de la Société de saint François de Sales *(Salésiens)* qui, fondée officiellement le 18 décembre 1859, devait connaître un foudroyant développement en Italie, puis en Europe et dans le monde entier (19 000 membres actuellement). Pie IX l'approuva comme congrégation en 1869. Don Bosco fonde parallèlement (1872), avec l'aide de sainte Marie-Dominique Mazzarello, la société de l'Institut des filles de Marie-Auxiliatrice *(Salésiennes)*, voué surtout à l'éducation de la jeunesse et qui groupe aujourd'hui 16 000 sœurs. La réputation de Don Bosco, dont l'existence et les vertus participent de celles du doux François* de Sales et de l'infatigable et souriant Vincent* de Paul, se répand dans toute l'Europe. Dans les pays où il va prêcher et quêter, il est reçu triomphalement (France, 1883; Espagne, 1886). Son œuvre écrite est hagiographique, mais surtout pédagogique (*Histoire de l'Église* à l'usage des écoles, 1845; Histoire sainte à l'usage des écoles, 1847; la Jeunesse instruite de ses devoirs, 1847; le Traité sur la méthode préventive en éducation, 1876). La pédagogie de Don Bosco est naturellement fondée sur l'amour et sur l'instruction religieuse. Béatifié en 1929, canonisé en 1934, il sera proclamé par Pie XII (1958) patron des apprentis. — Fête le 31 janvier.

JEAN de Brébeuf, jésuite, martyr au Canada (Condé-sur-Vire 1593-Le Bourg-Saint-Louis, Canada, 1649). De naissance noble, Jean entre dans la Compagnie de Jésus (1617). Prêtre en 1622; il enseigne au collège de Rouen, mais bientôt (1625) il s'embarque pour le Canada. Il traduit pour les autochtones le catéchisme du P. Ledesma et donne ses soins aux tribus huronnes. Après un séjour en France (1629-1633) il revient à Québec où, avec les autres jésuites alors au Canada, il fait le vœu de consacrer le pays à Marie. En 1649 avec son confrère Gabriel* Lalemant il tombe aux mains des Iroquois qui le torturent. Béatifié (avec les autres martyrs jésuites) en 1925, canonisé en 1930. — Fête locale le 16 mars.

JEAN de Capistran, frère mineur (Capestrano, province d'Aquila, 1386-Ilok, sur le Danube, 1456). Fils d'un baron nordique immigré, de l'armée de Louis Ier d'Anjou, Jean fait son droit à Pérouse avant de devenir le meilleur juriste de la cour de Ladislas, roi de Naples. Prisonnier de Malatesta, il se convertit en prison; relâché, il rompt un mariage non encore consommé, et entre chez les frères mineurs observants, à Pérouse (1415). Prêtre en 1418, il devient, à partir du chapitre général de 1430, le véritable réorganisateur de l'ordre franciscain, en même temps qu'il fonde le tiers ordre régulier de Saint-François. Prédicateur populaire de classe exceptionnelle, Jean joue un rôle primordial auprès des papes, notamment auprès de son ami Eugène IV. Envoyé en Autriche pour y prêcher, il s'attelle, à travers l'Europe centrale, à la conversion des hussites; il s'insurge contre les compactata bohémiens, tout en assumant

un rôle d'inquisiteur. C'est à ses efforts et à ses prières qu'on a attribué la victoire des chrétiens sur les Turcs à Belgrade (23 juin 1456). Il meurt le 23 octobre 1456. Le culte de celui qu'on a appelé « l'Apôtre de l'Europe unie » est resté très vivace sur les rives du Danube. Jean de Capistran sera canonisé en 1690. — Fête le 23 octobre (ancienne fête le 28 mars).

JEAN Chrysostome, docteur de l'Église, Père de l'Église d'Orient (Antioche v. 345-près de Cumana, Cappadoce, 407). Jean perd très jeune son père, commandant militaire de la préfecture d'Orient. Sa mère, Anthousa, confie son éducation au célèbre rhéteur Libanius. Au terme de ses études classiques, à 18 ans, il est un moment tenté par le monde des tribunaux et des théâtres; puis, près de sa mère, il se prépare au baptême, qu'il reçoit dans la nuit de Pâques 368; il s'initie ensuite à l'ascèse et à l'étude des livres saints, et reçoit les premiers ordres mineurs. En 371, Jean se met au service de Mélèce, évêque d'Antioche. La mort de sa mère l'incite à quitter définitivement le monde et à se retirer dans les solitudes montagneuses des environs d'Antioche; mais une santé délabrée l'oblige, après deux ans, à rentrer en ville. Diacre, puis prêtre (386), Jean inaugure une carrière exceptionnelle d'écrivain spirituel et de prédicateur. De 386 à 397, il rassemble autour de sa chaire de véritables foules attirées par une science et une éloquence, qui valent à Jean le surnom de « Bouche d'or » (Chrysostome). En fait, c'est tout l'Orient qui a bientôt les yeux fixés sur lui. Quand, en 397, meurt Nectaire évêque de Constantinople, Jean est désigné pour lui succéder. La somptueuse capitale de l'empire d'Orient est, plus que jamais, le foyer d'intrigues et de passions, un haut lieu de la piété, mais aussi de la corruption. L'austère prélat, dont le caractère tout d'une pièce n'admet pas les demi-mesures, entreprend tout de suite de lutter contre les abus, dont les moines, les princes aussi bien que les simples fidèles agrémentent leur existence. Lui-même donne l'exemple de la frugalité et de la charité; en même temps, il ajoute un éclat incomparable à la liturgie byzantine, car pour lui l'église n'est pas seulement la maison de Dieu, elle est la maison des pauvres, qui doivent y trouver la splendeur, que d'autres trouvent chez les puissants. Elle est aussi l'asile suprême des malheureux : il le prouve en 399, quand le premier ministre Eutrope, poursuivi par la haine de Gaïnas, se réfugie dans la cathédrale; l'évêque le sauve en tenant tête à la garnison et à la populace excitée.

Un an plus tard, Eudoxie est proclamée *Augusta;* presque aussitôt Jean entre en conflit avec elle : d'abord, à propos de querelles de personnes, l'impératrice protégeant des hérétiques adversaires de l'évêque; ensuite parce que, s'étant élevé, dans un sermon particulièrement fougueux, contre les vices féminins, Eudoxie croit s'être reconnue dans une de ses allusions. Vindicative, elle dresse alors contre lui l'évêque d'Alexandrie, Théophile, qui débarque à Constantinople, réunit un concile au Chêne, près de la Chalcédoine. Jean ayant refusé de comparaître devant les membres de cette assemblée, il est par eux déposé.

Mais Chrysostome est tellement populaire à Constantinople qu'il faut faire intervenir la troupe pour l'expulser. Le sang ayant coulé, Jean se présente aux autorités, qui l'exilent à Prenetos en Bithynie. La superstitieuse Eudoxie, impressionnée par un événement tragique — peut-être un tremblement de terre —, rappelle son adversaire, pour peu de temps d'ailleurs, car Jean ayant critiqué les réjouissances organisées à l'occasion de l'inauguration d'une statue d'Eudoxie, puis ayant semblé assimiler publiquement l'impératrice à Hérodiade, la rupture est bientôt consommée entre le palais et l'évêque. En avril 404, celui-ci est gardé à vue dans sa maison. La foule veut le dégager. Des échauffourées ensanglantent la capitale. En juin, un décret impérial de relégation est signé; Jean se livre aux soldats, alors que la ville est en effervescence. Mais rien ne peut empêcher que Chrysostome ne soit envoyé à Cucuse, au pied des montagnes d'Isandrie. De là, l'intrépide pontife continue à instruire et à consoler les siens;

de partout, mais surtout d'Antioche, les admirateurs accourent vers lui. Alors l'ordre parvient de transférer le gêneur à 1 500 kilomètres plus au nord, au pied du Caucase. Mais le frêle prélat ne résiste pas aux marches forcées, sous un ciel implacable, en plein été. Il meurt dans un petit village (auj. Bizeri), où il est inhumé (14 septembre). Celui qu'on peut bien considérer comme un martyr du courage pastoral connaîtra un triomphe posthume. En 1438, sa dépouille est ramenée solennellement à Constantinople. La tradition veut qu'elle ait été transportée à Rome, au temps de l'empire latin (1204-1258).

L'œuvre de Jean Chrysostome — qui est l'un des quatre docteurs de l'Église grecque — est considérable; elle comporte notamment : des traités, dont le *De sacerdotio,* qui est un des joyaux de la littérature patristique; des sermons; des homélies exégétiques et apologétiques; des catéchèses baptismales et liturgiques, et aussi des lettres dont la plupart datent des années d'exil. Parmi les nombreux apocryphes qu'on lui attribue se situe la *Liturgie de saint Chrysostome* qui date du xie s.

Cette œuvre immense, que l'on peut comparer à celle de saint Augustin, se distingue moins par l'originalité de la pensée que par la place accordée aux préoccupations morales. Car Jean Chrysostome fut avant tout un pasteur et un directeur d'âmes. — Fête le 13 septembre (ancienne fête le 27 janvier).

JEAN Climaque (de *Klimax,* échelle), auteur ascétique grec (v. 579-v. 649). Disciple de saint Grégoire* de Nazianze, il entre, à seize ans, au monastère du Sinaï dont il deviendra higoumène. Son principal ouvrage reste l'*Échelle du Paradis,* excellent traité de vie ascétique dont la symbolique s'inspire de l'échelle de Jacob. — Fête locale le 30 mars.

JEAN de la Croix, carme, docteur de l'Église (Fontiveros, Vieille-Castille, 1542-Ubeda 1591). Jean de Yepes naît dans un foyer noble, mais misérable. Il doit donc travailler tout enfant. En 1563, il entre chez les carmes de Medina del Campo;

il y prend le nom de Jean de Saint-Mathias. Après des études universitaires à Salamanque, il est ordonné prêtre (1567). Déçu par une vie religieuse mitigée, il songe à gagner la Chartreuse, quand il rencontre sainte Thérèse* d'Avila, qui l'intéresse à la réforme du Carmel.

Dès 1568, Jean inaugure, à Duruelo, avec un compagnon, la vie de carme déchaussé et prend le nom significatif de Jean de la Croix. Des disciples viennent à lui; en 1571, il devient chapelain et confesseur au monastère carmélitain d'Avila dont Thérèse vient d'être nommée prieure : l'influence conjuguée des deux saints transforme complètement l'esprit d'une communauté assez peu fervente. Poursuivi par la fureur des carmes mitigés, Jean est emprisonné à Tolède (1577); de sa prison, où il compose ses plus beaux poèmes, il s'évade en 1578. En Andalousie, Jean poursuit son œuvre réformatrice auprès des carmélites. Cette œuvre, il la continue après la mort de Thérèse (1582). Sans jamais être supérieur général des Carmes déchaussés, il reste l'âme de la réforme carmélitaine, mais il lui faut subir de lourdes épreuves de la part de frères peu disposés à le suivre. Il meurt dans l'isolement, au couvent d'Ubeda, dans la nuit du 13 au 14 décembre 1591.

« Docteur mystique », Jean de la Croix a laissé des poèmes, nés dans une âme éprise de la Beauté de Dieu, des lettres et des maximes. Il a surtout attaché son nom à quatre grands traités, qui sont des commentaires de ses poèmes : la Nuit obscure, la Montée du Mont-Carmel, le Cantique spirituel, la Vive Flamme d'amour, dont la haute spiritualité tend à unir l'âme chrétienne à Dieu, en la faisant passer par la « nuit » intérieure et le dénuement. Béatifié en 1675, canonisé en 1726, proclamé docteur de l'Église en 1926. — Fête le 14 décembre (ancienne fête le 24 novembre).

JEAN Damascène, moine, docteur de l'Église (Damas v. 650-Saint-Sabas, près de Jérusalem, v. 749). La biographie classique de Jean Damascène comporte des éléments peu sûrs, qu'on écartera ici.

Arabe chrétien, appartenant à une famille de la haute bourgeoisie, Jean exercera lui-même de hautes fonctions auprès du calife de Damas; dès lors, il se fait connaître comme écrivain et poète. Vers l'année 700, il quitte le monde pour se retirer dans la laure de Saint-Sabas, entre Jérusalem et la mer Morte. Ordonné prêtre malgré lui, il partage son temps entre la prière, l'activité littéraire et la prédication. Jean Damascène, que les Grecs ont surnommé *Chrysorroas* (« Qui roule de l'or »), et que Léon XIII a proclamé docteur de l'Église en 1890, fut un théologien très sûr, qui clôt la période patristique et dont l'influence s'étendit sur tout le Moyen Age oriental. Si son œuvre est diverse, elle est beaucoup plus que l'œuvre d'un compilateur. Sa théologie a contribué à affirmer les dogmes christologiques et la doctrine mariale, ainsi que le fondement théologique du culte des images. Le plus important ouvrage de Jean Damascène est sans contredit *la Source de la connaissance,* qui comporte notamment un *Exposé de la foi orthodoxe;* il s'agit, en fait, du premier exposé synthétique du dogme chrétien. De Jean, on a aussi des œuvres ascétiques *(les Vertus et les vices)* et exégétiques, des homélies et des poèmes : l'hymnologie byzantine considère d'ailleurs Jean comme un de ses grands poètes. — Fête le 4 décembre (ancienne fête le 27 mars).

JEAN de Dieu, fondateur des Frères hospitaliers (Montemor-o-Novo 1495-Grenade 1550). Enlevé tout enfant par un inconnu, Cidade est abandonné en Espagne, où il est recueilli par le chef des bergers d'Oropesa. Lui-même devient berger, puis soldat. Il est blessé en 1523, dans une campagne contre la France; il combat aussi devant Vienne. Quand il revient au Portugal, Cidade apprend que son père est entré chez les franciscains; alors, il se décide à se mettre au service de Dieu. Il passe en Afrique pour convertir les Maures, s'établit à Gibraltar, où il s'occupe de la diffusion de bons livres; il transporte ensuite cette œuvre à Grenade. En 1537, ayant entendu un sermon du bienheureux Jean d'Avila, il manifeste

publiquement un repentir tellement specta-
culaire qu'on l'enferme comme fou; traité
cruellement selon la thérapeutique de
l'époque, il prend la résolution de vouer sa
vie au soin des malades selon des
techniques plus humaines. Sorti de l'asile,
il se met sous la direction de Jean d'Avila,
qui trace sa règle de vie, toute d'abnégation, d'austérité et de charité.

C'est à Grenade que Cidade fonde son
premier hôpital (1537) : il l'organise selon
des données rationnelles et des concep-
tions architecturales et techniques hardies.
L'évêque de Tuy lui impose alors le nom de
Jean de Dieu et lui donne un habit religieux : tunique, culotte de gros drap,
manteau de bure. Des disciples se groupent autour de lui, qui constituent le
premier noyau de l'ordre hospitalier de
Saint-Jean-de-Dieu. Le fondateur donne
l'exemple et, tel Vincent de Paul plus
tard, entoure de soins respectueux et
attentifs « ses seigneurs les pauvres
malades », pour lesquels il n'hésite pas à
mendier. Son immense charité s'étend
d'ailleurs à toutes les formes du malheur.
Le peuple l'appelle « le Pauvre des
pauvres ».

Béatifié en 1630, canonisé en 1690, Jean
de Dieu a été déclaré par Léon XIII,
en 1886, « patron céleste de tous les
malades et hôpitaux » conjointement
avec saint Camille* de Lellis; Pie XI, en
1930, étendit ce patronage aux infirmières
et infirmiers. — Fête le 8 mars.

JEAN Eudes, fondateur de la Congrégation
de Jésus et Marie (Ri, près d'Argentan,
1601-Caen 1680). Élève des jésuites de
Caen, Jean est tonsuré et minoré alors
qu'il fait sa philosophie (1620). Après
être passé par la faculté de théologie de
Caen, il entre à l'Oratoire, à Paris, où
Bérulle lui-même l'accueille (1603); en
1625, il est ordonné prêtre. Jean participe
à la ferveur première de la communauté
bérullienne; en Normandie, on l'emploie
plusieurs fois au soin des pestiférés. Et
puis, supérieur de la maison de Caen, il
quitte l'Oratoire (1643); les missions
populaires (de 1632 à 1676, Jean Eudes
prêchera 115 missions) et l'exemple de
Bourdoise, Olier, Vincent de Paul l'ayant

persuadé de l'urgent besoin de la
formation du clergé dans l'esprit du concile
de Trente, il fonde à Caen un séminaire
(1643); le développement de la société
qu'il crée — la Congrégation de Jésus et
Marie *(Eudistes)* — lui permet d'établir des
séminaires dans plusieurs diocèses
normands et bretons. D'abord simples
maisons de retraite pour prêtres et
ordinands, ces séminaires prendront peu
à peu l'allure de maisons de formation,
tenues par les prêtres eudistes. Parallèlement, Jean Eudes se préoccupe du sort
et de la conversion des « filles débau-
chées », pour lesquelles il fonde des
refuges et une société, les moniales de
Notre-Dame-de-Charité-du-Refuge (Caen,
1641), ordre semi-contemplatif, qui actuellement se voue à la rééducation des
mineures.

Initiateur du culte liturgique des cœurs de
Jésus et de Marie, Jean Eudes est au
premier rang de ceux qui restaurèrent le
catholicisme en France au XVIIe s. De ce
saint, il reste quelques ouvrages spirituels
dont le plus réédité est *la Vie et le royaume
de Jésus dans les âmes chrétiennes*
(1637). Il a laissé aussi de solides et
courts manuels de piété et de direction
spirituelle. Béatifié en 1909, canonisé en
1925. — Fête le 19 août.

JEAN (ou John) Fisher, cardinal, évêque
de Rochester (Beverley, Yorkshire, 1469-
Londres 1535). C'est à l'université de
Cambridge que ce très brillant représentant
de l'humanisme chrétien au temps de la
Renaissance fait ses études, avant d'y
enseigner et d'en devenir le vice-chance-
lier, puis (1504) le chancelier, titre qu'il
partagera avec celui d'évêque de Rochester. Excellent latiniste et helléniste, Jean
est en relation amicale avec Érasme, qui
enseigne à Cambridge de 1511 à 1513.
Théologien, la protection de la comtesse
de Richmond lui permet de rénover et de
développer, grâce à de nouveaux collèges,
l'enseignement de la théologie à Cambridge. A partir de 1521, il attaque
violemment les doctrines luthériennes
aux côtés du roi Henri VIII; en 1523, il
publie sa *Lutheranae assertionis confutatio*.
Et puis voici que la question du divorce

royal oppose l'évêque de Rochester à Henri VIII : Jean prend parti pour Catherine d'Aragon et lui sert même d'avocat dans le procès de divorce engagé, en Angleterre, en 1529. En même temps, il s'oppose aux empiétements du roi sur les libertés de l'Église et la juridiction pontificale. Quand Henri VIII exige de l'Assemblée ecclésiastique de la province de Canterbury qu'elle le reconnaisse comme chef suprême de l'Église anglicane, Fisher s'y oppose. Emprisonné trois fois, il refuse en 1534 de prêter le serment de « succession » favorable à Élisabeth. Le pape, croyant bien faire, le crée alors cardinal (20 mai 1535). Fureur du roi : l'évêque de Rochester est décapité, dès le 22 juin. Canonisé en 1935. — Fête le 22 juin, en même temps que Thomas* More.

JEAN Gualbert, abbé de Vallombreuse (en Toscane, fin du xe s.-Passignano 1073). Jeune noble, Jean se rend à la ville quand, dans un chemin creux, il croise le meurtrier d'un de ses parents, qui circule sans armes. L'homme, se sentant perdu, saute de cheval et les bras en croix, attend la mort. Ému, Jean l'épargne et poursuit son chemin. Entrant plus loin dans une église, il voit tout à coup le Christ du crucifix incliner la tête vers lui. Bouleversé, il décide de se consacrer à Dieu, et, à 19 ans, il se fait admettre au couvent bénédictin de San Miniato, avant de se retirer dans une vallée de Toscane plantée d'arbres, Vallombreuse (v. 1035), que finissent par lui céder les propriétaires, des bénédictines. Des disciples viennent à Jean; avec eux, il mène une vie extrêmement austère. Par humilité, lui-même refuse la prêtrise, préférant s'adonner à la réforme d'autres monastères, qui formeront le noyau de la congrégation bénédictine, toujours existante, de Vallombreuse, fédérée depuis 1966. On a de Jean Gualbert un *Manuel de prières.* — Fête locale le 12 juillet.

JEAN de Kety, prêtre polonais (Marta, près de Kety, v. 1390-Cracovie 1473). Les sources de la vie de ce saint sont parfois douteuses. Fils du maire de sa commune, il entre à l'université, d'où il sort, en 1417, avec le titre de licencié et de maître. En 1421, Jean est placé à la tête de l'école monastique de l'abbaye de Bozogrobcy; huit ans plus tard, il est nommé professeur à la faculté des arts de l'université de Cracovie, faculté dont il sera l'un des trois doyens. Devenu prêtre il meurt à Cracovie, le 24 décembre 1473. Telle est la vie sans relief de ce prêtre ami des pauvres et aussi ami des livres, auteur d'un important travail consacré à la casuistique. Béatifié en 1568, il a été canonisé en 1767. — Fête le 23 décembre (ancienne fête le 20 octobre).

JEAN Manetti. V. *Sept fondateurs de l'ordre des Servites.*

JEAN de Matha, fondateur de l'ordre des Trinitaires (Faucon-de-Barcelonnette v. 1155-Rome 1213). On ne sait rien de précis sur ses origines et sa jeunesse. On ne sait pas non plus quelles raisons exactes l'incitèrent à fonder, avec l'aide de saint Félix de Valois, un ordre voué au rachat des captifs et consacré à la Sainte-Trinité (Trinitaires). En tout cas Innocent III, en 1198, lui accorde la bulle d'érection de cet ordre : Jean en devient le premier ministre général. En 1200 il fonde à Marseille l'hôpital Saint-Martin et un couvent trinitaire. De là les fondations essaiment : à Arles (1200), en Catalogne (1201), en Castille (1206), en Italie (1209). C'est dans la capitale de la chrétienté que meurt Jean de Matha dont les reliques seront transférées en Espagne et dont le culte, approuvé en 1666, sera étendu à l'Église universelle. Les Trinitaires se sont maintenus surtout au Canada. — Fête locale le 8 février.

JEAN-BAPTISTE de la Salle, fondateur des frères des Écoles chrétiennes (Reims 1651-Rouen 1719). Issu d'une famille de magistrats, aîné de onze enfants, il fait ses études universitaires à Reims, puis en Sorbonne. Docteur en théologie, il est fortement marqué par la discipline et l'atmosphère spirituelle du séminaire de Saint-Sulpice.

Chanoine de Reims, Jean-Baptiste est ordonné prêtre en 1678. Il semble alors amorcer une fructueuse, mais tranquille vie sacerdotale, quand lui est confiée, un peu par hasard, une mission particulièrement urgente en ces temps de détresse morale. Au début, il s'intéresse seulement à l'ouverture de deux écoles paroissiales de garçons en sa ville natale; puis il assume la charge entière d'une troisième. Son aide est d'abord spirituelle, et aussi financière; mais Jean-Baptiste s'aperçoit très vite que ce qui manque surtout à ces écoles pour enfants pauvres, ce sont des maîtres. En 1681, il loge chez lui plusieurs jeunes maîtres; puis il s'installe avec eux dans un immeuble proche. A ceux qu'on peut bien considérer déjà comme ses disciples, il offre la vie religieuse : tout en restant laïcs, ces instituteurs chrétiens voueront leur vie à Dieu.

Pour se consacrer davantage à ceux qui s'appelleront Frères des écoles chrétiennes, Jean-Baptiste se démet de son canonicat, distribue son patrimoine et rédige pour les frères une *Pratique du règlement journalier*. Dès 1682, des écoles de frères s'ouvrent à Rethel et Château-Porcien; en 1685 à Guise et à Laon; puis s'ouvre à Reims un séminaire de maîtres pour la campagne, véritable École normale d'instituteurs. Cet établissement fonctionne parallèlement au noviciat des frères. En 1688, M. de la Salle et deux frères s'installent à Paris, où ils prennent en charge l'école de charité de la paroisse Saint-Sulpice. Douze ans durant, Jean-Baptiste, dont la douceur native n'a d'égale que la fermeté dans le dessein, enracine son œuvre dans la capitale; un noviciat est créé à Vaugirard. C'est là qu'en 1691, avec les plus anciens de ses disciples, il prononce des vœux définitifs d'obéissance, d'association et de stabilité. Élu, en 1694, supérieur de la congrégation, il rédige les *Règles communes de l'Institut des Frères des Écoles chrétiennes*; en même temps il s'attelle à des ouvrages qui font de lui l'un des précurseurs de la pédagogie moderne : *Syllabaire français* (1698), *les Devoirs d'un chrétien* (1703), *les Règles de la bienséance et de la civilité chrétienne* (1703), etc.

Son institut essaime en province, non sans difficultés et contradictions. Lui se retire

dans un faubourg de Rouen, à Saint-Sever, où il établit la maison mère des Frères. En 1717, c'est là qu'il se démet de sa charge pour n'être plus que le chapelain de la communauté. C'est à Saint-Sever qu'il meurt, le 7 avril 1719, entouré de vénération.

Il laisse une congrégation vouée essentiellement à l'éducation des pauvres, destinée à un développement universel et qui servira de modèle à toutes les congrégations enseignantes. Il laisse aussi une œuvre écrite considérable, de laquelle il faut détacher ses *Méditations*, ses *Lettres*, et surtout la *Conduite des écoles chrétiennes* (1711). Béatifié en 1888, canonisé en 1900, c'est tout naturellement qu'en 1950 l'Église le proclamera patron spécial de tous les éducateurs. — Fête le 7 avril (ancienne fête le 15 mai).

JEAN-FRANÇOIS Régis, jésuite (Fontcouverte 1597-Lalouvesc 1640). Novice jésuite en 1616, il est ordonné prêtre en 1630. Il déploie son dévouement dans la région de Montpellier avant d'être mis à la disposition de l'évêque de Viviers, dont le diocèse a été ravagé par les guerres de Religion. Cependant, Jean-François est attiré par les missions canadiennes : « Votre Canada, lui disent ses supérieurs, c'est le Vivarais. »

En effet, le jeune religieux va mériter le titre « d'apôtre du Vivarais ». A partir de 1636, c'est dans cette province déshéritée que s'exerce son zèle de missionnaire populaire. Durant le printemps et l'été, il est installé au Puy, où ses catéchismes attirent les foules; à partir d'octobre, alors que les travaux des champs ont libéré les paysans, il parcourt les montagnes du Vivarais, du Velay, du Forez. Sa charité extraordinaire, *mirabilis caritas*, est sa principale arme; les pauvres, qui abondent dans ces régions, reçoivent ses soins constants. Les montagnards apprécient la manière dont le missionnaire partage leur vie rude et frugale. C'est dans la prière incessante que Jean-François Régis trouve les forces nécessaires à un apostolat pénible et semé d'épreuves. La mort de Jean-François Régis, au hameau de Lalouvesc, est provoquée par une pneumonie contractée dans une tempête de neige; elle a lieu le 31 décembre 1640, à minuit. Presque aussitôt, Lalouvesc devient un lieu de pèlerinage, qu'il n'a pas cessé d'être. Béatifié en 1716; canonisé en 1737. — Fête locale le 16 juin.

JEAN-MARIE-BAPTISTE Vianney, curé d'Ars (Dardilly 1786-Ars 1859). Fils de paysans pieux et généreux, Jean ne reçoit que tardivement, à cause de la Révolution française, une instruction religieuse. Dès 1805, cependant, sous la direction du curé d'Écully, il se prépare à entrer au séminaire, mais la conscription napoléonienne l'oblige à se cacher quatorze mois. La faiblesse de ses notes le fait renvoyer du séminaire de Lyon, mais on finit par l'admettre aux ordres sacrés : il est ordonné prêtre le 13 août 1815.

Durant deux ans, vicaire à Écully, il reçoit les enseignements d'un curé vivant en ascète. Nommé, en 1817, succursaliste du misérable village d'Ars, l'abbé Vianney n'y trouve qu'une population profondément déchristianisée et démoralisée. Le jeune curé prie, se mortifie, ce qui n'empêche pas le découragement : en 1820, et encore en 1827, il songe à abandonner sa charge. Et puis, peu à peu, on vient à lui, dont l'enseignement, extrêmement simple, est le reflet d'une âme possédée par Dieu, et dont le confessionnal va devenir le lieu où vont se consumer les meilleures heures de sa vie. A partir de 1830, les miracles aidant, Ars est un véritable centre de pèlerinage, où de partout l'on vient chercher la paix de l'âme et aussi la guérison des corps. Dès 1840, la diligence de Lyon est quotidienne. L'épreuve apporte d'ailleurs le contrepoids à ces succès apostoliques : le démon (le *Grappin*) s'acharne sur l'humble prêtre; quant à l'auxiliaire que l'évêque accorde au curé d'Ars en 1845, il écarte ce dernier des responsabilités. Mais à partir de 1853, c'est de nouveau la paix; cent mille personnes accourent chaque année à Ars, où, exténué « au dernier degré », Jean-Marie Vianney meurt, le 4 août 1859. Ars est resté plus qu'un pèlerinage : un

foyer spirituel, notamment pour les prêtres. Béatifié en 1905, canonisé en 1925, le curé d'Ars est le patron des curés et des responsables des communautés paroissiales. — Fête le 8 août.

Autres saints et bienheureux portant le nom de **Jean :** plus de 300. On peut citer : **Jean d'Égypte** ou **de Lycopolis,** ermite († 394) [fête locale le 27 mars]; **Jean Ier,** pape de 523 à 526 (fête le 18 mai, ancienne fête le 27 mai); **Jean l'Aumônier** († 616), patriarche d'Alexandrie (fête locale le 23 janvier); **Jean d'Avila** (1500-1569), prédicateur espagnol (fête locale le mai); **Jean-Joseph de la Croix** († 1734), franciscain (fête locale le 5 mars); **Jean Leonardi** († 1609), fondateur des Clercs de la Mère de Dieu (fête le 9 octobre); **Jean Népomucène,** dit abusivement « martyr de la confession » (fête locale le 16 mai); **Jean Ruysbroeck** († 1381), mystique, chanoine régulier (fête locale le 2 décembre); **Jean de Saint-Facond** († 1479), moine augustin (fête locale le 12 juin); **Jean le Silentiaire** († 558), ermite en Palestine (fête locale le 13 mai).

JEANNE d'Arc, patronne de la France (Domrémy 1412-Rouen 1431). Les historiens sérieux rejettent la version, périodiquement reprise, de Jeanne bâtarde de la reine Isabeau et du duc d'Orléans, et élevée clandestinement à Domrémy dans la famille d'Arc.

Fille d'un paysan relativement aisé, Jacques d'Arc, et d'Isabelle Romée, Jeanne n'apprend ni à lire ni à écrire, mais sa mère lui enseigne ses prières, et son curé façonne chez elle une foi solide. D'ailleurs, la maison des d'Arc avoisine l'église de Domrémy. La légende a fait de Jeanne une bergère; en réalité, elle vaquait aux besognes domestiques. Volontiers, avec ses compagnons, l'enfant va au Bois-Chenu, où l'on joue et gambade. Elle a 13 ans et demi quand, dans le jardin paternel, Jeanne entend saint Michel évoquer « la pitié qui est au royaume de France ». D'autres voix, celles de sainte Catherine* et de sainte Marguerite*, l'encouragent à assumer la tâche de rétablir la situation presque désespérée du « petit roi de Bourges ».

Durant trois ans, la jeune fille garde le lourd secret, mais en 1428 elle parle à son oncle, Durand Laxart, qui la mène auprès de Robert de Baudricourt, commandant, pour le roi de France, de la place de Vaucouleurs : il la renvoie chez elle, alors qu'Orléans est sur le point d'être investie par les Anglais. Un an plus tard (17 février 1429), Jeanne relance Baudricourt, qui cède, lui donnant un costume de cavalier et un cheval.

Avec une petite escorte, le soir du 23 février 1429, Jeanne part pour Chinon, où, le 8 mars, elle est reçue par Charles VII, à qui elle parle d'un « secret » qu'il se croyait seul à connaître. Le roi fait alors soumettre la « pucelle » à un examen, qui lui est favorable. Revenue à Chinon, la jeune fille est équipée pour la guerre; elle se fait faire un étendard, où l'on voit une « Vierge à l'Annonciation avec, devant elle, l'ange qui lui présente un lys ». Par ordre de Charles VII, La Hire rassemble une armée, avec laquelle Jeanne va vouloir bouter les Anglais hors de France. De Blois (22 avril 1429), Jeanne envoie aux Anglais un ultimatum, puis elle gagne Orléans, dont les bastilles, dressées par les Anglais, sont emportées : le 8 mai, ils quittent la ville. Jeanne et Dunois les poursuivent et les battent (Beaugency, Patay), libérant le cours de la Loire. A Sully, l'héroïne emporte enfin la décision du roi, qu'elle veut depuis longtemps aller faire sacrer à Reims.

On fait route pour cette ville. Au passage, on force Anglais et Bourguignons à évacuer Troyes et Châlons. Le 17 juillet 1429, Charles VII est sacré dans la cathédrale de Reims; désormais, il est vraiment ce que Jeanne voulait qu'il fût : un lieutenant de Dieu. De Reims, on part pour Paris, que Jeanne ne peut emporter sur les Anglo-Bourguignons : elle est même blessée au cours d'un assaut qui n'aboutit pas (septembre).

En fait, pour Jeanne, la Passion commence. Charles VII conclut une trêve avec le duc de Bourgogne; le 24 mai 1430, sortant de Compiègne, Jeanne est capturée par les Bourguignons. Aussitôt, les Anglais chargent l'évêque de Beauvais réfugié à Rouen, Pierre Cauchon, d'acheter la prisonnière. A la Noël, celle-ci est à Rouen, où Bedford, habilement, décide de la faire juger par un tribunal d'Église, le chef d'accusation étant la sorcellerie. Le procès de Jeanne commence le 3 janvier 1431. Devant le tribunal présidé par Cauchon, la jeune fille fait preuve d'un bon sens et d'une fidélité à sa mission qui déconcertent ses juges. Il n'empêche que, le 23 mai, Jeanne est déclarée hérétique et schismatique. Le 24 quand, au cours de la proclamation de la sentence au cimetière Saint-Ouen, elle entend dire qu'elle va être livrée au bras séculier, c'est-à-dire brûlée vive, elle se trouble et signe une courte formule dont on ne sait rien. En tout cas, elle a la vie sauve. Condamnée à la détention perpétuelle, Jeanne quitte ses vêtements masculins. Mais les ayant repris dès le 27 mai, elle est reconnue relapse : le 29, elle est abandonnée au bras séculier; le 30, sur la place du Vieux-Marché à Rouen, elle est brûlée vive. Ses restes sont jetés à la Seine.

Béatifiée en 1909, canonisée en 1920, proclamée patronne de la France en 1922. Sa fête est, depuis 1920, fête nationale. Elle est fixée au 30 mai, au propre de France.

JEANNE-FRANÇOISE Frémiot de Chantal, fondatrice de la Visitation (Dijon 1572-Moulins 1641). Fille d'un président au parlement de Bourgogne, Jeanne-Françoise Frémiot épouse, à vingt ans, Christophe II de Rabutin, baron de Chantal (1592). Elle aura six enfants, mais son mari meurt dès 1601. La jeune veuve s'établit alors à Dijon; elle y rencontre, en 1604, saint François* de Sales, qui va jouer un rôle décisif dans sa vie. Jeanne-Françoise se met sous la direction de l'évêque de Genève, avec qui elle entretient une importante correspondance spirituelle.

En 1610, elle est à Annecy, où François de Sales veut établir une congrégation nouvelle alliant la contemplation avec le service des pauvres et des malades. Cette fondation a lieu en effet : c'est la Visitation Sainte-Marie, dans laquelle Jeanne-Françoise et quelques compagnes font profession (juin 1611). Après avoir mis ordre aux affaires de famille, Jeanne revient à Annecy où, malgré les difficultés (les Visitandines ne sont pas cloîtrées, ce qui étonne l'opinion), la Congrégation prospère : un nouveau monastère est bâti en 1614. La Mère de Chantal installe une maison de la Visitation à Lyon (1615); mais l'évêque de cette ville exige la clôture pour les religieuses, qui deviennent ainsi des moniales. En 1619, saint François de Sales, forcé par les circonstances, érige son institut en ordre, avec clôture et vœux solennels : la visite des malades se trouve ainsi supprimée. Tandis que la fondatrice multiplie les maisons de la Visitation, l'évêque de Genève exige le maintien de leur indépendance et refuse de nommer une supérieure générale.

Après la mort de François de Sales (1623), la Mère de Chantal, réélue supérieure d'Annecy, rassemble les écrits du fondateur, rédige un coutumier et un commentaire des règles tiré de la pensée du saint. Élue supérieure de la maison d'Orléans (1526), elle refuse ce poste, préférant rester à Annecy, selon le désir exprimé autrefois par saint François de Sales. L'ordre se répand en France, en Savoie, en Piémont, en Suisse : il compte bientôt soixante-dix maisons. Sans être supérieure générale (Jeanne observe les volontés de saint François de Sales sur ce point), la fondatrice visite ces maisons. Après avoir revu saint Vincent* de Paul à Paris, elle s'arrête à Moulins, où elle meurt le 13 décembre 1641. Son corps sera transporté à Annecy, où il repose auprès de celui de saint François de Sales. Béatifiée en 1751, canonisée en 1767. — Fête le 12 décembre (ancienne fête le 21 août).

JEANNE de France ou **Jeanne de Valois,** fondatrice de l'ordre de l'Annonciation (Nogent-le-Roi 1464-Bourges 1505). Fille de Louis XI et de Charlotte de Savoie, elle est, comme son père, disgraciée par la nature; infirme et laide, elle manifeste d'exceptionnelles qualités de cœur et une volonté trempée dès l'enfance. Des raisons purement politiques l'obligent, à quatorze ans, à épouser son cousin Louis d'Orléans qui n'aura que mépris pour sa fragile compagne. Devenu le roi Louis XII, il demande d'ailleurs la déclaration de nullité de son mariage, décidé, dit-il, par contrainte morale. Alexandre VI Borgia, désireux de se gagner l'alliance française, se prête à cette annulation, qu'il reconnaît par l'intermédiaire de son fils César, que Louis XII reçoit en souverain. Avec magnanimité, Jeanne accepte de se voir ainsi détrônée (1498). Réduite à n'être plus que la duchesse de Berry, elle se retire à Bourges, sa capitale, d'où elle étend, sur la province, les bienfaits de son zèle et de sa charité. Son confesseur, le père Gabriel-Maria, franciscain, l'incite bientôt à jeter les bases de l'ordre contemplatif de l'Annonciade, dont les règles sont approuvées par Alexandre VI en 1504 et confirmées en 1517. Jeanne mène avec vigueur et sévérité ses moniales vers la perfection. Avant la Révolution française, son ordre comptera une quarantaine de couvents. En 1562, son corps sera dépecé et brûlé par les protestants. Benoît XIV la béatifiera en 1742, Pie XII la canonisera en 1950. — Fête locale le 4 février.

JEANNE de Lestonnac, fondatrice de l'ordre de Notre-Dame (Bordeaux 1556-*id.* 1640). Sa mère, Jeanne Eyquem de Montaigne, fervente calviniste, est la sœur de l'auteur des *Essais;* l'influence de son père et des jésuites de Bordeaux semble avoir préservé sa foi catholique. En 1573, elle épouse Gaston de Montferrat-Laudiras : sur sept enfants, quatre seulement survivront.

En 1603, veuve depuis six ans, Jeanne quitte les siens pour entrer chez les feuillantines de Toulouse; mais elle ne peut supporter les austérités du noviciat. Et voici qu'un jésuite, le P. de Bordes, a l'inspiration de fonder un ordre féminin, qui accomplirait auprès des filles une œuvre analogue à celle des jésuites auprès des garçons : il associe Jeanne de Lestonnac à son projet. Le 7 mars 1606, celle-ci présente à l'archevêque de Bordeaux le plan de l'institut qui est approuvé par Paul V, le 7 avril 1607, et qui prend le nom de compagnie de Marie ou ordre de Notre-Dame, dont les religieuses (3 600 en 1970), à vœux solennels, unissent la vie contemplative aux œuvres d'apostolat, à l'enseignement notamment. Jeanne prend elle-même le voile, en 1608. A sa mort, son ordre compte déjà 30 monastères. Canonisée le 15 mai 1949. — Fête locale le 2 février.

— Autres saintes et bienheureuses portant le nom de **Jeanne :** vingt-deux. A détacher : **Jeanne-Antide Thouret** († 1826), fondatrice des sœurs de la Charité de Besançon (fête locale le 23 mai); **Jeanne-Élisabeth Bichier des Âges** († 1838), fondatrice des Filles de la Croix (fête locale le 26 août).

JÉRÔME, docteur de l'Église latine (Spridon, Dalmatie, v. 345-Bethléem 419 ou 420). De famille aisée, Jérôme étudie à Rome. Après un séjour à Trèves et en Gaule, il gagne la Syrie, où il se voue à la vie érémitique. Appelé à Constantinople (379-382), Jérôme y traduit les homélies d'Origène et la Chronique d'Eusèbe de Césarée. A Rome, où il accompagne les évêques d'Antioche et de Salamine, il entre dans l'intimité du pape Damase, qui le charge de retoucher le latin du Nouveau Testament. En même temps, Jérôme devient le directeur spirituel de nobles Romaines (notamment Marcella, Paula et sa fille Eustochium), qu'il initie à la lecture de la Bible, sa grande spécialité. Après la mort de Damase, ses ennemis (car il a un caractère instable et vindicatif) l'obligent à quitter Rome pour la Terre sainte, où le rejoignent Paula, Eustochium et quelques autres.
Après un tour en Égypte, où il visite les monastères, Jérôme se fixe à Bethléem (386). Abbé d'un groupe de moines, supérieur de nonnes dirigées par Paula ou Paule*, il consacre une bonne partie de son temps à une activité intellectuelle intense, que ne diminuent pas des épreuves de santé. Il est en même temps mêlé aux querelles origénistes et pélagiennes, mais il se révèle moins bon théologien que bibliste. En fait, c'est un homme épris de vie religieuse, et on peut le considérer comme un bon propagateur du monachisme. Il mourut peu après Eustochium, dont la mère était morte en 404.
L'œuvre écrite de Jérôme est considérable. Elle est dominée par une traduction latine des Écritures, qui est devenue, grâce au concile de Trente, l'officielle Vulgate. Historien, il a écrit notamment une vie de saint Paul* ermite et de saint Hilarion*. Polémiste vigoureux et parfois hargneux, il soulagea sa bile en différents traités *(Contre Helvidius, Contre Jovinien, Contre Jean de Jérusalem...).* On a aussi de lui des lettres, souvent admirables, où il révèle une sensibilité quasi féminine. — Fête le 30 septembre.
— Autres saints du même nom : huit, dont **Jérôme Émilien** († 1537), fondateur des Somasques (fête le 8 février; ancienne fête le 20 juillet).

JOACHIM, père de la Vierge Marie. Le culte de ce saint est naturellement associé à celui, beaucoup plus populaire, de son épouse, sainte Anne*.
De lui, comme d'elle, nous ne savons rien. Car le *Protévangile de Jacques,* qui le nomme et raconte sa vie, est apocryphe. En fait, l'auteur a voulu présenter Joachim sur le modèle d'Abraham et de Zacharie, père de Jean-Baptiste. Cela n'a pas empêché les imagiers du Moyen Age de représenter la double « annonciation », faite à Anne et Joachim, et la rencontre des deux époux à la porte Dorée. Le culte de Saint Joachim n'est apparu que très tardivement en Occident (xive s.).
— Fête, le même jour que sainte Anne, le 26 juillet (ancienne fête le 16 août).
— Sept autres saints ou bienheureux s'appellent **Joachim.** Parmi eux, le célèbre **Joachim de Flore** (v. 1130-1202), docteur apocalyptique, qui est honoré localement comme bienheureux le 30 mars.

JOHN Fisher. V. *Jean Fisher.*

JONAS, martyr († 327). Selon une Passion de type classique, Jonas et son frère Barachise, chrétien de la ville de Beth-Asa en Perse, encouragèrent les chrétiens persécutés par le roi des Perses, Chahpuhr II, fervent adepte du mazdéisme. Arrêtés, les deux frères confessèrent leur foi. Fouetté et déchiqueté jusqu'à l'os, Jonas eut le courage de reprocher aux juges leur aveuglement. On le coupa en morceaux. — Fête locale le 29 mars.
— Un autre **Jonas** fut moine en Égypte au ive s. (fête locale le 11 février).

JOSAPHAT, archevêque de Polotsk (Wladimir, Volhynie, 1580-Vitebsk 1623). Josaphat Kuncevicz naît orthodoxe. A 20 ans, il embrasse l'Union ruthène, qui vient d'être proclamée à Brest-Litovsk. En 1604, il entre au monastère basilien de Vilna; il y est ordonné prêtre en 1609. Mais déjà, avec un jeune noble ruthène, Jean Rutskij, il a entrepris la réforme des Basiliens. En 1613, Josaphat est nommé higoumène de la première fondation, à Byten; l'année suivante, il fonde lui-même le monastère de Zorowice, citadelle de l'Union. Archimandrite de Vilna, il devient, en 1618, archevêque de Polotsk. Défenseur passionné de la cause de l'Union (il publie, en 1617, *la Défense de l'unité de l'Église*), il s'attire la haine de certains orthodoxes, qui finissent par le massacrer le 12 novembre 1623. Béatifié en 1643, canonisé en 1867. — Fête le 12 novembre (ancienne fête le 14 novembre).

JOSEPH, époux de Marie, mère de Jésus. Les Évangiles, seule source pour notre connaissance de Joseph, ne parlent de lui qu'incidemment. Ils nous apprennent que le père nourricier de Jésus était ouvrier en bois, probablement charpentier. Saint Luc rapporte que les contemporains, s'interrogeant sur Jésus, disaient : « N'est-ce pas là le fils de Joseph ? ». Dans la généalogie de Jésus, l'évangéliste glisse cette note : « Jésus, lors de ses débuts, avait environ trente ans, et il était, à ce qu'on croyait, fils de Joseph ». Dans l'évangile de saint Jean, Nathanaël ne peut d'abord croire à la messianité de « Jésus, le fils de Joseph, de Nazareth ».

Joseph était fiancé à Marie quand celle-ci, choisie par Dieu pour être mère de Jésus, « se trouva enceinte par le fait de l'Esprit-Saint, avant leur union ». Joseph, « qui était un homme juste », résolut de la répudier en cachette, mais un ange lui dit : « Joseph, fils de David, ne crains pas de prendre chez toi Marie ton épouse; car ce qui a été engendré en elle vient de l'Esprit-Saint. Elle enfantera un fils que tu appelleras du nom de Jésus, car c'est lui qui sauvera son peuple de ses péchés. » Joseph obéit aux ordres reçus : il prit chez lui son épouse et,

« sans qu'il l'eût connue, elle enfanta un fils, qu'il appela du nom de Jésus ». On trouve Joseph auprès de Marie, à Bethléem, lors de la naissance de Jésus et de la visite des Mages; à Jérusalem, lors de la Présentation au Temple. Pour sauver l'enfant et sa mère menacés par Hérode, il organise la fuite en Égypte. Et c'est à Nazareth, sous son toit, que Jésus « grandit, se fortifia et se remplit de sagesse ». Et puis, plus rien de certain. Car les détails donnés sur la vie et la mort de Joseph par les Évangiles apocryphes, notamment par l'*Histoire de Joseph le Charpentier*, sont à rejeter, même si le culte de saint Joseph s'en est inspiré.

Ce culte est d'origine récente. Ce n'est qu'à partir du xve s. que la prédication prend fréquemment comme thème la vie et les vertus de l'époux de Marie. Gerson († 1429) se fait le promoteur de la fête des Fiançailles de saint Joseph, qui sera étendue à toute l'Église en 1729. Au xviie s., le culte de saint Joseph s'épanouit, notamment dans le cadre de la spiritualité de l'École française; en 1621, la fête du 19 mars, d'origine anglaise, devient obligatoire et chômée. Au début du xxe s., elle deviendra la principale fête de saint Joseph; elle l'est restée. Quant à la fête du Patronage de saint Joseph (mercredi avant le 3e dimanche de Pâques), née au xviie s., elle a été abolie par Pie XII et remplacée par la fête de Joseph artisan, fixée au 1er mai, jour de la fête du Travail dans de nombreux pays. En 1962, le nom de saint Joseph a été introduit au canon de la messe.

JOSEPH d'Arimathie (i^er s.). Ce personnage n'est connu que par un épisode évangélique, l'ensevelissement de Jésus. Juif pieux, disciple de Jésus en secret — par peur des juifs —, membre du Sanhédrin, il intervient auprès de Pilate pour que le corps de Jésus soit enseveli décemment; le temps pressant, il offre le tombeau qu'il s'est fait creuser dans un jardin, près de Jérusalem : c'est là, en effet, qu'est inhumé Jésus.

Tous les autres traits relatifs à Joseph d'Arimathie, et qui abondent dans les Évangiles apocryphes, appartiennent à la légende. Tout aussi légendaire est le fait que Joseph aurait été le premier apôtre de l'Angleterre. Son culte ne remonte en Occident qu'au xvᵉ s. — Fête locale le 17 mars.

JOSEPH Calasanz, fondateur des clercs réguliers des Écoles pies (Peralta, Aragon, 1556-Rome 1648). Joseph Calasanz y Gastón est issu d'une famille aristocratique. Ordonné prêtre en 1582, il sert dans les diocèses de Huesca et d'Urgel, avant d'accompagner à Rome le cardinal Marc-Antoine Colonna (1592). Dans la capitale de la chrétienté, Joseph découvre une misère affreuse, qui frappe surtout les enfants, abandonnés à la dépravation. En 1597, il ouvre une école gratuite, noyau de ce qui sera bientôt la congrégation des clercs réguliers des Écoles pies *(Piaristes),* qu'il nomme aussi Pauvres de la Mère de Dieu, congrégation toujours florissante.
Supérieur général, Joseph subit de pénibles persécutions de la part de ses frères mêmes. Dénoncé à l'Inquisition, emprisonné, il est, à 86 ans, privé de sa charge. Il meurt le 25 août 1648. Il sera béatifié en 1748 et canonisé en 1767. Pie XII (1948) l'a constitué patron de toutes les écoles populaires chrétiennes. — Fête le 25 août (ancienne fête le 27 août).

JOSEPH de Copertino, frère mineur conventuel (Copertino, Pouilles, 1603-Osimo 1663). Joseph Desa naît dans une famille très pauvre; on l'emploie au travail des champs; son air perpétuellement distrait lui attire le surnom de *Boccaperta* («Bouche ouverte»). Cette apparence niaise et son ignorance lui ferment d'abord les voies de la vie religieuse, jusqu'au jour de 1625 où les frères mineurs conventuels du couvent de la Grottella, près de Copertino, l'admettent parmi eux. En 1628, Joseph est prêtre; à partir de 1630, il est le sujet d'étonnants phénomènes de lévitation, qui, joints à ses extases et à des miracles nombreux, attirent bientôt vers lui les foules. L'Inquisition s'en mêle, mais le déclare innocent (1634); alors on l'isole, mais, en dépit de son isolement, Joseph voit venir à lui

des gens de l'Europe entière. Étant à Assise (1639-1653), il convertit au catholicisme le duc Jean-Frédéric de Saxe; l'infante Marie de Savoie se place sous sa direction.
On a gardé de lui des lettres et des poèmes d'une simplicité toute villageoise. Joseph de Copertino a été béatifié en 1753 et canonisé en 1767. Celui qu'on appela «le saint volant» est considéré comme le patron des aviateurs. — Fête locale le 18 septembre.
— Outre ces quatre saints, une quarantaine d'autres saints ou bienheureux s'appellent **Joseph.** Parmi eux : **Joseph de Leonessa** (1556-1612), capucin italien (fête locale le 4 février); **Joseph Cafasso** (1811-1860), prêtre piémontais, canonisé en 1947 (fête locale le 23 juin); **Joseph l'Hymnographe** (v. 816-886), moine grec, célèbre pour ses compositions poétiques (fête locale le 3 avril); **Joseph Oriol** (1650-1702), prêtre catalan (fête locale le 23 mars); **Joseph-Benoît Cottolengo** (1786-1842), prêtre piémontais, fondateur, à Turin, d'un hôpital célèbre, la *Piccola Casa* (fête locale le 30 avril); **Joseph-Marie Pignatelli** (1737-1811), jésuite italien (fête locale le 27 novembre).

JOVITE. V. *Faustin.*

JUDE ou **THADDÉE,** apôtre (Iᵉʳ s.). Il faut distinguer deux personnages de l'Évangile qui portent le nom de Jude : le premier est l'un des douze apôtres; le second est un cousin de Jésus et l'auteur de l'épître dite *de saint Jude.*
L'apôtre, appelé aussi Thaddée ou « Jude de Jacques » (c'est-à-dire fils d'un Jacques non déterminé), n'est guère connu que par son intervention au cours de la dernière Cène. S'adressant à Jésus, il lui dit alors : « Seigneur, comment se peut-il que tu doives te manifester à nous et non pas au monde? »
On ne sait rien sur ce que fit Jude après la Pentecôte. Des traditions diverses le montrent évangélisant la région d'Édesse, la Libye, la Mésopotamie; il aurait été martyrisé en Perse, en même temps que l'apôtre Simon*, avec qui il est honoré le 28 octobre.

JULES Ier, pape de 337 à 352. Romain d'origine, Jules succède au pape Marc. Dès le début de son pontificat, il doit intervenir dans les troubles suscités autour de saint Athanase; celui-ci, accusé par les ariens, réunit en 337 un synode, qui adresse au pape une lettre témoignant de l'unanimité des évêques égyptiens autour de l'évêque d'Alexandrie. Expulsé par les ariens en 339, Athanase se rend près de Jules Ier, qui prend sa défense au cours d'un synode romain (340-341) et adresse aux Orientaux une longue lettre de reproches. Puis, sur les instances de Jules, les empereurs Constance et Constant convoquent à Sardique un concile général (343), où les Occidentaux appuient la position d'Athanase, qui peut rentrer à Alexandrie. Jules Ier écrit alors au clergé et au peuple de cette ville pour les féliciter du retour de leur pasteur.

On a attribué à ce pape des textes manifestement apocryphes. — Fête locale le 12 avril.

— Le nom de **Jules** revient encore huit fois au martyrologe romain : il s'agit presque toujours d'un martyr des premiers siècles.

JULIE, martyre en Corse (VIe ou VIIe s.). Ce que nous connaissons de cette sainte, qui est, avec sainte Dévote*, la patronne de la Corse, relève de traditions tardives et donc peu sûres.

Julie serait originaire de Carthage. Elle aurait été vendue comme esclave à un négociant syrien qui se rendit en Gaule avec elle; au cours d'une escale en Corse, la jeune vierge fut appréhendée par des païens et, ayant refusé de sacrifier aux dieux, elle fut crucifiée. Les Corses croient, eux, que leur patronne naquit dans leur île. Certains hagiographes se demandent si on ne l'a pas confondue avec une autre Julie, martyre à Carthage.

Quoi qu'il en soit, le culte de sainte Julie se répandit dans l'île de Beauté. Ses reliques, sauvées des Sarrasins au VIIIe s., se trouveraient dans un monastère de Brescia. Quelques-uns de ses ossements sont vénérés en Corse, à Nonza, où s'est développé un pèlerinage. — Fête locale le 22 mai.

— Autres saintes et bienheureuses du même nom : onze. Parmi elles, plusieurs martyres des premiers siècles, la bienheureuse **Julie Billiart** († 1816), fondatrice des sœurs de Notre-Dame (fête locale le 8 avril), et **Julie-Louise de Jésus** († 1794), carmélite de Compiègne (fête locale le 17 juillet).

JULIEN l'Hospitalier, patron des bateliers, des voyageurs et des aubergistes (date indéterminée). Ce saint est surtout connu par la *Légende de saint Julien l'Hospitalier,* l'un des plus beaux contes de Flaubert (1877). Celui-ci y reprend une très vieille histoire, vulgarisée par la *Légende dorée* du bienheureux Jacques de Voragine (XIIIe s.); elle est liée à un thème narratif très fréquent en hagiographie : celui du cerf.

Julien, chasseur émérite, traque un cerf à face humaine, qui lui prédit qu'il sera parricide; en effet, il tue ses parents, alors qu'il les reposaient dans son propre lit : Julien croyait avoir puni les violateurs de la couche conjugale. Parricide sans l'avoir voulu, il décide de se racheter; il élève, près d'un fleuve dangereux, une maison d'accueil pour les voyageurs, dont il assure bénévolement le passage, d'où son surnom d'*Hospitalier.* Par une nuit de tempête, il fait passer un lépreux, qui se révèle être le Christ.

Cette occupation charitable se retrouve, plus ou moins transformée, dans la vie de deux autres saints appelés Julien : **Julien,** époux de sainte Basilissa, martyr à Antinoé (Égypte) au IVe s. (fête locale le 12 janvier), et aussi dans celle de **Julien,** premier évêque du Mans au IIIe s. (fête locale le 27 janvier). Confusion due à l'homonymie, et qui est fréquente dans la vie des saints.

L'iconographie de saint Julien l'Hospitalier est particulièrement riche. — Fête locale le 27 janvier (selon la *Légende dorée*).

— 35 saints du martyrologe romain portent le nom de **Julien.** La plupart sont des martyrs des trois premiers siècles. Il faut mentionner : **Julien de Brioude,** martyrisé probablement sous Julien (362), saint très populaire dans le centre de la France, où 300 églises sont placées sous son vocable (fête locale le 28 août), et **Julien,** évêque de Tolède au VIIe s., qui présida quatre conciles espagnols et laissa des *Apologies* (fête locale le 8 mars).

JULIENNE Falconieri, fondatrice des Mantellates (Florence 1270-*id.* 1341). Elle est probablement la nièce d'Alexis Falconieri, l'un des sept fondateurs des Servites* de Marie; à 14 ans, elle reçoit l'habit du tiers ordre des Servites. Elle mène, dès lors, dans la maison paternelle, une existence très austère. Devenue orpheline, elle organise une communauté dont les religieuses, vouées à l'éducation des enfants et au soin des malades, prennent le nom de *Mantellates,* à cause du grand manteau qui les distingue. En 1304, une bulle de Benoît XI reconnaît à cette congrégation les privilèges d'un ordre religieux. En 1306, Julienne est désignée comme supérieure.
La vie de Julienne a été considérablement embellie par ses biographes, grands amateurs de miracles, plus merveilleux les uns que les autres. Il reste qu'elle laissa un renom de sainteté qui justifie amplement sa canonisation en 1737. — Fête locale le 19 juin.

JULIENNE de Mont-Cornillon, vierge (Rétine, près de Liège, 1192-Fosses 1258). Orpheline à cinq ans elle est accueillie au monastère de Mont-Cornillon, aux portes de Liège. A 15 ans elle reçoit l'habit religieux : dès lors elle est favorisée de visions qui ont comme but de l'amener à faire instituer une fête spéciale en l'honneur du Saint-Sacrement. En 1222 Julienne est élue prieure du monastère; grâce à l'appui de religieux et de prélats, elle obtient que l'évêque de Liège, en 1246, institue la fête du Corps du Christ. Cependant, les persécutions liées à cette institution obligent Julienne et quelques sœurs à sortir de Mont-Cornillon pour se réfugier chez des cisterciennes puis à Namur et à Salzinnes. C'est dans une ultime retraite, à Fosses, que Julienne s'éteint. — Fête locale le 5 avril.
— Quatorze autres **Julienne** sont au martyrologe romain; les plus marquantes sont

une veuve de Bologne (fête locale le 7 février); une martyre de Nicomédie en 307 (fête locale le 16 février); une abbesse de Pavilly, en Normandie, au IXe s. (fête locale le 11 octobre).

JULIETTE ou **JULITTE,** martyre à Césarée de Cappadoce († v. 303). Connue seulement par une homélie de saint Basile, cette veuve mourut victime du grand édit antichrétien de 303. Elle refusa d'offrir l'encens aux idoles; on la brûla. — Fête locale le 30 juillet.
— Deux autres saintes, martyres des premiers siècles, portent aussi ce nom.

JUNIEN, ermite en Limousin (VIe s.). Disciple de l'ermite saint Amand, Junien vécut à Comodoliac, devenue la ville de Saint-Junien (Haute-Vienne). C'est grâce à la vénération de l'évêque de Limoges, Rorice II, que le tombeau du saint devint un lieu de pèlerinage, foyer d'une nouvelle ville. — Fête locale le 16 octobre.
— Un autre saint **Junien** (VIe s.?) fut abbé en Poitou (fête locale le 13 août).

JUST ou **JUSTE,** archevêque de Canterbury († 627). Comme beaucoup d'autres missionnaires, Just fut envoyé chez les Angles par saint Grégoire le Grand. D'abord évêque de Rochester (604), il dut s'exiler en Gaule sous la pression de la majorité restée païenne. En 624, Just, qui était rentré en Angleterre, devint archevêque de Canterbury. Il consacra le premier archevêque d'York. — Fête locale le 10 novembre.
— Autres saints de ce nom : seize, dont un évêque de Lyon († apr. 381), honoré localement le 14 octobre; et un évêque de Strasbourg (IVe s.) [fête locale le 2 septembre].

JUSTIN, philosophe et martyr (Flavia Neapolis [Naplouse] début IIe s.-Rome 166). Issu d'une famille grecque et païenne, Justin se met très jeune en quête de la vérité : déçu tour à tour par le stoïcisme, le péripatétisme, le platonisme et le pythagorisme, il finit par trouver le repos et la joie dans la doctrine chrétienne. Il se voue, dès lors, à l'enseignement et à la défense de sa foi. Justin vient à Rome sous Antonin et y ouvre une école. Son arrestation et sa mort par décapitation seraient dues à l'intervention d'un philosophe cynique, Crescens. Plusieurs chrétiens moururent avec lui : Chariton, Evelpiste, Hierax, Pacon, Libérien. Les Actes de saint Justin et de ses compagnons appartiennent à la catégorie des Actes dits « proconsulaires », parce qu'ils reproduisent les formules du procès-verbal officiel.

Parmi les œuvres écrites de Justin, il faut citer : deux *Apologies*, le *Dialogue avec Tryphon* (savant juif), un *Discours aux Grecs*, disparu. La doctrine de Justin est centrée sur le Verbe, dont notre philosophe parle à la manière platonicienne. En Jésus-Christ, c'est le *Logos* qui s'est révélé avec plénitude : il est répandu dans le monde entier; chaque homme en possède comme un germe. Doctrine optimiste, qui permet à Justin de tenter de « jeter un pont » entre le christianisme et la philosophie.

Par ailleurs, le saint nous a laissé, dans ses *Apologies*, de précieux témoignages sur la liturgie de son temps, sur la catéchèse dans l'Église primitive et sur la théologie de l'eucharistie. — Fête le 1er juin (ancienne fête le 14 avril).

— Six autres saints s'appellent **Justin.** Cinq sont des martyrs; quant au bienheureux **Justin de Jacobis** (1800-1860), lazariste, apôtre de l'Abyssinie, il est honoré localement le 31 juillet.

JUSTINE, martyre à Nicomédie (?), compagne de Cyprien (date inconnue). Selon une légende, dont on ne peut rien retenir, Justine aurait été aimée par un magicien d'Antioche, Cyprien. Après avoir repoussé, avec l'aide du Ciel, ses assauts amoureux, elle l'amena à se convertir. Cyprien et Justine auraient été martyrisés ensemble, sous Dioclétien. Ce roman a servi de thème, notamment, à une pièce de Calderón, *El magio prodigioso* (1637). Justine et Cyprien ont été écartés du nouveau calendrier romain (ancienne fête le 26 septembre).

— Autres saintes du même nom : sept, presque toutes martyres.

KNUT. V. *Canut.*

Louis IX de France était beau, grand et mince; son visage bien construit avait le calme ordonné hérité de sa grand-mère Isabelle de Hainaut. Art français, xvᵉ siècle. Pierre polychrome. Église de Mainneville.

LAURENT, diacre, martyr à Rome (✝ 258). Sous Valérien parurent plusieurs édits contre les chrétiens et leur culte (257-258). Alors qu'il assistait le pape Sixte II dans la célébration de l'eucharistie, l'archidiacre Laurent fut surpris par la police impériale (6 août 258) et exécuté quelques jours plus tard, après avoir probablement été torturé, afin qu'il livrât les archives et les biens de l'Église, dont sa charge le faisait dépositaire. On l'inhuma près de la voie Tiburtine.

Ce martyre se retrouve dans les Actes de saint Laurent, Passion en grande partie légendaire qui inspira de nombreux artistes et aussi des poètes (Prudence) et des prédicateurs. On y voit Laurent, à qui le pape Sixte, en marche vers la mort, confie les trésors de l'Église, sommé par Valérien (qui n'est ici que le préfet de Dèce) de livrer ces richesses. Après trois jours de délai, l'archidiacre revient avec une foule de pauvres et d'infirmes, qu'il présente comme les véritables trésors chrétiens. Torturé, Laurent convertit un soldat, qui est aussitôt exécuté; on place alors le martyr sur un gril. De là, Laurent s'adresse à Valérien : « Tu as cuit un côté ! Retourne-moi donc et mange ! »

Ce saint hors série fut tôt l'objet d'un culte exceptionnel. Dès l'époque de Constantin, il avait une basilique (Saint-Laurent-hors-les-Murs) à Rome. Sa fête, solennellement célébrée, comportait vigile et octave. On sait que Philippe II, voulant célébrer sa victoire de Saint-Quentin (10 août 1557), consacra au saint du jour le célèbre Escurial, à qui on donna la forme d'un gril. Saint Laurent est non seulement le patron des cuisiniers, mais aussi celui des bibliothécaires et des archivistes. — Fête le 10 août. — Autres saints ou bienheureux de ce nom : vingt-trois. Parmi eux : **Laurent de Brindes** (1559-1619), capucin (fête le 27 juillet), et **Laurent Justinien** (1381-1455), patriarche de Venise (fête locale le 5 septembre).

LAZARE, ami de Jésus (Iᵉʳ s.). Lazare, frère de Marthe et de Marie, n'apparaît que dans l'évangile de saint Jean. C'est un habitant, probablement assez riche, de Béthanie, où il reçoit son ami Jésus lors du dernier séjour de ce dernier à Jérusalem. Il est surtout célèbre pour sa résurrection, qui est le plus grand miracle opéré par Jésus, car, mort, Lazare sentait déjà mauvais. Ce miracle, dans le 4ᵉ Évangile, fait l'objet d'une narration fortement charpentée. On ne sait rien sur la survie de Lazare, si ce n'est que, six jours avant la dernière Pâque, « Jésus vint à Béthanie où était Lazare... On lui fit un repas, et Marthe servait. Quant à Lazare, il était un de ceux qui étaient à table avec lui ». Une légende veut que Lazare ait été évêque dans l'île de Chypre et y soit mort martyr. En Occident, une légende plus tenace fait de Lazare, débarqué en Gaule avec ses deux sœurs, un évêque de Marseille. Si les lieux dits Saint-Lazare (ou Saint-Ladre) sont très nombreux, en France notamment, c'est qu'au Moyen Age on confondait le Lazare ressuscité avec le pauvre Lazare de la parabole du mauvais riche.

Plusieurs villes, notamment Plaisance

et Marseille, ont prétendu posséder qui le corps, qui la tête, qui des reliques insignes du frère de Marthe et de Marie. — Fête locale le 17 décembre.

— Autres saints du même nom : six, dont un stylite du XI° s., **Lazare le Galésiote** (fête locale le 7 novembre).

LÉA, veuve romaine († 384). Dame de l'aristocratie romaine, Léa renonça au monde après la mort de son mari. Elle devint l'une des principales disciples de saint Jérôme qui, dans son panégyrique de la sainte veuve, fait allusion à une charge cénobitique qu'elle aurait exercée. Elle fut enterrée à Ostie. En fait, son nom n'est inscrit au martyrologe romain que depuis le XVI° s. — Fête locale le 22 mars.

LÉANDRE, évêque de Séville (Carthagène avant 549-Séville 596). Fils d'un notable hispano-romain, Léandre est le frère de deux autres saints, Fulgence* et Isidore* qui devait lui succéder à Séville. C'est à son influence que l'Espagne wisigothique doit la conversion au catholicisme d'Herménégild*, fils aîné du roi arien Liuvigild : influence qui valut à l'évêque d'être exilé en 579. La persécution dont souffrit Herménégild — qui finira par être décapité en 585 — amena Léandre à faire le voyage de Constantinople pour obtenir l'appui du basileus : en vain d'ailleurs; mais ce séjour byzantin permit à l'évêque de Séville de se lier d'une amitié profonde à celui qui, en 590, allait devenir le pape Grégoire* le Grand.
En 586 accède au trône d'Espagne le frère d'Herménégild, Reccared, qui se convertit au catholicisme et dont Léandre devient le principal conseiller. Tout naturellement, l'évêque de Séville joue un rôle capital au cours du concile convoqué à Tolède par Reccared en 589; c'est lui qui, clôturant le concile, prononce un discours célèbre, qui a été conservé : *De triumpho Ecclesiae*. De Léandre de Séville on a aussi des traités contre l'arianisme et un essai sur la virginité monastique. D'autre part, il participa activement à la mise en place des textes liturgiques de l'Église wisigothique. On a pu comparer le rôle de Léandre en Espagne, auprès des chefs wisigoths, à celui de saint Remi* auprès de Clovis et des chefs francs. — Fête locale le 28 février.

LÉGER, évêque d'Autun (v. 616-680?). De très haute naissance, élevé au palais de Clotaire II, Léger gravit rapidement les échelons de la hiérarchie ecclésiastique. Archidiacre, il est le conseiller de la régente Bathilde*, qui le fait nommer évêque d'Autun. Tout en mettant de l'ordre dans son diocèse, Léger est entraîné dans les luttes que favorisent la faiblesse des rois mérovingiens et l'ambition des maires du palais. Sa popularité fait de lui le symbole des libertés burgondes. Après l'assassinat de Childéric II, le maire du palais, Ebroïn, le fait arrêter et torturer. Léger, les yeux brûlés et la langue arrachée, agonisera deux ans à Fécamp. Finalement, il sera décapité près de Doullens.
Après l'assassinat d'Ebroïn (680), Léger fut solennellement réhabilité et reconnu comme martyr. Son culte se répandit, dans toute la France, où l'on compte 55 communes portant son nom. — Fête locale le 2 octobre.

LÉOCADIE, martyre à Tolède († v. 304). Cette sainte est la patronne de Tolède, qui la vénère depuis le VII° s. Mais nous ne savons rien de sûr d'elle, malgré l'existence d'une Passion semblable à bien d'autres. C'est dans la basilique à elle dédiée que se tinrent quelques-uns des grands conciles ibériques entre 633 et 638. — Fête locale le 9 décembre.

LÉON I°r le Grand (en Toscane-Rome 461), pape de 440 à 461. Membre du clergé romain, archidiacre, c'est à sa demande que Cassien* écrit son traité contre Nestorius (430). Léon est en Gaule quand il apprend qu'il est élu pape, Xyste III étant mort. Léon est consacré à son retour, le 29 septembre 440.
Docteur, le nouveau pape combat les manichéens, entretient des rapports de communion avec Cyrille* d'Alexandrie; surtout, il intervient directement en Orient, à propos de l'affaire d'Eutychès. A celui-ci, il souhaite de rester dans la foi (448),

mais, quand Eutychès est condamné, Léon adresse à Flavien de Constantinople une lettre célèbre (449), qui fait le point de la christologie telle que le pape l'impose aux controversistes d'Orient. Quand le concile ou « brigandage » d'Éphèse condamne le pape et menace l'Église d'un schisme, Léon riposte par le concile de Chalcédoine (451), où ses légats font triompher sa thèse.

Évêque de Rome et pasteur de l'Église universelle, Léon Iᵉʳ poursuit les survivances du paganisme (jeux du cirque) et contrôle de près l'administration de ses évêques suburbicaires. Défenseur de l'Italie, il est désigné par le faible Valentinien III comme ambassadeur auprès d'Attila, qui ravage la Vénétie et la Ligurie (452). La démarche du pape, dont il faut exclure les détails légendaires, frappe beaucoup la chrétienté, car Attila évacue l'Italie. Quand Genséric entre dans Rome en 455, Léon obtient des Vandales le respect des habitants, mais il ne peut empêcher le pillage de la ville, qui dure 14 jours. Par ailleurs le pape, qui allie la fermeté à l'*episcopalis benevolentia* et à la *sacerdotalis moderatio*, intervient en Gaule contre l'évêque d'Arles (449), en Espagne pour secouer l'apathie du clergé, en Afrique pour rappeler l'autorité du siège romain. Il meurt le 10 novembre 461.

Saint Léon, qui fut plus moraliste que théologien, n'a pas laissé de traités. En revanche, on a de lui un nombre considérable de *Sermons*, très précieux quant au fond et d'un style clair, élégant, voire majestueux; et aussi des *Lettres*. La doctrine de saint Léon a comme axes : la primauté pontificale, les deux natures dans l'unique personne du Christ, l'importance du mystère liturgique. Proclamé docteur de l'Église en 1754, saint **Léon** est le seul pape, avec saint Grégoire Iᵉʳ, à qui la postérité ait donné le nom de *Grand*. — Fête le 10 novembre (ancienne fête le 11 avril).

LÉON III (Rome 750-*id.* 816), pape de 795 à 816. Cardinal-prêtre du titre de Sainte-Suzanne, Léon est élu le 26 décembre 795 pour remplacer le pape Hadrien Iᵉʳ, mort la veille. Aussitôt il notifie son élection à Charlemagne, patrice des Romains, et lui promet obéissance et fidélité, lui envoyant les clés de Saint-Pierre. Cependant Rome connaît de graves troubles : la présence du *missus dominicus* Angilbert ne peut empêcher le pape d'être molesté et même emprisonné alors qu'il dirige la procession des Litanies majeures (25 avril 729). Léon III se réfugie chez le duc de Spolète, puis à Paderborn, près de Charlemagne. Il rentre à Rome en novembre 799. Un an plus tard Léon, à douze milles de Rome, reçoit Charlemagne qui, dès le 1ᵉʳ décembre 800, tient à Rome un grand synode où le pape peut se justifier des accusations de simonie et d'immoralité portées contre lui l'année précédente. Le jour de Noël qui suit, en l'église Saint-Pierre, Léon impose à Charlemagne la couronne impériale et le fait acclamer empereur des Romains; puis le pape « adore » le nouvel empereur et sacre roi son jeune fils Charles. Cependant Léon III manifestera de l'indépendance envers les théologiens francs et même envers l'Empereur (affaire du *Filioque*). La fin de son pontificat sera encore troublée par des complots. En 804 le pape se rendra auprès de Charlemagne et signera son testament (804-806). La Congrégation des Rites inscrira Léon III au martyrologe romain en 1673. — Fête locale le 12 juin.

LÉON IX (Eguisheim, Alsace, 1002-Rome 1054), pape de 1049 à 1054. Brunon appartenait à la famille des comtes d'Alsace. Après de brillantes études, il entre dans le clergé de la cathédrale de Toul. Devenu évêque de Toul (1026), il visite fréquemment son diocèse, donne une grande impulsion aux études sacrées, défend le temporel de son Église contre les usurpateurs et introduit la réforme clunisienne dans les monastères. Grâce à son parent, l'empereur Henri III le Noir, Brunon est désigné comme pape par la diète de Worms avant d'être élu par le peuple de Rome (2 février 1049); il prend le nom de Léon IX.

La situation de l'Église est alors délicate : la simonie et l'incontinence du clergé sont des fléaux qui s'étendent. Léon IX réunit de nombreux synodes; ayant confié à

Hildebrand, le futur Grégoire VII, la réforme de l'abbaye de Saint-Paul-hors-les-murs, le pape parcourt l'Europe en vue de faire appliquer les réformes préconisées. On a de lui des lettres et des petits traités. C'est sous son pontificat que se consomme le schisme entre Rome et Constantinople, schisme dont la chrétienté souffre encore de nos jours. — Fête locale le 19 avril.
— Autres saints et bienheureux du même nom : 27. Parmi eux : **Léon II,** pape de 682 à 683 (fête locale le 12 juin); **Léon IV,** pape de 847 à 855 (fête locale le 17 juillet).

LÉONARD, ermite en Limousin (date indéterminée). Selon une chronique tardive et sans racines (XIe s.), Léonard serait né, au début du VIe s., de nobles francs; Clovis aurait été son parrain. Disciple de saint Remi*, il aurait fondé le monastère de Noblat, là où s'élève la petite ville de Saint-Léonard-de-Noblat, à 22 km de Limoges. Le culte de ce saint inconnu se répandit au loin à partir du XIe s. et devint extrêmement populaire; les croisés, notamment, faisaient volontiers le pèlerinage de Saint-Léonard, là où s'éleva, au XIIe s., la vaste église qui est l'un des chefs-d'œuvre du roman limousin. — Fête locale le 6 novembre.
— Autres saints du même nom : sept, dont **Léonard de Port-Maurice** (1676-1751), missionnaire franciscain (fête locale le 26 novembre).

LÉONCE, évêque de Césarée († v. 337). Le premier événement de la vie de Léonce que l'histoire ait consigné est l'évangélisation de l'Arménie dont il convertit le roi Tiridate. Il participa activement au concile de Nicée et fut chargé de faire connaître les décisions conciliaires à la Galatie et à la Cappadoce où il se montra d'ailleurs plein de charité à l'égard des hérétiques; on le surnomma « l'ange de la paix ». On lui rend un culte particulier à Metz, en l'église Saint-Vincent, où l'on croit posséder ses reliques. — Fête locale le 13 janvier.
— Quatre saints portent aussi le nom de **Léonce.**

LEU. V. *Loup.*

LIDWINE, stigmatisée hollandaise (Schiedam 1380-*id.* 1433). Fillette, Lidwine recherche la solitude pour mieux prier. Vers la fin de sa quinzième année, elle se fracture une côte dans un accident de patinage; des complications surviennent dans de telles conditions que les meilleurs médecins, appelés et payés par ses pauvres parents, ne réussissent pas à la guérir. Peu à peu, cette fraîche jeune fille est réduite à l'état de moribonde à demi putréfiée; elle prend alors conscience que sa vocation est d'unir ses souffrances à celles du Christ et d'expier dans son corps les fautes des autres. Agonie qui va se prolonger près de quarante ans! Les premières années sont les plus pénibles, car Lidwine est alors privée de toute consolation spirituelle.
Rapidement, elle est incapable de prendre aucun aliment solide, se sustentant d'abord avec du vin, puis avec de l'eau, et finalement, dans les dernières dix-neuf années de sa vie, uniquement avec la communion. Mais, depuis longtemps, Dieu et ses anges la visitent, la comblant de leurs consolations. Après sa mort, le corps de Lidwine, difforme et couvert d'ulcères, devient sain et très beau. Son culte sera autorisé par l'archevêque de Malines en 1616; un décret la mettra au rang des saintes en 1890; deux ans plus tard, un office en son honneur sera autorisé.
Jean Brugman, prédicateur franciscain, dont l'activité s'exerça longtemps aux Pays-Bas († 1475), a repris par deux fois, pour l'augmenter, sa *Vie de sainte Lidwine;* le troisième état date de 1454, vingt et un ans après la mort de la sainte; un remaniement abrégé du deuxième obtint une large audience, grâce au renom de son auteur, Thomas* a Kempis. — Fête locale le 14 avril.

LIN, successeur de saint Pierre à Rome, pape probablement de 67 à 76. Selon des données tardives et douteuses, Lin, fils d'un Toscan nommé Herculanus, aurait succédé à saint Pierre; son pontificat se situerait sous le règne de Néron; il aurait été enseveli près de l'apôtre au Vatican. Lin a été écarté du nouveau calendrier romain (anc. fête le 23 septembre).

LONGIN, soldat (Ier s.). On ne peut accorder aucun crédit aux *Acta Longini.* Le nom de Longin ne figure pas dans le texte évangélique : la tradition a cependant attribué ce nom à un personnage qui serait à la fois le centurion dont parlent les Évangiles synoptiques et le soldat qui perça de sa lance le côté de Jésus en croix. En fait, il s'agit de deux personnages différents. Une légende grecque veut que le centurion ait subi le martyre en Cappadoce ; une autre atteste que le soldat du calvaire, frappé de cécité puis guéri par une goutte de sang divin, serait devenu évêque en Cappadoce et aurait été décapité. — Fête locale le 15 mars.

— Quatre autres martyrs des premiers siècles et un évêque de Viviers du VIIe s. (fête locale le 29 mars) répondent aussi au nom de **Longin.**

LOUIS IX (Poissy 1214-Tunis 1270), roi de France de 1226 à 1270. Saint Louis est le type du souverain chrétien tel qu'on le concevait au XIIIe s.

Fils de Louis VIII († 1226) et de Blanche de Castille, le futur Louis IX grandit dans l'ombre de sa sainte mère, régente du royaume. En 1234, celle-ci le marie à Marguerite, fille du comte de Provence Raimond Bérenger IV. Malgré la majorité du roi, Blanche continue à conduire les affaires, au moins jusqu'en 1242. A partir de cette date, Louis IX gouverne le royaume avec sagesse et autorité. A l'intérieur, il a à réprimer une révolte des barons du Midi et de l'Ouest (1241) : il en triomphe sans trop de difficulté. Après quoi, le règne est calme. Les ordonnances royales de 1254 à 1256 tracent les devoirs des officiers, afin d'éviter les exactions, les mauvaises coutumes, la corruption. D'autres ordonnances tendent à affermir le pouvoir monarchique — comme celle qui, en 1258, interdit le duel judiciaire — ou à assurer l'ordre moral : prohibition de la prostitution et des jeux, punition des blasphémateurs.

Ces mesures renforcent d'autant plus la puissance du gouvernement royal que Louis IX jouit d'une grande réputation de sagesse et de sainteté. Menant une vie frugale, pratiquant les jeûnes les plus austères, haïssant le péché, pire à ses yeux que la lèpre, il fait preuve d'un sens très aigu de la charité et d'une extraordinaire droiture dans l'administration de la justice. Il juge, assis le plus souvent sous un chêne du parc du château de Vincennes, et avec la plus parfaite équité, non seulement les affaires de ses sujets, mais de la chrétienté tout entière. On fait appel à ses arbitrages. C'est ainsi que les Dampierre et les d'Avesnes lui demandent de trancher la succession de Flandre (1246), et qu'il rend une sentence contre les barons anglais révoltés, qui ont imposé à Henri III les Provisions d'Oxford (1264). Tout au long de la charmante et savoureuse *Histoire de saint Louis* du sire de Joinville, intime compagnon du roi, on trouve des anecdotes qui prouvent, par des exemples tirés de la vie quotidienne, la sainteté d'ailleurs très abordable et toute simple du souverain. Ce goût du surnaturel et de la pureté, on le retrouve dans les deux monuments auxquels le nom de Saint Louis est particulièrement attaché : la svelte Sainte-Chapelle à Paris, construite pour recevoir la couronne d'épines, et l'abbaye de Royaumont, née d'un dosage de paix, de dévotion et de splendeur.

A l'extérieur, le roi veut faire régner la paix par la concorde entre les princes. Lorsque, en 1242, Henri III débarque pour soutenir les barons poitevins révoltés, Louis IX va au-devant de lui et le bat à Taillebourg et à Saintes. Mais le roi de France ouvre avec les Anglais des négociations, qui aboutissent au traité de Paris (1259). Dans le même esprit, Louis conclut un compromis avec le roi d'Aragon (1258); et c'est par amour de la paix qu'il évite d'intervenir dans la lutte entre le Saint-Siège et Frédéric II.

Pourtant, le roi organise avec ardeur et conduit avec courage la croisade. Il est vrai que, « roi très chrétien » plus qu'un autre, le capétien a l'âme d'un croisé. On peut même dire qu'il fut le dernier croisé, ce mot étant entendu dans son sens chevaleresque. A la fin de 1244, durant une maladie, Louis IX prend la croix pour la première fois. La lenteur des préparatifs retarde le départ de cette 7e croisade jusqu'en août 1248. Les croisés, sous la direction du roi, s'embarquent à Aigues-Mortes pour l'Égypte, principal centre de la puissance musulmane. Ils sont battus à Mansourah (1250), et le roi est fait prisonnier. Libéré contre une forte rançon, il passe quatre ans en Syrie, fortifie les villes tenues par les croisés, et rachète le plus grand nombre de captifs. Il revient en France à la nouvelle du décès de sa mère (1252), mais avec l'intention d'organiser une nouvelle expédition. Il faut cependant attendre mars 1267 pour qu'il formule son projet, qui suscite d'ailleurs fort peu d'enthousiasme parmi les seigneurs. Les croisés quittent Aigues-Mortes le 1er août 1270, en direction de Tunis, qui semble pouvoir constituer une solide base d'attaque contre l'Égypte. Mais peu après le débarquement à Carthage, la peste décime les croisés; le roi en meurt lui-même le 25 août 1270. Il sera canonisé par Boniface VIII dès 1297. — Fête le 25 août.

LOUIS de Gonzague, jésuite italien (Castiglione delle Stiviere, près de Mantoue, 1568-Rome 1591). Louis était le fils aîné de Ferdinand de Gonzague, marquis de Castiglione, et de Marta de Tana Santena. Très jeune, il manifeste un grand penchant pour la prière et pour la pénitence. Envoyé à la cour de Florence, il y étudie le latin et le toscan, et y combat avec acharnement les défauts qu'il a découverts en lui, notamment l'orgueil et l'esprit de révolte. En l'église des Servites de Florence, devant la Vierge de l'Annonciation, cet enfant de onze ans fait vœu de chasteté perpétuelle. Rappelé à Mantoue (1579), Louis découvre la Compagnie de Jésus à travers les livres de Pierre* Canisius; il reçoit la première communion des mains de saint Charles* Borromée. A Castiglione, où il rejoint ses parents, il mène une vie austère et mortifiée; il en est de même à la cour de Madrid, où, en 1581, Ferdinand de Gonzague a été appelé en qualité de grand chambellan de Philippe II. A 16 ans, Louis avertit son père de son intention d'entrer dans la Compagnie de Jésus. Le marquis se révolte d'abord, puis finit par s'incliner. En novembre 1585, après avoir fait les Exercices de saint Ignace, Louis abdique

ses droits en faveur de son frère Rodolphe. Il entre ensuite au noviciat Saint-André à Rome; son père meurt peu après. Louis prononce ses premiers vœux au Collège romain, en 1587, devenant ainsi scolastique. Il soutient ses thèses et reçoit les ordres mineurs (1588). En 1589, il est envoyé à Castiglione par le père général pour y régler un conflit opposant son frère Rodolphe au duc de Mantoue. Durant la famine et la peste, qui ravagent Rome en 1590 et 1591, le jeune religieux se dévoue sans compter. Sa santé, naturellement fragile, ne résiste pas à ces excès de charité. Il se prépare à la mort dans la paix et la joie, et expire le 20 juin 1591.

Louis de Gonzague fut béatifié dès 1605 et canonisé en 1726; l'année précédente, il avait été proclamé patron de la jeunesse, titre qui sera confirmé par Pie XI en 1926. — Fête le 21 juin.

LOUIS-MARIE Grignion de Monfort, missionnaire (Montfort-sur-Meu 1673-Saint-Laurent-sur-Sèvre 1716). Élève des jésuites de Rennes, Louis-Marie Grignion entre, en 1693, au séminaire de Saint-Sulpice, une dame charitable payant sa pension. Il suit en même temps les cours de théologie de la Sorbonne. Dès cette époque, il se fait remarquer par son dépouillement et son amour des pauvres. Ordonné prêtre en 1700, il est nommé aumônier de l'hôpital de Poitiers, où, à l'exemple de saint Vincent* de Paul, il fonde, avec Marie-Louise Trichet, une congrégation hospitalière (1703) : les Filles de la Sagesse, vite populaires; en 1715, elles se chargent d'une école à La Rochelle, avant de s'installer à Saint-Laurent-sur-Sèvre, leur véritable foyer de rayonnement. Entre-temps, le P. de Montfort s'est lancé dans une existence de missionnaire itinérant, évangélisant inlassablement la Bretagne, la Normandie, le Poitou, la Saintonge, les Mauges. D'une éloquence directe, irrésistible, qu'appuient des procédés de propagande un peu originaux (autodafés de mauvais livres, cantiques adaptés à des airs profanes), il voit s'élever contre lui jansénistes, libertins et chrétiens conservateurs. Mais, grâce à Louis-Marie, une bonne partie des provinces de l'Ouest renaissent à la ferveur chrétienne.

Pour consolider les résultats de ses missions, le P. de Montfort jette les bases d'une société religieuse, la Compagnie de Marie, qu'il pense recruter parmi les serviteurs bénévoles qui l'aident à catéchiser, et aussi grâce au zèle des directeurs du séminaire du Saint-Esprit, à Paris. A sa mort, il n'y aura encore que sept frères coadjuteurs, dont quatre, engagés par vœux, formeront le noyau de la congrégation enseignante des frères du Saint-Esprit et de Saint-Gabriel, et deux prêtres, dont l'un sera l'organisateur de la Compagnie de Marie (dits « Pères montfortains »). Le fondateur laissera un bon nombre de cantiques populaires et un *Traité de la vraie dévotion à la Sainte Vierge*. Béatifié en 1888, canonisé en 1947. — Fête locale le 28 avril.

— Autres saints et bienheureux du même nom : trente-deux. Parmi eux : **Louis Bertrand** (1526-1581), dominicain espagnol (fête locale le 9 octobre), et **Louis d'Anjou** (1274-1297), petit-neveu de Saint Louis, évêque de Toulouse (fête locale le 19 août).

LOUISE de Marillac, première supérieure des Filles de la Charité (Paris 1591-*id*. 1660). Fille de Louis de Marillac, seigneur de Ferrières, conseiller au parlement, et de Marguerite Le Camus, Louise perd sa mère aussitôt après sa naissance. Elle est élevée par les dominicaines de Poissy, mais son père l'oblige aussi à s'occuper des travaux domestiques. En 1604, Louise est seule au monde. Sa santé délicate ne lui permettant pas de suivre son attrait pour la vie religieuse, elle épouse, en 1613, Antoine Le Gras. Lui naît un fils, Michel, qui l'entourera de soins particuliers. Mme Le Gras a 28 ans quand elle rencontre saint François* de Sales, qui devient son directeur; après la mort de l'évêque de Genève (1622), elle se met sous la direction de l'évêque de Belley, Camus qui, lui aussi, pacifie son esprit troublé par une grave maladie d'Antoine Le Gras, maladie que Louise tend à attribuer au fait qu'elle n'a pas suivi la vocation religieuse.

En 1624, saint Vincent* de Paul, à la demande de Camus, prend en charge l'âme de Louise, qui, un an plus tard, devient veuve. Elle s'établit alors dans un hôtel délabré, rue Saint-Victor, à proximité du collège des Bons-Enfants, que Mme de Gondi vient de donner à Monsieur Vincent. En 1627, encouragée par ce dernier, elle rédige un acte de consécration à Dieu. En même temps, sans rien changer à sa vie ordinaire, elle participe à l'activité des « charités » de dames fondées par Vincent. L'entrée de son fils Michel au séminaire de Saint-Nicolas, en 1628, lui permet de se consacrer davantage aux « charités », dont elle devient en fait la directrice et l'inspectrice. Cependant, Monsieur Vincent songe à doubler l'action des « dames associées », qui appartiennent au grand monde, par celle de « bonnes filles des champs », plus capables de se vouer aux travaux bas et pénibles. En 1633, Louise réunit quelques-unes de ces filles, qui vont former le premier noyau de la très populaire congrégation des *Filles de la Charité*. Le 25 mars 1634, elle s'engage par vœu au service de Dieu.

C'est à Louise que Vincent confie le soin de rédiger le règlement de la société; il l'approuve en juillet 1634. Rapidement, la petite compagnie se développe, essaime en province (Angers, 1640), restant fidèle au programme admirable tracé par Monsieur Vincent : « Les Filles de la Charité auront pour tout monastère une maison de malade, pour cellule une chambre de louage, pour cloître les rues de la ville ou les salles des hôpitaux, pour clôture l'obéissance, pour grille la crainte de Dieu, pour voile la sainte modestie. » Louise de Marillac, tout en appliquant aussi ses sœurs à l'enseignement des petites filles, aide discrètement, mais efficacement, Vincent de Paul dans l'œuvre des Enfants-Trouvés et (1640) dans celle des galériens. Elle n'oublie pas non plus son fils prêtre, qu'elle entraîne avec elle dans les plus hautes zones de la spiritualité, encore que le bon sens de Monsieur Vincent intervienne parfois pour maintenir Louise dans la joie et la simplicité. En 1641, la communauté s'installe rue Saint-Laurent, presque en face de Saint-Lazare, où réside Vincent; c'est là que la congrégation des Filles de la Charité, approuvée par le roi en 1657, par le pape en 1668, prendra sa forme définitive; c'est là que Louise passe, dans la paix, ses dernières années. Elle y meurt le 15 mars 1660, entourée de ses filles, mais loin de Monsieur Vincent, rendu incapable de se déplacer par l'infirmité.

Les restes de Louise de Marillac sont, depuis la Restauration, dans la chapelle de la maison mère des Filles de la Charité, rue du Bac, à Paris. Béatifiée en 1920, Louise a été canonisée en 1934. — Fête locale le 15 mars.

— Trois autres saintes ou bienheureuses portent le nom de **Louise.**

LOUP ou **LEU,** évêque de Troyes (Toul v. 383-Troyes v. 478). De naissance noble, Loup épousa une sœur de saint Hilaire* d'Arles. Après six ans d'union, les deux époux se séparèrent d'un commun accord. A l'issue d'un séjour dans l'abbaye de Lérins, Loup vendit tous ses biens au profit des pauvres. En 426, il fut élu évêque de Troyes; trois ans plus tard, il accompagna saint Germain* d'Auxerre en Angleterre pour y combattre le pélagianisme. Mais Loup est surtout célèbre pour son action auprès d'Attila. A une époque où les évêques étaient pratiquement les seuls défenseurs de la civilisation chrétienne, l'évêque de Troyes réussit, par son énergie et son sang-froid, à éviter à sa cité les horreurs de la dévastation. Otage du roi des Huns, Loup eut une action profonde sur le Barbare, qui le libéra en se recommandant à ses prières. — Fête locale le 29 juillet.

— Saints du même nom : treize. Parmi eux, un évêque de Sens († 623), honoré localement le 1er septembre.

LUC, évangéliste (Ier s.). Luc est l'auteur du troisième évangile et des *Actes des Apôtres,* la plus importante contribution individuelle au Nouveau Testament.

Païen d'Antioche, féru d'hellénisme et ayant étudié la médecine, il se convertit et s'attacha à saint Paul*, qui le prit avec lui quelque temps (v. 49). Quelques années plus tard (v. 57), Paul retrouva Luc établi à Philippes et le garda auprès de lui. A cette place, Luc fut un observateur capital du développement de l'Église. Après la mort de l'Apôtre des gentils, il quitta la capitale de l'empire. On ne sait ce qu'il devint ensuite, bien qu'une tradition veuille qu'il prêchât et fût martyrisé en Achaïe. Son évangile parut vers 60, les *Actes des Apôtres* entre 62 et 67.

Les écrits de Luc se distinguent par l'intérêt et la sympathie que l'auteur témoigne aux hommes, par ses dons d'observateur et de narrateur. Ce qu'il met en relief dans la personne de Jésus, c'est la bonté; aussi, son message est-il de miséricorde. Il suffit de rappeler que la parabole du Bon Samaritain est rapportée par lui. Les influences féminines sont nettes dans son œuvre. Luc est d'ailleurs le seul des quatre évangélistes qui ait laissé de la Vierge Marie d'importants traits de physionomie; il a aussi insisté sur les épisodes de l'enfance de Jésus. Cela permet de penser que Luc vécut un temps dans l'intimité de Marie. Une jolie légende veut d'ailleurs qu'il ait fait le portrait de la Vierge; si bien que, déjà patron des médecins, il est aussi le patron des peintres. Ses reliques seraient à Padoue. — Fête le 18 octobre.

— Autres saints ou bienheureux du même nom : neuf. Parmi eux : **Luc le Jeune** ou **le Thaumaturge,** moine en Grèce († v. 946), honoré localement le 6 février.

LUCE. V. *Lucie*.

LUCIE ou **LUCE,** martyre à Syracuse dans les premiers siècles. Des fouilles récentes ont révélé, dans les latomies de Syracuse, la petite catacombe Sainte-Lucie et le *loculus* de la martyre du même nom, dont le culte était déjà très répandu en Sicile et ailleurs au ve s.

Mais on ne sait rien de Lucie, car la Passion qui raconte son martyre n'est qu'un roman inspiré de martyres semblables (Agathe*, Cécile*, Agnès*); il n'empêche que le dialogue rapporté entre Lucie et son juge ne manque pas de grandeur, à tel point que saint Thomas* d'Aquin s'y réfère par deux fois dans sa *Somme*, à propos de la virginité. Le nom de Lucie, dérivé de *lux*, a valu à la sainte d'être invoquée pour les maux d'yeux. D'ailleurs, des images représentent la sainte tenant ses deux yeux

enfilés sur une brochette; il est vrai qu'une légende veut qu'elle ait eu les yeux arrachés et qu'une église de Naples prétend posséder ses yeux. — Fête le 13 décembre.
— Autres saintes et bienheureuses du même nom : dix-huit. Parmi elles : **Lucie Filippini** (1672-1732), fondatrice de l'institut des Maîtresses pieuses (fête locale le 25 mars).

LUCIEN d'Antioche, martyr (Samosate, Syrie,?-Nicomédie 312). Orphelin à douze ans, il se place, à Édesse, sous la conduite d'un saint personnage nommé Macaire, auprès duquel il s'initie à l'étude des Saintes Écritures. Passé à Antioche, où il est ordonné prêtre, Lucien ouvre une école d'exégèse et entreprend de traduire en grec les Livres saints : travail précieux, dont tirera parti saint Jérôme. Selon certains, il aurait été entraîné dans les erreurs dogmatiques de Paul de Samosate. En 303, Lucien se trouve à Nicomédie quand sont publiés les décrets de Dioclétien contre les chrétiens. Dénoncé, emprisonné durant des années, il refuse d'immoler aux dieux romains et se livre même, devant ses juges, à des dissertations apologétiques qui ne sont pas de leur goût. Il n'est exécuté qu'en janvier 312. — Fête locale le 7 janvier.
— Autres saints du même nom : sept.

LUCIUS Ier, pape de 253 à 254. Membre du clergé romain sous les papes Fabien et Corneille, il succède à ce dernier en 253. Presque tout de suite, il est frappé d'exil : saint Cyprien* de Carthage lui écrit pour l'encourager. Valérien ayant remplacé Gallus sur le trône impérial et s'étant montré d'abord favorable aux chrétiens, Lucius rentre à Rome; ce retour, Cyprien — vrai chef de l'église d'Afrique — le salue avec enthousiasme dans une lettre restée célèbre. Cyprien voit dans la fin de l'exil du pape le gage d'un long apostolat. Mais Lucius meurt peu après. Son exil lui vaudra d'être honoré comme martyr. Ses reliques furent transférées du cimetière de Callixte en l'église Saint-Sylvestre. — Ce pape a été écarté du nouveau calendrier romain (ancienne fête le 4 mars).

— Dix-huit saints portent le nom de **Lucius;** parmi eux : un roi de Bretagne, d'existence douteuse (fête locale, le 3 décembre), et un martyr de Carthage, mort en 499 (fête locale le 24 février).

LUDGER, évêque de Münster (près d'Utrecht v. 743-Billerbeck 809). Grand admirateur de saint Boniface* et disciple de saint Grégoire d'Utrecht, Ludger reçoit de ce dernier la tonsure. Envoyé à York, il se met sous la direction d'Alcuin. En 773, à la suite d'une altercation entre Anglo-Saxons et Frisons, il revient à Utrecht, rapportant nombre d'ouvrages transcrits par lui.
Prêtre, missionnaire en Frise, Ludger doit fuir un soulèvement saxon, se rend à Rome où le pape Hadrien Ier le reçoit et où il revêt l'habit bénédictin. La soumission de Witikind incite Charlemagne à tirer Ludger de sa retraite du Mont-Cassin pour le charger d'évangéliser cinq cantons de la Frise orientale (787). En 793, son champ d'action s'élargit à la partie nord-ouest de la Saxe. Ludger fonde des monastères, notamment celui qui va devenir le noyau de la ville de Münster. En 802, il est sacré évêque de Münster. Son apostolat s'étend alors sur la Westphalie et jusque dans l'île d'Héligoland. — Fête locale le 26 mars.

LUTGARDE, moniale cistercienne (Tongres 1182-Aywières 1246). Pensionnaire chez les bénédictines de Sainte-Catherine, près Saint-Trond, elle mène une vie assez mondaine quand Jésus lui apparaît, lui montre ses plaies et l'exhorte à un amour exclusif pour lui. Désormais épouse du Christ, selon le langage mystique, elle ne vit que pour lui, réalisant sa présence d'une manière souvent matérielle. Chez les cisterciennes d'Aywières, où elle s'installe en 1206, elle mène une vie de silence et d'humilité. Aveugle, elle prie pour l'humanité tout entière. Les grâces extraordinaires dont Lutgarde dit avoir été l'objet sont rapportées par son historien, Thomas de Cantimpré, qui les admet toutes sans contrôle.
— Fête locale le 16 juin.

Martin servit dans la garde impériale à cheval. On vit cet officier nettoyer les chaussures de son esclave-ordonnance et donner à un pauvre la moitié de son manteau. Art français, XVᵉ siècle. Coll. part.

MACAIRE l'Ancien ou **l'Égyptien,** anachorète († 390). Ce Macaire-ci est un berger de haute Égypte. Faussement accusé par une fille d'avoir abusé d'elle, il supporte en silence les coups que ne manquent pas de lui assener les parents de la dévergondée, avant de s'enfuir au désert de Scété, sur les confins libyens. Il a déjà trente ans, mais soixante années d'érémitisme l'attendent : des disciples, attirés par ses vertus et par sa vie austère, s'installent au voisinage de son ermitage. Ils aiment les aphorismes pleins de suc du saint homme, tel celui-ci qui nourrit plus d'une méditation : « Reçois de la main de Dieu la pauvreté avec autant de plaisir que la richesse. » Et encore : « Dieu ne s'occupe pas de savoir si l'on est marié ou moine, mais il ne voit que le cœur et donne l'Esprit-Saint à qui veut le servir. » — Fête locale le 15 janvier.

MACAIRE d'Alexandrie, anachorète (Alexandrie-† v. 408). On l'a parfois surnommé *le Jeune,* par opposition à Macaire *l'Ancien,* mais c'est une façon de parler, car cet ancien pâtissier (il est le patron de la corporation) devenu anachorète mourut centenaire dans une solitude de la basse Égypte, où son renom de sainteté avait attiré nombre d'imitateurs. On lui a attribué des austérités incroyables et une Règle monastique, qui n'est probablement qu'une compilation faite par l'un de ses disciples des exemples tirés de sa vie. A son souvenir sont attachés des miracles nombreux et touchants, telle la guérison du petit d'une hyène qui, par reconnaissance,

apporta à Macaire une toison de brebis, dont il usa jusqu'à sa mort. Mais, quand il s'agit des anachorètes des premiers siècles, l'historien distingue mal la sainte réalité de la pieuse légende.
Le culte de saint Macaire s'est maintenu parmi les chrétiens d'Égypte. — Fête locale le 2 janvier.
— On a compté au moins sept anachorètes du nom de **Macaire,** qui signifie « bienheureux ». Leur histoire merveilleuse, aux racines emmêlées, participe de l'épopée dite des « Pères du désert », qui a fait les délices de plus d'une âme pieuse. Il y eut aussi un martyr nommé **Macaire** (fête locale le 29 février).

MADELEINE. V. *Marie-Madeleine.*

MADELEINE-SOPHIE Barat, fondatrice de la société du Sacré-Cœur (Joigny 1779-Paris 1865). Née dans une famille de modestes vignerons, elle reçoit cependant une forte instruction grâce aux démarches de son frère, l'abbé Louis Barat. En 1800, à Paris, Madeleine-Sophie passe sous la direction du P. Varin, avec qui elle jette les bases de la société du Sacré-Cœur, destinée à l'éducation des jeunes filles du monde. En 1802, la Mère Barat prend la direction de la première fondation, le pensionnat d'Amiens. Quand est ouverte la maison de Grenoble, elle devient supérieure générale (1805). Dès 1806, elle ouvre un noviciat à Poitiers; l'année suivante, l'empereur approuve par décret la jeune société, dont les constitutions voient le jour en 1815; Rome les ratifie en 1827 :

la fin de l'institut, telle qu'elle y est définie, est la glorification du Sacré-Cœur, par la sanctification personnelle et l'éducation de la jeunesse. Mère Barat se révèle une éducatrice pleine de tact et soucieuse d'une pédagogie progressive. Elle a la joie de voir prospérer son œuvre qui, en 1850, compte soixante-cinq maisons. En 1854, la supérieure prend possession à Paris du couvent des Feuillantines. Béatifiée en 1908, canonisée en 1925. — Fête locale le 25 mai.

— Autres saintes et bienheureuses portant le nom de **Madeleine** : vingt.

MAGLOIRE, évêque (date indéterminée). Une légende veut que Magloire, issu d'une famille royale d'Irlande, ait été le cousin de saint Malo* et de saint Samson*. Celui-ci l'ordonna diacre et vint avec lui en Armorique. Tout naturellement, quand Samson, évêque de Dol, mourut, Magloire lui succéda. Mais, désireux de mener une vie cachée, il démissionna au bout de trois ans et se réfugia à Jersey, où des disciples le rejoignirent. En fait, on sait seulement que Magloire vécut en ascète, dans l'île anglaise de Serk, à une époque indéterminée. Ses reliques furent transférées en Armorique, puis à Paris, où s'éleva un monastère saint Magloire. — Fête locale le 24 octobre.

MAIXENT, abbé en Poitou († v. 515). Originaire d'Agde, Adjutor, dont la réputation de sainteté attire la renommée, s'éloigne, par humilité, de son pays natal, et se rend en Poitou, auprès de saint Hilaire. Admis dans une communauté dirigée par un certain Agapit, Adjutor change son nom en Maxentius (Maixent). Supérieur de la communauté (v. 500), il vit ses derniers jours dans la retraite. On l'enterrera dans son monastère, sur la Sèvre Niortaise, là où va se développer la ville de Saint-Maixent-l'École. Soustraites aux Normands en 866, les reliques du saint émigreront en différents endroits; elles reviendront en Poitou au début du xe s. — Fête locale le 26 juin.

MALACHIE, archevêque d'Armagh (1095-1148). Malachie O'More était le fils d'un professeur de l'école d'Armagh, principal foyer intellectuel de l'Irlande, mais d'une Irlande coupée alors de Rome et où de nombreux abus privaient l'Église de la force et du rayonnement indispensables. Devenu abbé de Bangor, Malachie, fortement marqué par l'influence de son ami saint Bernard* de Clairvaux, se fit l'apôtre d'une profonde réforme intellectuelle et spirituelle. Nommé par Innocent III archevêque d'Armagh puis légat en Irlande, il fonde de nombreuses abbayes cisterciennes et parcourt en tous sens l'île où il réveille la ferveur d'autrefois. Il meurt à Clairvaux dans les bras de saint Bernard, qui écrira sa vie. Canonisé en 1190. — Fête locale le 3 novembre.

MALO, évêque d'Aleth († v. 640). La vie de ce saint *(Mach-Low, Mahou, Malo)* n'est qu'un tissu de miracles et relève presque entièrement, telle que nous la connaissons, du genre romanesque. Gallois d'origine, Malo, devenu évêque, aurait débarqué à l'embouchure de la Rance, dans l'ancienne cité des Coriosolites, Aleth, où il aurait fondé un monastère et prêché la doctrine du Christ. Probablement persécuté, il serait allé s'installer en Saintonge avant de rentrer en Bretagne, où la sécheresse était telle qu'il fallut les prières du saint évêque pour amener la pluie. Il serait mort cependant à Saintes. — Fête locale le 15 novembre.

MAMERT, évêque de Vienne en Dauphiné († 477). Frère du moine-poète Claudien († 474), que Sidoine Apollinaire considérait comme un génie et à qui l'on est redevable de l'admirable hymne *Pange lingua lauream,* Mamert succéda à Simplicius, en 463, sur le siège de Vienne. Il fut un prélat renommé pour sa sainteté, son savoir et ses miracles. Mamert est surtout connu pour avoir institué les prières des Rogations, destinées à invoquer le ciel contre les calamités. Car la région de Vienne, au ve s., outre les irruptions des Huns et des Goths, eut à subir différents fléaux (incendies, tremblements de terre, invasion de loups...). Mamert régla les psaumes et les prières qui, avec le jeûne et la pénitence, devaient marquer les Rogations, c'est-à-dire les trois jours qui précèdent l'Ascension. Dès le vi^e s., la pratique des Rogations, née dans le diocèse de Vienne, s'étendit à toute la Gaule; au viiie s., Léon III l'adopta pour Rome et l'Église universelle. Le corps de Mamert, transféré à Orléans, sera brûlé au xvie s. par les huguenots. — Fête locale le 11 mai.

MARC, évangéliste (i^{er} s.). La plupart des exégètes pensent que l'évangéliste Marc se confond avec Jean, surnommé Marc, compagnon des apôtres, que nomment plusieurs fois les Actes des Apôtres. La première fois qu'il est mentionné, il est donné comme fils d'une veuve nommée Marie et possède à Jérusalem une maison, où se réunissent les disciples; c'est là que Pierre*, sorti miraculeusement de prison, vient chercher un refuge. Marc est alors plus que probablement converti à la religion du Christ, et déjà Pierre le considère comme son fils (43).

Marc débute dans la vie apostolique sous les auspices de son cousin Barnabé*; lorsque celui-ci et Paul* reviennent de Jérusalem à Antioche, ils le prennent avec eux : Marc semble avoir été chargé de fonctions matérielles. A Pergé, en Pamphylie, il se sépare de Paul et Barnabé, et revient à Jérusalem, si bien que, lors de son second voyage (50), Paul refuse, malgré les instances de Barnabé, de prendre Marc avec lui. Barnabé s'embarque alors avec Marc pour son pays natal, Chypre.

Pour une dizaine d'années, on perd les traces de Marc qu'on ne retrouve qu'en 62-63 à Rome, où il est avec Aristarque et Jésus dit le Juste. Écrivant de Rome, Pierre désigne encore Marc comme son « fils ». Peu de temps après, le chef des apôtres est martyrisé († 64?). Il est probable, mais non certain, que Marc prêche ensuite à Alexandrie. Faire de lui le fondateur de l'église alexandrine est plus que téméraire. De même, il est impossible d'affirmer qu'il subit le martyre du feu sous le règne de Trajan. En tout cas, le corps de Marc semble avoir été longtemps vénéré à Alexandrie. On prétend que, vers 815, des marchands vénitiens emportèrent les ossements dissimulés au fond d'un panier. Quoi qu'il en soit, Marc — dont le corps repose, dit-on, sous le maître-autel de Saint-Marc de Venise — est devenu le patron de Venise. L'emblème de saint Marc, le lion (car la voix majestueuse de Jean-Baptiste au désert ouvre son Évangile), est devenu l'emblème de la Sérénissime République.

Marc est l'auteur du second évangile synoptique; il l'a écrit comme disciple de Pierre, comme son interprète; l'aspect débordant du récit révèle un témoin oculaire, encore que la note personnelle de l'évangéliste soit perceptible d'un bout à l'autre. L'évangile de Marc est bref, mais ne déguise rien. C'est l'ouvrage d'un historien. — Fête le 25 avril.

— Une trentaine d'autres saints ou bienheureux répondent au nom de **Marc.** Les plus célèbres sont : un pape du ive s. († 336), honoré localement le 7 octobre, et le compagnon de martyre du Romain Marcellin* au iiie s. (fête locale le 18 juin).

MARCEL Ier († 309), pape en 308-309. On sait peu de chose sur ce pape, dont le pontificat se situe sous le règne de Maxence, adversaire de Constantin. Marcel serait d'ailleurs mort dans le lieu d'exil où l'aurait envoyé l'empereur. Quant à la *Passio Marcelli*, selon laquelle Maxence aurait réduit le pape au rang de palefrenier des écuries impériales, ce n'est qu'une belle légende, forgée au ve s. Actuellement, l'Église honore Marcel comme pape, mais non comme martyr. — Fête locale le 16 janvier.

— Autres saints du même nom : dix-huit, dont un soldat († 298), honoré localement le 29 octobre.

MARCELLE, veuve romaine († 410). D'origine aristocratique Marcelle devint veuve après sept mois de mariage; elle se consacra dès lors à des œuvres charitables sous la direction spirituelle de saint Jérôme*. Elle fonda à Rome une communauté où, avec d'autres dames de la société romaine, elle mena une existence austère et charitable. Vers la fin de sa vie, Marcelle connut les affres de la prise et du pillage de Rome par les

Goths d'Alaric. — Fête locale le 31 janvier. — Autres saintes du même nom : deux.

MARCELLIN, pape de 296 à 304. Romain d'origine, il succède sur le trône pontifical à saint Caïus*. Selon Eusèbe et Théodoret, il se distingua par son zèle et sa charité durant la persécution. Peut-être mourut-il en prison, des coups endurés? Il fut inhumé dans la catacombe de Priscille. C'est à tort que certains ont confondu Marcellin et son successeur Marcel. Marcellin était honoré le 26 avril en même temps que le pape Clet*, mais il a été écarté, en même temps que lui, du nouveau calendrier romain.

MARCELLIN et **PIERRE,** martyrs († 304), Marcellin, probablement prêtre, et Pierre, probablement exorciste, furent décapités sous Dioclétien. Les détails que donne leur Passion sur leur martyre sont fabuleux. Leur culte est très ancien à Rome, où ils ont une église de station; ils eurent d'ailleurs l'honneur d'être inscrits au canon de la messe romaine. Constantin fit élever une église sur leur tombe et y ensevelit sa mère, sainte Hélène*. — Fête le 2 juin.

MARCELLIN, ami de saint Augustin († Carthage 413). On ignore à peu près tout de la carrière de Marcellin, homme marié, notaire et tribun, que l'empereur Honorius envoya en Afrique du Nord, en 411, à l'époque du schisme donatiste, pour réunir une conférence contradictoire. On savait à Rome que Marcellin et le grand évêque Augustin* étaient liés d'amitié; Marcellin avait déjà eu l'occasion de consulter Augustin sur des problèmes théologiques. C'est à lui que s'adresse d'ailleurs le début de *la Cité de Dieu.*
La conférence qui se tint à Carthage, en juin 411, rassembla 286 évêques catholiques et 279 donatistes. Évitant les chicanes stériles, Marcellin déjoua les intrigues et conclut en interdisant aux donatistes de tenir des assemblées et en livrant leurs églises aux catholiques. Mais voici que la situation de Marcellin s'écroule. Le comte d'Afrique, Héraclien, s'étant révolté contre Rome, la répression enveloppe aussi Marcellin, qui, malgré

l'intervention d'Augustin, est exécuté (13 septembre 413). Le nom de Marcellin sera introduit dans le martyrologe romain par Baronius. — Fête locale le 6 avril.
— Dix autres saints portent le nom de **Marcellin.**

MARCELLIN **Champagnat,** fondateur des Petits Frères de Marie (Marles, Loire, 1789-L'Hermitage 1840). Fils d'un meunier, Marcellin semblait destiné aux affaires, quand le manque de prêtres, consécutif à la Révolution française, l'incita à entrer au séminaire de Verrières (1805), où il eut comme condisciple Jean-Marie* Vianney. Ordonné en 1816, Marcellin fut nommé vicaire à La Valla, près de Saint-Chamond; cette paroisse ressemblait terriblement à celle que l'abbé Vianney allait trouver à Ars. Bouleversé par l'ignorance profonde des enfants en matière religieuse, le jeune prêtre groupa quelques instituteurs, auxquels il traça un règlement austère. Ce fut l'origine de l'institut enseignant des Petits Frères de Marie, dits *Frères maristes.* De nombreuses paroisses rurales réclamèrent bientôt des frères au point que le fondateur se trouva constamment à court de sujets. Malgré tracasseries et persécutions, l'abbé Champagnat put donner à son institut un grand essor. En 1837, il fit rédiger et imprimer la *Règle des Petits Frères de Marie.* Il mourut le 6 juin 1840. Béatifié en 1955. — Fête locale le 6 juin.

MARCELLINE, vierge à Milan (IVe s.). Fille du préfet du prétoire des Gaules et sœur de saint Ambroise*, Marcelline reçut le voile des vierges de la main du pape Libère (353) qui fit à cette occasion un discours rapporté par saint Ambroise. Elle mena dès lors une vie toute donnée à la prière, à l'étude et à la charité; ayant survécu à son frère, elle fournit à l'historien de ce dernier, Paulin de Milan, de nombreux détails biographiques. — Fête locale le 17 juillet.

MARGUERITE, martyre (IIIe s.). Cette sainte doit sa célébrité à une légende très populaire, mais sans aucune valeur historique. Fille d'un prêtre païen d'Antioche, elle devient chrétienne : son père la chasse. Elle retourne chez sa nourrice et garde les troupeaux. Elle a 15 ans quand le préfet Olybrius remarque sa beauté et lui propose sa main. Elle refuse en se proclamant chrétienne. Arrêtée, Marguerite est torturée, déchirée par des ongles de fer, jetée dans une chaudière d'huile bouillante, d'où elle sort indemne. Elle est finalement décapitée.

Au Moyen Age le culte de sainte Marguerite devint très populaire, et sa légende s'embellit de détails nouveaux, où des hommes velus et des dragons jouent un rôle primordial. On se disputa l'honneur de conserver la ceinture dont elle s'était servie pour étrangler le dragon. Tout naturellement, sainte Marguerite fit partie des quatorze saints auxiliateurs, sa spécialité étant le patronage des femmes en couches. Ses statues, nombreuses dans les églises de villages, la représentent une croix dans la main, un dragon à ses pieds. — Sa fête était célébrée le 20 juillet.

On comprend cependant que l'inconsistance historique de cette sainte l'ait fait ôter par Paul VI du calendrier romain (1969).

MARGUERITE, reine d'Écosse (v. 1045-Édimbourg 1093). Au moment de la naissance de Marguerite, son père, le prince anglais Édouard, est en exil à la cour de Hongrie. Elle a une dizaine d'années quand elle débarque dans sa patrie, mais la mort de son grand-oncle, saint Édouard* le Confesseur, et l'invasion normande (1066) obligent sa famille à gagner l'Écosse, dont le roi, Malcolm III, devient, en 1070, l'époux de Marguerite. De ce mariage naîtront huit enfants, dont saint David et sainte Mathilde. La douce reine exerce sur son fruste mari une utile influence, tout en se livrant aux œuvres de charité. Grâce à elle, l'Église d'Écosse se range aux pratiques de l'Église de Rome. Dans ce pays lointain et rude, Marguerite introduit d'importants éléments de culture. Elle meurt, le 16 novembre 1093, quelques jours après Malcolm, tué, avec son frère aîné, dans une guerre contre les Normands d'Angleterre. — Fête le 16 novembre (ancienne fête le 10 juin).

MARGUERITE de Cortone, pénitente (Laviano, Italie, 1247-Cortone 1297). L'existence peu commune de cette sainte nous est bien connue grâce à son confesseur, frère Gianta de Bavagna, qui se fit son biographe. Ayant perdu, très jeune, sa mère et sa belle-mère la traitant cruellement, Marguerite quitte la maison paternelle pour se livrer à la débauche. Maîtresse d'un seigneur de Montepulciano, elle en a un fils qui, plus tard, se fera moine. Le remords, qui la tenaille parfois, la pousse à faire la charité. Son amant ayant été tué par un rival, Marguerite va trouver son père et le supplie de la recevoir chez lui pour qu'elle y expie, par une vie pénitente, ses fautes antérieures. Mais chassée par sa belle-mère, Marguerite se rend à Cortone où les Cordeliers lui imposent trois années de vie repentie avant de lui donner l'habit du tiers ordre franciscain. Désormais, aucune humiliation ne sera trop forte pour cette femme dont la beauté célèbre s'abîmera rapidement dans une existence d'une austérité inimaginable. Elle mourra à 50 ans. Benoît XIII la canonisera en 1728. — Fête locale le 22 février.

MARGUERITE-MARIE Alacoque, religieuse de la Visitation (Lautecourt, Bourgogne, 1647-Paray-le-Monial 1690). C'est à cette sainte qu'on doit le développement du culte du Sacré-Cœur à l'époque moderne.

Fille d'un notaire royal, Marguerite connaît toute jeune les difficultés de la vie. Orpheline de père à 9 ans, elle subit les mauvais traitements du gestionnaire des biens familiaux. En 1671, après de nombreuses luttes et pour obéir à une très ancienne vocation elle entre au couvent de la Visitation de Paray-le-Monial. Son nom de religion sera Marguerite-Marie. Il semble qu'elle ait eu, dès l'abord, à souffrir des railleries de ses compagnes, dont beaucoup appartenaient à l'aristocratie.

Elle fait profession le 6 novembre 1672; elle devient ensuite aide-infirmière de la communauté. Or, voici que, le 27 décembre 1673, comme elle est en adoration devant le Saint-Sacrement, Jésus l'invite à prendre sur son cœur la place de saint

Jean à la Cène, et lui dit notamment : « Mon cœur est si passionné d'amour pour les hommes, et pour toi en particulier, que, ne pouvant plus contenir en lui-même les flammes de son ardente charité, il faut qu'il les répande par ton moyen. » D'autres visions (1673-1675) affermissent Marguerite-Marie dans l'amour du Cœur de Jésus et dans la résolution de propager son culte, notamment sous la forme de la communion, le premier vendredi du mois. Tandis que son directeur, le P. Claude* de la Colombière, supérieur (1675) des jésuites de Paray-le-Monial, comprend la mission de Marguerite-Marie et contribue largement à la faire aboutir, les religieuses visitandines du monastère la traitent comme une visionnaire et la couvrent d'opprobres. Ce n'est qu'en 1684, lorsque l'une de ses amies, la mère Melin, devient supérieure, que Marguerite-Marie sort de son long tunnel. Une nouvelle génération de religieuses monte, qui est attirée par la spiritualité ardente de la servante du Sacré-Cœur. Elle devient d'ailleurs maîtresse des novices; et, le 21 juin 1686, elle a la joie de voir célébrée pour la première fois, à la Visitation, la fête du Cœur de Jésus. En 1688, une chapelle en son honneur y est bénite. Marguerite-Marie peut mourir : le culte du Sacré-Cœur va désormais se propager dans l'Église. Elle sera béatifiée en 1864, canonisée en 1920. — Fête le 16 octobre, avec sainte Hedwige (ancienne fête le 17 octobre).
— Dix-huit autres **Marguerite** sont au martyrologe romain. Parmi elles : une dominicaine, fille de Bela IV, roi de Hongrie († 1270), canonisée en 1943 (fête locale le 26 janvier).

MARIE, mère de Jésus (Ier s.). La Vierge Marie nous est connue par le Nouveau Testament. Saint Paul* sait que Jésus est « né d'une femme ». Les évangélistes saint Matthieu* et surtout saint Luc* nous renseignent sur son histoire. Elle se nommait Marie (Myriam). Mariée à un artisan, Joseph*, elle habitait une bourgade de Galilée, Nazareth. L'ange Gabriel* vint lui annoncer qu'elle serait la mère du Messie attendu par les juifs. Et comme Marie, troublée, disait à l'ange : « Comment cela se fera-t-il, puisque je ne connais pas d'homme? », Gabriel précisa que l'enfant serait conçu du Saint-Esprit. Marie répondit : « Je suis la servante du Seigneur. Qu'il me soit fait selon ta parole! » L'Ange lui avait donné comme signe la grossesse de sa cousine Élisabeth*, fort avancée en âge. Marie partit seule pour la Judée, afin de visiter Élisabeth, qui la salua. Marie chanta alors le cantique de reconnaissance et de joie connu sous le nom de *Magnificat*. Six mois après son retour à Nazareth, un recensement romain obligea Marie et Joseph à partir pour le lieu d'origine de leur famille, Bethléem, ville de David. Là, dans une étable, Marie mit au monde son fils Jésus, que, peu après, elle présentait au Temple.
Ces trois « mystères » de la Vierge — Annonciation, Visitation, Naissance de Jésus — contiennent l'histoire intérieure de la Vierge Marie qui, d'après saint Luc, les « repassait dans son cœur ». Saint Matthieu raconte que pour soustraire Jésus à la colère d'Hérode, Joseph et Marie fuirent en Égypte et ne revinrent à Nazareth qu'après la mort du tyran. De son côté, saint Luc conte comment Jésus, âgé de 12 ans, fut perdu par ses parents, lors de la Pâque à Jérusalem, et retrouvé au Temple, écoutant et interrogeant les docteurs. Mais près de Joseph et de Marie, à Nazareth, il grandit dans la soumission. Quand le temps fut venu, Jésus quitta sa mère — Joseph était probablement mort — pour accomplir sa mission au milieu des hommes. Cependant, c'est à la prière de Marie que, aux noces de Cana, il accomplit son premier miracle.
Il faut attendre la mort de Jésus pour voir réapparaître Marie dans les Évangiles. Elle est debout au pied de la croix; Jésus agonisant lui donne pour fils Jean*, le disciple bien-aimé, et il confie sa mère à Jean. Marie fut présente quand l'Église naissante reçut sa confirmation, le jour de la Pentecôte. Elle dut être pour Luc une source irremplaçable de témoignages sur Jésus; très probablement, elle aida Jean de son amitié et contribua à faire de lui l'apôtre de l'amour.
On ne connaît ni la date ni le lieu de la

mort de la Vierge. Cependant, une tradition orientale veut que Marie, entre 37 et 48, soit venue à Éphèse, en compagnie de saint Jean. Au XIXe s., on découvrit près d'Éphèse les ruines d'une maison fort ancienne et répondant au signalement donné par la visionnaire Catherine Emmerich († 1824) du lieu où serait morte la mère de Jésus. Dès lors, cette maison, qui attire de nombreux pèlerins, fut appelée *Panaya Kapulu,* la Maison de la Vierge. En 1950, Pie XII précisa que, sa vie terminée, « la Mère immaculée de Dieu fut élevée, corps et âme, à la gloire céleste » : l'Assomption de Marie est donc un dogme catholique, au même titre que son Immaculée-Conception, proclamée en 1854 par Pie IX.

Dès le IIe s., les écrivains chrétiens reconnaissaient la participation librement consentie de Marie dans la Rédemption, pour réparer la participation d'Ève dans la chute originelle. Mais ce fut au IVe s. que la place de Marie dans l'histoire du salut se précisa à propos de la définition de l'Incarnation. Le concile d'Éphèse de 431 définit Marie comme étant vraiment « la Mère de Dieu ».

Depuis lors, le culte de la Vierge Marie a pris d'innombrables formes; il est à l'origine de pèlerinages extrêmement fréquentés comme Lourdes. C'est par milliers que l'on compte chapelles, églises et cathédrales dédiées à Notre-Dame. Tous les arts et une littérature considérable se sont inspirés des mystères de sa vie. La mariologie est une forme très vivante de la pensée et de la spiritualité chrétiennes. L'*Ave Maria* est, avec le *Pater,* la prière la plus populaire chez les chrétiens.

De très nombreuses fêtes — de l'Église universelle ou locales — célèbrent la Sainte Vierge. L'Église a maintenu comme fêtes obligatoires dans son calendrier : la Purification et la Présentation de Jésus au Temple (2 février), l'Annonciation (25 mars), la Visitation (31 mai), l'Assomption (15 août), la Nativité de Marie (8 septembre), Notre-Dame des Douleurs (15 septembre), Notre-Dame du Rosaire (7 octobre), la Présentation de Marie au Temple (21 novembre), Notre-Dame du Mont-Carmel (16 juillet), Notre-Dame de Lourdes (11 février), l'Immaculée-Conception (8 décembre). Une fête de Marie Reine est célébrée le 22 août.

Toutes les autres fêtes sont facultatives ou locales, ou ont été regroupées en une seule, dite de sainte Marie Mère de Dieu, obligatoire le 1er janvier.

MARIE l'Égyptienne, pénitente († en Égypte 422). Si un cénobite nommé Zosime ne l'avait découverte dans le désert du Jourdain, nous ignorerions jusqu'à l'existence de cette ancienne prostituée d'Alexandrie, qui, durant près de cinquante ans, mena, loin de tout et de tous, une terrible vie de pénitence. A l'époque de cette rencontre, la belle Marie n'était plus qu'une vieille femme squelettique. Elle mourut un jeudi saint, alors que Zosime venait de lui donner la communion. — Fête locale le 2 avril.

MARIE ou **MARIETTA Goretti,** vierge, martyre (Corinaldo, province d'Ancône, 1890-Nettuno 1902). Ses parents, très pauvres, étaient de grande foi. En 1900, le père mourut, laissant six enfants en bas âge. La mère dut travailler et confia la maison à Marietta, enfant douce et pieuse. Le fils de ses voisins, Alessandro Serenelli, alors que Marietta venait de faire sa première communion, la courtisa de près, profitant de son isolement. Après avoir essayé d'abuser d'elle, il la menaça de mort si elle ne lui cédait pas. L'enfant ayant refusé, Alessandro la frappa de quatorze coups de poinçon : elle mourut à l'hôpital de Nettuno (1902). Son meurtrier, condamné à trente ans de travaux forcés, se convertit en 1910. Il devait assister en 1950 aux cérémonies de la canonisation de sa victime, qui avait été béatifiée en 1945. — Fête le 6 juillet.

MARIE-MADELEINE, pénitente (Ier s.). L'un des problèmes les plus ardus de l'hagiographie est l'identification de Marie-Madeleine. Car si la liturgie romaine vénère et exalte, le 22 juillet, un seul personnage, l'Évangile nous présente trois Marie, que la liturgie orientale distingue soigneusement.

La première Marie est une pécheresse

anonyme, dont parle saint Luc : alors que Jésus mangeait chez Simon le Pharisien, elle vint se placer aux pieds du Maître, les arrosant de ses larmes et du parfum qu'elle avait apporté dans un vase.

La seconde Marie, surnommée Madeleine (de Magdala, sur la rive ouest du lac de Tibériade), faisait partie des femmes qui servaient Jésus et l'accompagnaient dans ses voyages. Présente au Calvaire, elle fut l'une de celles qui apportèrent des aromates pour l'ensevelissement de Jésus. Elle fut la première à avertir les apôtres que le tombeau était vide. Retournant aussitôt au jardin, elle vit des anges dans le sépulcre et leur parla; elle reconnut le Christ ressuscité, qu'elle avait tout d'abord pris pour le jardinier.

Et voici Marie de Béthanie, sœur de Marthe* et de Lazare*. Jésus étant chez eux, Marie s'assit à ses pieds pour l'écouter pendant que Marthe préparait le repas, choisissant ainsi la « meilleure part ». Elle assista à la résurrection de son frère. Marie paraît une dernière fois, la veille des Rameaux, près de Lazare et de Marthe, dans un repas donné à Béthanie chez Simon le lépreux. Prenant une livre de riche parfum, elle le versa sur la tête, puis sur les pieds du Maître. La messe de sainte Marie-Madeleine pénitente « est donc une œuvre d'art et de piété, qui est sans fondements solides dans l'Évangile ».

Parce que la tradition orientale veut que Marie-Madeleine soit morte à Éphèse, son culte se répandit tôt dans l'Empire byzantin. Par contre, en Occident, Marie-Madeleine resta dans l'ombre jusqu'au xi⁰ s., quand les moines de Vézelay se proclamèrent détenteurs du corps de la sainte transféré de Provence. Les pèlerins accoururent à Vézelay qui, grâce à ces reliques apocryphes, allait s'enrichir d'un des chefs-d'œuvre de l'art roman, l'église de la Madeleine. Les Provençaux, ne voulant pas rester en retrait, fondèrent alors trois pèlerinages associés au nom de la sainte pénitente. Le premier à Saint-Maximin, où le corps de sainte Madeleine aurait d'abord reposé; le second à la Sainte-Baume, dans une grotte où la sainte aurait mené une vie austère, dont les détails s'inspirent évidemment de celle

de Marie* l'Égyptienne; le troisième, en Camargue, aux Saintes-Maries-de-la-Mer, où, selon une légende du début du xiii⁰ s., Marie-Madeleine aurait accosté avec Marie, mère de Jacques, Marie Salomé, Marthe, Lazare et plusieurs disciples de Jésus.

L'iconographie de sainte Madeleine s'est inspirée, sans discernement, des détails évangéliques et de ces légendes tardives, mais tenaces. La longue chevelure couvrant une nudité, soit magnifique, soit squelettique, et le vase de parfum sont les éléments majeurs de cette iconographie, que la Renaissance et l'art baroque ont parfois exploitée dans le sens de la sensualité. Marie-Madeleine est, entre autres, la patronne des filles repenties, des parfumeurs et des gantiers. — Fête le 22 juillet.

MARIE-MADELEINE de Pazzi, carmélite (Florence 1566-*id.* 1604). Membre d'une illustre famille florentine, Catherine est placée très jeune comme pensionnaire chez les religieuses de Saint-Jean, à Florence : elle s'y fait remarquer par sa dévotion à l'Eucharistie. Ses parents voulant la marier, elle se réfugie derrière le vœu de virginité qu'elle a prononcé, et obtient l'autorisation d'entrer chez les carmélites de Notre-Dame-des-Anges. Catherine revêt l'habit religieux en 1583 et prend le nom de Marie-Madeleine. Elle fait profession à 18 ans. Sa vie au Carmel ne se distingue de celle de ses consœurs que par plus d'austérité et une plus grande fidélité à la Règle. Maîtresse des novices en 1595, elle forme les futures religieuses avec une grande virilité; en 1604, elle est élue sous-prieure, mais elle peut à peine en remplir les fonctions, tellement ses souffrances, physiques et morales, sont intolérables : en particulier, elle est privée de toute consolation spirituelle, ce qui lui donne l'impression d'avoir perdu la foi. Elle meurt paisiblement le 25 mai 1607. Béatifiée en 1626, canonisée en 1669, elle est la patronne de Florence. — Fête le 25 mai (ancienne fête le 29 mai).

MARIE-MADELEINE Postel, fondatrice des Filles de la Miséricorde (Barfleur

1758-Saint-Sauveur-le-Vicomte 1846). Julie Postel, fille de paysans normands, manifesta très jeune un exceptionnel esprit de charité. Après des études chez les bénédictines de Valognes, elle ouvre un pensionnat à Barfleur (1774), pratiquant un enseignement très « moderne », varié et adapté aux besoins futurs des enfants. Durant la Révolution, elle double ou remplace les prêtres réfractaires, gardant le saint sacrement chez elle. Après la tourmente, on cherche partout des institutrices pour les pauvres. La municipalité de Cherbourg recourt à l'expérience de Julie Postel, qui, dès 1807, fonde la congrégation enseignante des *Pauvres Filles de la Miséricorde;* elle adopte alors le nom de Marie-Madeleine. Quand, en 1818, le préfet de la Manche décrète obligatoire le brevet d'enseignement, la Mère Postel, qui a 62 ans, prépare et passe l'examen. En 1832, elle installe sa congrégation — qui à sa mort comptera 37 maisons — en l'abbaye de Saint-Sauveur-le-Vicomte. En 1837, les Filles de la Miséricorde adoptent les constitutions des frères des écoles chrétiennes. Toujours alerte malgré son grand âge, la Mère Postel donne l'exemple de la mortification, de l'humilité et de la gaieté. Béatifiée en 1908, canonisée en 1925. — Fête locale le 16 juillet.
— Cent-dix autres saintes ou bienheureuses portent le nom de **Marie.** Parmi elles : **Marie,** femme de Cléophas (fête locale le 9 avril); **Marie-Anne de Jésus** († 1624), religieuse de Notre-Dame de la Merci (fête locale le 17 avril); **Marie de l'Incarnation** (Mme Acarie) († 1618), carmélite (fête locale le 18 avril); **Marie-Anne de Jésus de Parédès y Florès** (1618-1645), vierge (fête locale le 26 mai); **Marie de Sainte-Euphrasie Pelletier** (1796-1868), fondatrice du Bon Pasteur (fête locale le 22 avril); **Marie-Michelle du Saint-Sacrement** (1809-1865), fondatrice des Adoratrices servantes du Saint-Sacrement (fête locale le 24 août).

MARIN, reclus (IVe s.). On dit que la ville de Saint-Marin (petit État de l'Italie actuelle) fut fondée par ce saint. Tailleur de pierre à Rimini, Marin, pour échapper à une femme qui prétendait qu'il était son mari en fuite, se retira sur le mont Titan. Le monastère qui se constitua autour de son ermitage donna naissance à la ville puis à la république qui portent son nom. — Fête locale le 4 septembre.
— Autres saints du même nom : huit, presque tous martyrs des premiers siècles.

MARIUS ou **MARIS,** martyr romain († v. 270). Le cycle de saint Marius et de son épouse sainte Marthe est sujet à une analyse prudente, car on sait que les chroniqueurs anciens aimaient à « coupler » leurs héros dans un but d'édification. Marius, né en Perse, serait venu à Rome, sous Claude II le Gothique, avec Marthe et leurs enfants Audifax et Abachum. Chrétiens, ils se mettent au service des confesseurs de foi. Arrêtés, torturés, Marius et ses deux fils sont décapités. Marthe est noyée dans un étang. Marius et ses compagnons ont été écartés du nouveau calendrier romain (ancienne fête le 19 janvier).

MARTHE, sœur de Lazare et de Marie (Ier s.). L'Évangile nous parle de Marthe à propos des séjours de Jésus à Béthanie. Elle apparaît d'abord lors d'une visite de Jésus à ses amis; étant l'aînée et donc la maîtresse de maison, Marthe organise la réception et le repas. Or, Marie*, assise aux pieds de Jésus, la laisse faire seule. Marthe réagit : « Seigneur, cela ne te fait rien que ma sœur me laisse servir toute seule? Dis-lui donc de m'aider!» Et Jésus de répliquer : « Marthe, Marthe, tu t'inquiètes et t'agites pour beaucoup de choses! Pourtant une seule est nécessaire. C'est Marie qui a choisi la meilleure part, et elle ne lui sera pas enlevée. » On retrouve Marthe à la mort de Lazare*. Prévenu par les deux sœurs de la grave maladie de son ami, Jésus ne s'est pas hâté. Aussi Marthe ne peut-elle s'empêcher de lui dire : « Seigneur, si tu avais été ici, mon frère ne serait pas mort. Mais je sais que tout ce que tu demanderas à Dieu, il te l'accordera!» Et Jésus : « Ton frère ressuscitera. » — « Je sais qu'il ressuscitera au dernier jour. » — « Je suis la résurrection et la vie; celui qui croit en moi, quand bien même il mourrait, vivra; et quiconque vit et croit en moi ne mourra jamais. Le crois-tu?» — « Seigneur, je crois que tu es le Christ, le Fils de Dieu, qui vient dans le monde.» Quand Jésus demande qu'on ôte la pierre du tombeau de Lazare, Marthe s'écrie : « Seigneur, il sent déjà!» — « Ne t'ai-je pas dit, reprend Jésus, que si tu croyais tu verrais la gloire de Dieu.» Et il commande au mort de se lever. Le samedi avant le dimanche des Rameaux, Marthe est présente au repas offert à Jésus par Simon le lépreux. Puis les Écritures se taisent sur elle.

Le culte de Marthe, comme celui de sa sœur, est tardif, mais il ne connut pas, par la suite, l'ampleur du culte de Marie-Madeleine. C'est Tarascon qui devint la cité de sainte Marthe. Cette ville possédait les reliques d'une autre Marthe, martyrisée en Orient au IVe s. Quand, au XIIe s., se répandit la légende de la venue de Lazare, Marthe et Marie en Provence, on confondit les deux Marthe, et l'on mit à l'actif de notre sainte la mort d'un dragon destructeur, la Tarasque.

L'hôtesse de Béthanie est naturellement devenue la patronne des hôteliers. — Fête le 29 juillet.

— Autres saintes et bienheureuses du même nom : dix.

MARTIAL, évêque de Limoges (IIIe s.). La légende a singulièrement embelli l'histoire de ce saint. Elle veut que Martial ait été le petit enfant que Jésus proposa comme modèle à son entourage et celui qui présenta au Maître les pains et les poissons qui allaient être multipliés. Martial aurait été envoyé par saint Pierre, qui lui aurait confié son bâton miraculeux, pour convertir les habitants du futur Limousin, devenant ainsi le premier évêque de Limoges. Mais l'« apostolicité » de saint Martial, longtemps soutenue par les hagiographes, est maintenant abandonnée.

En fait, Martial fut envoyé en Gaule vers 250, en même temps que d'autres évêques. La capitale des *Lemovices* fut son point d'attache et son principal lieu d'apostolat. Il fut inhumé à Limoges, dont il est resté le patron. Des fouilles récentes ont dégagé son tombeau. — Fête locale le 30 juin.

— Autres saints portant ce nom : six martyrs des premiers siècles.

MARTIN, évêque de Tours (Sabaria, Pannonie, v. 315-Candes, Touraine, 397). Nous connaissons saint Martin surtout par son ami Sulpice Sévère*, dont le genre littéraire semble se complaire dans les aventures extraordinaires et les miracles, mais dont la véracité — pour le fond — ne peut être niée. Une fois débarrassée des invraisemblances, la vie de saint Martin nous apparaît comme celle du père du monachisme français et de l'introducteur du christianisme dans la Gaule romaine.

Fils d'un tribun militaire, enrôlé lui-même à quinze ans, Martin sert dans la garde de l'empereur. A Amiens, où il est un moment cantonné, il partage son manteau avec un pauvre; la nuit suivante, Jésus lui serait apparu portant la moitié du manteau. Baptisé, libéré, Martin vient à Poitiers, où l'attire le renom de l'évêque saint Hilaire*, qui l'ordonne exorciste. Durant l'exil d'Hilaire en Orient (356), Martin retourne en Pannonie, où il convertit sa mère et combat l'arianisme. Après un séjour malheureux en Italie,* il regagne Poitiers, où est revenu Hilaire. Avec l'appui de ce dernier, Martin crée un monastère à Ligugé — le premier dans la Gaule centrale — où des disciples se joignent à lui, et d'où sa renommée se répand à travers la Gaule. Nonobstant son extérieur peu soigné, son allure de « paysan du Danube », Martin est élu évêque de Tours (371). Il n'en reste pas moins fidèle à son idéal monastique, et son point d'attache sera le monastère de Marmoutier, fondé par lui et qui deviendra une pépinière de missionnaires.

L'épiscopat de Martin marque le triomphe du christianisme dans l'ouest de la Gaule; ses tournées missionnaires aboutissent à l'organisation des premières paroisses rurales et à la création de nombreux monastères. Par son ascendant, il convertit nombre de grands personnages de la Gaule romaine, tel Paulin* de Bordeaux (de Nole). Cependant, surtout dans ses dernières années, il souffre des attaques

dont il est l'objet de la part, notamment, d'évêques moins zélés ou plus mondains. Martin tombe mortellement malade à Candes; il rend son âme à Dieu entouré de ses disciples. On l'inhume à Tours, où son tombeau devient tout de suite un centre de pèlerinage. Aucun saint, d'ailleurs, ne sera plus populaire en France : il a donné son nom à 485 bourgs ou villages et à 3 667 paroisses de ce pays. — Fête le 11 novembre.
— Autres saints et bienheureux du même nom : vingt-six. Parmi eux : **Martin Iᵉʳ**, pape de 649 à 655 (fête le 13 avril, ancienne fête le 12 novembre); **Martin de Braga,** au viᵉ s. (fête locale le 20 mars), et **Martin de Porrès** (1579-1639), dominicain péruvien, canonisé en 1962 (fête le 3 novembre, ancienne fête le 5 novembre).

MARTINE, martyre romaine (iiiᵉ s.). L'histoire de cette sainte est d'autant plus difficile à dégager des brumes de la légende que ses Actes se confondent avec ceux de sainte Tatienne et de sainte Prisque, autres martyres romaines. Comme celles-ci, elle aurait subi divers tourments — dont elle aurait triomphé miraculeusement —, avant de succomber. — Fête locale le 30 janvier.

MATHILDE, reine de Germanie (en Westphalie v. 890-Quedlinburg, Saxe, 968). Fille de Thierry de Saxe, elle est élevée par son aïeule Mathilde, abbesse de Hereford. Vers 910, elle épouse Henri l'Oiseleur, fils d'Otton, duc de Saxe, auquel il succède en 912. Sept ans plus tard, Henri est élu roi de Germanie. Tandis que son époux impose son autorité en Souabe et en Bavière, réintroduit la Lorraine dans la mouvance germanique, tient en échec Slaves et Hongrois, Mathilde s'adonne aux œuvres charitables et élève ses enfants. En 936, Henri Iᵉʳ l'Oiseleur meurt. Son fils Otton Iᵉʳ — qui va devenir le premier empereur germanique —, plein d'amertume à l'égard de sa mère, qui a semblé manifester une certaine préférence pour son frère Henri, la dépouille de ses prérogatives et l'oblige à se réfugier au monastère d'Eugerben en Westphalie. Elle fonde plusieurs monastères, dont celui de Quedlinburg, où elle meurt, réconciliée avec son fils. — Fête locale le 14 mars.
— Une recluse allemande, morte en 1154, est honorée aussi sous le nom de sainte **Mathilde** (fête locale le 26 février).

MATHURIN, confesseur en Gâtinais (ivᵉ s.?). La légende de ce saint est un tissu d'invraisemblances. Mathurin serait né à Larchant, à l'orée de la forêt de Fontainebleau. Ordonné prêtre, sa réputation de thaumaturge était telle que la fille de l'empereur Maximien, possédée d'un démon, le fit venir à Rome où, reçu triomphalement, il guérit la malade. Il mourut à Rome mais il sortit de son tombeau, ce qui incita l'empereur à renvoyer son corps à Larchant. Son culte devint très populaire dans la région parisienne et dans l'ouest. Il fut le patron des bouffons. — Fête locale le 1ᵉʳ novembre.
— Deux bienheureux martyrs de septembre 1792 portent le même prénom.

MATTHIAS, apôtre du Christ (iᵉʳ s.). Le seul épisode certain de la vie de Matthias provient des *Actes des Apôtres* qui nous apprennent que ce compagnon du Christ (il l'avait suivi dès le début) fut, après l'Ascension du Seigneur, désigné pour remplacer Judas. En fait, les onze apôtres disposaient de deux candidats : Joseph, appelé Barsabas, et Matthias. Après la prière, le sort désigna ce dernier. Quant au reste de la vie de Matthias, on n'en sait rien de sûr. Une tradition grecque le présente comme ayant évangélisé la Cappadoce; il aurait été martyrisé à Colchis. — Fête le 14 mai (ancienne fête le 24 février).

MATTHIEU, apôtre et évangéliste (iᵉʳ s.). Lévi, fils d'Alphée, exerçait le métier de publicain : non pas employé romain, fermier de l'impôt, mais simple péager au service d'Hérode.
Il est assis à son bureau à Capharnaüm quand passe Jésus, qui lui dit : « Suis-moi. » Aussitôt Lévi se lève et suit Jésus : cet homme est certainement le même que les Évangiles nomment Matthieu, membre des Douze. Il donne un repas aux siens en

guise d'adieu; comme les pharisiens s'étonnent de la condescendance de Jésus pour le monde mêlé auquel appartient Matthieu, le Maître réplique : « Je ne suis pas venu appeler les justes, mais les pécheurs. » On ne sait rien d'autre sur saint Matthieu, sinon qu'il suivit Jésus partout. Une tradition veut que, après la Pentecôte, il ait prêché en Palestine, puis en Éthiopie ou chez les Parthes; il serait mort martyr. Son corps aurait été transféré à Salerne au XIe s.

Saint Matthieu est l'auteur du premier Évangile, ce que la critique interne n'infirme pas. Le livre a été transmis en grec; la critique catholique pense que le texte primitif était en araméen; les non-catholiques penchent pour un texte original en grec. Expression de la tradition palestinienne, écrit pour les juifs, l'Évangile de saint Matthieu insiste sur le thème du royaume des cieux et sur sa réalisation par Jésus de Nazareth. Il renferme notamment cinq discours du Christ, dont le plus important est le *Sermon sur la montagne*, véritable charte de la vie chrétienne. — Fête le 21 septembre.

MAUR, disciple de saint Benoît (VIe s.). Selon saint Grégoire le Grand, il fut éduqué à Subiaco et y succéda à saint Benoît comme supérieur. Une légende forgée par Odon, abbé de Glanfeuil, dans sa *Vita Mauri abbatis* (v. 863) — reconnue aujourd'hui comme un faux —, a identifié l'abbé Maur, fondateur de son monastère, avec le disciple de saint Benoît*, lequel n'est jamais venu en France. Cette légende a été longtemps défendue par les critiques de la congrégation bénédictine de Saint-Maur, qui croyaient agir ainsi par esprit de famille. — Fête locale le 15 janvier. — Quatorze autres saints, dont cinq martyrs, portent le nom de **Maur.**

MAURICE, officier romain, martyr (IIIe s.). La Passion de ce saint et de ses compagnons est due à l'évêque de Lyon saint Eucher*, qui vécut au Ve s. Selon lui, sous l'empereur Maximien, une légion recrutée en Orient, la légion thébéenne, entièrement composée de chrétiens, apprenant qu'elle allait être employée à persécuter des coreligionnaires, refusa d'obéir et s'arrêta volontairement dans les défilés d'Agaune, non loin de Martigny dans le Valais. L'empereur, furieux, ordonna qu'on décimât par deux fois la légion, tandis que les martyrs étaient encouragés par leurs officiers, Maurice, Exupère, Candide. Finalement, Maximien fit massacrer la légion récalcitrante par des troupes non chrétiennes. Il est certain que des soldats chrétiens — dont Maurice — ont été martyrisés dans le Valais; une basilique avait été élevée dès le IVe s. par saint Théodore, évêque du Valais († 391), sur le lieu de leur supplice : une abbaye s'y créa qui devint le noyau de la ville suisse de Saint-Maurice. Mais il est impossible de croire qu'une légion entière ait été massacrée.

Le culte de saint Maurice fut très développé au Moyen Age : 62 communes de France portent son nom. Parmi les ordres de chevalerie qui se mirent sous sa protection : l'ordre des Saints-Maurice-et-Lazare et celui de la Toison d'or. — Fête locale le 22 septembre.

— Autres saints et bienheureux du même nom : cinq, dont trois martyrs des premiers siècles.

MAURILLE, évêque d'Angers († 453). La popularité de ce saint en Anjou n'a d'égale que la masse des légendes qui nous cachent sa véritable histoire. Venu du Milanais, Maurille aurait tout abandonné pour se mettre sous la houlette de saint Martin* de Tours. Prêtre, il s'installa à Chalonnes-sur-Loire où il multiplia les conversions et les miracles. Devenu évêque d'Angers, il poursuivit son œuvre d'évangélisation, faisant reculer le paganisme à la manière de saint Martin, à coup de miracles et de destructions de bois sacrés. — Fête locale le 13 septembre. — Saint Maurille († 1067), archevêque de Rouen, a sa fête locale le 9 août.

MAXIME le Confesseur, moine à Chrysopolis (Constantinople 580-Schemaris, Transcaucasie, 662). Premier secrétaire à la cour d'Héraclius, Maxime entra, à 33 ans, au monastère de Chrysopolis. Adversaire du monophysisme puis du

monothélisme, il organisa en Afrique plusieurs conciles qui condamnèrent cette dernière hérésie. En 655, il commença à être persécuté pour ses convictions et son enseignement; accusé faussement de trahison on l'exila en divers lieux; finalement on lui coupa la langue et la main droite : Maxime ne survécut guère à ses blessures. Il a laissé une œuvre écrite importante, notamment un *Discours ascétique* et des traités de théologie et d'exégèse. — Fête locale le 13 août.
— Autres saints du même nom : 34. Parmi eux, un grand nombre de martyrs des premiers siècles, un évêque de Riez (fête locale le 27 novembre) et un évêque de Turin également du Ve s. (fête locale le 25 juin).

MAXIMILIEN, martyr africain († 295). La Passion de ce saint constitue l'une des meilleures pièces, et des plus solides, que nous ayons sur la grande persécution. Elle fournit, en même temps, des détails sur ce qu'on pourrait appeler un « conseil de révision » à la fin du IIIe s. En effet, Maximilien, fils de soldat, s'étant cru obligé, par sa foi chrétienne, à refuser le service militaire, fut traduit près de Carthage au tribunal du proconsul devant qui furent renouvelées, pour le contraindre à s'y soumettre, les opérations de la conscription. Finalement, « l'objecteur de conscience » fut décapité. Il avait 21 ans. — Fête locale le 12 mars.
— Un autre saint **Maximilien** fut évêque de Lorch (fête locale le 12 octobre).

MAXIMIN, évêque de Trèves († 346 ou 347). Originaire d'Aquitaine, il vint à Trèves, où, à une date inconnue, il succéda à l'évêque Agritius. Adversaire des ariens, il reçut à bras ouverts saint Athanase*, exilé d'Alexandrie. Maximin joua un rôle de conciliateur et de conseiller auprès des empereurs, dont Trèves était l'une des capitales. — Fête locale le 29 mai.
— Deux autres saints, dont un évêque d'Aix (fête locale le 8 juin), portent le même nom.

MECHTILDE, moniale (v. 1241-Helfta 1298 ou 1299). Elle appartenait à une noble famille de Thuringe. A sept ans, elle entra au monastère saxon de Helfta dont l'abbesse était sa sœur aînée, Gertrude. Très cultivée, Mechtilde y fut chargée de la direction des études. Après la mort de sa sœur, elle révéla à plusieurs religieuses les grâces exceptionnelles dont elle était l'objet. Ces confidences furent réunies en un recueil intitulé le *Livre de grâce spéciale.* — Fête locale le 19 novembre.
— Deux autres moniales des XIIe et XIIIe s. s'appellent aussi **Mechtilde.**

MÉDARD, évêque de Noyon (Salency, Vermandois, date imprécise-† v. 560). Comme beaucoup de saints populaires, saint Médard n'est connu que par quelques textes laconiques; le reste ressortit à la légende.
Issu d'une famille franque, Médard étudie à Augusta Veromanduorum (Saint-Quentin); il se fait remarquer par sa charité envers les pauvres. L'un de ses amis, Éleuthère*, devient évêque de Tournai. On attribue à Médard prêtre un certain nombre de miracles, comme celui du voleur de miel qui n'est délivré du harcèlement des abeilles que grâce à l'intervention du saint. Désigné pour remplacer Alomer sur le siège épiscopal de Vermandois, Médard transfère son siège à Noyon. Il lutte alors, dans des conditions obscures, mais avec efficacité, contre le paganisme dans le nord de la Gaule. C'est lui qui voue à Dieu la reine Radegonde*, épouse de Clotaire, meurtrier de son frère.
Médard mourut très âgé. Son corps fut transféré à Soissons, là où allait s'élever l'une des plus célèbres abbayes de la France, Saint-Médard.
Une tradition, qui ne semble pas remonter au-delà du XVIIIe s., attribue à saint Médard l'institution des rosières. En tout cas, c'est à Salency qu'on a élu la première rosière. De nombreux dictons ont trait à l'influence de la Saint-Médard sur le temps et les récoltes. Le plus célèbre est :
« Quand il pleut à la Saint-Médard,
Il pleut quarante jours plus tard.
A moins que la Saint-Barnabé
Ne lui vienne couper le nez. »
— Fête locale le 8 juin.

MÉLANIE, ascète romaine (v. 383-439). Fille d'une noble dame romaine, qui, au temps de saint Jérôme*, avait fondé un monastère à Jérusalem, Mélanie n'avait que 14 ans quand on la maria à Pinien. Leurs deux enfants étant morts en bas âge, les époux se retirèrent aux environs de Rome pour vivre dans l'ascèse et la charité, après avoir liquidé leur immense fortune. Ensemble, ils s'établirent en Sicile, où chacun fonda un monastère. De là, fuyant les Goths, ils passèrent en Afrique, puis à Jérusalem, près de saint Jérôme. Pinien mourut en 432. Mélanie prit alors la direction d'un couvent situé sur le mont des Oliviers. — Fête locale le 31 décembre.

MÉTHODE. V. *Cyrille.*

MICHEL, archange. Dans la Bible, Michel, dont le nom signifierait « Qui est comme Dieu », est l'ange par excellence, le vainqueur du démon, le chef des armées célestes, le protecteur d'Israël. L'*Apocalypse* (XII, 7, 10) raconte la bataille qui s'engagea entre le dragon et Michel et ses anges : ceux-ci eurent le dessus. Et Jean entendit une voix clamer dans le ciel : « Désormais, victoire, puissance et royauté sont acquises à notre Dieu et la domination à son Christ, puisqu'on a jeté bas l'accusateur de nos frères. »
Michel devint tout naturellement le protecteur de l'Église romaine. C'est à ce titre qu'il apparaît dans la liturgie et notamment dans celle des défunts. En Orient, le culte de saint Michel est très ancien. En Occident, il fut favorisé par trois apparitions assez légendaires : au château Saint-Ange, à Rome, sous Grégoire* le Grand; au mont Gàřǧan, en Apulie, au temps de Gélase Ier († 496), et surtout au Mont-Saint-Michel, en Gaule, lieu de culte dont les origines sont obscures.
Saint Michel est particulièrement vénéré en France dont il est le patron; des centaines de lieux y portent son nom. C'est saint Michel surtout qui incita Jeanne d'Arc à aller trouver le roi de Bourges; en 1459, Louis XI institua l'ordre de Saint-Michel. L'iconographie de l'archange est très riche; mais à partir de la Renaissance, à la vigueur on préféra la magnificence : Michel combattant le dragon est habillé de plus en plus somptueusement. L'archange est le patron des métiers qui utilisent la chaleur du four, tels que pâtissiers, gaufriers. — Fête le 29 septembre avec Gabriel* et Raphaël* (apparition au mont Gargan, fête locale le 8 mai).
— Autres saints ou bienheureux **Michel :** vingt-cinq. A détacher : **Michel Garicoïts** (1797-1863), fondateur des Prêtres du Sacré-Cœur de Bétharram (fête locale le 14 mai), et le trinitaire catalan du XVIIe s. **Michel des Saints** (fête locale le 10 avril).

MONIQUE, mère de saint Augustin (Thagaste, Numidie, 332-Ostie 387). C'est à Thagaste (auj. Souk-Ahras, Algérie) que Monique, de famille berbère, passa la plus grande partie de sa vie. Presque tout ce que nous connaissons d'elle vient des écrits de son fils bien-aimé, Augustin, et notamment du livre IX de ses admirables *Confessions.*
Élevée sévèrement par la vieille nourrice de sa famille, Monique est mariée jeune à Patrice, homme d'un naturel indolent, encore qu'assez irascible; la jeune femme souffre aussi du caractère acariâtre de sa belle-mère. Mais, à force de douceur, elle finit par se concilier l'un et l'autre. Patrice meurt vers 371, l'année qui suit son baptême, laissant une fille et deux fils, dont Augustin*.
Sur ce fils comblé de tant de dons, Monique met des espoirs infinis; mais la fougue de l'adolescence l'emporte vers les passions charnelles et l'aventure spirituelle. Augustin, qui goûte un moment au manichéisme, s'irritera parfois du christianisme intransigeant et étriqué d'une mère qui ne semble pas comprendre ses difficultés intellectuelles. Dieu va avoir pitié des larmes de cette mère, que fuit son fils prodigue. Car Augustin est en Italie, à Rome, puis à Milan, où il devient maître de rhétorique. Monique l'y rejoint, et c'est pour apprendre que cette âme d'élite, tourmentée par la soif de vérité, a abandonné les erreurs manichéennes, et,

grâce aux enseignements du saint évêque de Milan, Ambroise*, est de plus en plus sensible à la grâce de Dieu. Et le jour de Pâques 387, Monique éprouve la plus grande joie de sa vie en assistant au baptême d'Augustin.

Puis la mère et le fils songent à retourner en Afrique. Étant à Ostie, en attendant l'heure de s'embarquer, Monique et Augustin, penchés à une fenêtre donnant sur le jardin, s'entretiennent doucement des choses de l'au-delà, cet au-delà vers lequel Monique tend de tout son être, dès lors qu'est atteint le but de sa vie terrestre. Quelques jours plus tard, Augustin, accablé de douleur, fermera les yeux à sa mère, dont les restes demeureront à Ostie jusqu'en 1430, date de leur transfert en l'église Saint-Augustin à Rome. — Fête le 27 août (ancienne fête le 4 mai).

De toutes les légendes relatives à la vie de saint Nicolas, celle des trois petits enfants sauvés par lui du saloir d'un méchant boucher reste la plus populaire. Art français, XVIᵉ siècle. Église Saint-Gervais-sur-Conches.

NAPOLÉON, martyr inconnu. Napoléon était un nom de baptême assez répandu en Italie et en Corse, mais on ignorait tout de son origine. Quand Napoléon Bonaparte devint empereur des Français et roi d'Italie, il fallut à tout prix lui trouver un patron. Dans le martyrologe hiéronymien, on découvrit, au 2 mai, mais sans précision, un saint Néopole *(Neopolis),* qu'on prit pour un martyr d'Alexandrie. Alors on transforma sans vergogne ce nom en *Napoléon* et on forgea à ce saint inconnu une Passion, où il apparaît comme un évêque ayant enduré les supplices les plus raffinés. Puis, on transporta sa fête du 2 mai au 15 août, jour anniversaire de l'empereur, et qui fut fête nationale sous le premier et le second Empire. Sous les autres régimes, la Saint-Napoléon disparut, mais le 15 août, fête de l'Assomption, resta fête concordataire chômée.

NARCISSE, évêque de Jérusalem († 212). Trentième évêque de Jérusalem, Narcisse avait une centaine d'années quand il fut élu, vers 195. Avec Théophile de Césarée il présida un concile qui traita de la date de Pâques. Calomnié, Narcisse quitta son siège et se retira dans la solitude jusqu'au jour où un évêque cappadocien l'aide à reprendre le gouvernement de son Église.
— Fête locale le 29 octobre.
— Autres saints de ce nom : quatre, dont un évêque de Gérone du IVe s. (fête le 18 mars).

NATHALIE ou **NATALIE,** martyre à Nicomédie (IVe s.). La Passion de cette sainte et de son mari, saint Adrien, est sans valeur. Elle présente Adrien comme un des chefs de l'armée de Maximien à Nicomédie. Gagné à la foi chrétienne par le spectacle de martyrs courageux, il se joignit à leur groupe. Son épouse Nathalie le suivra dans le tombeau, mais elle ne semble pas être morte martyre. — Fête locale le 1er décembre.
— Une autre **Natalie,** martyre à Cordoue en 852, est vénérée localement le 27 juillet.

NAZAIRE. V. *Celse.*

NECTAIRE, vénéré en Auvergne (date indéterminée). La ville de Saint-Nectaire est célèbre pour ses eaux et aussi pour son admirable église romane. Mais le nom de son saint patron n'apparaît pas avant la fin du Xe s., dans la Vie légendaire de saint Austremoine. Selon l'auteur, un des 72 disciples de Jésus, Austremoine, se serait vu adjoindre par saint Pierre le prêtre Nectaire : tous deux auraient évangélisé l'Auvergne. Chargé de prêcher dans la région du mont Cornadore, Nectaire aurait ressuscité le seigneur Bradulus et construit une église à la place d'un temple d'Apollon. C'est là que naquit la ville de Saint-Nectaire. — Fête locale le 9 décembre.
— Il y a deux autres saints de ce nom : un évêque d'Autun du VIe s. (fête locale le 13 septembre) et un évêque de Vienne du Ve s. (fête locale le 1er août).

NÉRÉE. V. *Achillée.*

NESTOR, évêque et martyr (**†** ·251). D'après des Actes grecs, Nestor était évêque de Magydos en Pamphilie. Quand arriva la persécution de Dèce, il conseilla à ses ouailles de fuir; seul, il resta. On l'arrêta et on le condamna à être crucifié. Il était si aimé qu'ayant exhorté, du haut de sa croix, la foule à la prière, les païens s'agenouillèrent avec les chrétiens. — Fête locale le 26 février.
— Trois autres **Nestor** furent martyrisés au IIIᵉ s.

NICAISE, évêque de Reims (**†** 407). Dixième évêque de Reims, Nicaise fut probablement le fondateur de la basilique Sainte-Marie, bientôt cathédrale. Quand les Vandales mirent le siège devant Reims, Nicaise refusa de fuir. Les Barbares le trouvèrent à l'entrée de sa cathédrale, en compagnie de sa sœur Eutropie. Ils les massacrèrent, en même temps que le diacre Florent et le lecteur Jocond. L'église et l'abbaye Saint-Nicaise à Reims furent détruites durant la Révolution française. Mais le souvenir de l'évêque martyr est resté présent dans sa ville. — Fête locale le 14 décembre.
— Un autre saint **Nicaise** fut évêque de Rouen (fête locale le 2 octobre).

NICÉPHORE, patriarche de Constantinople (Constantinople 738-*id.* 828). Fils d'un secrétaire de l'empereur iconoclaste Constantin V Copronyme mort en exil à cause de sa fidélité au culte des images, Nicéphore contribua à la condamnation de l'iconoclasme au concile de Nicée de 787. Devenu moine il fut, malgré lui, placé sur le siège patriarcal de Constantinople (806). Il fut à son tour gêné par les iconoclastes protégés par l'empereur Léon l'Arménien : celui-ci le relégua dans le monastère que Nicéphore avait fait construire près du Bosphore. Il y mourut le 2 juin 828. — Fête locale le 13 mars.
— Autres saints du même nom : quatre.

NICODÈME (Iᵉʳ s.). Pharisien, docteur de la Loi et membre du Sanhédrin, Nicodème vint, une nuit, trouver Jésus et l'interroger sur la voie à suivre pour aller à Dieu. Jésus l'invita à « renaître » par le baptême.

Convainquit-il Nicodème? Toujours est-il que, lorsque des membres du Sanhédrin voulurent faire arrêter Jésus, il intervint courageusement en faveur de ce dernier. Après la crucifixion, Nicodème aida Joseph d'Arimathie à embaumer le corps de Jésus. Si l'on en croit un prêtre de Jérusalem nommé Lucien, qui vivait au début du Vᵉ s., et qui aurait découvert le corps de Nicodème, celui-ci, baptisé par Pierre et Jean, serait mort chez son collègue Gamaliel, après avoir été chassé du Sanhédrin. — Fête locale le 3 août.

NICOLAS, évêque de Myre (IVᵉ s.). Il y a un abîme entre la popularité de ce saint et ce que nous savons de sa vie. Selon les plus anciens documents (VIᵉ s.), Nicolas, natif d'Asie Mineure, devint évêque de Myre en Lycie. Emprisonné durant la persécution de Dioclétien, il aurait assisté au concile de Nicée qui condamna l'arianisme. Il aurait été enterré dans sa cathédrale.
Mais il faut compter surtout avec la luxuriante légende dorée de saint Nicolas. Un des épisodes les plus connus est celui qui est relatif aux trois filles d'un de ses voisins : ayant appris que celui-ci, incapable de les doter, les destinait à la prostitution, il jeta nuitamment chez cet homme, par la fenêtre, trois bourses d'or. Beaucoup moins vraisemblable, encore que plus populaire, est l'épisode de la résurrection par saint Nicolas de trois enfants qu'un aubergiste avait assassinés et mis dans son saloir.
Le culte de saint Nicolas s'étendit en Orient, au point que Constantinople eut jusqu'à 25 églises à lui dédiées. En 1910, en Grèce, sur 4 637 églises, 359 avaient saint Nicolas comme patron. Il est, avec saint André, le patron de la Russie; dans l'imagination populaire, il y devint l'héritier de Mikoula, le dieu de la Moisson, « qui remplacera Dieu quand Dieu sera trop vieux ». L'Occident ne fut pas en reste. Car, quand les Sarrasins s'emparèrent de Myre au XIᵉ s., les reliques du saint furent transférées en Italie, à Bari, qui devint l'un des grands lieux de pèlerinage de la chrétienté. La Grande-Bretagne, après la Grèce, voua un culte extraordinaire à

saint Nicolas, considéré comme le patron des marins. Dans tout le pays, les églises en l'honneur de l'évêque de Myre se multiplièrent. Patron des écoliers, saint Nicolas — qu'accompagnent son âne chargé de cadeaux et le vigoureux père Fouettard — est particulièrement vénéré par les enfants, le 6 décembre, dans le nord de la France, aux Pays-Bas, en Allemagne, en Suisse : porteur de jouets et de friandises, il les dépose de nuit dans la cheminée. Mais la légende du « Père Noël » et de l'Américain « Santa Claus » porte de plus en plus préjudice au culte populaire de saint Nicolas. — Fête le 6 décembre.

NICOLAS de Flue, ermite, patron de la Suisse (canton d'Unterwalden, Suisse, 1417-Rauft 1487). Fils de fermier, Nicolas prend les armes contre les ducs d'Autriche et joue un rôle non négligeable au sein du gouvernement local. Vers la trentaine, il épouse Dorothée Wiss et construit lui-même sa ferme : il aura dix enfants. Type du paysan suisse, Nicolas mène une vie chrétienne extrêmement fervente. Poussé par une irrépressible vocation — que des visions ont peut-être renforcée —, il quitte tout, après vingt ans de mariage, et avec le consentement de son épouse. Dans son entourage, on le traite naturellement de fou. Nicolas pense d'abord s'installer en Alsace, puis il se cache dans une montagne qui domine la vallée de la Melch, dans le canton d'Unterwalden. Les habitants du pays, ayant découvert sa retraite, accourent vers lui, se recommandant à ses prières et sollicitant ses conseils. Ils obtiennent de lui qu'il vienne s'installer dans une cellule située dans la vallée, à Rauft, près d'une chapelle construite par sa famille. Nicolas vivra ainsi dix-neuf ans, pratiquant un jeûne prolongé et exerçant une influence extraordinaire. Celle-ci atteint même le duc Sigismond du Tyrol, que Nicolas confirme dans sa neutralité, lorsque la Confédération suisse rencontre et bat Charles le Téméraire.
Entouré de la vénération de toute la Suisse, dont il est le patron, Nicolas meurt le jour de son 70ᵉ anniversaire, entouré de sa femme et de ses enfants.
Le culte public rendu à Nicolas de Flue

sera consacré par Clément IX en 1667. Pie XII le canonisera le 25 mai 1947. — Fête locale le 21 mars.
— Autres saints et bienheureux **Nicolas :** trente. Parmi eux, **Nicolas Iᵉʳ,** pape de 858 à 867 (fête locale le 13 novembre).

NIZIER, évêque de Lyon († Lyon 573). Troisième fils du sénateur Florentius, il est ordonné prêtre à l'âge de trente ans; peu après il est élevé au siège épiscopal de Lyon : il l'occupera une vingtaine d'années, donnant l'exemple de la douceur et de l'austérité. Nizier joua un rôle important, sur le plan provincial, en prenant part à des débats conciliaires. — Fête locale le 2 avril.

NOËL CHABANEL, jésuite, martyr au Canada (Sangues 1613-au Canada 1649). Entré dans la Compagnie de Jésus en 1630, il enseigna les lettres à Toulouse et à Rodez, avant de partir pour le Canada (1643). Envoyé chez les Hurons (1644), il eut beaucoup de peine à apprendre leur langue et à s'adapter à leurs coutumes. Après avoir fait un voyage chez les Algonquins et les Pétuns, il revenait de la mission Saint-Mathias à la mission Sainte-Marie, le 7 décembre 1649, quand il fut surpris par les Iroquois. Isolé, il se traîna jusqu'à la rivière, où il fut assommé par un Huron apostat. Béatifié en 1925; canonisé en 1930. — Fête le 19 octobre (avec les autres martyrs canadiens).
— Deux autres saints ou bienheureux portent le même nom : saint **Noël,** vénéré à Casal (fête locale le 21 août), et le bienheureux **Noël Pinot,** guillotiné à Angers en 1794 (fête locale le 21 février).

NORBERT, fondateur des Prémontrés (Xanten, Rhénanie, v. 1080-Magdebourg 1134). Apparenté aux familles régnantes d'Allemagne et de Lorraine, Norbert mène d'abord une vie dissipée, que ne corrigent pas son accession à une prébende canoniale et la charge de chapelain de l'empereur Henri V. Ce n'est qu'en 1115 que, terrassé par la foudre alors qu'il se rend, à cheval, à Wreden, en Westphalie, il se convertit, menant désormais une vie d'austérité. Ordonné prêtre peu après, Norbert revêt un habit de pauvre et commence, auprès de ses confrères chanoines, un apostolat qui n'aboutit guère, ces dignitaires se préoccupant peu de mener une existence moins mondaine. Pire : on le persécute, on l'accuse, au concile national de Fritzler (1118), d'agir sans mandat.

Alors, se dépouillant de son bénéfice et de ses biens, Norbert quitte l'Allemagne et rejoint en Provence le pape Gélase II, qui lui accorde le pouvoir de prêcher partout. Norbert remonte vers le nord : à Valenciennes, il fait un disciple, Hugues de Fosses, chapelain de l'archevêque de Cambrai. Avec lui, Norbert parcourt Hainaut et Brabant, prêchant l'Évangile et donnant lui-même l'exemple d'une vie dépouillée.

En 1119, après avoir rencontré Calixte II à Reims, Norbert se rend à Laon, où il parfait ses études et où on le charge de réformer la communauté canoniale de Saint-Martin. Ayant échoué, il s'installe dans une clairière de la forêt de Laon, à Prémontré, qui va devenir (1120) le berceau d'un ordre de chanoines réguliers, les Prémontrés (parfois appelés Norbertins), qui combinent la prière sacerdotale, la vie commune et le service des âmes (dans les paroisses notamment). La branche féminine de l'ordre, exclusivement contemplative, les Chanoinesses Prémontrées ou Norbertines, naît à la même époque. Norbert, qui s'inspire aussi de Cîteaux, donne finalement à ses fondations la Règle de saint Augustin. L'ordre des Prémontrés aura une centaine de communautés du vivant d'Hugues de Fosses, premier successeur de Norbert.

En 1126, Norbert obtient du pape Honorius II la bulle approbative de son ordre. De Rome, il revient à Prémontré, puis se rend à Ratisbonne et à Spire, où se tient la diète du Saint-Empire. Or, c'est à la diète que les habitants de Magdebourg ont demandé de trancher un litige relatif à la nomination d'un archevêque. Norbert, dont la réputation de sainteté est grande, est élu : il entre à Magdebourg le 18 juillet 1126. Tout en s'efforçant d'introduire dans son diocèse un esprit de réforme, Norbert, qui est lié d'amitié avec saint Bernard*, aide ce dernier dans sa lutte contre l'antipape Anaclet II au profit d'Innocent II. Il meurt, usé par le travail, le 6 juin 1134. Son corps, déposé dans la collégiale des Prémontrés de Magdebourg, sera, au moment de la Réforme, transféré en l'abbaye de Strahor en Bohême. - Fête le 6 juin.

Le culte de saint Olaf s'est répandu non seulement dans les pays scandinaves mais aussi, grâce aux colonies danoises et norvégiennes, en Angleterre et en Irlande. **Musée national, Helsinki.**

ODILE, abbesse de Hohenburg (VIIe s.). On doit se méfier des erreurs et des invraisemblances contenues dans la Vie de cette sainte, écrite peu avant 950. Selon ce document, Odile, fille d'un comte, naquit aveugle : son père voulut la tuer. Mais la mère la confia à une domestique, qui la nourrit durant un an, puis la porta au couvent de Palma : un évêque bavarois y baptisa l'enfant, qui recouvra la vue. Par la suite Odile gouverna le monastère fondé par son père sur le Hohenburg (Mont-Sainte-Odile) en Alsace, puis elle fonda, à mi-pente, celui de Niedermünster, plus accessible. Nonobstant le caractère légendaire de nombre de détails tirés de cette Vie, d'ailleurs émouvante, le culte de sainte Odile devint rapidement populaire, et le Mont-Sainte-Odile reste l'un des hauts lieux de l'Alsace. — Fête locale le 13 décembre.

ODILON, abbé de Cluny (962-Souvigny 1048). On a pu dire d'Odilon qu'il marqua le XIe siècle chrétien, comme Bernard* de Clairvaux le fera pour le XIIIe siècle. Le haut lieu d'où Odilon rayonna fut la glorieuse abbaye de Cluny : il n'avait que 29 ans quand, en 991, il fut porté à la tête de ce monastère, qui était la capitale d'un véritable empire monastique réformé, s'étendant sur toute l'Europe. Odilon, cinquième abbé de Cluny, fut, à une époque où la papauté semblait être emportée par l'anarchie romaine, le véritable chef de la chrétienté occidentale. Dans son désir de faire régner le Christ sur la terre et d'y réaliser sa doctrine de paix et de fraternité,

il manœuvra aussi bien le pape que l'empereur, et la célèbre « trêve de Dieu » fut en partie son œuvre. Mais ce diplomate mitré, ce chef de milliers de bénédictins, fut aussi un moine austère, encore qu'infiniment doux dans ses rapports avec ses inférieurs, infiniment charitable envers les pauvres. Lors de l'atroce famine de 1006, il ne se contenta pas de vendre ses ornements, il se fit mendiant avec les mendiants.
On doit à saint Odilon l'institution de la fête de la Commémoration des morts, le 2 novembre. — Fête locale le 1er janvier. — Un autre **Odilon** († 1113) fut abbé de Stavelot-Malmédy (fête locale le 28 octobre).

ODON, abbé de Cluny (dans le Maine v. 879-Tours 942). De famille noble, chanoine de Tours, Odon embrasse la vie monastique à Baume. Successeur du premier abbé de Cluny en 927, il donne à la vie clunisienne son véritable caractère : aristocratique, mais humble; politique, mais tout empreint de simplicité. Père de ses moines, il sait les détendre par sa gaieté, mais aussi diriger leur zèle vers la charité la plus active. Ascète à l'âme ardente, Odon inaugure les voyages fréquents des abbés de Cluny sollicités pour la réforme. En mars 931, en effet, le pape l'autorise à mettre sous son autorité les monastères qu'il réformera. Seigneurs féodaux et évêques le soutiennent en lui faisant restaurer des maisons ruinées ou en décadence. L'aire principale de son activité est la Bourgogne, l'Aquitaine, la vallée de la Loire; mais on l'appelle aussi en Italie. Son œuvre écrite principale est une série de *Collations* ou *Conférences,* où sont stigmatisés les moines indignes. — Fête locale le 18 novembre.

— Autres saints et bienheureux de ce nom : quatre, dont un archevêque de Canterbury au xe s. (fête locale le 4 juillet).

OLAF, roi de Norvège (v. 995-1030). Ce viking combattit très jeune auprès du célèbre Thurkell le grand. A 18 ans il fut baptisé à Rouen, puis il rejoignit probablement le roi Ethelred qui, exilé alors en Normandie, regagna l'Angleterre en 1014. De retour en Norvège, il y fut proclamé roi. Olaf combattit vigoureusement les pratiques païennes, qui étaient encore très répandues dans son pays. Mais ses adversaires l'obligèrent à s'exiler en Russie. En 1030, revenu en Norvège, Olaf périt au cours d'une bataille. Après sa mort, on le considéra spontanément comme un héros de l'indépendance norvégienne et aussi de la cause chrétienne. Ses restes furent transférés à Trondjeim. — Fête locale le 29 juillet.

OLGA, princesse russe († 969). En 945 mourut le prince Igor, grand-duc de Kiev; sa veuve, Olga, mère du jeune Sviatoslav, confiant son patrimoine au Christ, négocia à la fois avec Constantinople et avec la Germanie l'envoi de missionnaires en Russie. L'empereur germanique lui en envoya, mais ils échouèrent. La conversion de la Russie au christianisme devait aboutir avec les successeurs d'Olga. — Fête locale le 11 juillet.

OMER, évêque de Thérouanne († v. 670). Natif probablement de Normandie, Omer *(Audomarus)* fut d'abord moine à Luxeuil. Sur les conseils d'Achaire, évêque de Noyon-Tournai, Dagobert lui confia le siège de Thérouanne, chez les Morins. Ceux-ci étaient alors retournés aux coutumes païennes. Avec l'aide de trois missionnaires, dont saint Bertin, venus de Normandie, Omer fit refleurir le christianisme dans les territoires à lui confiés. Le principal foyer d'évangélisation fut Sithiu, sur l'Aa, la future ville de Saint-Omer, qui allait se développer autour

de l'abbaye Saint-Bertin. Omer mourut aveugle. — Fête locale le 9 septembre.

ONÉSIME, disciple de saint Paul (Ier s.). Selon la lettre de saint Paul* à Philémon, Onésime, originaire de Phrygie, était l'esclave de Philémon, riche habitant de Colosses, fervent chrétien. Onésime, ayant volé son maître, prit la fuite et se réfugia à Rome, où il rencontra Paul, alors prisonnier : l'apôtre le fit revenir à résipiscence, et Onésime devint un vrai chrétien. Paul obtint de Philémon l'affranchissement d'Onésime. L'hagiographe Odon de Ravenne a construit tout un roman pour faire de cet Onésime un évêque d'Éphèse au début du IIe s. et l'envoyer à Rome, où il aurait été lapidé. — Fête locale le 16 février.

— Deux autres saints et aussi une vierge de Cologne († v. 360), honorée localement le 27 février, portent le nom d'**Onésime.**

OTHON, évêque de Bamberg (en Souabe 1060-Bamberg 1130). Chapelain de Sophie, sœur de l'empereur Henri IV, il devint chancelier de ce dernier qui, en 1102, le nomma évêque de Bamberg. Othon fut consacré, sur sa demande, par le pape Pascal II à Anagni (1106). Henri V entoura lui aussi de vénération l'évêque de Bamberg qui reçut le pallium à Rome en 1111. Médiateur entre la papauté et l'empereur, Othon eut la joie de voir ses efforts aboutir au concordat de Worms (1122). D'autre part, il mérita le titre de « Père des moines » tellement il fonda de monastères en Allemagne et notamment en Poméranie qu'il évangélisa avec l'appui du duc de Pologne Boleslas IV. Canonisé en 1189. — Fête locale le 2 juillet.

— Autres saints du même nom : trois.

OUEN, évêque de Rouen (Sancy, Soissonnais, v. 600-Rouen 684). Après avoir reçu une éducation soignée, il entra à la cour de Clotaire II, où il se lia d'amitié avec saint Éloi*. Sous Dagobert, Éloi et Ouen furent les deux principaux personnages de la cour : Ouen devint référendaire, mais, en 640, le peuple de Rouen l'appela à remplacer son évêque Romain, qui venait de mourir. Ouen fut le 20e évêque de Rouen. Afin de mener à bien l'évangélisation d'une population encore livrée à la débauche, il s'adjoignit un auxiliaire qui résida à Lillebonne. La vie monastique lui semblant être un élément capital dans la moralisation d'une région, Ouen, ami de saint Wandrille*, consacra les églises abbatiales de Fontenelle et de Jumièges. Plus tard, il fonda l'abbaye de Saint-Germer. D'autre part, Ouen demeura le conseiller des Mérovingiens, de sainte Bathilde* notamment. Il assista à de nombreux conciles provinciaux. Il mourut sur le territoire de Clichy, là où s'élève la ville de Saint-Ouen. Il fut inhumé à l'abbaye Saint-Pierre de Rouen, future abbaye Saint-Ouen, dont l'église est un des joyaux de la ville. — Fête locale le 24 août.

Paul, juif hellénisé, fut, dans toute la force du terme, « l'apôtre », à la fois témoin enthousiaste, prédicateur fougueux et organisateur sans égal. Art toulousain, XIVᵉ siècle. Musée des Augustins, Toulouse.

PACÔME, abbé de Tabenne (en haute Thébaïde v. 292-Tabenne 348). « Pacôme partage avec saint Antoine l'honneur d'avoir institué la vie cénobitique, et il est le premier à en avoir fixé les règles par écrit. »

Né de parents idolâtres, il est enrôlé de force dans les armées de Maximin Daia; réconforté par des chrétiens à Thèbes, il se sent porté vers leur religion. La défaite de Maximin amenant la dispersion des troupes, Pacôme se fixe en une ville de Thébaïde, où il y a une église chrétienne : il y reçoit le baptême. Ayant appris qu'un vieillard, nommé Palémon, sert Dieu dans le désert avec une grande perfection, il va à sa recherche, le trouve et se met sous sa direction. Parfois, Pacôme se retire dans un vaste désert appelé Tabenne, près du Nil. Poussé par une inspiration céleste, il y bâtit une cellule (v. 325); des disciples lui viennent, à qui Pacôme fournit un vêtement grossier. Lui-même donne à ses religieux l'exemple d'une effrayante austérité; il rédige une règle qui sera traduite par saint Jérôme et existe encore. Elle est une des sources du monachisme occidental. Le nombre des cénobites grossissant, Pacôme bâtit six autres monastères dans la Thébaïde. — Fête locale le 9 mai.

— Un autre saint **Pacôme,** martyr à Alexandrie (IVe s.), est honoré localement le 26 novembre.

PANCRACE, martyr à Rome († 304). Fils de Cledonius le Phrygien, Pancrace n'est qu'un enfant quand son père meurt. Il est recueilli par l'un de ses oncles, Denis, qui l'élève avec soin. Quand Pancrace atteint l'âge de quatorze ans, il se rend avec Denis à Rome, où tous deux reçoivent le baptême. Denis vient de mourir lorsque, sur l'ordre de Dioclétien, Pancrace est arrêté. Ayant écarté les objections de l'empereur, l'adolescent est décapité sur la voie Aurélienne; une chrétienne nommée Octavie l'ensevelit.

Le cardinal Wiseman, dans son roman *Fabiola,* a entremêlé les Actes de saint Pancrace et de sainte Agnès* avec la Passion de saint Sébastien*.

Rome possède une église de Saint-Pancrace-hors-les-Murs. Depuis 1517, saint Pancrace est un titre cardinalice. La célébrité de ce saint, dont on retrouve partout des reliques plus ou moins authentiques, a été si grande autrefois que son nom fut défiguré par le langage populaire : Blancat, Planchat, Branchais... — Fête le 12 mai avec Achillée* et Nérée*.

— Un autre saint **Pancrace** fut le premier évêque de Taormina (fête locale le 3 avril).

PANTALÉON, martyr à Nicomédie († 305?). Si l'on en croit une *Passion* grecque sans grande valeur, Pantaléon (ou *Pantaleimon*) était médecin. Lui aussi appartient à la catégorie des saints *anargyres,* celle des médecins ayant exercé gratis, par charité. Une légende veut que, médecin de Galère, il aurait renié sa foi. Ramené au christianisme par un certain Hermolaos, Pantaléon aurait subi diverses tortures avant d'être décapité. Du lait, au lieu de sang, dit-on, coula de ses blessures. Conservé à Ravello, près d'Amalfi, ce sang se liquéfie le jour de la fête du saint. — Fête locale le 27 juillet.

PASCAL Baylón, franciscain (Torre Hermosa, Aragon, 1540-Villa Real 1592). Il est le fils de pauvres ouvriers agricoles, qui le pétrissent de piété et d'un extraordinaire amour pour l'eucharistie.

Humble berger, Pascal apprend à lire pour mieux s'instruire de la religion : sur sa houlette, il a gravé l'image de Notre-Dame, surmontée d'une hostie rayonnante, si bien que, tout en gardant les troupeaux, il nourrit sa méditation. Mais il n'est pas indifférent aux beautés sévères de la nature aragonaise, qui l'aident à s'élever jusqu'à Dieu. Avec cela, d'une honnêteté peu commune, il va jusqu'à indemniser de ses propres deniers les propriétaires dont les pâturages ont subi des dégâts, du fait de ses bêtes. Et puis lui vient naturellement l'idée de consacrer plus pleinement sa vie à Dieu. S'étant présenté chez les franciscains, près de Valence, Pascal essuie un refus, qu'expliquent son allure gauche et son accoutrement bizarre. Alors il reprend la houlette, tout en suivant de loin la vie de la communauté, ponctuée par les sonneries de la cloche. Jusqu'au jour où sa réputation de sainteté lui ouvre les portes du couvent. Devenu franciscain (1564), Pascal, par humilité, refuse le prêtrise; frère convers, il observe la règle dans sa rigueur; mais dur envers lui-même, il se montre avec ses frères d'une douceur insondable. Portier, quêteur ou réfectorier, sa serviabilité est sans limites; tous ses loisirs sont pour le tabernacle devant lequel il passe de longues heures en adoration. Béatifié en 1618, canonisé en 1690. — Fête locale le 17 mai.

— Autre saint du même nom : **Pascal Ier**, pape de 817 à 824 (fête locale le 11 février).

PASCHASE Radbert, abbé de Corbie († 865). Enfant abandonné, il fut élevé par les moines de Saint-Pierre à Soissons. A 22 ans, il se retira en l'abbaye de Corbie où il devint écolâtre; sa réputation de savant s'étendit au loin. En 822, Paschase accompagna son abbé Adalard en Saxe où il allait fonder le monastère de Corvey (Nouvelle-Corbie). En 834 encore, Louis le Débonnaire lui confia une nouvelle mission en Saxe. En 844, Radbert succéda à Wala comme abbé de Corbie. La sainteté de sa vie n'eut d'égale que sa réputation d'éloquence et d'érudition. Après sept ans d'abbatiat, il se démit et se retira à Saint-Riquier. Son corps sera transféré à Corbie en 1075. Paschase Radbert a laissé un commentaire de saint Matthieu, un traité *De sacramento corporis et sanguinis Christi* (831) une *Histoire des origines de Corbie* et une *Vie d'Adalard.* — Fête locale le 26 avril.

PATRICK ou **PATRICE,** apôtre de l'Irlande (ve s.). Bien que nous ayons, dans la *Confession de saint Patrick,* un document très valable, la vie de ce saint comporte bien des points obscurs ou déformés par la légende. Il est d'ailleurs difficile de fixer les dates extrêmes de sa longue existence (389-461 ou 383-493?). Son lieu de naissance est aussi contesté (Gaule?, pays de Galles?).

Le père de Patrick est un certain Calpurnius, qualifié de décurion. On ne sait rien sur sa jeunesse. Vers 404, des pirates irlandais pillent la ferme de Calpurnius, sur les rivages de la Grande-Bretagne, et emmènent avec eux de nombreux captifs, parmi lesquels le jeune Patrick. Vendu à un maître, il garde ses troupeaux de porcs sur les pentes d'une montagne, que la tradition a identifiée avec le mont Slemish, dans le comté d'Antrim. Le pâtre apprend alors à prier; et la vie pauvre, austère et saine, qu'il mène, lui donne une gravité précoce.

Après six ans, Patrick s'enfuit; il gagne un bateau, qui le conduit chez ses parents : il les quitte bientôt pour se rendre en Gaule. Après un séjour à Lérins, Patrick se fixe à Auxerre où il reçoit la prêtrise. L'évêque saint Germain d'Auxerre, de retour de Grande-Bretagne, lui apporte sans doute des renseignements sur la situation religieuse de son pays natal et sur les besoins spirituels de sa chère

Irlande, qu'a évangélisée l'évêque Palladius; celui-ci meurt en 432.

Alors Patrick reçoit la consécration épiscopale et se met en route, avec quelques compagnons, pour l'île dont il va devenir l'apôtre, puis le patron. Il débarque probablement à l'embouchure de la Dee. Mais il est impossible d'établir une chronologie et une topographie de ses courses apostoliques. On sait qu'en Ulster il convertit un chef puissant nommé Dichn; qu'il construit un monastère au nord de la rivière Eithne; qu'il fit trois voyages en Connaught, où il établit l'Église de Cell More. Il semble que tout le nord de l'*Ulidia* resta longtemps impénétrable pour Patrice. Bien qu'il soit vrai que la conversion de l'Irlande est une page d'or dans l'histoire du christianisme, il ne faut pas exagérer la rapidité du passage des Irlandais du paganisme à la foi. Patrick, qui fut d'ailleurs un homme très courageux, eut à faire face à de fortes hostilités locales. Patrick est-il allé à Rome, vers 441, chercher les encouragements du pape? C'est possible, sans plus. Au retour, l'évêque se rendit dans le royaume d'Oriel, dont le chef lui permit de s'établir sur un terrain où s'élèvera la ville d'Armagh.

Les dernières années de Patrick se passent dans la retraite. Quelque temps avant sa mort, il confie à d'autres le soin des âmes et se retire dans la terre de Dichn, où, après avoir donné l'exemple de la prière constante et de l'humilité, il meurt dans la vénération universelle. Son tombeau devient tout de suite un lieu de pèlerinage. Peu de saints sont aussi populaires que Patrick en Irlande. — Sa fête, fixée de temps immémorial au 17 mars, est la fête de tous les Irlandais, où qu'ils soient. Elle a été maintenue dans l'Église universelle.

— Cinq autres saints ou bienheureux portent le nom de **Patrick.**

PAUL, apôtre des gentils (Tarse, Cilicie, entre 5 et 15 apr. J.-C.-Rome 67). La famille de Saul, d'origine juive, s'est établie à Tarse, où elle a acquis le droit de cité romain. A l'âge de douze ou treize ans, Saul devient, à Jérusalem, l'élève du célèbre rabbin Gamaliel. Il se donnera lui-même pour un pharisien fervent (Galates I, 14). Lors du martyre de saint Étienne, vers 36, Saul approuve la sentence; il est même présent au supplice du diacre. Persécuteur des chrétiens, il sollicite du Sanhédrin la mission de les rechercher dans toute la Syrie. Muni de ce mandat, il se rend à Damas, lorsqu'une force surnaturelle le terrasse aux portes de la ville, tandis que la voix de Jésus lui dit : « Saul, Saul, pourquoi me persécutes-tu? » Baptisé par Ananie, Saul, devenu Paul, commence à annoncer la résurrection de Jésus. Il séjourne quelque temps dans la solitude du royaume nabatéen, revient, en passant, à Damas, et se rend à Jérusalem pour voir Pierre*. Devenu, avec Barnabé*, l'apôtre des gentils (des païens), il reçoit l'imposition des mains à Antioche et évangélise, durant plusieurs années, la Syrie et la Cilicie (v. 38-v. 44). Il accomplit ensuite trois voyages missionnaires.

Dans le premier voyage (44-47), parti d'Antioche avec Barnabé et Marc*, il parcourt successivement l'île de Chypre, la Pamphylie et la Galatie, fondant les Églises de Pergé, d'Antioche, de Pisidie, d'Iconium, de Lystres et de Derbé. Sa prédication s'adresse toujours d'abord à la synagogue, mais s'oriente très vite vers le milieu païen. A son retour, Paul se rend à Jérusalem. Dans une grande assemblée (48), on décide que les prescriptions de la religion juive ne seront plus imposées aux païens convertis.

En 49, après s'être séparé de Barnabé, Paul prend avec lui de nouveaux compagnons, notamment Timothée* et Silas. Il passe en Macédoine et y crée les Églises de Philippes, de Thessalonique et de Bérée. A Athènes, il parle devant l'Aréopage, puis s'établit à Corinthe (50-52). Paul est obligé de se défier des subtilités de la sagesse grecque et de lutter contre l'obstruction des juifs. En 52, il doit se défendre devant le proconsul Gallion, gouverneur d'Achaïe.

La troisième période de son apostolat s'étend de 53 à 57. D'Antioche, Paul, accompagné de Luc, se rend à Éphèse, où il opère de nombreuses conversions. Mais une sédition le chasse de la ville.

A Troas, puis en Macédoine, son ministère est de nouveau couronné de succès. Après avoir visité Corinthe (fin 57), la Macédoine et la côte d'Ionie, il projette une tournée missionnaire en Occident (Italie, Espagne); mais, auparavant, il veut retourner à Jérusalem porter le produit d'une collecte. Là, poursuivi par le ressentiment des juifs, il est arrêté et conduit à Césarée, devant le procurateur Félix. Celui-ci le garde prisonnier pendant deux ans; Festus, qui succède à Félix, va faire reconduire son prisonnier à Jérusalem, lorsque Paul, citoyen romain, en appelle à César. Avant de partir pour l'Italie, il plaide sa cause devant Agrippa et Bérénice. C'est en 60 qu'il arrive à Rome, après un naufrage sur la côte de Malte. A Rome, Paul jouit de la *custodia libera*, ce qui lui permet de prêcher le « royaume de Dieu » et d'écrire quelques-unes de ses plus belles épîtres (61-63). Une tradition veut que, de 63 à 66, il ait fait une dernière tournée apostolique (en Orient?, en Espagne?). En 66, il est de nouveau prisonnier à Rome; il a la tête tranchée sur la route d'Ostie, en 67.

La personnalité de saint Paul a fait de lui l'introducteur du christianisme en milieu non juif; en ce sens, on peut le considérer comme le second fondateur du christianisme. De plus, il a allié les plus hautes vues mystiques aux détails de l'organisation administrative, l'intuition à la volonté, le zèle à la charité. Sa foi et son espérance ont été invincibles et rayonnantes, parce qu'elles étaient fondées sur une vocation exceptionnelle.

Toute l'âme de saint Paul est passée dans ses *quatorze épîtres* (aux Romains, aux Corinthiens I et II, aux Galates, aux Éphésiens, aux Philippiens, aux Colossiens, aux Thessaloniciens I et II, à Timothée I et II, à Tite, à Philémon et aux Hébreux). La plupart des spécialistes admettent actuellement que l'épître aux Hébreux a comme auteur un disciple de Paul. D'autre part, un grand nombre d'exégètes protestants ou indépendants contestent l'authenticité paulinienne des épîtres à Timothée et à Tite. Dans ses épîtres, Paul a plus spécialement mis en lumière quelques points de la doctrine chrétienne, notamment le rachat de l'humanité par le Fils de Dieu.

— Fête principale de saint Paul le 29 juin, avec saint Pierre*; fête de sa conversion le 25 janvier; fête de la dédicace de la basilique romaine de Saint-Paul-hors-les-Murs le 18 novembre.

PAUL, premier ermite (†342). La vie extraordinaire de Paul nous est connue grâce à une biographie composée par saint Jérôme avec une vivacité et une fraîcheur incomparables; mais elle semble relever davantage du roman historique et édifiant que de l'histoire.

C'est saint Antoine* qui, à la suite d'une apparition, et malgré son grand âge, part à sa recherche dans le désert de haute Égypte; il y trouve Paul alors plus que centenaire. Durant le temps que les deux hommes passent ensemble, Antoine assiste à un certain nombre de merveilles : ainsi l'oiseau qui apporte quotidiennement un morceau de pain à Paul vient, ce jour-là, avec une double ration. Après une nuit de prière commune, Paul annonce à Antoine qu'il va mourir, et lui demande d'être enseveli dans le manteau qu'Athanase* d'Alexandrie donna à Antoine. Cependant, Antoine, privé d'instruments appropriés, se trouve fort en peine pour creuser la fosse; et voici que deux lions accourent et grattent le sol jusqu'à ce que la terre puisse recevoir le corps du saint. Des reliques de Paul Ermite sont vénérées à Budapest. — Fête locale le 15 janvier.

PAUL de la Croix, fondateur de la congrégation des Passionistes (Ovada, Ligurie, 1694-Rome 1775). Paolo Danei, fils d'un commerçant, s'engage dans l'armée, mais bientôt il revient au pays aider le curé à enseigner la religion aux enfants. Encouragé par l'évêque d'Alexandrie, il prend l'habit religieux, marqué d'un cœur surmonté d'une croix, dans lequel sont écrits les mots : *Jesu Christi Passio,* et se retire dans une chambre située près de l'église de Castellazo (1720). A l'issue de cette retraite, Paul apporte à l'évêque, qui l'approuve, ce qui va être la Règle de la *congrégation des Passionistes.* Des disciples viennent en effet à lui. En 1724, Benoît XIII encourage la nouvelle famille religieuse, qui a d'ailleurs beaucoup de mal à se développer. Prêtre en 1727, Paul de la Croix fonde à Grosseto, en 1737, ce qui va être le siège de son institut. La Règle des Passionistes est approuvée par Benoît XIV en 1741. Elle oblige les Passionistes (Clercs déchaussés de la Sainte-Croix et de la Passion de N.-S.-J.-C.), par un quatrième vœu, à propager le culte de la Passion de Jésus. Les religieux, prêtres et frères, s'adonnent à la prédication dans des missions intérieures et étrangères et dans des retraites spirituelles. Quelques mois avant de mourir, Paul est réélu prévôt général de la congrégation, qui compte alors quatorze « retraits ». Béatifié en 1853, canonisé en 1867. — Fête le 19 octobre.

PAUL MIKI et ses compagnons, martyrs à Nagasaki († 1597). Après l'évangélisation du Japon par saint François Xavier* (1549-1551), le christianisme put s'y développer librement, jusqu'à ce que l'empereur Taïcosama, en 1542, ordonnât aux jésuites de quitter ses États. Non seulement ils continuèrent leurs travaux, mais ils furent rejoints par des franciscains, qui bâtirent deux couvents. Aussi, en 1596, un décret d'arrestation frappa-t-il tous les missionnaires : 6 franciscains, presque tous Espagnols, 17 laïcs japonais, dont trois enfants, tertiaires de l'ordre de Saint-François, et 3 jésuites, parmi lesquels le Japonais Paul Miki, le plus célèbre missionnaire de la Compagnie au Japon. Franciscains et jésuites furent saisis à Osaka, les tertiaires à Meaco. Tous furent conduits à Nagasaki; là, ils furent mis en croix, même les enfants, le 5 février 1597. Béatifiés en 1627, canonisés en 1961. — Fête le 6 février.

— Autres saints et bienheureux portant le nom de **Paul,** 64, parmi lesquels de nombreux martyrs en Chine ou au Japon et aussi : **Paul Ier,** pape de 757 à 767 (fête locale le 28 juin); **Paul,** évêque de Constantinople († v. 351) [fête locale le 7 juin]; un évêque de Narbonne au IIIe s. (fête locale le 22 mars); le premier évêque de Trois-Châteaux (fête locale le 1er février); un évêque de Verdun au Ve s. (fête locale le 8 février), et **Paul le Simple,** martyr en Égypte au IVe s. (fête locale le 7 mars).

PAULE, veuve (Rome 347-Bethléem 404). Cette descendante de l'illustre Paul Émile devient veuve à 32 ans, ayant à sa charge cinq enfants. Elle s'adonne alors aux bonnes œuvres et à la pratique des plus hautes vertus. Bientôt, elle subit l'ascendant de saint Jérôme*, qu'elle suit en Orient avec sa fille Eustachium. Elle parcourt toute la Terre sainte, avant de se fixer à Bethléem, où elle fait construire un monastère : elle s'y installe avec sa fille et des compagnes attirées par sa sainteté. C'est là qu'elle meurt à 57 ans et qu'on l'inhume. — Fête locale le 29 janvier.

— Autres saintes et bienheureuses du même nom : neuf.

PAULIN, évêque de Nole (Bordeaux 353-Nola 431). De famille noble, disciple et ami d'Ausone, Paulin *(Meropius Pontius Paulinus)* hérita d'immenses propriétés et se fit un nom comme avocat. En 378, il était *consulaire* (gouverneur) de Campanie. Peu après, il épousa une Espagnole, qui lui apporta en dot de vastes propriétés en Espagne. En 390, Paulin reçut le baptême à Bordeaux : dès lors le cours de sa vie s'infléchit. A la consternation d'Ausone et de sa famille, il vendit la plus grande partie de ses biens au profit des pauvres, et, d'accord avec son épouse, se retira du monde. Prêtre en 394, il s'établit à Nole *(Nola),* où il avait encore des terres, et où il fonda et dirigea un monastère. En 409, il fut élu évêque de Nole. Ami de saint Augustin* , de saint Ambroise*, de saint Jérôme*, de Sulpice Sévère*, avec qui il entretint une correspondance extrêmement précieuse, Paulin fut l'un des plus grands poètes chrétiens de l'âge patristique; on a de lui 35 poèmes, pour la plupart composés à la louange de saint Félix* de Nole, l'un de ses prédécesseurs, en l'honneur de qui il fit construire une magnifique basilique. — Fête le 22 juin.

— Autres saints du même nom : onze. Parmi eux, un patriarche d'Aquilée mort en 804 (fête locale le 28 janvier), un évêque de Trèves du IVe s. (fête locale le 31 août), et un archevêque d'York du VIIe s. (fête locale le 10 octobre).

PÉLAGIE, martyre à Antioche († v. 302). Au cours de la persécution de Dioclétien, cette chrétienne de quinze ans voyant les soldats se présenter chez elle pour l'arrêter et voulant échapper aux outrages qu'elle appréhendait se jeta du haut de sa maison : elle mourut aussitôt. Ce martyre a été exalté par saint Jean* Chrysostome dans un sermon célèbre. — Fête locale le 8 octobre.

— Cinq autres saintes portent le nom de **Pélagie** : en fait, à la suite d'un phénomène de similitude et de dédoublement fréquent en hagiographie, il est très difficile de les distinguer l'une de l'autre.

PERPET ou **PERPÉTUE,** évêque de Tours († Tours 491). De famille sénatoriale, Perpet succède sur le siège de Tours à Eustachius, en 461; il est le 8ᵉ évêque de Tours après saint Gatien*. Il tient plusieurs synodes destinés à rendre la ferveur à son Église, et édicte notamment des règlements sur la pratique du jeûne. Prélat que Sidoine* Apollinaire nous représente comme fort studieux, Perpet est surtout connu pour son amour des pauvres, considérés et traités par lui comme ses enfants. Dès 475, l'évêque fait un testament par lequel il dispose de tous ses biens en faveur des déshérités et des églises pauvres. Considéré comme un monument de l'Antiquité chrétienne, ce testament ne serait, aux yeux de certains hagiographes, qu'un faux composé probablement au xviiᵉ s. — Fête locale le 9 avril.

PERPÉTUE, martyre à Carthage († 203). La *Passio Perpetuae* — qu'on appelle aussi la « Grande Passion » — est, aux dires des meilleurs spécialistes de l'hagiographie, un chef-d'œuvre, dont l'influence fut énorme sur la spiritualité de l'Afrique chrétienne et aussi sur les Passions postérieures. C'est un récit véridique, dans lequel s'insèrent des visions émouvantes, mais surajoutées. Il est certain que, en 203, à Thuburbo Minus, près de Carthage, furent arrêtées cinq personnes accusées d'avoir contrevenu aux ordres de Septime Sévère interdisant la propagande religieuse. Il y avait : deux jeunes gens de condition libre, Saturninus et Secundulus, deux esclaves, Revocatus et Félicité, et une jeune femme de l'aristocratie locale, Vibia Perpetua (Perpétue), mariée et mère d'un enfant qu'elle allaitait. Un sixième personnage rejoignit le groupe en prison : Saturus, probablement catéchiste.

Emmenés à Carthage, les six prisonniers furent réconfortés par les fidèles de la ville et par des visions consolantes. Perpétue reçut la visite de son père, qui la conjura vainement de renoncer à sa foi. Finalement les inculpés furent condamnés à être livrés aux bêtes; mais Secundulus mourut en prison. Les cinq autres, déchiquetés par les fauves, furent achevés par des gladiateurs, le 7 mars 203. Ce récit, outre sa valeur d'édification, est précieux par les renseignements qu'il fournit sur l'Église de Carthage au début du iiiᵉ s.

Le culte de Perpétue et de Félicité — leurs compagnons passèrent dans l'ombre — se répandit rapidement en Afrique et dans la chrétienté. Sur leurs tombeaux, on éleva une vaste basilique; et leur nom figure au canon de la messe romaine. On possède trois sermons de saint Augustin*, qui leur sont consacrés. — Fête le 7 mars (ancienne fête le 6 mars).

— Autres saintes de ce nom : trois.

PÉTRONILLE, martyre romaine (iᵉʳ s.). Romaine de sang patricien, Aurelia Petronilla était apparentée aux Flaviens. Longtemps, à cause de son nom, on la considéra comme fille de saint Pierre*. En réalité, le nom de Pétronille dérive de *Petro* ou de *Petronius*. Il n'en reste pas moins que Pétronille fut probablement catéchisée et baptisée par le Prince des Apôtres à qui elle voua toujours une grande vénération. Une jolie légende veut que Pétronille, qui était très belle, fut demandée en mariage par un jeune noble. Désirant garder sa virginité, elle lui fit répondre qu'elle demandait un délai de trois jours : Dieu l'appela à Lui durant ce laps de temps. Cependant, une inscription du cimetière de Domitille prouve que Pétronille mourut martyre. Une basilique fut édifiée à l'endroit de sa sépulture; plus tard le corps de la sainte fut transféré en l'église vaticane.

Le fait que Pétronille passait — à tort —

pour être la fille de prédilection de saint Pierre est à l'origine de l'adoption par la France — « Fille aînée de l'Église » — du patronage de sainte Pétronille. Mais le culte de la sainte déclina en France pour s'éteindre au XVIIe s. Cependant, depuis 1889, la chapelle de sainte Pétronille, dans la basilique Saint-Pierre de Rome, est de nouveau sous le patronage français. — Fête locale le 31 mai.

— Une autre sainte **Pétronille,** abbesse d'Aubeterre († 1152), est honorée localement le 6 juin.

PHILBERT. V. *Philibert.*

PHILÉMON, ami de saint Paul (Ier s.). Riche habitant de Colosses, Philémon fit la connaissance de saint Paul* qui le convertit au christianisme. Il est surtout connu par l'aventure de son esclave Onésime* qui, à la suite d'un vol commis au détriment de son maître, s'enfuit à Rome où saint Paul le convertit et l'amena à réparer sa faute. Philémon accueillit fraternellement le coupable porteur d'une lettre conciliante de l'apôtre. Philémon, selon certaines traditions, aurait été martyrisé alors qu'il était évêque de Colosses ou de Gaza. — Fête locale le 22 novembre.

— Autres saints du même nom : deux martyrs de la primitive Église.

PHILIBERT ou **PHILBERT,** abbé de Jumièges et de Noirmoutier († 685). Né au pays d'Eauze, en Gascogne, et fils d'un haut fonctionnaire de Dagobert, Philibert fréquenta la cour de ce roi. En 636, il se retira au monastère de Rebais, d'où les attaques du démon essayèrent de le chasser. Abbé du monastère, il se montra très dur pour lui-même et aussi pour les autres, ce qui provoqua des mécontentements. Doutant de lui et de l'efficacité de ses méthodes, Philibert alla étudier ailleurs la vie monastique. Dans le diocèse de Rouen, que dirigeait son ami saint Ouen, il se vit concéder par Clovis II un vaste terrain, où il fonda l'abbaye de Jumièges, promise à la célébrité (v. 654). Plus tard, persécuté par le maire du palais Ébroïn, Philibert se réfugia à Poitiers, puis dans l'île de Noirmoutier, où, avec des moines

venus de Jumièges, il fonda un autre monastère. C'est au lieu appelé depuis Saint-Philbert-de-Grandlieu que les moines de cette communauté se réfugièrent, au IXe s., lors des premières invasions normandes. Dans leurs pérégrinations ultérieures, ces moines transportèrent les reliques de leur fondateur en divers lieux, notamment à Tournus, où l'abbaye Saint-Philibert reste un des plus beaux spécimens de l'art roman. — Fête locale le 20 août.

— Deux autres saints portent aussi ce nom.

PHILIPPE, apôtre (Ier s.). Comme André* et Pierre*, Philippe était originaire de Bethsaïde, près du lac de Tibériade. Est-ce à lui que Jésus dit un jour : « Laissez aux morts le soin d'ensevelir leurs morts »? Seul Clément d'Alexandrie l'affirme. Ce qui est sûr, c'est que Philippe, disciple de Jean-Baptiste*, fut l'un des premiers à suivre Jésus. Il fit tout de suite un adepte en la personne de Nathanaël (Barthélemy*), affirmant qu'il venait de rencontrer « Celui dont il est parlé dans la loi de Moïse et dans les prophètes ». Lors de la première multiplication des pains, c'est à Philippe que Jésus demanda combien il faudrait de pains pour nourrir la foule. L'apôtre répondit : « Deux cents deniers de pain ne suffiraient pas pour que chacun en reçoive un morceau. » C'est encore à lui que s'adressèrent des Grecs, qui désiraient voir le Maître; c'est lui qui, lors de la dernière Cène, osa dire : « Seigneur, montrez-nous le Père et cela nous suffit. » A quoi Jésus répliqua en expliquant que c'était le Père, demeurant en lui, qui parlait par lui.

Une tradition veut que Philippe évangélisât les Scythes : croyance liée probablement à une confusion avec Philippe* le Diacre. D'autres disent qu'il mourut très âgé — peut-être martyr — à Hiérapolis, en Phrygie. Si saint Philippe et saint Jacques* le Mineur sont fêtés le même jour, c'est parce que leurs reliques furent déposées, un 1er mai, dans l'église des Douze-Apôtres, à Rome. — Fête le 3 mai (ancienne fête le 1er, puis le 11 mai).

PHILIPPE, diacre (Ier s.). Philippe, dit « l'Évangéliste », fut l'un des sept premiers diacres de l'Église chrétienne. Ayant dû fuir la persécution, il passa de Jérusalem en Samarie, où il accomplit de nombreuses conversions. Parmi ces convertis : Simon le Magicien. Sur l'ordre d'un ange, il se dirigea un jour vers Gaza; il rencontra, convertit et baptisa l'eunuque de Candace, reine d'Éthiopie. Ce fut le premier païen baptisé. Revenu à Césarée, où étaient ses quatre filles, Philippe y reçut saint Paul*; c'est probablement là qu'il mourut. On a longtemps confondu ce saint avec Philippe* l'apôtre. — Fête locale le 6 juin.

PHILIPPE Néri, fondateur de l'Oratoire (Florence 1515-Rome 1595). « Bon Pippo » fut populaire dès son enfance, tellement il était gai et serviable. Longtemps, il chercha sa voie; à Rome, il mit sa foi, son sourire et son entrain au service de son prochain, notamment des pauvres, des malades et des pèlerins. Ordonné prêtre en 1551, Philippe groupa chez lui, pour les instruire de la religion et aussi pour les distraire, des jeunes gens, que, lorsque son domicile se trouva trop petit, il réunit dans un « oratoire ». Devenu l'« apôtre de Rome », le « saint gai » se vit investi par son ami Grégoire XIII, en 1575, d'une mission mieux définie : il lui donna, ainsi qu'aux prêtres qui le suivaient, une église qui, rebâtie, allait devenir le centre de la communauté de l'Oratoire, dont Philippe fut le premier supérieur. Les oratoriens ne sont pas des religieux, mais des prêtres séculiers, vivant en commun pour travailler ensemble au salut des âmes, par la prière, le service paroissial et la prédication. Cette société joua un rôle important dans la Réforme catholique, aux xviie et xviiie s. Quant à Philippe Néri, son action personnelle et son charme franciscain contribuèrent à faire refluer l'immoralité et l'indifférence religieuse dans la capitale de la chrétienté. Canonisé en 1622. — Fête le 26 mai.
— Autres saints et bienheureux du même nom : dix-huit. Parmi eux : le servite italien **Philippe Beniti** (1833-1885), honoré localement le 23 août.

PHILOMÈNE, martyre (iie s.). Celle-ci fut la « petite sainte » préférée de saint Jean-Marie* Vianney, curé d'Ars, qui attribuait à son intercession les miracles accomplis par lui. Hélas! le pape Jean XXIII s'est vu obligé de rayer Philomène du calendrier liturgique et de la liste des saints. C'est que les ossements découverts en 1802 dans la catacombe de Priscille à Rome, et qu'on attribua à une martyre nommée Philomène, sont en réalité ceux d'une chrétienne anonyme du ive s. Dans ces conditions, il est évident que la Vie de sainte Philomène, écrite au xixe s., est toute fantaisiste (ancienne fête le 10 août).
— On trouve deux autres saintes de ce nom au martyrologe romain.

PHOCAS, martyr à Sinope (date indéterminée). Selon un panégyrique prononcé au début du ve s. par Astère, évêque dans le Pont, Phocas, jardinier à Sinope, sur la mer Noire, était fort hospitalier. Il hébergea les soldats chargés de l'exécuter, mais il cacha son identité et creusa tranquillement sa propre tombe. Le lendemain matin, tirés de leur ignorance, ses hôtes éberlués furent encouragés par lui à le décapiter. Ce qu'ils finirent par faire. Cette histoire est belle, mais probablement légendaire, ce qui n'a pas nui au culte très populaire de saint Phocas, devenu le modèle et le patron des jardiniers. — Fête locale le 22 septembre.
— Autres saints du même nom : deux.

PIAT, martyr à Tournai (date indéterminée). Piat (Piaton) appartient à la pléiade des apôtres de la Belgique Seconde. Son corps fut découvert par saint Éloi*, évêque de Noyon-Tournai. Piat aurait été envoyé de Rome en Gaule avec d'autres missionnaires tels que Denis* et Quentin*. Il prêcha à Tournai, où il fut décapité. La légende veut que le martyr vînt lui-même, et portant sa tête, se faire enterrer à Seclin près de Lille, où une belle collégiale lui est consacrée. Il est le patron de Tournai. — Fête locale le 1er octobre.

PIE V (Bosco Marengo 1504-Rome 1572), pape de 1566 à 1572. Antonio Ghislieri appartient à une famille pauvre; très jeune, on l'emploie à garder les moutons. Toutefois, un riche voisin offre de payer les frais de ses études, et on l'envoie à l'école dominicaine de Bosco; il entre ensuite au couvent dominicain de cette ville. Profès en 1521, prêtre en 1528, il enseigne à Pavie avant d'être nommé commissaire de l'Inquisition à Pavie, puis à Bergame et à Côme. En 1551, sur la recommandation du cardinal Caraffa (le futur Paul IV), Antonio est appelé à Rome par Jules III pour devenir commissaire général de l'Inquisition. Paul IV le nomme plus tard (1556) évêque de Sutri, puis cardinal (1557) et grand inquisiteur (1558). Transféré à Mondovi (1560) il est élu pour succéder à Pie IV, le 7 janvier 1566.

Cette élection, bien que tout à fait inattendue, n'est pas mal accueillie par les puissances catholiques. D'ailleurs, Pie V donne rapidement des preuves de sa volonté de poursuivre la réforme de l'Église dans la ligne du concile de Trente. Lui-même mène une vie simple et il oblige son entourage à l'imiter. Il fait appliquer très strictement les décrets du concile de Trente, édictant de nombreux règlements contre la simonie, les commendes, veillant au choix des évêques et les obligeant à la résidence. Pie V fait paraître le *Caté-chisme* du concile de Trente (1566), rééditer les œuvres de saint Thomas, refondre le bréviaire (bulle *Quod a nobis* 1568) et le missel romain (1570). La Congrégation de l'Index est instaurée par lui en 1567. Mais pape zélé pour la réforme ecclésiale, Pie V semble n'avoir été qu'un médiocre politique, comme en témoigne son attitude à l'égard de l'Angleterre : il excommunie et prétend déposer la populaire reine Élisabeth (1570), tandis qu'il soutient Marie Stuart. Voulant unir tous les princes chrétiens contre les Turcs, Pie V forme avec Venise et l'Espagne la Ligue chrétienne, dont la flotte, commandée par don Juan d'Autriche, remporte sur les Turcs la victoire de Lépante (1571). A l'occasion de cet exploit, d'ailleurs sans lendemain et qui sera sa dernière joie, le pape crée la fête de Notre-Dame-des-Victoires. Il meurt le 1er mai 1572. Il sera béatifié par Clément X en 1672, canonisé par Clément XI en 1712.
— Fête le 30 avril (ancienne fête le 5 mai).

PIE X (Riese 1835-Rome 1914), pape de 1903 à 1914. Giuseppe Sarto était d'origine modeste. Prêtre en 1858, il fut vicaire à Tombolo, curé de Salzano (1867), chanoine et chancelier de Trévise (1875), évêque de Mantoue (1884), enfin cardinal et patriarche de Venise (1893). Apparemment, rien ne destinait ce saint et modeste prêtre vénitien à la suprême charge de l'Église. Or, au conclave de 1903, l'Autriche ayant signifié l'exclusive contre le cardinal Rampolla, le favori, la majorité des suffrages se portèrent sur le cardinal Sarto, qui prit le nom de Pie X.

Il est trop facile d'opposer Léon XIII, le diplomate délié, à son successeur Pie X, qui garda sur le trône pontifical des allures de curé de campagne. Sa devise, *Instaurare omnia in Christo*, montre Pie X moins soucieux d'innover que d'approfondir et de défendre. En préconisant la réforme de la musique sacrée (1903), un enseignement plus systématique de la religion (encyclique *Acerbo nimis*, 1905), une fréquentation plus régulière des sacrements, notamment de la communion (communion quotidienne, 1905; communion des enfants, 1910); en réformant le bréviaire (1911) et en refondant le code de droit canonique, Pie X avait la volonté de mettre à la disposition des membres de l'Église des instruments de sanctification beaucoup mieux adaptés.

Mais ce pape fut éminemment religieux. Car, avant de considérer Pie X comme un « intégriste borné », il convient de se rappeler dans quelle atmosphère orageuse se déroula son pontificat. Quand le gouvernement français, en 1905, dénonça le concordat de 1801 et proclama la séparation de l'Église et de l'État, Pie X condamna cette rupture unilatérale et les associations culturelles (encycliques *Vehementer* et *Gravissimi officii*, 1906). Il livrait ainsi l'Église de France à des conditions matérielles difficiles, mais en même temps il la libérait pour des tâches toutes spirituelles. La démocratie chrétienne, la démocratie tout court et leurs doctrines socialisantes n'eurent jamais les sympathies de Pie X, qui considérait même la formation d'un « parti catholique » comme incompatible avec la constitution monarchique de l'Église; à moins que le « parti » ne fût étroitement soumis à l'épiscopat. Ainsi, tolérat-il et même encouragea-t-il le parti catholique belge, qui grandissait dans l'ombre du cardinal Mercier († 1926), et, en Autriche, le solide parti social-chrétien, dont l'anti-capitalisme se corsait d'un antisémitisme assez violent. Le « centre » allemand était, par contre, trop indépendant aux yeux du pape. En France et en Italie, Pie X réagit violemment contre une démocratie chrétienne qui n'était plus, à son gré, une entreprise authentiquement religieuse. En cela, il reprenait certaines positions de Léon XIII, qui avait condamné dans l'américanisme (1899) une forme d'activisme trop éloignée de l'union à Dieu et à ses représentants.

En 1909, Pie X excommunia un prêtre italien, don Romolo Murri († 1943), qu'on a parfois comparé à Lamennais, dont il avait la fougue et la popularité : fondateur de la *Cultura sociale,* puis de la Ligue démocratique italienne, Murri mêlait à ses anathèmes contre la civilisation moderne, matérialiste et oppressive, des expressions dignes de Savonarole; mais Pie X n'était pas Alexandre VI. En France, la condamnation de deux journaux dirigés par des « abbés démocrates » fut suivie par celle du Sillon de Marc Sangnier (lettre *Notre charge apostolique,* 25 août 1910), mouvement démocratique et social, dont les contours doctrinaux assez vagues et la liberté d'allure ne plaisaient guère à certains évêques. Contrairement à Murri, Sangnier se soumit aussitôt. Dans le camp opposé, celui de l'Action française, mouvement monarchiste et nationaliste, on trouvait nombre de prêtres et de catholiques dont beaucoup oubliaient l'athéisme de certains de leurs maîtres, dont Maurras. Sillon et Action française, progressistes et intégristes, novateurs et réactionnaires, actuels et traditionnels : le clivage qui séparait les deux tendances du catholicisme se prolongera jusqu'à nos jours. Si la pente est actuellement plus favorable à la « gauche », avant 1914 le catholicisme conservateur dominait.

On le vit bien au cours d'une des plus graves crises de l'histoire des idées : le modernisme. A l'origine, il y eut, dans l'Église, un incontestable renouveau intellectuel. On sait l'état déplorable des études ecclésiastiques au XIXᵉ s. L'action personnelle de Léon XIII, puis celle de Pie X, encourageant les études exégétiques et la recherche scientifique, ouvrant aux chercheurs les archives du Vatican, patronnant le retour au thomisme, synthèse à ses yeux de l'humanisme et de la foi, la fondation d'universités catholiques avaient contribué à l'éclosion d'une élite intellectuelle exigeante, parmi les jeunes prêtres et les catholiques.

Mais plusieurs positions de pensée, notamment sur le plan scripturaire et dogmatique, inquiétèrent Pie X, qui, après avoir, de 1903 à 1907, frappé les principales productions modernistes, c'est-à-dire aventurées, condamna (1907), par le décret *Lamentabili* et l'encyclique *Pascendi,* l'indépendance de l'exégèse scripturaire, le criticisme, le subjectivisme, l'évolutionnisme. Un serment antimoderniste fut exigé des professeurs des facultés catholiques. La plupart des gens condamnés se soumirent, non sans souffrances. Il y eut quelques ruptures retentissantes, dont Loisy, Hébert, Tyrrell. Il est certain que ces condamnations, en endiguant les excès de l'anarchie intellectuelle, ont aidé les penseurs catholiques à reprendre, dans une atmosphère plus sereine, le travail des pionniers. Malheureusement, leurs adversaires confondirent souvent moderne et moderniste, orthodoxie et immobilisme, intégrité et vétusté. Pie X, par précaution, prit diverses mesures à l'égard des études du clergé et de l'exégèse scripturaire (création de la Commission pontificale des études bibliques 1907, de l'Institut pontifical biblique 1909). Il exigea le retour au thomisme (*motu proprio : Doctoris angelici,* 1914).

Pie X est mort, le 20 août 1914, dans les premiers jours de la guerre mondiale, qu'il avait prévue et essayé vainement de conjurer. Béatifié en 1951, canonisé en 1954.
— Fête le 21 août (ancienne fête le 3 septembre).
— L'Église honorait aussi **Pie Iᵉʳ,** pape de 140 à 155. Il a été écarté du nouveau calendrier romain (ancienne fête le 11 juillet).

PIERRE, apôtre († Rome 64). Fils de Jean, son nom réel était Simon. Pierre (en araméen *Kepha*, d'où la transcription grecque *Kephas* et la traduction latine *Petrus*) est un surnom symbolique que lui donna Jésus, pour indiquer le rôle de fondation solide que jouerait Simon par rapport à l'Église : «Tu es Pierre, et sur cette pierre je bâtirai mon Église.» Il avait un frère, André*. Sans doute était-il marié, car l'Évangile parle de sa belle-mère. Il habitait Capharnaüm et vivait de la pêche. Pierre fut le témoin de la Transfiguration et des principaux miracles de Jésus. Un jour, le Maître demandait à ses disciples : «Pour vous, qui suis-je?» Pierre s'écria : «Tu es le Christ, le Fils du Dieu vivant!» Jésus le félicita d'avoir appris cette vérité essentielle non par des moyens humains, mais par révélation divine, et c'est alors qu'il le désigna comme le fondement de son Église. Peu avant sa Passion, Jésus confia à Pierre le soin d'affermir la foi de ses frères. Malgré une promesse de fidélité totale, quand on vint arrêter Jésus l'apôtre voulut d'abord le défendre, mais un peu plus tard, devant les questions inquiétantes des serviteurs de Caïphe, il renia trois fois son maître. Ce qui n'empêcha pas Jésus de lui apparaître spécialement après sa résurrection et de lui confier la charge de pasteur universel.

Le jour de la Pentecôte, Pierre annonça publiquement aux juifs la résurrection du Christ et baptisa les premiers convertis. Arrêté sur l'ordre du Sanhédrin, d'abord avec Jean*, puis avec tous les apôtres, il fut cependant relâché. Par la suite, il visita les premières communautés chrétiennes de Samarie et de la côte méditerranéenne. C'est à cette dernière occasion que, en la personne du centurion Corneille*, il reçut les premiers païens dans l'Église. Lors de la persécution déclenchée par Hérode Agrippa, Pierre quitta Jérusalem et s'en vint à Antioche. Au «concile de Jérusalem» (48), il contribua avec Jacques* à libérer les païens convertis de l'observation des prescriptions mosaïques. Une tradition ancienne, qu'on ne peut réfuter, atteste que Pierre fut emprisonné à Rome sous Néron, dans la prison de Mamertime, et qu'il fut exécuté (crucifié la tête en bas?)

en 64. Sur sa tombe s'élèvera la basilique vaticane.

On a de Pierre deux *Épîtres* canoniques : la première, datée de Rome, est adressée aux chrétiens d'Asie Mineure que l'apôtre exhorte à demeurer fermes dans la foi; la seconde manifeste la proximité du temps des hérésies. — Fête principale le 29 juin avec saint Paul*. Autres fêtes : 18 novembre (Dédicace de la basilique Saint-Pierre à Rome) et 22 février (chaire de saint Pierre).

PIERRE, martyr. V. *Marcellin.*

PIERRE d'Alcantara, franciscain (Alcantara 1499-Las Arenas 1562). Frère mineur (1515), il vécut dans une grande austérité. Prêtre en 1524, on l'employa à la prédication, et il fut gardien de différents couvents avant d'être définiteur de son ordre (1535). Jean III de Portugal fit de Pierre, dont la réputation de sainteté était grande, son conseiller. Un moment provincial, il se retira, avec deux confrères, dans la solitude d'Arabida (1542), puis à Berrocal (1557), où il jeta les bases d'une réforme de son ordre; ainsi naquit la branche franciscaine de «la plus étroite observance», dite des *Alcantarins,* approuvée par Pie IV en 1562. Pierre a laissé plusieurs ouvrages spirituels, notamment un *Traité de l'oraison* (1556). Il exerça une grande influence sur sainte Thérèse* d'Avila, qui a écrit sur lui quelques-unes de ses plus belles pages. Béatifié en 1622, canonisé en 1669. — Fête locale le 19 octobre.

PIERRE Canisius, jésuite, docteur de l'Église (Nimègue 1521-Fribourg, Suisse, 1597). C'est Canisius lui-même qui, dans ses *Confessions,* a raconté son enfance et sa jeunesse. Appartenant à une famille très attachée à la foi catholique, il prononce, jeune homme, le vœu de virginité. A Cologne, où il fait ses études, Pierre rencontre l'un des premiers disciples d'Ignace* de Loyola, P. Le Fèvre, qui l'attire vers la Compagnie de Jésus (1543). Un autre maître, Nicolas Van Esch, l'oriente vers le parti catholique loyaliste de Cologne, qui a été formé pour s'opposer à l'archevêque Hermann von Wied, secrètement passé au luthéranisme.

Ce parti délègue d'ailleurs Canisius auprès de l'empereur Charles Quint (1545); sa démarche et d'autres aboutiront à la déposition de l'archevêque : la Rhénanie restera catholique.

Ordonné prêtre en 1546, le P. Canisius se fait tout de suite connaître par son édition des œuvres de saint Cyrille* d'Alexandrie et de saint Léon* le Grand. Très vite, il est absorbé par une vie partagée entre l'enseignement, la controverse et la prédication. En 1547, le cardinal Othon Truchsess obtient de saint Ignace que Canisius lui soit attaché comme théologien au concile de Trente. Après un an d'enseignement à Messine (1548-1549), Pierre prononce sa profession solennelle. Presque aussitôt, il est désigné pour enseigner la théologie à l'université d'Ingolstadt. Car le duc de Bavière s'efforce d'épargner à son pays l'avancée protestante. C'est ainsi que Canisius est engagé dans une mission de réforme catholique (ou de contre-réforme selon le vocabulaire reçu), dans cette Allemagne dont on pourra dire qu'il fut « le deuxième apôtre ».

Recteur d'Ingolstadt, Canisius est sollicité par l'empereur pour administrer le diocèse de Vienne. C'est alors que le jeune jésuite compose son œuvre la plus remarquable, son *Catéchisme* (1554), destiné avant tout à combattre l'influence luthérienne. Augmenté par la suite, ce catéchisme dépassera les 400 éditions et sera traduit en quinze langues. De Vienne, Canisius passe en Bohème, où la situation de l'Église romaine est désespérée. Face à une opposition déterminée, il fonde à Prague un collège, qui va devenir une université (1555). L'année suivante, il est nommé, le premier, au poste de provincial d'Allemagne. En quinze ans, il multipliera tellement les fondations des jésuites que deux autres provinces germaniques seront créées. Pierre s'attache surtout à fonder des collèges et des séminaires. Lui-même est un prédicateur inlassable, la cathédrale d'Augsbourg étant son habituel point d'attache. Par ailleurs, le P. Canisius écrit sans relâche pour consoler, diriger, réprimander d'innombrables âmes : princes, évêques; le pape et l'empereur eux-mêmes sont parmi ses correspondants. Imprimées, ses lettres représentent plus de 8 000 pages. Son influence personnelle et sa réputation de controversiste sont telles qu'il est convoqué à la conférence de Worms (1556), qu'il est chargé d'introduire en Allemagne les décisions du concile de Trente (1561) et de réfuter (1567) les fameuses *Centuries de Magdebourg*, pièce maîtresse de l'argumentation antiromaine des protestants. A partir de 1580, et jusqu'à sa mort, Canisius exerce son apostolat à Fribourg, en Suisse. Cependant, usé par le travail, il vit dans la retraite, au collège de Fribourg, ses six dernières années. C'est là qu'il meurt, le 21 décembre 1597, entouré de la vénération universelle. Ses funérailles furent triomphales.

Outre un *Catéchisme*, Pierre Canisius a laissé des vies populaires de saints, intéressant particulièrement l'Allemagne et la Suisse, et un *Martyrologe* allemand. Béatifié en 1864, canonisé et proclamé docteur de l'Église en 1925. — Fête le 21 décembre (ancienne fête le 27 avril).

PIERRE CÉLESTIN (Célestin V), pape en 1294 (Isernia, Abruzzes, v. 1215-Castello di Rumone, Frosinone, 1296).

L'histoire extraordinaire de ce pape ermite a inspiré de nombreux biographes; le plus célèbre fut le cardinal Pierre d'Ailly (1408), qui écrivit à la demande des Célestins de Paris, peut-être à partir d'un écrit autobiographique, trouvé, dit-on, dans la cellule du saint.

Fils de paysans des Abruzzes, Pierre Angeleri, dit aussi Pierre del Morrone, avait fait profession chez les bénédictins; mais il avait embrassé la vie érémitique dans les Pouilles. De nombreux disciples étant venus à lui, il avait jeté les bases, sur le mont Morrone, d'un ordre nouveau, les Ermites de saint Damien, qu'on appellera plus tard *Célestins*. La Règle, inspirée de saint Benoît, des Camaldules et des Franciscains, fut approuvée par Urbain IV en 1264. Vers 1284, Pierre confia la direction de l'ordre à un vicaire, pour pouvoir se consacrer plus complètement à la prière. Il s'enferma dans une cellule, auprès de Solmona.

Rien évidemment ne prédisposait le saint ermite à la charge suprême de l'Église. Or, Nicolas IV étant mort (4 avril 1292) et l'opposition des Colonna et des Orsini rendant sa succession pratiquement impossible, les cardinaux pensèrent que seul un saint pouvait les tirer d'embarras. Ils jetèrent leur dévolu sur Pierre de Morrone, qui avait alors près de 80 ans et qui finit par accepter (5 juillet 1294). Le saint vieillard entra dans Pérouse monté sur un âne; c'est là qu'il fut sacré et couronné le 29 août 1294, sous le nom de Célestin V. Son court règne (cinq mois) ne fut qu'un long effarement de « faisan cachant sa tête sous son aile ». Tout en restant fidèle à ses habitudes monastiques, le bon pape se laissa circonvenir par son entourage : beaucoup profitèrent de sa générosité naïve pour se faire octroyer bénéfices et faveurs; le roi Charles d'Anjou, qui entraîna Célestin V à Naples, abusa lui aussi, à son profit, de l'inexpérience du pontife ermite. Finalement, les cardinaux, en tête Benoît Gaetani, amenèrent Célestin à abdiquer (13 décembre 1294). Quelques jours plus tard, Gaetani devenait le pape Boniface VIII. Craignant un schisme, il emmena son prédécesseur avec lui et, Pierre ayant regagné son cher Monte Morrone, le fit surveiller. Le vieil ermite s'enfuit; Boniface VIII le fit rattraper et garder à vue dans le château de Fumone près d'Anagni, où le saint mourut le 19 mai 1296.

Beaucoup de moines se révoltèrent contre Boniface VIII, car Célestin V était « leur » pape, pauvre comme eux. Et il est encore des historiens pour penser que le rejet d'un pape pauvre et humble par l'Église a été pour elle une malédiction. Célestin V fut canonisé par Clément V, en 1313, sous le nom de Pierre Célestin. Mais l'Église l'honore plus comme ermite que comme pape. — Fête locale le 21 mai.

PIERRE Chrysologue, évêque de Ravenne, docteur de l'Église (Forum Cornelii, Imola, 406-*id.* 451). Élevé par l'évêque d'Imola, Pierre fut élu, vers 430, évêque de Ravenne, ville qui était devenue un centre religieux important. Il est possible que Rome ait délégué à Pierre une sorte de vicariat sur les diocèses de la basse Émilie. Le rôle politique de l'évêque de Ravenne fut grand. Mais sa réputation lui vint surtout d'une éloquence qui lui valut le nom de Chrysologue (« Bouche d'or »); on a de lui 170 sermons authentiques, courts, d'un ton un peu précieux, mais où abondent les formules heureuses. Pierre Chrysologue fut aussi un épistolier influent; sa plus célèbre lettre est adressée à Eutychès, en 449. Quand l'hérésiarque sollicita son aide, l'évêque de Ravenne lui adressa une réponse qui indique la prééminence du siège de Rome. Pierre mourut le 30 juillet 451. Benoît XIII l'a proclamé docteur de l'Église en 1729. — Fête le 30 juillet (ancienne fête le 4 décembre).

PIERRE Damien, docteur de l'Église (Ravenne 1007-Faenza 1072). Pierre est momentanément abandonné par sa mère, qu'il perd de bonne heure, ainsi que son père. Il est élevé par son frère Damien, dont, par reconnaissance, il ajoutera le nom au sien. Merveilleusement doué, il enseigne brillamment à Parme, puis à Ravenne. Mais la vie trop mondaine qu'il mène ne le satisfait pas. Devenu moine, Pierre se fait remarquer par son austérité et aussi par sa compétence en exégèse biblique. Prieur de Fonte Avellane, il rend ses frères heureux; la communauté essaime bientôt. Pour ses religieux ermites, Pierre compose un règlement et aussi un Petit Office de la Vierge; en même temps il entretient des relations avec Cluny et le Mont-Cassin.

Sa réputation de sainteté atteint Rome, à une époque où l'Église souffre de maux profonds, où le pape Benoît IX lui-même (1045) est un débauché. Or, voici que le successeur de ce dernier, Grégoire VI (1045-1046), attache à sa personne, pour l'aider dans la réforme ecclésiale, le moine Hildebrand (le futur Grégoire* VII) et Pierre Damien. Mais le trône pontifical est alors un jouet entre les mains des empereurs. Il faut attendre l'avènement de Léon IX (1049-1054) pour voir s'appliquer à l'Église un solide programme réformiste. L'un des premiers actes de Léon IX est d'ailleurs de faire de Pierre Damien un cardinal de curie. L'intransigeance morale de Pierre à l'égard d'un épiscopat et d'un sacerdoce corrompus éclate notamment dans son *Livre de Gomorrhe,* au réalisme tellement impitoyable que nombre de prélats visés obtiennent l'éloignement de son auteur.

Étienne IX (1057-1058) recourt de nouveau à Pierre et le nomme cardinal-évêque d'Ostie. Plus tard, celui-ci soutient l'œuvre réformiste de son ami Grégoire VII : il déclare alors une lutte à mort aux perturbateurs de l'Église.

En 1059, Pierre est envoyé comme légat pontifical à Milan (1059), dont l'Église est ravagée par la simonie. Puis on le trouve en Bourgogne, à Cluny, à Limoges, où évêchés et monastères reçoivent ses admonitions. Et puis, l'âge venant, il obtient de rentrer à Fonte Avellane : de terribles mortifications ne l'empêchent pas d'atteindre 83 ans. Il meurt, le 22 février 1072.

On a de Pierre Damien des hymnes, des traités, des lettres et aussi d'importants ouvrages d'hagiographie : la *Vie de saint Odilon de Cluny* reste son chef-d'œuvre. Léon XII le proclamera docteur de l'Église en 1821. — Fête le 21 février (ancienne fête le 23 février).

PIERRE Nolasque, confesseur (v. 1189-Barcelone 1256). On sait peu de choses certaines sur ce noble espagnol que l'on considère comme le fondateur — avec Jacques Ier roi d'Aragon — de l'ordre de Notre-Dame de la Merci (Mercédaires) créé vers 1230 pour le rachat des chrétiens faits prisonniers par les Maures. L'ordre dut son essor à saint Raymond* de Peñafort. Pierre Nolasque fut canonisé en 1628 par Urbain VIII. — Fête locale le 28 janvier.

PIERRE de Sébaste, évêque (en Cappadoce v. 349-Sébaste 391). Il naît dans une famille de saints : dixième et dernier enfant de saint Basile* l'ancien et de sainte Emmélie, il a comme sœur sainte Macrine la jeune et comme frères saint Grégoire* de Nysse et saint Basile* le grand. C'est d'ailleurs à ce dernier que Pierre, en 366, succède comme abbé d'un monastère fondé par leur mère sur les bords de l'Iris. Et c'est Basile qui, devenu évêque de Césarée, confère le sacerdoce à son plus jeune frère. Pierre se distingue par son immense charité qui, en faveur des pauvres, multiplie les ressources du monastère durant les temps de disette. Devenu évêque de Sébaste, il combat l'arianisme dans son diocèse et aussi au cours des débats du 1er concile de Constantinople (381). — Fête locale le 9 janvier.

PIERRE de Vérone, dominicain (Vérone v. 1205-près de Seveso 1252). Fils de cathares, Pierre est converti par ses maîtres à la foi catholique. A Vérone, où il poursuit ses études, il se présente à saint Dominique*, dont il devient l'un des premiers disciples. Promu aux ordres sacrés, il est voué à la prédication, notamment chez les cathares. En 1232, Grégoire IX le nomme inquisiteur général de la foi; il obtient d'importantes conversions à Rome, Florence, Milan, Bologne, en Lombardie. En 1243, Innocent IV lui confie des missions délicates, tel l'examen des règles du jeune ordre des Servites de Marie. Les cathares finissent par condamner à mort cet inquisiteur trop zélé. Pierre, qui n'ignore pas leur dessein, poursuit ses prédications et ses courses apostoliques, disant que la meilleure préparation au martyre est encore l'accomplissement du devoir d'état. Il est, de fait, assassiné au cours d'un voyage de Côme à Milan. L'un de ses meurtriers, Carin, devait par la suite entrer chez les dominicains.

Dès 1253, Innocent IV inscrivait Pierre au catalogue des saints. Sa Vie devait être écrite par un confrère et un contemporain, Thomas Agni de Lentini. — Fête locale le 29 avril.

— Autres saints et bienheureux portant le nom de **Pierre** : 187. Parmi eux : **Pierre Chanel** (1803-1841), missionnaire français (fête le 28 avril); **Pierre,** évêque de Tarentaise (✝ 1174, fête locale le 7 mai); **Pierre Claver** (1580-1654), « apôtre des Noirs » (fête locale le 9 septembre); **Pierre Fourier** (1565-1640), curé, fondateur de la congrégation de Notre-Dame (fête locale le 9 décembre); **Pierre Gonzalez** (1190-1246), dominicain espagnol (fête locale le 15 avril); **Pierre-Julien Eymard** (1811-1868), fondateur des prêtres du Saint-Sacrement (fête locale le 1er août); **Pierre Thomas** († 1366), patriarche latin de Constantinople (fête locale le 6 janvier); **Pierre Orseolo** († v. 987), doge de Venise (fête locale le 10 janvier); **Pierre le Vénérable** († 1156), abbé de Cluny (fête locale le 25 décembre); le bienheureux **Pierre de Luxembourg** (1369-1387), évêque de Metz, cardinal (fête locale le 5 juillet); le bienheureux **Pierre l'Ermite** († 1115), prédicateur de la première croisade (fête locale le 8 juillet).

PIRMIN, abbé de Reichenau († Hornbach v. 755). Probablement espagnol de naissance, Pirmin *(Primenius)* s'enfuit devant les Sarrasins et gagna l'Alémanie où il missionna et fonda plusieurs monastères, parmi lesquels celui de Reichenau près du lac de Constance (v. 724). Reichenau eut des filiales, dont Hornbach, où mourut Pirmin. On a de lui un petit manuel à l'usage des missionnaires. Son culte s'est largement répandu en Allemagne, en Alsace et au Luxembourg. — Fête locale le 3 novembre.

PLACIDE, disciple de saint Benoît (vie s.). Fils d'un patrice romain, Placide fut confié tout enfant à saint Benoît*. Sa sagesse et sa vertu le rendirent cher à ce dernier, et il accompagna son maître au Mont-Cassin. Au xie s., les moines cassiniens rattachèrent le culte de saint Placide à celui d'un martyr sicilien homonyme. Ainsi s'ancra la légende établissant Placide comme ayant été envoyé par saint Benoît à Messine pour y fonder un monastère. Pris par les Sarrasins, qui avaient envahi la Sicile, Placide et ses compagnons auraient été martyrisés par eux. Placide a été écarté du nouveau calendrier romain (ancienne fête le 5 octobre).
— Autres saints et bienheureux du même nom : cinq.

POLYCARPE, évêque de Smyrne († 155). Le *Martyre de Polycarpe* constitue, aux yeux des hagiographes, une source d'une authenticité certaine et d'une importance considérable. Le récit en fut fait, moins d'un an après la mort de l'évêque, par un témoin oculaire, Marcianus, dans une lettre, composée au nom et sous le contrôle de l'Église de Smyrne, à l'Église phrygienne de Philomelium. Cette lettre circula ensuite dans les communautés de la région. D'autre part, une lettre, authentique, adressée à Polycarpe par saint Ignace* d'Antioche et une lettre de Polycarpe aux Philippiens nous renseignent sur la personnalité de notre saint, qui fut installé à la tête de l'église de Smyrne, sinon par Jean* l'Évangéliste, du moins par les successeurs immédiats des disciples du Christ.
La persécution antichrétienne marque alors l'Asie Mineure. L'ami de Polycarpe, Ignace, évêque d'Antioche, ayant été condamné à mort en Syrie, est conduit à Rome pour être livré aux bêtes : il passe par Smyrne pour embrasser Polycarpe et, arrivé en Troade, il lui adresse une lettre reconnaissante. Polycarpe, à son tour, écrit aux fidèles de Philippes pour les féliciter d'avoir reçu Ignace : il en profite pour leur rappeler les principes essentiels du christianisme. Polycarpe serait même allé à Rome pour y défendre ses idées sur la célébration de la Pâque.
Sous Marc Aurèle, l'évêque de Smyrne est livré à la police romaine. Celle-ci croit avoir facilement raison du vieillard, qui se montre inébranlable dans sa foi. Le proconsul Stabius Quadratus l'exhortant à abandonner son « athéisme » et à blasphémer le Christ, Polycarpe réplique : « Il y a 86 ans que je le sers, et il ne m'a jamais fait aucun mal; comment pourrais-je blasphémer mon Sauveur et mon roi? » Il est condamné au bûcher, mais les flammes l'épargnent et forment au-dessus de lui une voûte de feu; alors il est poignardé et l'on brûle son corps; les chrétiens recueillent ses cendres (23 février 155). — Fête le 23 février (ancienne fête le 26 janvier).
— Trois autres martyrs s'appellent aussi **Polycarpe.**

POLYEUCTE, martyr († Mélitène 250). La tragédie de Corneille a rendu célèbre ce martyr jusque dans les milieux les plus profanes. Le poète a évidemment pris des libertés avec le sujet, mais en gros il est resté fidèle à la source hagiographique principale, les Actes grecs de Polyeucte, par Métaphraste, encore que le Félix de ces Actes soit moins vil et la Pauline moins héroïque que les personnages correspondants de Corneille.

L'essentiel réside dans l'histoire de deux compagnons d'armes, Polyeucte et Néarque, Grecs d'origine, stationnés à Mélitène avec la xii° légion romaine. Polyeucte, qui a épousé la fille d'un haut fonctionnaire de la province, Félix, est gagné au christianisme par Néarque, déjà converti. Apprenant que le martyre peut suppléer le baptême, Polyeucte brise publiquement des idoles : il est arrêté. Ni tortures ni supplications n'ont raison de lui : il est décapité. Néarque ne semble pas avoir été inquiété. — Fête locale le 13 février.

— Un autre **Polyeucte** fut martyrisé au iii° s., à Césarée de Cappadoce (fête locale le 21 mai).

PONTIEN, pape de 230 à 235. Pontien, grâce à la bienveillance de l'empereur Alexandre, put poursuivre l'œuvre administrative de ses prédécesseurs immédiats, notamment de saint Calixte*. Son seul adversaire fut le prêtre Hippolyte*, qui s'était érigé en antipape dès 217. Quand Alexandre fut assassiné, l'empereur Maximin fit déporter en Sardaigne à la fois Pontien et Hippolyte, qui abdiquèrent tous deux avant de mourir de privations et d'épuisement. Si bien qu'ils sont considérés tous deux comme martyrs et qu'ils sont fêtés le même jour, 13 août, anniversaire de la translation de leur corps à Rome : Hippolyte dans un cimetière sur la voie Tiburtine et Pontien au cimetière de Calixte (ancienne fête le 19 novembre).

— Autres saints du même nom : quatre, martyrs des premiers siècles.

PORPHYRE, évêque de Gaza (Thessalonique v. 347-Gaza 419). La *Vie de saint Porphyre de Gaza* par Marc le diacre, s'il est un des plus curieux documents de l'histoire byzantine, n'est pas le plus sûr. Ermite dans le désert d'Égypte, Porphyre fait le pèlerinage de Jérusalem : il y est guéri d'une infirmité grave. Devenu évêque de Gaza, il y combat l'idolâtrie et obtient de l'empereur la fermeture des temples. — Fête locale le 26 février.

— Sept autres saints, tous martyrs des premiers siècles, portent le nom de **Porphyre.**

POTHIN, martyr, évêque de Lyon († 177). Sous l'empereur philosophe Marc Aurèle, la persécution s'abattit sur les chrétiens. A Lyon, très ancien centre de chrétienté et ville stratégique de l'empire, les édits impériaux firent de nombreuses victimes dans une population naturellement cosmopolite. Grâce à une admirable lettre adressée par les Églises de Lyon et de Vienne à celles d'Asie et de Phrygie, il est possible de connaître dans le détail les circonstances de la mort de l'évêque de Lyon, Pothin, et de ses nombreux compagnons, parmi lesquels Attale de Pergame, le diacre de Vienne Sanctus et l'esclave Blandine*. Nonagénaire et infirme, Pothin retrouva des forces pour comparaître devant ses juges et rendre témoignage au Dieu des chrétiens. Roué de coups, lynché, il fut jeté dans une prison, où il mourut deux jours après. Il est possible que le lieu de son martyre ait été l'emplacement de l'église Saint-Nizier. — Fête locale le 2 juin.

PRAXÈDE. V. *Pudentienne.*

PRÉTEXTAT, évêque de Rouen († Rouen 586). Le grand public connaît ce saint par le récit coloré qu'Augustin Thierry a donné de sa mort sanglante *(Récits des temps mérovingiens).* Car les trente-cinq années d'épiscopat de Prétextat à Rouen se confondent avec les violences, les intrigues et les querelles qui marquent l'histoire des rois mérovingiens, au temps de Brunehaut et de Frédégonde. Banni puis réinstallé, Prétextat est finalement massacré dans son église par un affidé de Frédégonde de qui l'évêque n'avait pas hésité à stigmatiser publiquement les désordres. — Fête locale le 24 février.

— Un autre **Prétextat** fut martyr à Rome (fête locale le 11 décembre).

PRISQUE, martyre romaine (IIIe s.?). La plus grande confusion règne autour de cette jeune martyre, très populaire à Rome dès les temps les plus anciens. Car ses Actes ne méritent aucune confiance, attendu qu'on y trouve les mêmes détails que dans les Actes d'autres martyres, comme Martine et Tatiana. Le titre de Sainte-Prisque, qui est maintenant un titre cardinalice, apparaît à Rome dès le Ve s. — Fête locale le 18 janvier.
— Autres saintes ou saints du même nom : sept.

PRIX, évêque de Clermont († 676). Il est élevé par les bénédictins d'Issoire puis par Genesius qui devient évêque de Clermont et charge Prix de la paroisse d'Issoire. En 666, Childéric II d'Austrasie désigne Prix comme successeur de Genesius. Le saint évêque fonde plusieurs monastères de femmes. Accusé faussement d'avoir poussé Childéric II à exécuter Hector, comte de Marseille, Prix est attaqué près de Volvic par un parent de ce dernier et massacré (25 janvier 676). On lui décernera les honneurs du martyre. Son culte, très ancien, se répandra dans toute la France. — Fête locale le 25 janvier.

PROSPER d'Aquitaine, écrivain ecclésiastique (en Aquitaine, fin du IVe s.-† après 455). On ne connaît ce saint que par ses écrits.
Marié, Prosper semble avoir incité son épouse à entrer dans la vie religieuse. Lui-même fréquente le monastère de Marseille. Il est en Provence quand éclate la controverse semi-pélagienne. Prosper, dans cette querelle, prend la défense de saint Augustin*; il entre d'ailleurs en relation avec l'évêque d'Hippone, qui lui répond par les traités De la prédestination des saints et Du don de la persévérance. Prosper publie de son côté, en hexamètres, sa lettre à un certain Rufinus, adversaire d'Augustin. Après la mort du grand docteur africain, Prosper combat les thèses anti-augustiniennes de Cassien et de Vincent de Lérins. Fixé à Rome, notre saint publie un commentaire des psaumes, la Vocation de tous les gentils, et des résumés de la pensée d'Augustin.

Secrétaire du pape, Prosper aurait aussi composé une Chronique des origines à 455 et un Cycle pascal. — Fête locale le 25 juin.
— Deux autres saints, un évêque d'Orléans du Ve s. (fête locale le 29 juillet) et un évêque de Reggio d'Émilie (fête locale le 25 juin), portent le même nom.

PROTAIS. V. Gervais.

PRUDENCE, évêque de Troyes (marches d'Espagne, fin du VIIIe s.-Troyes 861). Galendo, qui prendra plus tard le nom de Prudence, vient jeune en France, à l'école palatine, où il reçoit une éducation soignée. Devenu un personnage ecclésiastique en vue à la cour, il compose, pour les voyageurs, un florilège du psautier. Devenu évêque de Troyes (v. 843), il se distingue dans l'épiscopat français par sa science et son zèle. De concert avec Loup de Ferrières, Prudence réforme maints monastères. Quand le moine Gottschalck enseigne sa doctrine sur la grâce, le libre arbitre et la prédestination, doctrine qui prétend se réclamer de saint Augustin, Prudence le soutient contre Hincmar, qui recourt aux lumières du grammairien Scot Érigène. Mais l'argumentation de ce dernier est tellement marquée de pélagianisme que Prudence n'a aucun mal à le récuser, tout en allant jusqu'aux extrêmes conséquences de l'augustinisme.
Gravement malade, Prudence n'en continue pas moins la rédaction des Annales dites de Saint-Bertin : sa chronique est habituellement précise et objective. — Fête locale le 6 avril.
— Deux autres saints évêques du nom de **Prudence** sont inscrits au martyrologe.

PUDENTIENNE († 160?). Les Actes de sainte Pudentienne et de sa sœur sainte Praxède* (fête le 21 juillet) sont apocryphes. Les auteurs ont voulu faire de ces deux Romaines les filles du Pudens, nommé dans une lettre de saint Paul*. Et comme une Potentienne, portant un nom voisin de Pudentienne, est signalée au cimetière de Priscille, ils ont construit tout un enchaînement d'hypothèses les rattachant au souvenir des Apôtres.

Une gravure, reproduisant elle-même une figurine sculptée qui existait autrefois sur la porte principale de l'église Sainte-Pudentienne à Rome, représente la jeune fille, richement vêtue, ayant sur la tête une couronne et portant sur son bras droit un vase d'où s'échappe une flamme. — Fête locale le 19 mai.

PULCHÉRIE, impératrice de Byzance (399-453). Fille de l'empereur Arcadius, elle fut associée en 414, avec le titre d'*Augusta,* à son frère Théodose II le Calligraphe à qui elle fit épouser une athénienne, Athénaïs, baptisée sous le nom d'Eudoxie et qui devint *Augusta* en 423. Mais la jeune impératrice se brouilla avec son époux qui laissa gouverner un eunuque, Chrysaphe. A la mort de Théodose II en 450, Pulchérie fit disparaître Chrysaphe, s'empara du pouvoir et épousa, à 52 ans, un sénateur sexagénaire, Marcien, qu'elle investit du pouvoir impérial. Dans le même temps l'impératrice faisait triompher l'orthodoxie sur le nestorianisme. — Fête locale le 10 septembre.

QUENTIN, martyr (IIIe s.). La *Vita* de ce saint est un document sans valeur historique; elle reproduit des cycles et des itinéraires qu'on retrouve chez d'autres saints, morts dans la même région, tels les saints Crépin* et Crépinien.
Romain d'origine, Quentin (*Quinctius)* serait venu prêcher en Gaule avec saint Lucien* de Beauvais. Fixé à Amiens, il serait tombé, comme bien d'autres chrétiens, dans les mains d'un terrible justicier itinérant, Rictiovar, que certains historiens considèrent comme légendaire. Conduit à *Augusta Veromandum,* qui deviendra la ville de Saint-Quentin, Quentin et deux diacres y auraient été décapités. La collégiale Saint-Quentin, dans cette cité, est l'un des plus beaux monuments gothiques de la France du Nord. — Fête locale le 31 octobre.

QUIRIN, soldat romain, martyr (IIe s.). Tribun sous Aurélien, Quirin aurait été chargé de garder Hermès, préfet de Rome, converti au christianisme. Finalement, Hermès amena Quirin et sa fille Balbine à se faire baptiser. Ils furent décapités. En fait, la Passion de ce soldat ressemble trop à d'autres pour être absolument crédible. — Fête locale le 30 mars.
— Autres saints du même nom : quatre, tous martyrs.

Roch serait mort de misère sans la source miraculeuse où il put laver sa plaie, sans le chien providentiel qui lui apporta son pain quotidien. XVIᵉ siècle. Église de Chaource.

RADEGONDE, reine mérovingienne (518-587). Elle était fille de Berthaire, roi de Thuringe, qui fut assassiné par son oncle, avec l'aide des rois francs Thierry et Clotaire Ier. Captive de ce dernier, elle finit par l'épouser. Au milieu d'une cour dépravée et brutale, Radegonde montra l'exemple des plus solides vertus chrétiennes. En 555, Clotaire fit exécuter le frère de la reine. Celle-ci quitta la cour, se fit consacrer à Dieu par saint Médard* et se retira dans la villa royale de Saix, aux confins du Poitou et de la Touraine. Las de la réclamer, Clotaire finit par lui bâtir à Poitiers un monastère dédié à Notre-Dame, où Radegonde vécut dans l'humilité des emplois les plus modestes. En 569, l'empereur byzantin Justin lui envoya un fragment de la Croix du Christ, que Radegonde reçut dans son monastère : celui-ci prit désormais le nom de Sainte-Croix. Sainte Radegonde eut comme biographe Venance* Fortunat. Quant à Grégoire de Tours*, il a laissé une belle page sur ses funérailles. — Fête locale le 13 août.

— Une autre sainte **Radegonde** mourut à Villa Mayor en 1156 (fête locale le 29 janvier).

RAOUL, archevêque de Bourges († 866). Fils d'un comte de Cahors, moine peut-être à Saint-Médard de Soissons, Raoul fut élu archevêque de Bourges en 840 ou 841. Le pape Nicolas Ier lui octroya le titre de patriarche des Aquitaines et Narbonnaises. Parmi les monastères fondés par lui, il faut citer celui de Dèvres. Raoul a laissé une importante *Instruction pastorale,* où se manifestent son souci de faire respecter chez les clercs les règles canoniques et aussi son désir de voir les fidèles communier fréquemment. — Fête locale le 21 juin.

— Autres saints et bienheureux du même nom : cinq.

RAPHAËL, archange. Selon la Bible, Raphaël est l'un des sept archanges. Son nom signifie : « Dieu nous guérit. » Son rôle de guérisseur est particulièrement mis en relief dans l'histoire de Tobie l'Ancien devenu aveugle : il protégea son fils durant le voyage de ce dernier en Médie. Près du terme, l'ange avertit Tobie le Jeune que Sara lui était destinée comme femme. Le mariage eut lieu et Raphaël accompagna le jeune couple en route vers Tobie l'Ancien. C'est sur ses indications que le fils, en appliquant sur les yeux de son père du fiel de poisson, lui rendit la vue. Quand il fut question de le rémunérer, l'ange déclara : « Je suis Raphaël, l'un des sept qui se tiennent toujours prêts à pénétrer auprès de la gloire du Seigneur. »

Dans les inscriptions, le nom de Raphaël est souvent associé à celui de Michel* et de Gabriel*. Au Moyen Age, on l'invoquait comme protecteur des voyageurs. On l'invoque aussi pour la santé du corps et de l'âme. — Fête le 29 septembre, avec Michel* et Gabriel* (ancienne fête le 24 octobre).

RAYMOND de Peñafort, canoniste catalan (château de Peñafort, près de Barcelone, 1175-Barcelone 1275). Ayant étudié à Bologne le droit civil et le droit canonique, Raymond obtient le titre de docteur et y enseigne, durant trois ans, le droit canonique. En 1219, l'évêque de Barcelone le rencontre en Italie et le ramène en Espagne : il fait de lui son grand vicaire et son official. Frappé par la vie sainte menée par les dominicains, récemment installés à Barcelone, Raymond entre dans leur ordre en 1222, à l'âge de 47 ans. Le provincial lui demande alors d'écrire une *Somme des cas pénitentiaux*, la première œuvre de ce genre qui ait paru.

Mandé à Rome, Raymond devient le grand pénitencier et le confesseur du pape Grégoire IX (1230), qui le charge de compiler les *Décrétales* papales. Mais le saint canoniste refuse la dignité d'archevêque de Tarragone que lui offre le pontife. Rentré à Barcelone, il y mène une existence d'une austérité incroyable; sa sainteté attire l'attention de ses confrères, qui, en 1238, l'élisent général de l'ordre des Prêcheurs; mais, deux ans plus tard, il se démet de ses fonctions.

En Catalogne, Raymond retrouve Pierre* Nolasque, qu'il a aidé de ses conseils pour la fondation de l'ordre de Notre-Dame de la Merci. On le considère même comme le second fondateur de cet ordre, voué au rachat des chrétiens captifs des musulmans. Quant à Jacques Ier d'Aragon, c'est aux prières de Raymond qu'il attribue ses succès sur les Maures. Par ailleurs, c'est à l'invitation de son confrère que saint Thomas d'Aquin compose *la Somme contre les gentils*. Raymond consacre les dernières années d'une très longue vie — il meurt presque centenaire, le 6 janvier 1275 — à la prière et à la prédication auprès des musulmans. Sa réputation est telle que les rois d'Aragon et de Castille tiennent à assister à ses funérailles, qui sont marquées par de nombreux miracles. Raymond sera canonisé en 1601 par Clément VIII; le doyen de la Rote, François Peña, tirera du procès de canonisation une utile biographie du saint. — Fête le 7 janvier (ancienne fête le 23 janvier).

— Autres saints et bienheureux du même nom : dix. Parmi eux : le bienheureux **Raymond Lulle** († 1316), célèbre mystique (fête locale le 3 juillet), et saint **Raymond Nonnat** († 1240), cardinal, mercédaire (fête locale le 31 août).

RÉGIS. V. *Jean-François Régis.*

REINE, martyre (date indéterminée). Les Actes de cette martyre n'ont aucune valeur historique; mais son culte est ancien. A Alise (Alésia), où une basilique et un monastère lui furent consacrés, il est antérieur à 626. Ses reliques y auraient été transférées de Flavigny. En 1923, on a dablayé à Alésia (Alise-Sainte-Reine) une église mérovingienne, probablement dédiée à notre martyre. — Fête locale le 7 septembre.

— Une autre sainte **Reine,** veuve (VIIIe s.), est considérée comme la fondatrice de Denain (fête locale le 1er juillet).

REMI, évêque de Reims († v. 530). Ce saint, qui fut probablement le 17e évêque de Reims, est surtout connu pour le rôle qu'il joua auprès de Clovis. Mais sa vie est assez obscure. Selon Grégoire* de Tours, Remi jouissait d'une grande réputation de science. Quant à Sidoine* Apollinaire, il lui adressa, vers 475, une lettre laudative; cependant, les quelques épîtres que nous possédons de l'évêque de Reims ne révèlent pas un grand talent. Par contre, l'une d'elles, adressée à Clovis devenu roi franc de Tournai, est lourde de sens, car l'évêque donne au jeune roi des conseils qui font présager une vocation plus large : « Secourez les affligés, lui écrit-il entre autres, ayez soin des veuves, nourrissez les orphelins... Toutes les richesses de vos pères, vous les emploierez à libérer les captifs et à délier le lien d'esclavage. »

Cependant, Clovis restait païen. Si l'on en croit Grégoire de Tours, le roi franc, au cours d'une bataille près de Cologne (bataille dite « de Tolbiac ») contre les Alamans, sentant la victoire lui échapper, aurait invoqué le Dieu de son épouse catholique Clotilde et aurait fait vœu de se faire baptiser s'il était vainqueur. La légende est suspecte, mais il est certain que Clovis, victorieux des Alamans, fut

instruit dans la religion chrétienne par Remi et, vraisemblablement influencé par Clotilde, reçut le baptême, probablement le 25 décembre 496, peut-être à Reims, des mains de Remi. Plusieurs milliers de ses hommes furent aussi baptisés. Cet événement fut salué avec joie par tout l'épiscopat des Gaules. Toujours selon Grégoire de Tours, Remi aurait été évêque durant soixante-dix ans. Son culte est très ancien à Reims, où l'ancienne abbaye de Saint-Remi, jadis l'une des plus florissantes de France, possède une église d'un intérêt exceptionnel : elle s'éleva sur une chapelle où fut inhumé l'illustre évêque. — Fête locale le 15 janvier.
— Autres saints et bienheureux du même nom : quatre.

RENAN ou **RONAN,** ermite en Bretagne (v^e ou vi^e s.). Cet Irlandais passé en Grande-Bretagne s'y convertit au christianisme. Débarqué au pays de Léon, dans l'estuaire de l'Aber-Ildut, il vécut en ermite, là où devait se développer la petite capitale du bas Léon, Saint-Renan. Sa sainteté attirant la foule, Renan se réfugia en Cornouailles, dans la forêt de Névet, non loin du bourg actuel de Locronan. Il mourut à Saint-René, entre Lamballe et Saint-Brieuc. La légende veut que le corps du saint, placé sur un char attelé de deux bœufs sauvages, suivi de trois évêques menant le deuil, ait été immédiatement transporté à Locronan. Le pardon de saint Renan (2e dimanche de juillet) y donne lieu chaque année à une procession dite la *Petite Troménie*. Mais, tous les six ans (1965, 1971, 1977,...), cette procession se déroule sur un parcours beaucoup plus étendu (12 km environ) : c'est la *Grande Troménie*. Ce parcours passe pour correspondre à celui que saint Renan accomplissait chaque semaine par pénitence. — Fête locale le 1er juin.

RENÉ, évêque d'Angers et de Sorrente (date indéterminée). Une tradition peu sûre veut qu'un saint René ait été évêque de Sorrente, en Campanie. Les Angevins, de leur côté, vénéraient aussi un saint René, tout aussi légendaire. Aussi, quand Charles d'Anjou vint, en 1266, et pour deux siècles, établir la puissance angevine dans le royaume de Naples, les Français et les Italiens se mirent d'accord pour affirmer que saint René, quelque temps évêque d'Angers, se serait enfui à Sorrente pour y vivre en ermite. Puis sa sainteté l'aurait amené à accepter le siège épiscopal de cette ville. Ces légendes n'empêchèrent pas le culte de saint René de devenir populaire; le fait qu'il fut le patron du bon roi René († 1480) renforça cette popularité. — Fête locale le 12 novembre.
— Autres saints et bienheureux du même nom : sept, dont **René Goupil** († 1642), jésuite, martyr au Canada (fête le 19 octobre avec les autres martyrs canadiens).

RICHARD, évêque de Chichester (Wyche, auj. Droitwich, v. 1200-Chichester 1253). Étudiant pauvre à Oxford, ami intime de saint Edmond* d'Abingdon, il fit une brillante carrière, devenant l'un des premiers chanceliers de l'université. Élu, en 1244, évêque de Chichester, Richard fut l'un des premiers évêques anglais à encourager les nouveaux ordres prêcheurs. — Fête locale le 3 avril.
— Autres saints et bienheureux du même nom : dix-neuf. Parmi eux, un roi des Saxons occidentaux, mort en 722 (fête locale le 7 février), et plusieurs martyrs anglais des xvie et xviie s.

RICOVERE UGUCCIONI. V. *Sept fondateurs de l'ordre des Servites.*

RIQUIER, abbé de Centule, dans le Ponthieu († 645). Né dans le Ponthieu, d'une famille noble, Riquier est jeune encore quand il voit arriver d'Irlande deux saints moines, Fricor et Cadoc, que les populations, superstitieuses, veulent éliminer. Riquier prend leur défense, les héberge et reçoit d'eux le baptême. Alors, il se fait à son tour missionnaire, prodiguant bienfaits temporels et spirituels. Riquier parcourt les provinces du Nord avant de fonder à Centule, dans son pays natal, un monastère où il se repose de ses fatigues apostoliques et où se rassemblent de nombreux moines. Le roi Dagobert, en visite à Centule, reçoit de Riquier d'utiles et fermes conseils. Cependant, avide de solitude vraie, le missionnaire se retire dans la forêt de Crécy, à Forest-Moûtier, où il mène une vie d'une austérité incroyable. Il y meurt, le 26 avril 645. Les moines de Centule transférèrent son corps dans leur monastère, là où s'élèvera la puissante abbaye Saint-Riquier, joyau du Ponthieu. Dans l'église abbatiale, le souvenir du saint est évoqué par des statues, des fresques et des retables. — Fête locale le 26 avril.

RITA ou **RITE,** veuve, moniale (Cascia, Ombrie, 1381–*id.* 1457). Elle fait, à 12 ans, le vœu de virginité. Mais, sur les instances de ses vieux parents, elle se marie : durant dix-huit ans, elle supporte saintement les brutalités de son mari, qui périt assassiné par ses ennemis. Elle perd ensuite ses deux fils. Rita entre alors au couvent des religieuses augustines de Cascia; elle y mène une vie extrêmement austère, acceptant des souffrances inouïes. Un jour, après avoir entendu un sermon sur la Passion du Christ, elle demande à celui-ci de la faire participer à ses douleurs. Elle sent alors à ses tempes les pointes d'une couronne d'épines : son front restera marqué d'une plaie dégageant une odeur tellement fétide que Rita vivra dans l'isolement, ne recevant que des malades qu'elle guérit. Elle meurt le 22 mai 1457. Béatifiée en 1627, canonisée en 1900, Rita deviendra l'objet d'un culte très populaire, pas toujours exempt de superstition. On l'invoque pour les causes désespérées et aussi contre la petite vérole, en souvenir probablement de la plaie qui la marquait au front. — Fête locale le 22 mai.

ROBERT, abbé de Molesme (près de Troyes v. 1025-Molesme 1110). Sa famille est l'une des meilleures de Champagne. A 15 ans, il entre chez les bénédictins de Montier-la-Celle, près de Troyes : il est bientôt nommé prieur du monastère. Abbé de Saint-Michel de Tonnerre, ses projets de réforme se heurtent à la mauvaise volonté des moines; aussi, Robert cède-t-il au désir de plusieurs ermites de la forêt de Colan, qui cherchent un chef. Cette solitude semblant trop malsaine, le supérieur conduit ses ermites dans la forêt de Molesme. Au début, la communauté

vit dans le dénuement le plus complet et donc dans la ferveur; puis, avec les donations, vient l'abondance, et avec l'abondance le relâchement. Robert, découragé, les quitte. Puis, sur l'ordre du pape, il réintègre Molesme, mais en ramenant quelques religieux fervents, autrefois expulsés, notamment Albéric et Étienne* Harding. Peine perdue : Molesme reste fidèle à sa médiocrité.

En désespoir de cause, en 1098, Robert muni d'une autorisation de l'archevêque de Lyon, légat en France, s'installe avec vingt moines à Cîteaux, dans une forêt affreuse, au diocèse de Chalon-sur-Saône. Élu à l'unanimité abbé de Cîteaux, Robert se porte garant de l'engagement pris par ses moines d'observer très strictement la règle de saint Benoît. Mais les religieux restés à Molesme exigent son retour du légat du pape : Robert s'incline; il mourra à Molesme. Quoique Cîteaux, fondé par Robert, soit devenu la maison mère d'une réforme monastique profonde, on ne peut considérer l'abbé de Molesme comme le fondateur de l'ordre des Cisterciens, dont le père est saint Bernard*. — Fête locale le 29 avril.

ROBERT Bellarmin, cardinal, docteur de l'Église (Montepulciano, Toscane, 1542-Rome 1621). Neveu, par sa mère, du pape Marcel II, Robert fait ses études au collège des jésuites de sa ville natale avant d'entrer dans la Compagnie de Jésus (1560). Étudiant en théologie à Padoue, il se distingue déjà par son éloquence et ses dons d'apologiste. Ordonné prêtre à Louvain, où il parachève ses études théologiques (1570), il y donne une série de sermons retentissants, où l'on ne sait qu'admirer davantage : la qualité de sa science ou la maturité de son intelligence. La fascination qu'il exerce sur son auditoire fait oublier la banalité de son physique : très petit de taille, il doit, quand il est en chaire, grimper sur un tabouret. Devenu professeur de théologie au collège des jésuites de Louvain, Bellarmin fait ses premières armes de controversiste contre Baius, chancelier de l'université, théologien hétérodoxe sur les problèmes de la grâce et du péché. Érudit, Robert publie, à l'usage de ses étudiants, une grammaire simplifiée de la langue hébraïque. En 1576, le général de la Compagnie confie au jeune professeur la chaire de controverse au Collège romain. D'un enseignement solide et brillant, qui attire des milliers d'auditeurs, Bellarmin tire, en 1586, le premier volume de ses célèbres *Controverses au sujet des hérétiques de ce temps*, dont l'ensemble sera publié à Ingolstadt en 1593 et qui connaîtront vingt éditions du vivant de leur auteur. Cet ouvrage fait de ce dernier le plus efficace et le plus solide adversaire du protestantisme à la fin du xvie s. : la fermeté du fond n'exclut d'ailleurs pas, chez lui, la plus grande courtoisie.

Nommé théologien du cardinal Cajetan, légat du Saint-Siège en France (1589), Bellarmin participe activement aux commissions chargées de la révision du rituel romain et du texte de la Vulgate. Père spirituel au Collège romain, il a la joie d'avoir à diriger saint Louis* de Gonzague; puis, deux ans durant, il est à la tête du Collège avant d'être placé (1594) à la tête de la province de Naples. Mais Clément VIII ayant perdu son théologien particulier, Robert est rappelé à Rome pour le remplacer et devenir en même temps recteur de la Pénitencerie. Durant cette époque, il compose notamment son *Grand* et son *Petit Catéchisme* (1597), qui connaîtront un grand succès en Italie et en France.

Cardinal (1599), archevêque de Capoue (1602), Bellarmin se montre pasteur attentif tout en poursuivant sa mission de prédicateur. Dès 1605, cependant, Paul V le rappelle à Rome et le charge de contrôler les travaux des différentes congrégations de la curie. Préfet de la Congrégation des Rites, le cardinal Bellarmin joue aussi un rôle important dans la réfutation des théories du roi Jacques Ier d'Angleterre, au sujet du serment exigé par le souverain au lendemain de la Conspiration des poudres. Il meurt le 17 septembre 1621.

Béatifié en 1924; canonisé en 1930; proclamé docteur de l'Église en 1931. — Fête le 17 septembre (ancienne fête le 13 mai).

— Autres saints et bienheureux du même nom : seize, parmi lesquels plusieurs martyrs anglais (xvie s.) et le bienheureux **Robert d'Arbrissel** († 1116), fondateur de l'ordre de Fontevrault (fête locale le 24 février).

ROCH, pèlerin, martyr à Montpellier († 1237?). Né vers 1200 dans une famille riche de Montpellier, il perd jeune ses parents. Dès lors, il mène une vie de pèlerin : gagnant d'abord Rome, où sévit la peste, Roch soigne de nombreux malades, dont un cardinal. A Plaisance, il est lui-même atteint par l'épidémie; pour éviter d'être à charge, Roch se réfugie dans une forêt. Dieu y fait jaillir une source, où le malade peut laver la plaie qu'il porte à l'aine. Bientôt, le chien d'un seigneur lui apporte chaque jour un pain dérobé à la table de son maître. De retour à Montpellier, Roch n'est pas reconnu par le gouverneur, son oncle, qui le fait jeter en prison, où, oublié durant cinq ans, il meurt de misère.

Le culte de saint Roch semble s'être développé surtout au cours du concile tenu en 1414, à Constance, où la peste régnait. Il devait se développer partout, mais surtout en Italie et dans les Flandres. Les dominicains en furent d'ardents propagateurs. Ce culte fut confirmé par Urbain VIII en 1629. — Fête locale le 16 août.

ROGATIEN. V. *Donatien.*

ROGER, évêque de Cannes en Italie (xiie s.). La ville de Cannes, célèbre par la victoire d'Hannibal sur les Romains, n'eut probablement pas d'évêques avant le xie s.; ce siège devait d'ailleurs être éclipsé par celui de Barbetta. Les habitants de cette dernière ville, au xiiie s., s'emparèrent du corps de saint Roger. Son culte s'y développa. Mais on ne sait pas grand-chose de précis sur la vie du saint. — Fête locale le 30 décembre.

— Autres saints et bienheureux du même nom : cinq.

ROMAIN, abbé de Condat (dans le Bugey, fin du IVe s. — Condat [Saint-Claude] 463). C'est parvenu à l'âge de 35 ans que

Romain se sent attiré par la vie solitaire. Après un temps de probation dans un monastère lyonnais, il s'enfonce dans les forêts du Jura et s'installe dans une solitude où vient le rejoindre son frère Lupicin. De nombreux disciples étant venus à eux, les deux frères fondent deux monastères : l'un à Lauconne, noyau de la future vllle de Saint-Lupicin, l'autre à Condat, plus tard Saint-Oyand puis Saint-Claude. Romain et Lupicin gouvernent conjointement les deux maisons, Romain déployant une grande bonté, Lupicin montrant plus de fermeté. D'autres monastères se fondent dans le Jura, dont Condat est la maison mère : la règle qu'on y observe doit autant à Cassien qu'à saint Basile et saint Pacôme. — Fête locale le 28 février.

— Quatorze autres saints s'appellent **Romain.** Parmi eux : un diacre, martyrisé à Antioche en 304 (fête locale le 18 novembre); un évêque de Rouen, mort vers 640 (fête locale le 23 octobre).

ROMUALD, fondateur des Camaldules (Ravenne 952-Val-di-Castro, près de Fabriano, 1027). Issu de la haute aristocratie ravennate, Romuald fuit une société où règne le plaisir et où il s'englue, pour entrer au monastère bénédictin de saint Apollinaire-in-Classe. Mais là, il est hanté par le désir de la vie solitaire. Il cherche donc sa voie en Vénétie, puis en Roussillon; il se fixe enfin dans la montagne toscane, à Camaldoli, où il installe des ermitages, tandis que dans la plaine il organise un monastère, Camaldoli Maggiore (1010). Expérience curieuse que celle des Camaldules : vie mixte, érémitique et cénobitique, la seconde n'étant qu'un moyen de parvenir à la première. Position quelque peu ambiguë, qui explique que, au cours des siècles, des congrégations finiront par se constituer en corps autonomes de camaldules-moines et de camaldules-ermites.

Romuald mourra le 19 juin 1027. En 1113, Pascal II reconnaîtra l'autonomie des Camaldules comme branche bénédictine. — Fête le 19 juin (ancienne fête le 7 février).

RONAN. V. *Renan.*

ROSALIE, vierge à Palerme († v. 1170?). Selon une légende douteuse, Rosalie mena une vie solitaire sur le mont Pellegrino, près de Palerme. Mais si les documents qui la concernent sont tardifs, son culte est ancien en Sicile; il se développa surtout après la découverte de son corps, le 15 juillet 1624, dans une grotte du mont Pellegrino, devenue un grand centre de pèlerinage; il repose dans la cathédrale de Palerme, ville dont sainte Rosalie est la patronne. — Fête locale le 4 septembre.

ROSE de Lima, vierge (Lima 1586-*id.* 1617). Née de Gaspar del Flores et de Maria del Oliva, Isabelle reçut très tôt le prénom de Rose, qui correspondait mieux à son teint sans pareil. Dès l'enfance, elle mena une existence extrêmement mortifiée, travaillant durement pour subvenir aux besoins de ses parents tombés dans la gêne. A vingt ans, elle entra dans le tiers ordre de Saint-Dominique, prenant pour modèle sainte Catherine* de Sienne, la gloire des tertiaires. Des épreuves de toutes sortes furent le prix des grâces exceptionnelles et des expériences mystiques dont elle fut la bénéficiaire. Au total, sa vie, plus admirable qu'imitable, apparaît comme une réplique au matérialisme triomphant dans l'Amérique latine à l'époque coloniale. Rose mourut le 24 août 1617. Béatifiée en 1668, canonisée en 1671. Patronne de l'Amérique depuis 1670. — Fête le 23 août (ancienne fête le 30 août).

— Autres saintes et bienheureuses du même nom : neuf, dont **Rose de Viterbe** († 1253), honorée localement le 6 mars.

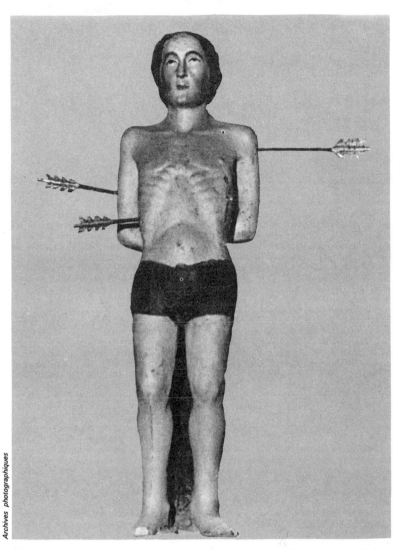

Archives photographiques

Patron des archers, Sébastien est aussi invoqué contre la peste, les flèches évoquant, pour nos ancêtres, les coups frappés par la terrible maladie. Bois polychrome, XVIII ou XIX* siècle. Église Saint-Agapit, Plouégat-Guérand.*

DICTIONNAIRE DES PRÉNOMS ET DES SAINTS. — 7

SABAS, abbé en Palestine (439-532). Originaire de Cappadoce, Sabas entra enfant dans un monastère. Mais l'attirance de la solitude l'incita à se rendre à Jérusalem, où il mena une existence semi-érémitique. En 478, il s'installa dans une grotte dominant la vallée du Cédron. Des disciples grecs et arméniens vinrent à lui qui s'installèrent dans des grottes voisines; en 491, ils étaient 150. Un couvent fut alors bâti. Ordonné prêtre, Sabas devint leur supérieur. En cette qualité, il se trouva engagé dans la défense de l'orthodoxie catholique contre le monophysisme. Il mourut le 5 décembre 532. Le monastère Saint-Sabas, qui subsiste, abrita, au VIIIe et au IXe s., une pléiade d'hommes illustres, comme saint Jean* Damascène. — Fête locale le 5 décembre.
— Autres saints et bienheureux du même nom : cinq, dont un apôtre de la Bulgarie (1174-1237), honoré le 14 janvier, et le martyr **Sabas le Goth** († 372), honoré localement le 12 avril.

SABINE (date indéterminée). Une Passion fabriquée au VIe s. veut que Sabine et sa suivante Sérapie aient été martyrisées à Vindena, au nord de Rome. L'église de Sainte-Sabine à Rome remonte au Ve s. : elle a gardé sa physionomie primitive. — Fête locale le 29 août.
— Autres saintes du même nom : trois.

SAMSON, évêque de Dol (v. 485-565). Ce Gallois fut abbé d'Ynys Bŷr (île de Caldey?). Passé en Irlande, il y fonda de nombreux monastères. Revenu au pays de Galles, il y fut consacré évêque. Débarqué en Bretagne, à l'embouchure du Guyoult, Samson jeta les fondements d'un monastère, noyau de la future ville de Dol, devenue rapidement le siège d'une métropole religieuse pour la Bretagne. Son culte est resté vivace au pays de Galles et plus encore en Bretagne où seize communes portent son nom; la cathédrale Saint-Samson à Dol-de-Bretagne est un bel édifice du XIIIe s. — Fête locale le 28 juillet.

SATURNIN ou **SERNIN,** premier évêque de Toulouse († 250?). Pour la connaissance de ce saint, très populaire en Gaule, nous disposons d'un panégyrique prononcé par un clerc toulousain au milieu du Ve s. Selon lui, Saturnin, premier évêque de Toulouse, fut massacré par une foule d'idolâtres, furieux de ce que le saint ait fait taire les oracles. On lui aurait lié les pieds et on l'aurait ensuite fait traîner par un taureau jusqu'à ce que tous ses membres fussent disloqués. Ses reliques reposent en la basilique Saint-Sernin de Toulouse. Il a donné son nom — souvent déformé en Sornin, Sarnin, Sorlin, Cernin, Savournin — à de nombreuses localités situées pour la plupart au sud de la Loire. — Fête locale le 29 novembre.
— Autres saints du même nom : vingt-quatre, presque tous martyrs des premiers siècles.

SAVIN, martyr en Poitou (date indéterminée). Selon la légende, ce saint, originaire de Brescia, aurait échappé à toutes sortes de supplices; réfugié en Gaule, dans le Poitou, il subit la mort à *Cerasus,* devenu Saint-Savin-sur-Gartempe, petite ville célèbre par sa magnifique église romane et sa collection unique de peintures murales de la fin du xie et du début du xiie s. — Fête locale le 9 octobre. — Autres saints du même nom : deux, dont un abbé en Lavedan (vi^e s.), honoré localement le 11 juillet.

SCHOLASTIQUE, sœur de saint Benoît († 543). La seule source que nous possédions sur sainte Scholastique est celle même de la Vie de son frère Benoît : le IIe livre des *Dialogues* de saint Grégoire le Grand, œuvre qui se rattache moins à la biographie au sens moderne du mot qu'au genre littéraire du récit hagiographique d'édification, tel qu'on le concevait alors.

De Scholastique, née à Nursie (Norcia) en Ombrie, comme Benoît, nous ne savons rien avant l'arrivée de ce dernier au Mont-Cassin. A cette époque, Scholastique se serait établie dans un monastère au pied du Mont-Cassin, à Palmubariola (Pimmariola). Le frère et la sœur se rencontraient souvent à mi-chemin, dans une petite maison, où ils s'entretenaient de Dieu tout en partageant un repas frugal. La dernière entrevue, racontée par saint Grégoire, s'inscrit dans l'aimable genre des *Fioretti.* Au moment du départ, à la nuit tombante, Scholastique supplie son frère de rester : il refuse; elle pleure. Et voici que le ciel, jusque-là limpide, se remplit de nuages : et un orage violent oblige Benoît à passer la nuit avec sa sœur. Trois jours après cette rencontre, Benoît vit l'âme de sa sœur s'envoler au ciel sous la forme d'une colombe. Le lieu où reposent les restes de Scholastique a donné lieu à une controverse entre Français et Italiens. — Fête le 10 février.

SÉBASTIEN, martyr romain († 288). Les Actes de ce saint, longtemps attribués à saint Ambroise, mais qui ne semblent pas être antérieurs à la fin du ve s., constituent le modèle de ce que les hagiographes appellent des « Passions cycliques », où l'on voit, autour d'un saint, qui donne son nom à l'ensemble, se grouper tout un personnel, qui gravite autour de lui et que l'artifice de l'auteur a réuni, plus ou moins adroitement, dans une narration commune, comme si leur histoire se tenait. A côté du martyr Sébastien, très authentique, et connu par la *depositio martyrum* du ive siècle, ont été groupés de nombreux saints de diverses provenances comme Fabien*, qu'on fête le même jour que lui.

En fait, le « cycle » de saint Sébastien est une fiction, édifiante certes, et qui a alimenté la piété des fidèles, ne serait-ce que grâce au cardinal Wiseman, qui s'en est inspiré d'un bout à l'autre dans son célèbre roman *Fabiola* (1854). Tout le monde connaît la belle légende de ce beau capitaine de la garde de Dioclétien, que l'empereur, apprenant qu'il était chrétien, livra à ses archers. Percé de flèches, Sébastien est recueilli et sauvé par une veuve chrétienne, Irène. Guéri, Sébastien, qu'on prend d'abord pour un spectre, se présente devant Dioclétien et lui reproche de persécuter les chrétiens. L'officier est tué à coups de bâton; son corps est jeté dans les égouts, mais une autre dame chrétienne, Lucine, surgit à point pour le recueillir et l'ensevelir au lieu dit *Ad Catacumbas,* là où se dresse la basilique Saint-Sébastien.

Cette histoire a inspiré une riche iconographie, notamment à l'époque de la Renaissance, quand l'« Apollon chrétien » offrit son corps nu et percé de flèches à l'imagination des peintres. Saint Sébastien, en dépit des hagiographes, est resté le patron des archers. — Fête le 20 janvier, le même jour que saint Fabien.

— Autres saints et bienheureux du même nom : huit.

SEINE, abbé en Bourgogne (vi^e s.). Selon une Vie fort postérieure aux événements, ce fils d'un noble burgonde vécut longtemps en reclus à Verrey. Ordonné prêtre, il gouverna un monastère situé dans la forêt du Ségestre; l'abbaye prit le nom de Saint-Seine au xie s. Elle fut le noyau du bourg de Saint-Seine-l'Abbaye. — Fête locale le 19 septembre.

Sept fondateurs de l'ordre des Servites (les), confesseurs (XIIIe s.). Au début du XIIIe s., il existait à Florence une confrérie vouée au culte de la Vierge, à laquelle appartenaient sept riches marchands : Bonfils Monaldi, Jean Manetti, Benoît dell'Antella, Barthélemy Amidei, Ricovere Uguccioni, Gérardin Sostegni et Alexis Falconieri. Le 15 août 1233, une même inspiration leur vint de renoncer au monde pour se donner au service de Dieu et de la Vierge. L'évêque de Florence ayant cautionné leur vœu pieux, ils se retirèrent à Villa Camarzia, dans un faubourg de Florence, près du couvent des Franciscains. Là, ils se dépouillèrent de leurs habits mondains pour revêtir le cilice et une tunique grise.

La jeune communauté, qui vivait en partie d'aumônes, se donna Bonfils Monaldi comme supérieur. En 1234, désireuse de s'éloigner davantage de Florence, elle s'établit au mont Senario. Le vendredi saint 1239, les sept compagnons eurent une apparition de la Vierge, qui leur commandait de porter un habit noir, et d'adopter la règle de saint Augustin.

C'est alors que prit définitivement forme l'ordre des serviteurs ou Servites de Marie, ordre à vœux solennels, dont la vie est mixte, faite de contemplation et d'action (prédication, enseignement, missions...). Bonfils Monaldi mourut en 1262, à 64 ans; Jean Manetti en 1256, à 50 ans; Benoît del'Antella en 1268, à 65 ans; Barthélemy Amidei en 1266, à 62 ans; Gérardin Sostegni et Ricovere Uguccioni le 3 mai 1282, à 78 ans; Alexis Falconieri le 17 février 1310, à 110 ans.

Canonisés ensemble en 1888, les Sept Fondateurs des Servites sont honorés le 17 février (ancienne fête le 12 février).

SENNEN. V. *Abdon.*

SÉRAPHIN, frère lai capucin (Montegranaro, Marches, 1540-Ascoli 1604). Fils d'un pauvre maçon, Félix garda les troupeaux avant d'entrer dans le jeune ordre des Capucins où il prit le nom de Séraphin. Resté frère lai, il vécut dans l'abnégation absolue et pratiqua une charité extraordinaire à l'égard des indi-gents, allant jusqu'à cueillir pour eux les légumes du jardin conventuel. Resté illettré, il développa cette intelligence du cœur, qui vaut bien l'autre, et qui lui permit d'interpréter admirablement la pensée de Dieu sur lui. Béatifié en 1728, canonisé en 1767. — Fête locale le 12 octobre.

SÉRAPION, ermite. En fait, trois Sérapion sont célébrés le même jour. Et il n'est guère facile de les distinguer :

Sérapion d'Arsinoé (ve s.?) s'était retiré près d'Arsinoé, en Égypte; il gouverna jusqu'à 10 000 moines.

Sérapion le Sindonite († v. 386) fut aussi un ermite égyptien; il doit son surnom au suaire *(sindon)* ou chemise de mauvaise toile, qu'il portait par mortification. Selon une tradition locale, il poussa le renoncement jusqu'à se vendre pour convertir un histrion.

Sérapion le Scolastique († apr. 362) fut l'un des plus célèbres catéchistes de l'école d'Alexandrie avant d'occuper le siège épiscopal de Tmuis, en basse Égypte. Il prit part au concile de Sardique (347) et fut chassé de son siège par les ariens. On a de lui un traité contre les manichéens et un *Euchologe,* ou traité sur la liturgie, qui est un document très précieux pour l'histoire de la liturgie d'Égypte au IVe s. — Fête locale le 21 mars. — Onze autres **Sérapion** sont inscrits au martyrologe romain.

SERGE Ier, pape de 687 à 701. D'une famille syrienne établie à Palerme, Serge faisait partie du clergé romain sous le pape Adéodat II († 676). Il eut le « titre » de Sainte-Suzanne. Élu à la papauté, malgré les intrigues fomentées au profit du candidat simoniaque, Serge s'opposa aux décisions du Concile Quinisexte, qui voulait imposer à l'Occident le droit canon oriental. Le pape s'intéressa aux missions en Angleterre. Il aurait introduit l'*Agnus Dei* dans la liturgie de la messe. — Fête locale le 8 septembre.
— Autres saints du même nom : quatre.

SERNIN. V. *Saturnin.*

SÉVERIN, abbé et martyr († Château-Landon 507). Moine à Agaune (Saint-Maurice en Valais). Séverin aurait guéri d'une fièvre pernicieuse le roi Clovis qui l'avait fait appeler auprès de lui. Sur la route qui le ramenait à son monastère, il s'arrêta à Château-Landon, où deux prêtres lui donnèrent l'hospitalité : c'est là qu'il mourut. Sa tombe devint un centre de pèlerinage. — Fête locale le 11 février.
A qui est dédiée l'église Saint-Séverin de Paris? A ce saint, de qui l'église parisienne, en 1674, reçut une relique, ou à un autre Séverin, ermite près de Paris au vi^e s. (fête locale le 27 novembre), dont on ne sait à peu près rien et dont la cellule ou la tombe aurait été le site primitif de ladite église? Il semble que cette deuxième version soit la plus sûre.

SÉVERIN, apôtre du Norique († v. 482). Tous les hagiographes sont d'accord pour considérer la *Vie de Séverin,* écrite par son disciple Eugyphius comme une œuvre de premier ordre, pleine de sincérité et de candeur, puisée aux meilleures sources : il fallait le signaler, car tous les saints personnages du haut Moyen Age n'ont pas eu cette chance. Par contre, sur les origines et l'enfance de Séverin, on ne sait rien. Il ne sort de l'ombre qu'en 454 quand il arrive à Astura, petite ville sur le Danube, aux confins de la Pannonie et du Norique. Il s'impose tout de suite aux autochtones et aux Barbares par une autorité naturelle née d'une évidente sainteté. Durant trente ans il parcourt cette région montagneuse, à la limite de l'Empire romain sur son déclin : il prêche, guérit, rachète les captifs et fonde des ermitages, notamment à Boitro, au confluent de l'Inn et du Danube, face à Passau. — Fête locale le 8 janvier.
— Il existe neuf autres **Séverin** inscrits au martyrologe romain.

SIDOINE Apollinaire (Lyon 431 ou 432-Clermont-Ferrand 487 ou 489). Caius Sollius Modestus Apollinaris Sidonius était fils d'un préfet du prétoire; en 452, il épousa la fille d'Avitus, qui fut un moment empereur. De 461 à 465, il mena en Auvergne la vie d'un grand propriétaire avec sa femme et ses trois enfants. Panégyriste éloquent d'Anthémius (468), il devint préfet de Rome, puis patrice. Élu évêque de Clermont (v. 471) dans des conditions obscures, Sidoine se montra pasteur zélé : il défendit l'Auvergne contre les Wisigoths. Son œuvre littéraire comporte 24 poèmes antérieurs à son épiscopat et 147 lettres qui constituent une source importante pour l'histoire du ve s. — Fête locale le 21 août.
— Un autre **Sidoine** fut évêque d'Aix-en-Provence (fête locale le 23 août).

SILVESTRE Ier, pape de 314 à 335. Prêtre de l'Église romaine, Silvestre succéda à saint Miltiade sur le trône pontifical. Miltiade ayant réorganisé l'Église et l'empereur Constantin assurant aux chrétiens son soutien, le pontificat de Silvestre fut relativement paisible. Cependant, le pape dut compter avec les ingérences impériales dans les matières religieuses et ecclésiastiques, notamment lors des crises du donatisme et de l'arianisme. En ces circonstances, il semble bien que l'autorité du pape ait été éclipsée par celle de l'empereur. Quoi qu'il en soit, Silvestre joua un rôle important dans la transformation de la Rome païenne en Rome · chrétienne, notamment par la construction des grandes basiliques. Relèvent de la légende : le baptême de Constantin par Silvestre et surtout la fausse décrétale dite *Donation de Constantin.* — Fête le 31 décembre.
— Autres saints et bienheureux du même nom : cinq.

SIMÉON, évêque de Jérusalem († 107). Fils de Cléophas et cousin germain de Jésus, Siméon apparaît comme l'un des « frères » de Jésus dont parle l'Évangile. Après le martyre de Jacques* dit le Mineur, premier évêque de Jérusalem, Siméon lui aurait succédé. Il aurait survécu à plusieurs persécutions, assisté à la destruction de Jérusalem et été crucifié sous Trajan. — Fête locale le 18 février.

SIMÉON le Vieux, stylite (en Cilicie v. 390-en Syrie 459). Voici l'initiateur d'une des formes les plus extraordinaires de mortification que l'Orient chrétien, pourtant fertile en vies prodigieuses, vit se développer durant plusieurs siècles. Un stylite est un ascète qui s'installe au sommet d'une colonne et, de là, dans une position essentiellement inconfortable, prie Dieu et donne aux foules, durant des années, l'exemple d'une vertu surhumaine, quitte à exhorter les pèlerins avec une autorité incontestée.

Fils d'un pauvre berger de Cilicie, Siméon garde les troupeaux de son père jusqu'au jour où un vieillard lui explique le sens des béatitudes évangéliques, et l'incite à se donner entièrement à Dieu. Or, en ces premiers siècles du christianisme, beaucoup ne conçoivent la donation à Dieu que dans la solitude et le dépouillement le plus absolu. En matière de mortification, on se livre, entre ascètes, à une véritable émulation, voire à une surenchère. Siméon, dans cette compétition, fait preuve d'une imagination débordante. Au couvent de Téléda, en Syrie, où il passe dix ans, les religieux ne mangent que tous les deux jours; Siméon jeûne souvent huit jours de suite. De là, il passe dans les solitudes de Syrie, où une citerne desséchée puis une cabane emmurée servent de cadre à ses performances en mortification. Fatigué de voir les foules admiratives l'assiéger dans sa retraite, Siméon prend les grands moyens : il se fait tailler une colonne de 6 coudées. Se trouvant encore trop près de la terre, il fait hausser la colonne jusqu'à 12, 22, 30 et 40 coudées.

Quarante ans durant, Siméon mène là-haut une existence sans équivalent, exposé à toutes les intempéries, aveuglé par les ophtalmies, taraudé par les ulcères aux pieds. De partout on accourt le contempler, l'écouter et recourir à ses prières. Et c'est entouré de la vénération universelle qu'il meurt le 2 septembre 459; il est inhumé à Antioche. — Fête locale le 5 janvier.

— Autres saints de ce nom : huit, dont **Siméon Stylite le Jeune** († 592) [fête locale le 24 mai].

SIMON, apôtre (Ier s.). Simon, surnommé « le Cananéen » et « le Zélé », est aussi appelé Thaddée par Marc* et Matthieu* qui, comme les autres évangélistes, le désignent parmi les douze apôtres. Mais on ne sait rien d'autre le concernant. Des auteurs sans autorité prétendent qu'après la Pentecôte Simon prêcha en Afrique et en Grande-Bretagne. Plus vraisemblable est la tradition qui le fait mourir, aux côtés de Jude*, en Perse. Mais les sources sont ici encore apocryphes. — Fête le 28 octobre (avec saint Jude).

— Autres saints et bienheureux du même nom : dix-sept. Parmi eux, le carme **Simon Stock** († 1268), dont le nom est attaché au scapulaire du Mont-Carmel (fête locale le 16 mai).

SIXTE Ier, pape de 115 à 125, martyr († 125). Romain d'origine, il succède au pape Alexandre Ier, vers la fin du règne de Trajan. On lui a parfois attribué l'introduction du *Sanctus* au début du canon de la messe. En réalité, on ne sait rien de sûr concernant les Actes de ce pontife. Traditionnellement, on le considère comme martyr. L'inscription du nom de Sixte au canon de la messe paraît s'appliquer à saint Sixte II, beaucoup plus célèbre. — Fête locale le 3 avril.

— Autres saints du même nom : trois, dont **Sixte II,** pape de 257 à 258, et ses compagnons (fête le 5 août).

SOLANGE, vierge, martyre en Berry († 880). Solange naquit au bourg de Villemont, à 3 lieues de Bourges. On l'employa à la garde des troupeaux. Très pieuse, elle avait fait vœu de virginité. Cependant, un jeune seigneur poitevin, Bernard de la Gothie, s'éprit d'elle et lui proposa le mariage. Elle refusa. Furieux, Bernard enleva la jeune fille et voulut abuser d'elle : en vain; il finit par la tuer, lui tranchant la tête. Une jolie légende ajoute que Solange, ayant reçu debout le coup de la mort, prit sa propre tête entre ses mains et alla ainsi jusqu'à Saint-Martin-du-Cros, dont l'église prit le nom de Sainte-Solange. Longtemps, on invoqua la jeune martyre dans les temps de sécheresse. — Fête locale le 10 mai.

SOPHIE, martyre à Rome (date indéterminée). Selon des *Actes* sans valeur et éminemment fantaisistes, une Romaine, Sophie, fut martyrisée sous Hadrien en même temps que ses filles Foi, Éspérance et Charité. La célèbre basilique Sainte-Sophie à Constantinople ne fut pas dédiée à cette sainte mais à la Sagesse divine *(Haghia Sophia).* — Fête locale le 1er août. — Autres saintes et bienheureuses du même nom : cinq.

SOTER (Fondi, en Campagnie-Rome 175), pape de 166 à 175. On ne sait rien sur ses origines. Il succéda au pape Anicet en 166. On a longtemps conservé de lui une lettre adressée à l'Église de Corinthe et et dont le but était de consoler les chrétiens voués au martyre. Par contre on possède encore des fragments de la réponse de l'évêque Denis aux Romains où il fait allusion à la grande charité de Soter. Ce pape semble avoir combattu les progrès du montanisme. Peut-être fut-il lui-même victime de la persécution de Marc-Aurèle. On ne sait où il fut inhumé. On l'honorait en même temps que le saint pape Caius* le 22 avril, mais, comme lui, il a été écarté du nouveau calendrier romain.

STANISLAS, évêque de Cracovie (Szczepanow, près de Cracovie, 1030-Cracovie 1079). Né de parents riches et pieux, qui n'ont un enfant qu'après trente ans de mariage, Stanislas fait ses études supérieures à Gnesen, puis à Paris. Rentré en Pologne, il vend les biens que lui ont laissés ses parents; prêtre, chanoine de la cathédrale de Cracovie, il se fait connaître par ses dons de prédicateur. A la mort de l'évêque Lambert Zula, Stanislas lui succède (1072). La Pologne a alors comme roi Boleslas II (1076-1079), vaillant guerrier que ses débauches et ses excès font surnommer Boleslas le Cruel. Seul, l'évêque Stanislas ose venir lui reprocher ses fautes publiques; Boleslas promet de s'amender, puis retombe dans ses désordres. Il fait enlever la femme d'un seigneur. Stanislas ose encore affronter le roi; cette fois il le menace d'excommunication. Boleslas, furieux, tente alors de jeter le discrédit sur

l'évêque, mais la sainteté du prélat est telle que la calomnie n'a pas de prise sur lui. Cependant, quelque temps après, Stanislas est amené à excommunier publiquement Boleslas, qui, passant outre, continue d'assister aux prières publiques. Alors l'évêque décide d'aller célébrer les saints mystères dans une église de Saint-Michel, hors de la ville. Boleslas l'y suit et le tue de sa propre main (11 avril 1079). Dix ans plus tard, le corps du saint sera transporté à Cracovie, puis enseveli dans l'église de la forteresse. Boleslas, déchu par le pape, se repentira et finira frère lai chez les bénédictins. Stanislas fut canonisé en 1253. — Fête le 11 avril (ancienne fête le 7 mai).

STANISLAS Kostka, novice jésuite (Rostkow, diocèse de Plock, 1550-Rome 1568). Stanislas appartenait à l'une des plus grandes familles de Pologne. Élève des jésuites de Vienne (1564), il exprima le désir d'entrer dans la Compagnie de Jésus. Il se heurta à la violente opposition de son père. Malgré celui-ci, il put gagner Dillingen, où saint Pierre* Canisius l'admit dans la Compagnie. Novice à Rome, Stanislas tomba malade et, après neuf mois de noviciat, il mourut, à 18 ans, le 15 août 1568. Sa courte existence avait été marquée par la candeur et le calme de l'âme. Béatifié en 1604, canonisé en 1726. Patron de la Pologne avec saint Casimir*. — Fête locale le 18 août.

STÉPHANE. V. *Étienne.*

SULPICE le Pieux, évêque de Bourges (Voitan, Berry, fin VIe s.-Bourges 647). Il ne faut pas confondre ce saint avec le prêtre Sulpice Sévère, le célèbre biographe de saint Martin. Évêque de Bourges vers 630, Sulpice jouit d'un grand prestige auprès des souverains mérovingiens. Il est surtout connu par l'église qui lui est dédiée à Paris (Saint-Sulpice, VIe arr.), où l'une de ses reliques avait été déposée. — Fête locale le 17 janvier.
— L'un de ses prédécesseurs sur le siège de Bourges, **Sulpice,** dit **Sévère** († 591), est aussi honoré comme saint, localement, le 29 janvier.

SUZANNE, martyre à Rome (date indéterminée). Selon la Passion — sans valeur — de cette martyre, Suzanne, jeune Romaine belle et instruite, aurait été demandée en mariage par le fils de l'empereur Dioclétien. Ayant refusé, elle fut égorgée dans sa maison. Au VIe s. apparaît à Rome le titre de sainte Suzanne. — Fête locale le 11 août.
— Autres saintes du même nom : quatre.

SYLVAIN, martyr à Ahun dans le Limousin (date indéterminée). Le culte de saint Sylvain s'est développé dans le Limousin, et plus particulièrement à Ahun, entre Guéret et Aubusson. Il semble que la Passion de ce saint soit un démarquage de celle de saint Symphorien* d'Autun. — Fête locale le 16 octobre.
— Un autre saint **Sylvain** fut ermite dans le Maine au cours du VIe s. (fête locale le 30 juillet).

SYLVESTRE. V. *Silvestre.*

SYMPHORIEN, martyr à Autun (IIe ou IIIe s.). Selon une Passion largement postérieure à la mort de ce saint, Symphorien, fils du noble Festus, vivait à Autun, au temps où Aurélien persécutait les chrétiens. Un jour qu'un cortège de païens escortait une statue de Bérécynthe, Symphorien se moqua d'eux. On l'arrêta, et il confessa sa foi devant le consulaire Héraclius. Il fut conduit hors de la ville pour être décapité; sa mère, du haut des remparts, l'exhorta à rester fidèle jusqu'au bout. A l'époque mérovingienne, saint Symphorien était considéré comme un saint national. — Fête locale le 22 août.

SYMPHOROSE, martyre à Tivoli (date indéterminée). L'histoire de cette sainte et de ses sept fils martyrisés sous l'empereur Hadrien à Tivoli semble être un doublet de celle de sainte Félicité*. Cependant leur culte s'implanta relativement tôt à Tivoli. Symphorose a été écartée du nouveau calendrier romain (anc. fête le 18 juillet).

Quand on publia, en 1862, le cartulaire signalant le dépôt à Chartres, en 1120, du chef de saint Théodore, il fut possible de nommer à coup sûr le beau chevalier du portail sud de la cathédrale. Art français, XIII° siècle.

TARCISIUS, martyr à Rome (IIIe s.). Une inscription du pape Damase nous apprend que Tarcisius « portait les mystères du Christ (l'eucharistie) quand une main criminelle s'efforça de les profaner : il préféra se laisser massacrer plutôt que de livrer aux chiens enragés le Corps du Sauveur ».
Tarcisius était-il un acolyte? Était-il un enfant, comme le veulent la tradition et un chapitre célèbre du *Fabiola* de Wiseman? En tout cas, le développement du culte du saint sacrement à l'époque contemporaine a contribué à exalter le « Martyr de l'eucharistie ». — Fête locale le 17 août.

TÉLESPHORE, pape (IIe s.). D'origine grecque, il succède vers 126 à saint Sixte* Ier sur le siège de Rome. Selon l'ordre traditionnel, il est donc le septième pape. Durant les dix années de son pontificat, l'Église subit, de la part d'Hadrien, de rudes persécutions. Il est probable que Télesphore lui-même mourut martyr. On lui a attribué faussement diverses ordonnances, la plus célèbre étant relative à la célébration de la messe de minuit à Noël; il est certain que le rite des trois messes de la Nativité dans la liturgie romaine est postérieur de plusieurs siècles à la mort de Télesphore. Ce pape a été écarté du nouveau calendrier romain (anc. fête le 5 janvier).

TÉRÈSE ou **THÉRÈSE de Jésus,** réformatrice du Carmel (Avila 1515-Alba de Tormes 1582). Fille d'un gentilhomme castillan, Térèse s'éprend très jeune des épopées missionnaires et chevaleresques. Quoique aimant la coquetterie, elle entre à 20 ans, et malgré son père, au couvent des carmélites d'Avila, où vivent 180 religieuses; il est vrai que celles-ci pratiquent la règle d'une manière très mitigée. Tombée gravement malade en 1538, Térèse a conscience de sa tiédeur. Mais ce n'est qu'à partir de 1555 qu'elle songe sérieusement à vivre à fond la vie monastique. Une série de ravissements, de 1557 à 1560, lui permettent de contempler l'humanité du Sauveur; elle pratique l'oraison mystique, fortement aidée par ses confesseurs dominicains et jésuites. Un jour, c'est la « transverbération » de Térèse par un ange, l'amour divin lui transperçant le cœur sous la forme d'un dard. C'est le grand tournant de sa vie.
Térèse prend, en effet, la décision d'ouvrir à Avila un monastère de carmélites déchaussées, dédié à saint Joseph. Les obstacles sont franchis le 24 août 1562, quand le nouveau monastère s'ouvre devant quatre novices sans dot, décidées à mener une vie toute dépouillée, comme le symbolise l'absence de chaussures. Dès lors, Térèse, avec saint Jean* de la Croix, va créer une véritable congrégation de Carmélites et de Carmes « déchaux », approuvée par Grégoire XIII en 1580. Malgré les mitigés, dont les attaques sont parfois violentes, 18 fondations d'hommes ou de femmes sont réalisées en Espagne de 1567 à 1582. La réforme térésienne gagnera peu à peu l'ensemble de l'ordre du Carmel. Cette vie active (ses ennemis diront qu'elle a l'« esprit ambulatif ») n'em-

pêche pas Térèse d'écrire, de devenir même un des maîtres de la littérature espagnole. Tempérament très équilibré, la réformatrice mène très haut les âmes à qui elle s'adresse. *Le Chemin de la perfection* (1562-1568), *les Exclamations* (1566-1569) et surtout *le Château intérieur* (1577) témoignent de hautes vues mystiques, mais aussi d'un bon sens supérieur, qui tient compte des difficultés de la vie intérieure et des nécessités de l'existence quotidienne. La *Vie* de sainte Térèse (1562-1563) est moins une autobiographie qu'un traité de vie spirituelle. Il faut lire aussi le *Livre des fondations* (1573-1582) et ses *Lettres :* la fougue primesautière et le zèle dévorant de la carmélite s'y expriment sans contraintes. Par suite du changement apporté au calendrier, Térèse mourut dans la nuit du 14 au 15 (5) octobre 1582. Béatifiée en 1614, canonisée en 1622, proclamée docteur de l'Église en 1970. — Fête le 15 octobre.

THADDÉE. V. *Jude.*

THAÏS, pénitente (IVᵉ s.?). Selon la *Légende dorée,* Thaïs, belle courtisane égyptienne, reçut un jour la visite du moine Paphnuce, qui l'amena à quitter sa vie de désordres. Paphnuce l'enferma dans une étroite cellule, durant trois ans. Quand il la délivra, sur les conseils de saint Antoine*, Thaïs ne vécut que 15 jours. Elle expira dans la paix de Dieu. Cette légende a inspiré nombre de littérateurs (A. France) et de musiciens (Massenet). — Fête locale le 8 octobre.

THÉODORE, dit **le Studite,** higoumène du monastère de Stoudios, à Constantinople (759-Constantinople 826).
Entré au monastère de Saccoudion, près du mont Olympe, en Bithynie, Théodore devient, en 794, l'associé de l'higoumène, qui est son oncle, saint Platon : il est alors ordonné prêtre. En 749, il devient higoumène du monastère de Stoudios, à Constantinople : son rayonnement personnel contribue à la renommée du monastère, qui comptera près d'un millier de moines. Par ailleurs, les importantes réformes introduites par Théodore font de lui l'un des principaux législateurs

du monachisme oriental. Exilé en 808 par l'empereur Nicéphore, dont il a blâmé l'intervention dans les affaires de l'Église, Théodore est rappelé en 813 par l'empereur Michel, qui, deux ans plus tard, doit abdiquer en faveur de Léon V l'Arménien. Celui-ci, appuyé sur le parti iconoclaste, fait déporter Théodore à Bonita, puis à Smyrne. De l'exil, l'higoumène entretient la résistance au despotisme impérial. Libéré à l'arrivée au trône de Michel le Bègue, il meurt des suites des privations et des mauvais traitements.
Considéré comme un saint de son vivant, Théodore a laissé une œuvre importante, qui reste dominée par la *Grande* et la *Petite Catéchèse.* — Fête locale le 5 novembre.

THÉODORE, soldat martyr († 319). Les légendes foisonnent autour de ce saint, originaire probablement d'Euchaïta en Thrace; postérieurement au panégyrique attribué à saint Grégoire* de Nysse, on en a fait Théodore le Général ou Théodore le Conscrit. Il est le type même des saints militaires, qui pullulent dans l'hagiographie grecque, et dont il est impossible de dégager l'existence réelle. — Fête locale le 7 février.

THÉODORE, archevêque de Canterbury (Tarse en Cilicie v. 602-Canterbury 690). De la Cilicie, menacée par les Perses, Théodore, moine basilien, passe à Athènes, puis à Rome. Il s'y trouve en 667 quand y meurt le prêtre Wighard, désigné comme archevêque de Canterbury et venu recevoir, des mains du pape, la consécration épiscopale. Théodore est appelé à le remplacer : le pape Vitalien le consacre, le 26 mars 668; le 27 mai, le nouvel archevêque est dans son diocèse. L'Église anglaise vient de passer dans l'obédience romaine; malgré son âge avancé et l'opposition des éléments celtes et irlandais, Théodore, sans compter avec la peine, parcourt de vastes territoires, organisant les Églises, évangélisant, affrontant, sans plier, les prétentions des rois anglosaxons, réunissant, en 673, à Hertford, le premier synode de l'Église anglaise. — Fête locale le 19 septembre.

— Trente-six autres saints inscrits au martyrologe romain portent ce nom; quinze d'entre eux sont des martyrs des premiers siècles; leur Passion est souvent douteuse.

THÉOPHILE, dit **le Pénitent,** personnage imaginaire qui, au Moyen Age, jouit d'une grande popularité, au point qu'il finit par être honoré comme saint. Il est le héros d'un des plus célèbres *Miracles de Notre-Dame : le Miracle de Théophile,* histoire qui est l'un des éléments constitutifs de la légende de Faust : elle met en scène un clerc, qui, dans un moment de désespoir, conclut un pacte avec le diable, mais finit par obtenir le pardon divin. La version la plus célèbre du *Miracle de Théophile* est celle de Rutebeuf. — Fête locale le 4 février. — Autres saints du même nom : quinze. Parmi eux, un évêque d'Antioche du IIe s. (fête locale le 10 octobre) et **Théophile de Corte** († 1740), franciscain (fête locale le 19 mai).

THÉRÈSE de Jésus. V. *Térèse.*

THÉRÈSE de l'Enfant-Jésus, carmélite (Alençon 1873-Lisieux 1897). Elle est la dernière des neuf enfants de Louis Martin et de Zélie Guérin. Ses parents avaient d'abord pensé servir Dieu dans un monastère; mais leur désir se réalisera dans leurs enfants : cinq d'entre elles se feront religieuses, dont quatre au carmel de Lisieux. Après la mort de Mme Martin (1877), la maisonnée se transporte d'Alençon à Lisieux, où, privée de sa mère, Thérèse est entourée de la chaude tendresse de ses sœurs et de son père : elle est vraiment «la petite reine» du foyer. Mais, dès 1882, Pauline, sa «petite mère», entre au carmel de Lisieux; en 1886, c'est le tour de l'aînée, Marie. En 1887, Thérèse confie à son désir de les rejoindre; mais elle n'a que quinze ans. En définitive, on l'admet au carmel le 9 avril 1888; elle prend l'habit le 10 janvier 1889 et fait profession le 8 septembre 1890, alors que son cher père est dans une maison de santé. On emploie la jeune religieuse à divers offices, qu'elle remplit joyeusement, encore qu'elle ait à vaincre sa nature difficile. En 1893, elle est nommée sous-maîtresse des novices. L'année suivante, son père meurt; et sa sœur préférée, Céline, la rejoint au carmel. Peu après, sœur Thérèse de l'Enfant-Jésus et de la Sainte-Face reçoit l'ordre de Pauline, devenue prieure, d'écrire ses souvenirs d'enfance. En 1895, en la fête de la Trinité, elle s'offre à être consumée entièrement par l'amour divin, mais, dès Pâques 1896, elle crache le sang, sa santé fragile n'ayant pu résister à la dure vie des carmélites. Un an plus tard, on l'installe à l'infirmerie, où, après avoir connu la «nuit de la foi», elle expire le 30 septembre 1897. Sa réputation de sainteté franchit rapidement les murs du carmel, puis les limites de Lisieux, ville qui deviendra l'un des pèlerinages les plus fréquentés de l'Occident et où, de 1929 à 1954, on lui élèvera une vaste basilique.

Il est vrai que le monde entier connaît l'*Histoire d'une âme,* cet écrit composé par ordre, où Thérèse laisse un message d'amour simple, mais total et terriblement difficile à vivre, la «voie d'enfance» ou «petite voie», qui a servi à d'innombrables âmes, effrayées par une ascèse trop compliquée, pour aller à Dieu. Thérèse s'y montre très proche de ses «frères» les incroyants et les pécheurs. Béatifiée en 1923, canonisée en 1925. Patronne de toutes les missions et de la France (avec Jeanne d'Arc). — Fête le 1er octobre (ancienne fête le 3 octobre). — Autres saintes et bienheureuses **Thérèse** : seize, dont quatre carmélites de Compiègne († 1794), honorées localement le 17 juillet.

THIERRY, abbé du Mont-d'Or († 533). La Vie de saint Thierry, telle qu'elle a été écrite au IXe s., s'apparente plus au panégyrique qu'à l'histoire. Fils d'un brigand qui vivait en Champagne, Thierry fut obligé par son père à se marier tout jeune. Son épouse refusant de garder la continence, Thierry se plaça sous la conduite de saint Remi*, qui lui conseilla d'aller s'établir près de Reims, en un lieu appelé *Mons Or,* où s'élèvera l'abbaye Saint-Thierry, supprimée en 1776. Le monastère fondé par Thierry bénéficia des donations du roi d'Austrasie Thierry Ier, que le saint

avait guéri d'une grave atteinte à l'œil.
— Fête locale le 1er juillet.

— Autres saints du même nom : quatre, dont un évêque d'Orléans au XIe s. (fête locale le 27 janvier).

THOMAS, apôtre (Ier siècle). Thomas est un nom hébreu qui signifie « jumeau », tout comme le grec **Didyme,** autre nom de l'apôtre. Dans l'Évangile, Thomas apparaît comme un caractère généreux et primesautier, un homme tout d'une pièce. Quand Jésus, à la fin de sa vie terrestre, prend la décision de retourner à Jérusalem malgré l'hostilité des juifs, Thomas s'écrie : « Allons, nous aussi, pour mourir avec lui ! » Thomas est absent quand les apôtres reçoivent la visite de Jésus ressuscité; comme on la lui raconte, il ne se résout pas à y croire : « Si je ne vois pas dans ses mains la marque des clous, si je ne mets pas mon doigt à la place des clous, si je ne mets pas ma main dans son côté, je ne croirai pas ! » Huit jours après, Jésus revient et dit à Thomas, présent cette fois : « Avance ton doigt ici et regarde mes mains, avance ta main et mets-la dans mon côté; et ne te montre plus incrédule, mais croyant. » Et Thomas confus, de répondre : « Mon Seigneur et mon Dieu ! » Jésus reprend alors : « Parce que tu m'as vu, tu as cru, Thomas. Heureux ceux qui n'ont pas vu et qui ont cru. »
Qu'est devenu saint Thomas après la dispersion des apôtres? Selon une foisonnante littérature apocryphe, il aurait évangélisé les Mèdes et les Perses, puis aurait atteint l'Inde; il serait à l'origine chrétienne du Malabar, où plusieurs centaines de milliers de fidèles de rite syro-malabar continuent à s'appeler « chrétiens de saint Thomas ». — Fête le 3 juillet (ancienne fête le 21 décembre).

THOMAS D'AQUIN, dominicain, docteur de l'Église (Roccasecca, près d'Aquino, royaume de Naples, 1225-Fossa Nova 1274). Descendant d'une noble famille lombarde, il est élevé au Mont-Cassin comme oblat, avant de fréquenter l'université de Naples. Vers 1243, malgré l'opposition de ses parents, il reçoit l'habit des Dominicains. Enlevé par ses frères,

qui cherchent à l'éloigner de sa voie (1244), il résiste à toutes les séductions (ce qui lui vaudra le surnom d'« Angélique ») et peut suivre sa vocation. Il poursuit ses études à l'université de Cologne et à Paris, où il obtient le titre de bachelier (1252) et où il enseigne au couvent Saint-Jacques, puis, devenu maître en théologie (1256), à l'université de Paris (1256-1259). Rappelé en Italie, Thomas est nommé, en 1260, prédicateur général de son ordre; en même temps, Urbain IV le charge de la composition de l'office du Saint-Sacrement. A Rome, près d'Albert* le Grand, il approfondit la doctrine d'Aristote, qui va fournir un cadre à la doctrine exposée dans la grande *Somme théologique,* qu'il commence alors. Thomas refuse le siège épiscopal de Naples et continue son enseignement à Rome et à Viterbe (1265-1269), puis de nouveau à Paris. Tout en poursuivant la composition de la *Somme,* il prend part à la lutte contre Guillaume de Saint-Amour, adversaire des réguliers, et à la discussion averroïste. Il est à Naples, quand Grégoire X le convoque comme théologien au deuxième concile de Lyon. Thomas se met en route au début de 1274; mais il tombe malade au château de Maenza et meurt à l'abbaye cistercienne de Fossa Nova le 7 mars 1274.
Logicien, métaphysicien, théologien, Thomas d'Aquin a laissé des écrits sur les matières les plus diverses. Son œuvre capitale est la *Somme théologique* (1266-1279), un sommet de l'esprit humain. Le « Docteur angélique » a compris l'importance pour l'Occident latin de la connaissance récente des œuvres d'Aristote et de ses commentateurs arabes. Il a travaillé ainsi à éviter une coupure entre un corps de sagesse profane, lié à des notions strictement helléniques, et le dépôt de la foi chrétienne. Il a enseigné avec une autorité exceptionnelle l'harmonie entre la foi et la raison, subordonnant cependant celle-ci à celle-là. Le thomisme, avec des fluctuations diverses, devait demeurer l'une des avenues majeures de la philosophie et de la théologie.
Le génie de Thomas s'accompagna d'une sainteté authentique, ce qui lui valut

d'être canonisé en 1323. Pie V le proclama docteur de l'Église en 1567 et Léon XIII patron des écoles et universités catholiques. — Fête le 28 janvier (ancienne fête le 7 mars).

THOMAS Becket, archevêque de Canterbury (Londres 1117 ou 1118-Canterbury 1170).

Thomas, bel homme de souche normande, s'adonna à tous les plaisirs de la vie de chevalerie, avant d'étudier la théologie à Paris et à Bologne. Familier de l'archevêque de Canterbury, Thibaud, il devint archidiacre de Canterbury, l'année même (1154) où son ami, le jeune roi Henri II, prenait le pouvoir. Tout naturellement, le roi fit de Thomas son chancelier; durant sept ans, celui-ci déploya les plus hautes qualités administratives et aristocratiques, vivant dans l'amitié du roi. En avril 1161, Thibaud mourut; Thomas fut élu pour le remplacer (mai 1162), le roi ayant été pour beaucoup dans sa désignation.

Rompant avec son passé de clerc fastueux et politique, Thomas prit dès l'abord la défense des intérêts cléricaux, en face d'un souverain qui prétendait avoir en main l'Église anglicane. En 1164, l'archevêque s'éleva violemment contre les Constitutions de Clarendon, qui subordonnaient la justice d'Église à la justice royale, le droit romain chrétien au droit roman païen. Isolé, le bouillant prélat fut désavoué par ses pairs et s'exila en France, à l'abbaye cistercienne de Pontigny, d'où il essaya de renouer avec Henri II. N'ayant pas obtenu de réponse, sans prendre conseil, le prélat excommunia son souverain et ami. Inquiet des menaces du pape Alexandre III, le roi finit par rencontrer à Fréteval Becket, qui put rentrer en Angleterre (1170), où, assez témérairement, il maintint l'excommunication contre les évêques qui avaient assisté au couronnement du fils d'Henri II par l'archevêque d'York. Thomas fut reçu avec enthousiasme à Canterbury, mais l'Angleterre officielle le bouda. Un jour, Henri II se serait écrié : « Qui me débarrassera de ce clerc outrecuidant? » Le 29 décembre 1170, quatre chevaliers, prenant le roi au mot, tuèrent l'archevêque dans sa cathédrale.

Le culte de Thomas Becket se répandit si rapidement qu'il fut canonisé dès 1173. Son tombeau devint l'un des principaux centres de pèlerinage de l'Angleterre. Henri II s'y soumit à une pénitence publique, en 1174. La vie et la mort de Thomas Becket ont inspiré une riche iconographie et une littérature d'où la légende n'est pas toujours absente. — Fête le 29 décembre.

THOMAS More ou **Morus,** homme d'État et humaniste anglais (Londres 1478-*id.* 1535). De noble famille, il fut attaché à la maison de John Morton, archevêque de Canterbury. Étudiant à Oxford, puis à Londres, Thomas devint homme de loi tout en se mêlant au mouvement humaniste. Au parlement anglais (1504), il s'opposa à Henri VII, ce qui l'obligea à vivre dans la retraite. L'avènement d'Henri VIII (1509) lui valut une prodigieuse fortune; ambassadeur extraordinaire, chancelier du duché de Lancastre, il succéda au cardinal Wolsey comme chancelier du royaume (1529), premier laïque à accéder à cette charge. Durant les troubles qui marquèrent les débuts de la Réforme, Thomas resta catholique tout en souhaitant un retour à la primitive Église. Mais, dans l'affaire du divorce d'Henri VIII, il désavoua le roi. Démissionnaire en 1532, il fut emprisonné en 1535 et exécuté comme traître le 6 juillet. Il laissait un chef-d'œuvre de l'humanisme, *Utopie* (1516), qui est, sous le voile de la fiction, une exposition hardie d'un système idéal de gouvernement. Béatifié en 1886, canonisé en 1935. — Fête le 22 juin, avec John* Fisher (ancienne fête le 6 juillet).
— Autres saints et bienheureux du même nom : soixante. Parmi eux : **Thomas de Villeneuve** (v. 1487-1555), archevêque de Valence (fête locale le 24 septembre); le bienheureux **Thomas a Kempis** (1379-1471), auteur probable de l'*Imitation de Jésus-Christ* (fête locale le 25 août), et plusieurs martyrs anglais et japonais.

TIMOTHÉE, disciple de saint Paul († Éphèse 97). Né en Asie Mineure d'un père grec et d'une mère juive, Timothée devient chrétien lors du premier passage de l'apôtre Paul* à Lystres, probablement en 47. Quand Paul revient dans cette ville, en 50, il choisit Timothée comme compagnon de voyage. Jeune encore, ce dernier contraste avec le tempérament viril de Paul : sensible, réservé, il attire par sa sincérité et son désintéressement. Timothée suit Paul à Éphèse, à Jérusalem, en Phrygie, en Galatie, à Thessalonique, à Bérée; il le rejoint à Athènes, puis à Corinthe, et inspire partiellement l'épître aux Thessaloniciens.

Les *Actes des Apôtres* et les épîtres pauliniennes mentionnent souvent Timothée, qui est présenté comme l'un de ces « apôtres », l'un de ces émissaires que Paul laisse ou envoie dans les communautés chrétiennes, afin d'y surveiller la croissance de la foi récemment implantée. Timothée est encore aux côtés de Paul partant, enchaîné, pour Rome; il ajoute son nom aux lettres envoyées par Paul à Philémon, aux Colossiens, aux Philippiens.

Vers l'an 63, Timothée est placé à la tête de l'Église d'Éphèse; c'est là qu'il reçoit de Paul les deux épîtres canoniques qui portent son nom : la première est écrite de Macédoine, la seconde de Rome. Dans les *Épîtres à Timothée*, qui sont parmi les plus belles de l'apôtre*, Paul insiste sur les dangers du gnosticisme et de l'hellénisme mondain, qui menacent les Églises d'Asie. Au passage, Paul recommande à Timothée, qu'il nomme son « fils bien-aimé », de ménager sa santé tout en se maintenant dans la fermeté doctrinale, la patience, l'amour, l'endurance.

Seule la tradition nous renseigne sur la fin de l'existence de Timothée; il aurait été lapidé et achevé à coups de bâton, au cours d'une fête païenne dont il aurait voulu détourner les Éphésiens. On éleva une basilique près de son lieu de mort présumé. Constantinople revendique la possession de ses reliques. — Fête le 26 janvier, en même temps que saint Tite* (ancienne fête le 24 janvier).

— Autres saints du même nom : treize.

TITE, compagnon de saint Paul (Ier s.). Ce gentil fut converti par saint Paul*, qui l'appelle « mon véritable enfant dans notre commune foi ». Deux fois, l'apôtre envoie Tite d'Éphèse à Corinthe : d'abord pour organiser la chrétienté et s'occuper d'une collecte au profit des chrétiens de Jérusalem; une seconde fois, pour réprimer des désordres. Nous connaissons ces détails par les épîtres de Paul aux Corinthiens : il y témoigne pour Tite d'une amitié fraternelle très délicate. Chargé d'organiser l'Église de Crète, Tite s'installe dans l'île : il y reçoit, de Paul, une épître qui porte son nom et par laquelle l'apôtre l'exhorte à entretenir jeunes gens et vieillards dans la foi et à se montrer lui-même « un modèle de bonnes œuvres ». On ignore tout de la mort de Tite. — Fête le 26 janvier, en même temps que saint Timothée* (ancienne fête le 6 février).

— Un autre **Tite,** higoumène à Constantinople au IXe s., est honoré localement le 2 avril.

TURIBE ou **TORIBIO,** archevêque de Lima (Mayorga, Espagne, 1538-Sana, Pérou, 1606). Toribio Alonso de Mogrovejo étudia à Valladolid et à Salamanque. Remarqué par Philippe II, et bien que simple laïc, il fut président du tribunal de l'Inquisition à Grenade (1572). Nommé, huit ans plus tard, archevêque de Lima, au Pérou, il reçut la prêtrise et s'embarqua pour l'Amérique. Dans un diocèse immense, profondément marqué par les bouleversements et les excès de la colonisation espagnole, Turibe déploya des qualités exceptionnelles d'administrateur et d'apôtre. Il consacra sept ans à une première visite de ses ouailles; une seconde tournée dura cinq ans; il devait mourir au cours de la troisième. Les pauvres Indiens étaient l'objet particulier de son zèle et de sa charité. Pour réformer un clergé peu apte, il multiplia les synodes et fonda des séminaires. Il mourut le 23 mars 1606. Béatifié en 1679, canonisé en 1726. — Fête le 23 mars.

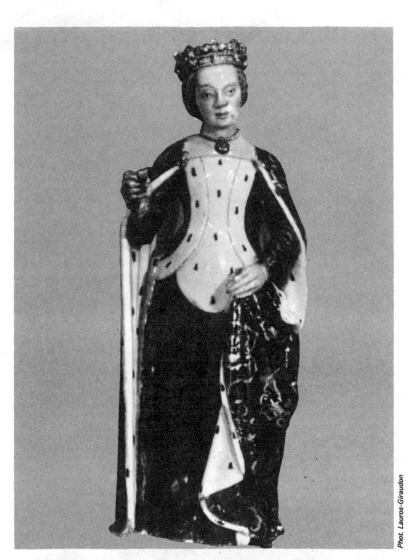

Contrairement à la tradition, Ursule n'entrouvre pas ici son manteau, comme la Vierge de Miséricorde, pour y abriter ses (onze ou onze mille) compagnes. Art français, XVe siècle. Orfèvrerie. Trésor de la cathédrale de Reims.

Phot. Lauros-Giraudon

UBALD, évêque de Gubbio († Gubbio 1660). Prêtre, il est nommé par l'évêque de Gubbio, sa ville natale, prieur du chapitre des Saints-Marien-et-Jacques. Ubald s'applique à sortir les chanoines de leur médiocrité. En 1126, le clergé de Pérouse le choisit comme évêque; épouvanté, Ubald s'enfuit auprès du pape Honorius III, qu'il supplie de ne pas lui imposer l'épiscopat. Le pape se laisse fléchir, mais deux ans plus tard il oblige Ubald à accepter le siège de Gubbio.
Par sa douceur et aussi par la sainteté de sa vie, l'évêque se fait très vite aimer. Un jour qu'une sédition ravage la ville, Ubald s'interpose et finit par obtenir que les deux partis se réconcilient. C'est encore lui qui sauve Gubbio quand Frédéric Barberousse est sur le point de la saccager.
Lorsqu'il meurt, le 16 mai 1160, Ubald est pleuré par tout le peuple. Sa vie fut écrite par son successeur, Thibaud de Gubbio. — Fête locale le 16 mai.

ULRIC, prieur de Zell en Forêt Noire (Ratisbonne v. 1018-Zell 1093). Familier de la cour d'Henri III le Noir qu'il accompagna en Italie, Ulric se fit moine à Cluny en 1052. L'abbé Hugues* l'ordonna prêtre et l'envoya en Germanie fonder des monastères clunisiens : Rueggisberg en Suisse, Grüningen dans le Brisgau, Zell et Bollschweiz en Forêt-Noire. A l'usage des moines de langue allemande, Ulric refondit le coutumier de Cluny. Il mourut le 14 juillet 1093 à Zell qui prit dans la suite le nom de Saint-Ulric. — Fête locale le 10 juillet.

URBAIN Ier, pape de 222 à 230 († Rome 230). L'histoire de ce pape est contaminée de légendes, dont certaines sont liées à la Passion de sainte Cécile*. Aussi, sait-on peu de choses certaines à son sujet.
Il était le fils d'un noble romain nommé Pontien. Le 14 octobre 222, il succède comme pape à Calixte* Ier. Selon le catalogue libérien, il régna sept ans, onze mois, douze jours, durant le règne pacifique d'Alexandre Sévère. Il ordonna 8 évêques, 19 prêtres et 7 diacres. Il fut enseveli au cimetière de Saint-Calixte, où l'on a retrouvé son épitaphe. On l'a parfois confondu avec un évêque Urbain, mort martyr sous Dioclétien. Cette confusion réside dans les affirmations des Actes apocryphes de sainte Cécile. Urbain Ier a été écarté du nouveau calendrier romain (ancienne fête le 25 mai).
— Dix autres saints ou bienheureux portent le même nom. Parmi eux : le bienheureux **Urbain II,** pape de 1088 à 1099 (fête locale le 29 juillet); le bienheureux **Urbain V,** pape à Avignon de 1362 à 1370 (fête locale le 19 décembre); un évêque de Langres, mort v. 450 (fête locale le 2 avril).

URSULE, martyre à Cologne (?). Cette sainte connut une popularité extraordinaire, aussi grande que l'invraisemblable légende des « onze mille vierges », dont sa mémoire est inséparable. Selon cette légende, élaborée au XIe s., onze mille vierges (à moins que ce ne soit onze, l'une d'elles s'appelant *Undecimillia*) auraient été martyrisées à Cologne au IIe siècle.

A ce groupe on adjoignit la petite Ursule. Fille d'un roi de la Grande-Bretagne (d'où son culte dans l'île) elle aurait été envoyée sur le continent pour épouser un prince païen, après un pèlerinage à Rome, en compagnie de onze mille ou onze vierges converties à la foi chrétienne. Ursule serait venue à Cologne assiégée par les Huns et, après avoir vu périr ses compagnes, aurait été massacrée elle-même pour avoir refusé d'épouser le roi des Huns. Cette légende est maintenant universellement rejetée. Il est possible cependant qu'il y ait eu, à une date indéterminée, des martyres à Cologne, ville dont sainte Ursule est restée la patronne. En tout cas, le culte de sainte Ursule et de ses compagnes devait se développer et inspirer une abondante et riche iconographie (Memling, Carpaccio). Les Ursulines sont les religieuses appartenant aux congrégations se réclamant du patronage de la sainte. Onze ursulines de Valenciennes, exécutées en 1794, ont été béatifiées en 1920. Ursule et ses compagnes ont été écartées du nouveau calendrier romain (ancienne fête le 21 octobre).

La tradition veut que Véronique ait gardé l'empreinte de la face sanglante de Jésus sur le linge avec lequel elle l'avait essuyée. Art français, XVe siècle. Bois polychrome. Musée-hôtel Sandelin, Saint-Omer.

VAAST ou **GASTON,** évêque d'Arras
(✝ 540). Ce saint dut attendre près d'un
siècle pour qu'une hagiographie valable,
mais exposée par ce retard même à des
risques de déformation, lui fût consacrée
par l'excellent Jonas de Bobbio.
Probablement originaire du centre de la
France, Vaast (*Vedastus,* que l'on traduit
aussi par *Gaston*) entre dans le clergé
de Toul. Dans les dernières années du vᵉ s.,
il fait partie de l'équipe épiscopale envoyée
par saint Remi* pour restaurer les Églises
du nord de la Gaule, anéanties par les
Barbares. Au début du vɪᵉ s., Vaast administre les chrétientés des deux cités de
Cambrai et d'Arras, redevenues territoires
de mission, d'autant plus que les chefs
francs, même baptisés, sont païens de
mœurs. Durant une quarantaine d'années,
l'évêque se multiplie dans l'évangélisation du vaste diocèse d'Arras, dont il
est, en fait, le premier titulaire : 69 églises
actuelles de ce diocèse conservent son
souvenir. Mais son nom est surtout attaché à la glorieuse et vénérable abbaye
Saint-Vaast, qui deviendra le cœur de la
cité d'Arras. D'abord inhumés dans la
cathédrale primitive, les restes du saint
évêque furent transférés dans cette abbaye
à la fin du vɪɪᵉ s. Transportées à Beauvais
par crainte des Normands, les reliques
furent rendues à l'abbaye en 893. — Fête
locale le 6 février.

VALENTIN, martyr romain (✝ v. 273).
Prêtre romain, il subit le martyre; dès le
temps du pape Jules* (✝ 352), une basilique et un cimetière lui étaient consacrés
sur la voie Flaminienne. Longtemps, on ne
sut dissocier ce martyr d'un autre Valentin, honoré le même jour, mais qui était
évêque de Terni. Il n'y a aucun lien direct,
même par l'intermédiaire de la légende,
entre saint Valentin et le fait qu'il soit
devenu, en Angleterre d'abord, semble-t-il,
le patron des amoureux. — Fête locale
le 13 février.
— Parmi les treize autres saints **Valentin,**
il faut distinguer un évêque de Passau au
vᵉ s. (fête locale le 7 janvier).

VALENTINE, martyre à Césarée de Palestine (✝ 308). La chrétienne Valentine,
surprise alors qu'elle assistait aux offices,
— interdits par édit impérial — fut amenée
de Gaza à Césarée. Elle comparut devant
le gouverneur Firmilien qui lui fit appliquer
la torture; cette femme d'aspect chétif
résista à toutes les souffrances. On finit
par la livrer au feu avec son compagnon
Paul et sa compagne Théé. — Fête locale
le 25 juillet.

VALÉRI ou **VALÉRY,** abbé (né en Auvergne-
Leuconay [Saint-Valery-sur-Somme] 619).
Pauvre berger auvergnat, Valéry est attiré
par le service de Dieu et entre dans un
monastère, près d'Issoire. De là il passe à
Auxerre, puis à Luxeuil, où il succède à
son maître bien-aimé, Colomban*. Puis,
poussé par une vocation irrésistible, il parcourt la Neustrie; à Gamaches, il rend à
la vie un misérable indûment condamné à
la pendaison. Avec son ami Waldolène et
sur les indications de l'évêque d'Amiens,
il s'établit à Leuconay *(Leuconaus),* à

proximité de la mer et de la rivière de Somme : des disciples l'entourent bientôt. Autour de l'humble ermitage grandira une abbaye, berceau de la ville de Saint-Valery-sur-Somme. Respectées par les Normands, les reliques de saint Valéry seront transférées, en 1197, par Richard Cœur de Lion, au lieu qui deviendra Saint-Valery-en-Caux; ultérieurement, elles seront rendues aux Picards. — Fête locale le 1er avril.

VALÉRIE. V. *Vital.*

VANNE, évêque de Verdun (début du vie s.). Durant le siège de Verdun par Clovis, l'évêque Firmin mourut et fut remplacé par Vanne; le roi franc s'en alla. C'est du moins ce que disent des documents du xe s.
Cependant il est incontestable qu'un Vanne fut évêque de Verdun et que son culte y est très ancien. L'abbaye de Saint-Vanne à Verdun fut à l'origine d'une congrégation réformée de bénédictins érigée au début du xviie s. Si cette congrégation a disparu en 1791, Vanne est resté l'un des patrons de la Congrégation des bénédictins de France. — Fête locale le 9 novembre.

VENANCE Fortunat, évêque de Poitiers (Trévise v. 535-Poitiers 605). Ce poète fit d'excellentes études à Ravenne. A trente ans il vint en Gaule à l'occasion d'un pèlerinage à Saint-Martin de Tours et se fixa à Poitiers où il devint chapelain de sainte Radegonde* dont il a écrit la biographie. Devenu évêque de Poitiers (v. 597), il est surtout connu par son œuvre écrite : un long poème sur saint Martin* de Tours dont il écrivit aussi la *Vie,* et surtout des hymnes *(Vexilla regis, Pange lingua)* composés à la demande de Radegonde pour la réception solennelle des reliques de la vraie Croix (568-569). — Fête locale le 14 décembre.

VENANT, martyr (iiie s.?). Les Actes de saint Venant sont entièrement faux; on ne sait même pas si on doit le distinguer de saint Venant de Salone, en Dalmatie. Ses

reliques furent apportées en 1259 à Camerino; c'est pourquoi, plus tard, on en fit un martyr mort à Camerino. Clément X, qui fut évêque de Camerino, contribua beaucoup au xviie s., à développer son culte. — Fête locale le 18 mai.
— Trois autres saints portent le nom de **Venant;** il faut signaler un martyr du viiie s., à Aire-sur-la-Lys, qui a donné son nom à la petite ville flamande de Saint-Venant (fête locale le 10 octobre).

VÉRONIQUE (ier s.). Selon une tradition constante, mais impossible à prouver, Jésus montant au Calvaire rencontra une femme, qui, prise de pitié, lui présenta un voile blanc pour qu'il pût essuyer son visage. Les traits du Sauveur seraient restés marqués sur le linge. Cette femme aurait porté le nom de Véronique. Des légendes ont trait à ses dernières années : les unes ont prétendu qu'elle vint à Rome avec « le voile de la sainte Face », dont l'attouchement aurait guéri l'empereur Tibère; d'autres marièrent Véronique à Zachée *(v. Amadour*),* avec qui elle serait venue évangéliser l'Aquitaine : son tombeau serait à Soulac. Le geste pieux de Véronique a inspiré une abondante iconographie et aussi, au Moyen Age, une vaste littérature populaire. — Fête locale le 4 février.
— Autres saintes du même nom : deux, dont la clarisse **Véronique Giuliani** († 1727) [fête locale le 9 juillet].

VICTOIRE, martyre en Sabine (date indéterminée). Une sainte Victoire était vénérée en Sabine; au xiie s. une basilique y fut élevée en son honneur; ses reliques avaient été transférées à l'abbaye de Farfa en l'an 931.
Quant à la Passion de la martyre, elle défie l'analyse historique. Selon elle, Victoire était la fiancée d'Eugène, ami d'un noble appelé Aurélien à qui Anatolie, sœur de Victoire, avait refusé sa main. Les deux sœurs, voulant rester fidèles à la virginité chrétienne, furent massacrées. — Fête locale le 23 décembre.
— Deux autres martyres portent aussi le nom de **Victoire.**

VICTOR I⁰ʳ, pape de 189 à 199. Peut-être Africain d'origine, Victor, fils d'un certain Félix, succéda au pape Éleuthère*, sous le règne de Commode. Il condamna l'hérésie montaniste; une tradition veut qu'il ait fixé le jour de la célébration de la Pâque. Selon saint Jérôme*, Victor fut le premier des écrivains chrétiens à se servir du latin. On l'honore comme martyr, sans preuves. Il fut inhumé au Vatican. Victor I⁰ʳ a été écarté du nouveau calendrier romain (ancienne fête le 28 juillet).

VICTOR, martyr à Marseille († 290?). Peut-être appartenait-il à la noblesse sénatoriale. Lors d'un séjour de l'empereur Maximien à Marseille, Victor refusa, comme chrétien, de porter le titre d'« ami de César » et de servir au palais. On ne connaît pas les circonstances de son martyre : il fut probablement exécuté avec d'autres chrétiens. En tout cas, le culte de saint Victor est très ancien à Marseille, où lui fut dédié un monastère fondé par Cassien* au début du ıv⁰ s. L'abbaye de Saint-Victor devait connaître une renommée universelle. — Fête locale le 21 juillet.
— Le nom de **Victor,** qui évoque le triomphe sur le paganisme, est porté par une quarantaine d'autres saints, presque tous martyrs des premiers siècles. **Victor III,** pape de 1086 à 1087, est honoré localement le 16 septembre.

VICTORIN, martyr († 284). Chrétien de Corinthe, Victorin fut arrêté, sous Numérien, ainsi que six compatriotes : Victor, Nicéphore, Claudien, Dioscore, Sérapion et Papias. Après des tourments qui ne causèrent pas leur mort, ils furent emmenés à Diospolis, en Thébaïde où, ayant de nouveau confessé leur foi, ils furent roués de coups de bâton puis massacrés. — Fête locale le 25 février.
— Quatorze des quinze autres **Victorin** inscrits au martyrologe sont des martyrs des premiers siècles.

VINCENT, martyr en Espagne (Huesca-Valence 304). Instruit dans les sciences profanes et sacrées par l'évêque de Saragosse, Valère, Vincent est ordonné par lui diacre. Au début du règne de Maximien, le gouverneur romain, Dacien, fait venir Valère et Vincent à Valence. L'évêque, très âgé, est banni, mais Vincent est horriblement torturé. Couvert de plaies, le corps disloqué et en partie brûlé, il est jeté en prison; il y meurt. Son culte, très ancien, se répandit hors d'Espagne, notamment en France, où de nombreuses églises portent son nom. Dans certaines régions, les vignerons l'invoquent comme patron. — Fête le 22 janvier.

VINCENT Ferrier, dominicain (Valence, Espagne, 1350-Vannes 1419). Nous saurions peu de chose sur la prodigieuse carrière de ce saint si nous étions réduits à sa biographie officielle par son confrère Pierre Ranzano, évêque de Lucera; nous trouvons heureusement une information plus riche dans les ouvrages du saint lui-même et, pour la chronologie, dans la chronique de son ancien compagnon d'études, le dominicain catalan Pierre d'Areyns.
Très jeune, Vincent, fils de Guillaume Ferrier et de Constance Miguel, est attiré par la vie religieuse. En 1367, ayant terminé sa philosophie, il entre chez les dominicains de Valence. Après sa profession, il est envoyé à Barcelone, où il se forme aux usages de l'enseignement dominicain. De là, après deux ans, il part pour Lerida comme lecteur de logique (1370). En 1373, on le retrouve à Barcelone, au *Studium Arabicum et Hebraicum* : tout de suite il s'impose comme prédicateur hors de pair, attirant les foules par une éloquence véritablement miraculeuse, se préoccupant particulièrement du sort et du salut des maures et des juifs.
En 1377, Vincent rentre pour dix ans dans sa ville natale; en 1378, il est ordonné prêtre. Prieur du couvent de Valence, il attire l'attention de Pedro de Luna, légat du pape avignonnais Clément VII, qui fait de Vincent son théologien officiel. Élu pape sous le nom de Benoît XIII (1394), Pedro appelle le dominicain au palais d'Avignon, où, chapelain domestique, confesseur, pénitencier apostolique et maître du sacré palais, Vincent reprend ses cours de théologie à l'usage du clergé. Très affecté par le schisme d'Occident, il tente d'obtenir la

cession de Benoît XIII. N'y parvenant pas, il se retire au couvent d'Avignon. Déjà le travaille une vocation incoercible : celle de parcourir les royaumes et les cités, ravagés par les épidémies et la guerre de Cent Ans, pour prêcher la pénitence et annoncer le jugement universel. Mais Benoît XIII hésite à lui laisser sa liberté. Vincent ne peut partir qu'en novembre 1399.

Alors, pendant vingt années, Vincent Ferrier va se livrer à l'un des plus extraordinaires apostolats itinérants de l'histoire de l'Église. On le trouve dans le Languedoc, en Lombardie, dans le Piémont, en Suisse, en Savoie, à Lyon, où il prêche douze jours de suite, dans une atmosphère de fol enthousiasme. On voit s'attacher aux pas de Vincent des troupes d'hommes et de femmes — parfois des centaines, parfois des milliers — ardents à se donner la discipline (les *flagellants*). Sur sa route, les conversions se multiplient, les confréries de pénitents prolifèrent. A Gênes, ville cosmopolite, on s'aperçoit que Vincent possède le don des langues. De 1408 à 1410, il parcourt l'Espagne, multipliant les miracles. En 1416, à Perpignan, n'ayant pu obtenir de Benoît XIII la renonciation à la tiare, Vincent· retire solennellement son allégeance et celle du royaume d'Aragon au pape d'Avignon, qui a refusé la requête du concile d'Avignon. La décision de Vincent aura pour effet la déposition de Benoît XIII et rendra possible la fin du schisme. On ne peut pas dire que l'apostolat de Vincent ait toujours rencontré l'assentiment des clercs. S'imagine-t-on la tête des braves curés, de France et d'ailleurs, quand ils voient leurs ouailles se précipiter sur la route de Vincent Ferrier, qui, du haut de son âne, vient prédire la fin du monde et tonner contre les vices des gens d'Église? De Perpignan, Vincent gagne le Languedoc, l'Auvergne, la Bourgogne, le Jura (à Besançon, il rencontre sainte Colette*), puis la Touraine, l'Anjou, la Bretagne. Le 18 mars 1418, il fait une entrée solennelle à Vannes : le duc de Bretagne et l'évêque l'accueillent. C'est là qu'il meurt, le 5 avril 1419, et qu'il est inhumé.

Son tombeau devint tout de suite un lieu de pèlerinage, car les populations avaient canonisé Vincent de son vivant. La béatification officielle intervint en 1455, et la canonisation en 1458. — Fête le 5 avril.

VINCENT de Paul, fondateur des Filles de la Charité et des Prêtres de la Mission (Pouy, auj. Saint-Vincent-de-Paul, 1581-Paris 1660). De naissance modeste, ce paysan landais, au savoureux accent et au solide bon sens, manifeste jeune une intelligence vive. Élève des Cordeliers de Dax, puis étudiant à la faculté de théologie de Toulouse, il est ordonné prêtre en 1600. On perd ensuite sa trace pendant plusieurs années. Un seul document mentionne le fait que, au cours d'un voyage maritime de Marseille à Narbonne, il fut pris par des barbaresques, emmené à Tunis et vendu à un alchimiste, qui le traita bien (1605). En 1607, Vincent réussit à s'enfuir et se rendit à Rome, où le vice-légat le charge d'une mission diplomatique (imprécise) près d'Henri IV. Aumônier de Marguerite de Valois (1610), Vincent se lie avec Bérulle, qu'il choisit comme directeur de conscience. En 1612, il est curé de Clichy; en 1613, il est précepteur des enfants de Philippe Emmanuel de Gondi, général des galères. C'est de cette époque que date ce que Vincent a appelé sa « conversion » c'est-à-dire le vœu de se consacrer à Dieu dans les pauvres, ces pauvres qui pullulent dans la France de la minorité de Louis XIII. En 1617, curé de Châtillon-sur-Chalaronne, où il prend contact avec une misère physique et morale innommable, Vincent fonde sa première confrérie de la Charité. De retour chez les Gondi, il se fait missionnaire sur les terres du comte, rencontre saint François* de Sales et devient aumônier général des galères (1619). Tout en multipliant les actions en faveur des deshérités, des paysans ruinés par les guerres et des enfants trouvés, Vincent accepte de devenir le supérieur de la Visitation et le principal du collège des Bons-Enfants.

Quand Mme de Gondi décide, en 1624, de consacrer 45 000 livres à l'établissement d'une mission permanente parmi les 8 000 paysans de ses domaines, Vincent entreprend de créer une équipe spécialisée pour l'apostolat rural : c'est la société des Prêtres de la Mission (1625), dits lazaristes, parce que, en 1632, ils s'établiront au prieuré de Saint-Lazare. En même temps, le fondateur crée des retraites d'ordinands pour préparer à l'Église de bons prêtres (il y en a tant de mauvais, à l'époque!) et participe aux conférences ecclésiastiques des mardis. Pour venir au secours des infortunes de toute espèce, il regroupe les confréries des dames de la Charité, sous l'autorité de Louise* de Marillac; puis, avec cette dernière, il fonde (1633) la communauté des Filles de la Charité, promise à un essor considérable et à une popularité sans égale. Les œuvres capitales se multiplient sous les pas de « Monsieur Vincent » : charité de l'Hôtel-Dieu, séminaire de la Mission, Enfants trouvés, secours à la Lorraine dévastée et aux galériens. Durant la Fronde, il fait des prodiges pour adoucir la misère des provinces. Cet homme modeste a un tel rayonnement que c'est dans ses bras que Louis XIII agonise (1643) et que, jusqu'en 1653, il fait partie du Conseil de conscience. Ses dernières années sont marquées par l'infirmité et par l'abandon progressif de ses charges. Il meurt dans la paix, le 27 septembre 1660. Son corps est chez les lazaristes de Paris.

Par son inlassable charité, ses vertus humaines qu'éclaire une bonhomie paysanne, son intelligence des pauvres, sa sainteté de prêtre, la hauteur de sa direction spirituelle, l'importance et la pérennité de ses fondations et des œuvres qu'il inspira, saint Vincent de Paul est la plus haute figure chrétienne du XVIIe s., « le grand saint du grand siècle ».

Sa correspondance et ses instructions constituent une source importante pour l'histoire religieuse.

Béatifié en 1729, canonisé en 1737, patron des œuvres charitables depuis 1885. — Fête le 27 septembre (ancienne fête le 19 juillet).

— Autres saints et bienheureux **Vincent** : vingt-sept. Parmi eux : **Vincent** († v. 430), moine de Lérins (fête le 24 mai); **Vincent Pallotti** (1795-1850), fondateur de la société de l'Apostolat catholique (fête le 22 janvier); **Vincent-Marie Strambi**

(1745-1825), évêque de Macerata et Tolentino (fête locale le 1er janvier).

VITAL, martyr, patron de Ravenne († Ravenne Ier ou IIe s.). Ce martyr et sa femme, sainte Valérie, sont mal connus. Personnage consulaire, Vital aurait encouragé un chrétien à ne pas renier sa foi. Si bien que ses supérieurs hiérarchiques l'auraient fait arrêter et jeter tout vivant dans une fosse, qui fut ensuite comblée par des pierres et du sable. Le martyr ne succomba qu'après sept jours. Son époux décédé, Valérie retourna à Milan : ayant refusé de participer à un festin en l'honneur du dieu Silvain, elle fut frappée à mort.

Le culte de saint Vital et de sainte Valérie ne paraît pas remonter au-delà du VIe s., époque où Justinien fit construire à Ravenne une magnifique basilique en leur honneur. Dès lors, saint Vital devint le patron de Ravenne.

La légende des saints Vital et Valérie se trouve dans une lettre faussement attribuée à saint Ambroise*; le rédacteur s'est partiellement inspiré de la Passion des saints Gervais* et Protais*. — Fête locale le 28 avril.

— Seize autres saints s'appellent **Vital**. Le plus célèbre est un martyr de Bologne (date indéterminée), qui est honoré localement avec un **Agricola**, le 4 novembre.

VLADIMIR le Grand (v. 956-1015), prince de Novgorod (970), grand prince de Kiev (980-1015). Fils de Sviastoslav, Vladimir Ier réunit l'ensemble des terres russes après avoir éliminé son frère Iaropolk Ier. Il accéléra l'assimilation des éléments varègues et des éléments slaves, resserra les liens politiques et commerciaux avec Constantinople — ville qui sera un peu comme la marraine de la Russie chrétienne —, épousa la princesse Anne, sœur de l'empereur Basile II, se convertit au christianisme et y fit convertir son peuple. C'est de Bulgarie que l'Église russe reçut ses traditions et sa langue religieuse, s'ouvrant ainsi aux influences byzantines. Créateur de la Russie Kiévienne, Vladimir devint la figure centrale des légendes épiques du Moyen Age et l'un des saints patrons de la Russie. — Fête locale le 15 juillet.

Les Tchèques chantent encore dans un cantique du XIIIᵉ siècle : « Saint Wenceslas, héritier de la terre de Bohême, souvenez-vous de votre race; ne laissez périr ni nous ni nos enfants! » Sculpture, XIVᵉ siècle. Cathédrale de Prague.

WANDRILLE, abbé de Fontenelle (environs de Verdun v. 600-Fontenelle 668). Sa famille était apparentée à Pépin de Landen. Envoyé à la cour de Clotaire II, il se promettait de se faire moine, quand ses parents le forcèrent à se marier. Peu de temps après, les deux époux, d'un commun accord, se quittèrent pour embrasser la vie religieuse. Wandrille entra, v. 628, au monastère de Montfaucon-en-Argonne, avant de fonder une communauté à Sainte-Ursanne, dans le Jura suisse. Puis, désireux de plus de perfection, il se rendit à l'abbaye de Bobbio, en Italie, où il se forma à la vie religieuse la plus stricte. Revenu en Gaule, Wandrille mena une vie de prière et de mortification, avant de prendre la route de l'Irlande, où il voulait terminer ses jours. Retenu à Rouen par saint Ouen*, qui se l'associa en lui conférant les ordres sacrés, il fonda, dans la forêt de Jumièges, sur le ruisseau appelé la Fontenelle, une abbaye qui, sous le nom de Saint-Wandrille, allait jouir d'une vaste renommée. Les reliques du saint ayant été transférées dans le Boulonnais à l'époque des invasions normandes, son culte se développa particulièrement dans le pays de Caux, le Boulonnais et la Picardie. — Fête locale le 22 juillet.

WENCESLAS (v. 907-929), duc de Bohême de 921 à 929. Fils aîné et successeur de Vratislas, Wenceslas se heurta tout de suite à un parti antichrétien, dirigé par son frère Boleslas. Il est vrai que sa collaboration étroite avec l'Église, sa sévérité à l'égard de la noblesse indisciplinée et le fait qu'il ait dû accepter la suzeraineté de l'empereur Henri Ier pouvaient heurter une partie de l'opinion tchèque. Ce propagateur du christianisme en Bohême fut en définitive assassiné, le 28 septembre 929, par Boleslas lui-même. Aussitôt sa renommée se répandit, son tombeau vit fleurir les miracles; si bien que Wenceslas fut canonisé une cinquantaine d'années après sa mort. Héros de la nation tchèque, patron de la Bohême, saint Wenceslas fut, en maintes occasions, le signe de ralliement pour les nationalistes de Bohême. La Tchécoslovaquie le vénère avec la même ferveur. — Fête le 28 septembre.

WILLIBRORD, archevêque d'Utrecht (en Northumbrie 658-Echternach 739). Moine à Ripon, il quitta l'Angleterre pour l'Irlande; en 690, il partit pour la Frise, où les succès militaires des maires du palais permettaient au christianisme de pénétrer. Grâce à l'appui de Pépin de Herstal, Willibrord établit son siège épiscopal à Utrecht, d'où son activité s'étendit des Flandres à l'Allemagne du Nord. Sa plus célèbre fondation fut celle de l'abbaye d'Echternach. Un moment, son œuvre évangélisatrice fut remise en cause par Radbod, roi des Frisons, mais, grâce à la protection de Charles Martel, Willibrord put la reprendre. Willibrord mourut à Echternach, où l'on vénère ses restes et où, chaque année, le mardi de Pentecôte, a lieu en son honneur une très belle procession dansante (trois pas en avant, deux en arrière sur 1 200 m), qui aboutit à la basilique Saint-Willibrord établie sur les ruines de l'abbaye. — Fête locale le 7 novembre.

WULFRAN, évêque de Sens (en Gâtinais v. 647-Fontenelle 704). Fils d'un officier, il fut admis à la cour de Clotaire III. Il se disposait à se faire moine, quand il fut élu évêque de Sens. Attiré par les missions extérieures, il renonça à son siège pour partir évangéliser les Frisons, en compagnie de quelques religieux de l'abbaye de Fontenelle (Saint-Wandrille) en Normandie. Les traditions de cette abbaye veulent que Wulfran pût faire cesser en Frise les sacrifices humains et qu'il opérât de nombreuses conversions. L'évêque revint mourir à Fontenelle, où il fut inhumé. Plus tard, ses restes furent transférés à Abbeville, où la collégiale, de style flamboyant, porte le nom de Saint-Wulfran. — Fête locale le 20 mars.

XAVIER. V. *François Xavier.*

Yves, pauvre et charitable, reste, avec sainte Anne, le principal patron des Bretons, qui reconnaissent en lui la fleur de leur race. **Art français, XVIᵉ siècle. Musée de Picardie, Amiens.**

YOLANDE, clarisse à Gnesen († 1299). Fille de Béla IV de Hongrie et nièce de sainte Élisabeth* de Hongrie, Yolande épousa Boleslas le Pieux, duc de Kalisz, près de Lodz. Veuve en 1279, elle maria deux de ses filles, puis, avec la troisième et sa sœur Cunégonde, elle s'établit chez les clarisses de Gnesen, près de Poznan, dont la communauté avait été fondée par son époux. Elle mourut abbesse. Son culte fut approuvé par Urbain VIII. — Fête locale le 15 juin.

YRIEIX, abbé d'Attanum († 591). Originaire de Limoges, Aredius (en fr. *Yrieix*) fréquenta la cour de Théodebert, à Trèves. Remarqué par l'évêque de cette ville, il fut admis dans son clergé. Prêtre, Yrieix revint en Limousin, où, avec quelques serviteurs, qu'il tonsura, il fonda un monastère au lieu appelé *Attanum,* qui allait devenir la ville de Saint-Yrieix. Par la suite, il mena une vie errante à travers la Gaule, prêchant et accomplissant des miracles. Il mourut le 25 août 591, au retour d'un pèlerinage à Tours sur la tombe de saint Martin. Son nom (souvent déformé) est porté par de nombreuses localités du centre et du sud-ouest de la France. — Fête locale le 25 août.

YSOIE. V. *Eusébie.*

YVES, évêque de Chartres (en Beauvaisis v. 1040-Chartres 1116). Élève de Lanfranc à l'abbaye du Bec, en compagnie de saint Anselme, il devient prévôt des chanoines réguliers de Saint-Quentin à Beauvais. En 1090, l'évêque de Chartres, un simoniaque, ayant été déposé, Yves est choisi pour lui succéder, ce qui lui vaut d'abord des persécutions, et d'être convoqué devant un synode local; mais Urbain II le maintient sur son siège. Au printemps de 1092 commence le grand démêlé d'Yves avec le roi capétien Philippe Ier, qui a répudié son épouse Berthe pour la remplacer par Bertrade de Montfort, femme du comte d'Anjou Foulques IV. Yves ayant refusé d'assister au mariage, Philippe, qui sera excommunié, retient l'évêque captif durant plusieurs mois. Rendu à la liberté, Yves se met à la composition des importantes collections canoniques, auxquelles il attachera son nom. Les *Lettres* et les *Sermons,* qu'on a aussi de lui, le révèlent défenseur du Saint-Siège et fidèle serviteur de la monarchie capétienne, quitte à s'élever contre l'adultère, la simonie et l'investiture laïque.
Pacifiste, cet évêque canoniste a ébauché une théorie limitant le droit de guerre pour garantir la paix. Il mourut probablement le 23 décembre 1116. — Fête locale le 20 mai.

YVES de Kermartin, prêtre, patron des gens de loi (Le Minihy-Tréguier, Bretagne, 1253-Louannec 1303). Fils d'un gentilhomme breton, Yves fait de brillantes études de droit à Orléans et à Paris. Alors qu'il est official (juge ecclésiastique) du diocèse de Rennes, l'écho de ses vertus et de ses austérités le fait appeler à Tréguier par l'évêque Alain de Bruc, qui l'ordonne prêtre, le nomme curé de Trédrez

(1284) et aussi official. Sa réputation d'intégrité fait de lui un juge modèle. D'où le dicton :

Sanctus Yvo erat Brito,
Advocatus et non latro,
Res miranda populo.

(Saint Yves était breton, avocat et pas voleur, chose étonnante pour le peuple.)

En 1291, Yves se dépouille de tout pour être le père et l'avocat des pauvres, qu'il accueille dans le manoir paternel de Kermartin. En 1292, il est nommé curé de Louannec, près de Perros-Guirec. Au relèvement de cette paroisse, Yves vouera ses dernières années.

De son vivant, la vénération populaire avait entouré Yves. Son tombeau, à Tréguier, devint un lieu de pèlerinage presque universel. Yves fut canonisé par Clément VI, en 1347. L'iconographie, en Bretagne surtout, l'a popularisé, par l'image et la statuaire. Tout naturellement, saint Yves est devenu le patron des gens de loi. — Fête locale le 19 mai.

ZACHARIE, père de saint Jean-Baptiste* (Ier s.). Prêtre de la classe d'Abia, Zacharie avait épousé Élisabeth*, qui descendait d'Aaron. « Tous deux, dit l'évangile de saint Luc, étaient justes aux yeux de Dieu, suivant sans reproche tous les commandements et les observances du Seigneur. » Ils habitaient Aïn-Karim, près de Jérusalem. Cependant, ils étaient âgés. Élisabeth était stérile. Or, un jour que Zacharie, désigné par le sort pour offrir le sacrifice d'encens, était dans le Saint du Temple, un ange lui apparut et lui annonça qu'Élisabeth enfanterait un fils, que lui, Zacharie, devait appeler Jean. Celui-ci serait « grand devant le Seigneur. Il aura l'esprit et la force d'Élie; il préparera au Seigneur un peuple bien disposé ». Zacharie, incrédule, demanda un signe. L'ange, qui était Gabriel*, rendit le prêtre muet jusqu'à la réalisation de la promesse.
Quand l'enfant naquit, on voulut l'appeler Zacharie, comme son père. Élisabeth proposa Jean. On se récria, personne ne s'appelant ainsi dans la famille. Alors on interrogea le père, toujours muet; il écrivit sur une tablette : « Jean est son nom. » Aussitôt, la parole lui revint; Zacharie chanta les louanges de Dieu : c'est le chant du *Benedictus*. On ne sait rien d'autre sur le père du Baptiste. Une tradition veut que ses restes aient été apportés à Constantinople en 415. — Fête locale le 5 novembre.
— Autres saints du même nom : sept, dont **Zacharie,** pape de 741 à 752 (fête locale le 22 mars).

ZÉPHYRIN, pape de 199 à 217. On sait peu de chose sur ce pape, qui succéda en 199 à saint Victor* Ier. Si l'on en croit son adversaire Hippolyte*, c'était un homme sans personnalité. Zéphyrin dut intervenir dans des querelles théologiques relatives à la Trinité. Selon une tradition peu solide, ce pape aurait fait substituer des calices en verre aux calices en bois. Zéphyrin est peut-être mort martyr. Il a été écarté du nouveau calendrier (ancienne fête le 26 août).

ZITE ou **ZITA,** servante (près de Lucques 1218-Lucques 1278). Fille de pauvres gens, elle fut engagée comme servante chez les riches Fatinelli, à Lucques, à l'âge de 18 ans. Elle devait rester attachée à cette famille jusqu'à sa mort. Zite n'a rien fait d'extraordinaire sinon que de remplir parfaitement son modeste emploi, tranchant cependant sur les gens de maison par sa charité envers les pauvres, son assiduité, sa mortification. On la jalousa, on la persécuta petitement. Mais la famille Fatinelli lui garda sa confiance. Cette humble fille puisait dans sa simplicité et son bon sens des maximes comme celle-ci : « Une servante paresseuse ne doit pas être appelée pieuse; une personne de notre condition, qui affecte d'être pieuse sans être essentiellement laborieuse, n'a qu'une fausse piété. »
Canonisée en 1696, Zita est la patronne des gens de maison. — Fête locale le 27 avril.

Berger-Levrault, Nancy – 778310
Dépôt légal : 4e trimestre 1974 – No série Éditeur : 13925
Imprimé en France *(Printed in France)* – 730017-F-Février 1987.